Contraste insuffisant

NF Z 43-120-14

desf — duba.

# RÉPERTOIRE

DE LA

LITTÉRATURE

ANCIENNE ET MODERNE.

IMPRIMERIE DE E. POCHARD,
RUE DU POT-DE-FER, N° 14, A PARIS.

RÉPERTOIRE

DE LA

LITTÉRATURE

ANCIENNE ET MODERNE,

CONTENANT :

1° LE LYCÉE DE LA HARPE, LES ÉLÉMENTS DE LITTÉRATURE DE MARMONTEL, UN CHOIX D'ARTICLES LITTÉRAIRES DE ROLLIN, VOLTAIRE, BATTEUX, etc ;

2° DES NOTICES BIOGRAPHIQUES SUR LES PRINCIPAUX AUTEURS ANCIENS ET MODERNES, AVEC DES JUGEMENTS PAR NOS MEILLEURS CRITIQUES, TELS QUE :

D'Alembert, Batteux, Bernardin de Saint-Pierre, Blair, Boileau, Chénier, Delille, Diderot, Dussault, Fénelon, Fontanes, Ginguené, La Bruyère, La Fontaine, Marmontel, Maury, Montaigne, Montesquieu, Palissot, Rollin, J.-B. Rousseau, J.-J. Rousseau, Thomas, Vauvenargues, Voltaire, etc.;

Et MM. Amar, Andrieux, Auger, Burnouf, Buttura, Chateaubriand, Daviquet, Feletz, Gaillard, Le Clerc, Lemercier, Patin, Villemain, etc.;

3° DES MORCEAUX CHOISIS AVEC DES NOTES

TOME ONZIÈME.

A PARIS,

CHEZ CASTEL DE COURVAL, LIBRAIRE-ÉDITEUR,

RUE DE RICHELIEU, N° 87;

ET BOULLAND ET Cie, PALAIS ROYAL, GALERIES DE BOIS, N° 254.

M DCCC XXV.

RÉPERTOIRE

DE LA

LITTÉRATURE

ANCIENNE ET MODERNE.

DESFONTAINES (PIERRE-FRANÇOIS GUYOT), naquit à Rouen, en 1685. Son père, conseiller au parlement de cette ville, le plaça de bonne heure chez les jésuites, qui, dès l'âge de quinze ans, l'admirent dans leur société. Après avoir professé la rhétorique à Bourges pendant quelque temps, il se fatigua de sa dépendance, et commença une autre carrière. En 1724, s'étant déjà fait connaître avantageusement par plusieurs écrits polémiques, l'abbé Desfontaines fut appelé à Paris pour travailler au *journal des Savants*, qui, sous sa plume, regagna une partie de la faveur qu'il avait perdue. Il publia successivement, soit seul, soit avec Fréron, Granet, Destrées, et autres littérateurs, différents recueils périodiques, tels que *le Nouvelliste du Parnasse*, les *Observations sur les écrits modernes*, etc. Il faut convenir que si l'abbé Desfontaines possédait plusieurs des qualités nécessaires à un bon critique, il lui en manquait beaucoup qui sont indispensables pour remplir avec honneur une tâche aussi difficile. Le ton tranchant et dur de ses jugements, la partialité visible dont ils offraient la preuve, et sur-tout un manque total de ces formes polies et délicates, qui empêchent souvent que l'amour propre d'un auteur soit trop vivement blessé, voilà ce qui a attiré à l'abbé Desfontaines une foule d'ennemis, parmi les littérateurs de l'époque. Mais il n'en eut point de plus violent, et de plus acharné que Voltaire dont la haine n'a cessé de le poursuivre : prose, vers, préfaces, brochures, romans, poèmes, tout offre les traces de son ressentiment; et pour diffamer son ennemi, il ne rougit point d'avoir recours aux personnalités les plus outrageantes, et de souiller ses écrits des plus grossières invectives. Cependant si un lecteur impartial, curieux de connaître la cause de cette guerre indécente, s'avisait de rechercher dans les écrits de Desfontaines, ce qui a pu d'abord exciter un si grand courroux, il ne trouverait dans les *Observations*, premier ouvrage où le critique ait parlé de Voltaire, que des remarques purement littéraires qui, à travers un peu de prévention, laissent voir un grand fond de vérité et de justice. Mais le poète philosophe que la censure la plus légère blessait profondément, publia, en 1738, un écrit sous le titre de *Préservatif*, où, sous prétexte de relever quelques erreurs du journaliste, il l'accabla d'injures personnelles et des reproches les plus odieux. Desfontaines y répondit sur le champ par une brochure intitulée *la Voltairomanie* qui rendit outrage pour outrage. L'année suivante, voulant assoupir cette discussion scandaleuse, il fit imprimer *le Médiateur;* mais Voltaire ne lui tint pas compte de sa bonne volonté, et cette querelle outrageante pour la littérature continua long-temps encore. Chaque fois qu'on est obligé de retracer de pareils faits, on ne peut s'empêcher de gémir sur la petitesse de caractère d'un aussi grand génie qui prenait un plaisir infernal à accabler son adversaire de tout le poids de sa supériorité.

Le procès qu'eut Desfontaines, en 1743, avec l'abbé Gourné, fit le plus grand tort à sa réputation, qui n'était déjà pas fort bien établie. Il y fut présenté comme un écrivain vénal qui ne rougissait pas de faire trafic de la louange et du blâme. Toutes ces imputations n'ont jamais été prouvées authentiquement: si c'étaient des calomnies, on ne peut que plaindre l'abbé Desfontaines, mais si elle étaient fondées, c'était un homme bien méprisable. Quoi qu'il en soit, on ne saurait nier qu'il a rendu des services à la littérature, dont il a constamment suivi et prêché les bons principes. Palissot le caractérise « écri-
« vain trop souvent prévenu, passionné, exposé
« enfin comme tous les autres journalistes, à parler
« inconsidérément de matières qu'il n'était pas à
« portée d'entendre, et entraîné dans des jugements
« précipités qui ont beaucoup nui à sa réputation. »
Il y ajoute que « par une sorte d'instinct heureux, il
« fut un des plus courageux adversaires du néolo-
« gisme, du faux bel-esprit, du comique larmoyant,
« et de toutes les innovations absurdes, que, de son

« temps, on essayait déjà de mettre en crédit. »

L'abbé Desfontaines mourut à Paris, le 16 décembre 1745. Outre les ouvrages que nous avons cités, on lui doit encore: *Dictionnaire Néologique*, 1726, in-12, 7ᵉ édition, 1756; la traduction du roman de *Gulliver*, 1727, in-12; *Racine vengé*, ou *Examen des remarques de M. l'abbé d'Olivet, sur les OEuvres de Racine*, 1739, in-12; enfin sa traduction de *Virgile*, 1743, 4 vol. in-8° et in-12. Cet ouvrage a été long-temps la meilleure traduction en prose que l'on eût de ce poète; elle est augmentée d'un commentaire et de remarques qui n'ont pas été conservées dans les diverses réimpressions. Il a encore publié beaucoup de brochures et de petits ouvrages anonymes ou pseudonymes, dont on peut trouver l'indication dans le *Dictionnaire des Anonymes*, de M. Barbier.

Pʜ. T.

DESFORGES (Pierre-Jean-Baptiste CHOUDARD), né à Paris, le 15 septembre 1746, fut placé de bonne heure au collège Mazarin, et ensuite au collège de Beauvais, où il eut l'abbé Delille pour maître de quartier, et Thomas pour professeur de quatrième et de troisième. A l'âge de neuf ans, le goût de la poésie dramatique se développait déjà dans le jeune Desforges : il se mit en tête de composer des tragédies, et il prit pour sujets, *Tantale et Pélops*, et *la mort de Jérémie*. Au sortir du collège, sa famille exigea qu'il choisît un état : après avoir essayé la médecine et la peinture, il les abandonna toutes deux pour se livrer à l'indépendance de ses goûts ; mais la modicité de sa fortune le mit bientôt dans la nécessité de se créer des ressources. Il traduisit des ariettes italiennes, et composa une petite pièce, *A bon chat, bon rat*, qui fut jouée avec grand succès, en 1768, au théâtre de Nicolet. Son goût pour le théâtre, et l'encouragement de cette réussite le décidèrent à se faire comédien. Il débuta au théâtre Italien, et parcourut ensuite plusieurs villes de province. C'est à Bordeaux, en 1778, qu'il donna son premier ouvrage remarquable, *Richard et d'Erlet*, en cinq actes et en vers : cette comédie, qui n'a jamais été jouée à Paris, est peu connue aujourd'hui. Desforges alla jouer ensuite à Saint-Pétersbourg, et c'est dans cette ville qu'il composa une partie des ouvrages qu'il vint faire représenter à Paris. En 1782, année de son retour, le théâtre Italien donna sa comédie de *Tom Jones à Londres*; elle n'obtint pas du public un accueil bien flatteur : cependant elle a été mieux appréciée depuis, et fait aujourd'hui partie du répertoire du théâtre Français, ainsi que *la Femme Jalouse*, autre comédie en cinq actes et en vers, que Desforges fit représenter trois ans après. De tous les ouvrages dramatiques de cet auteur, on ne peut guère citer que ces deux-là, quoiqu'il ait donné un grand nombre de comédies et d'opéra-comiques, dont la plupart ont eu du succès. Voici les principaux : *L'Épreuve villageoise*, opéra-comique en deux actes, joué en 1783, pièce froide, sans intérêt et sans gaieté, qui serait depuis long-temps oubliée si elle n'était soutenue par la musique de Grétry ; *Féodor et Lésinska,* drame en trois actes; *Tom Jones et Fellamar,* comédie en cinq actes et en vers, jouée en 1787; c'est la suite de *Tom Jones à Londres,* mais elle lui est bien inférieure : *Les promesses de mariage,* opéra-comique en deux actes, suite de *l'Épreuve villageoise; le Sourd ou l'auberge pleine,* comédie en trois actes et en prose, jouée au théâtre Montansier en 1790, que l'on revoit encore quelquefois sur la scène, et dont les acteurs, à force de charges ignobles, ont fait une parade de tréteaux.

Desforges n'a pas craint d'exposer une partie des détails scandaleux de sa vie privée dans un roman intitulé : *Le Poète, ou Mémoires d'un homme de lettres écrits par lui-même,* Paris, 1798, 4 vol. in-12. Il est à croire que plusieurs des aventures qui y sont retracées ont été inventées par l'auteur; mais on reste étonné qu'il ait eu le cynisme de se les attribuer aussi publiquement. Ce livre est une suite de tableaux plus que licencieux, de scènes indécentes et presque sans gaze, d'autant plus dangereuses pour la jeunesse qu'elles sont racontées d'un style rapide, plein de chaleur, et souvent spirituel. L'auteur n'a pas eu honte de diffamer jusqu'à sa mère et sa sœur.

Eugène et Eugénie, Édouard et Arabelle, Adelphine de Rostange, sont encore des romans de Desforges, presque aussi obscènes que *le Poète;* mais ce qui empêche qu'ils ne soient aussi nuisibles, c'est que l'ennui les rend insupportables. *Les mille et un souvenirs,* 1799, 4 vol. in-12, ont eu un peu plus de succès, mais n'ont guère plus de mérite.

Desforges est mort à Paris, le 13 août 1806. Il a,

dit-on, laissé en manuscrit une traduction en vers de *la Jérusalem délivrée:* c'était pour lui une entreprise un peu hardie, lorsque l'on songe aux échantillons qui nous restent de son talent poétique.

Ph. T.

JUGEMENT.

Tom Jones à Londres est la première comédie en cinq actes qui ait été jouée au théâtre Italien. Elle y fut d'abord trop sévèrement traitée. On lui rendit ensuite plus de justice : elle finit par obtenir beaucoup de succès. C'est un drame, dit-on; c'est un drame! Eh bien! soit : qu'en peut-on conclure? que c'est un mauvais ouvrage? C'est la conclusion qui est mauvaise. Si ce drame est intéressant et vraisemblable ; s'il offre des caractères, des mœurs, des situations ; s'il occupe et attache agréablement les spectateurs, pourquoi son titre de drame serait-il un arrêt de mort? Si un tel drame était une comédie, que serait-il de plus?

Un reproche plus juste qu'on pourrait faire à l'auteur, c'est de n'avoir presque rien tiré de son propre fond. Le roman de *Tom Jones* lui a tout fourni; mais il a le mérite d'avoir heureusement exposé sur la scène les récits de l'auteur anglais, ce qui est plus difficile qu'on ne pense. *Tom Jones* est le premier roman célèbre qui ait produit au théâtre une bonne pièce : on n'a rien pu tirer de *Don Quichotte*, de *Gilblas*, de *Clarisse*, de *Grandisson*, de *Paméla;* car *Nanine* est froide : il faut peut-être excepter *Eugénie*, pièce tirée d'un conte du *Diable Boiteux*. Cependant si Desforges, auteur de *Tom Jones à*

Londres, n'a pas créé le personnage de lord Fellamar, il l'a fort embelli; il lui a donné un caractère noble, généreux; il en a fait un des principaux personnages de la pièce : cela vaut une création. Le rôle de Blifil est si odieux, qu'il semble que Desforges l'ait abandonné à sa bassesse et à son infamie, et qu'il ait dédaigné d'employer son art pour relever un si vil scélérat. Il a eu tort. Voyez quel génie Racine a déployé dans le rôle de Narcisse! Cela est à peu près en pure perte pour le spectateur; mais le lecteur admire avec quelle adresse ce détestable flatteur ramène au crime le cœur de Néron : il admire et frémit. Narcisse fait autant d'honneur à l'art de Racine que Burrhus. Pour faire passer un scélérat au théâtre, il faut lui donner des vues profondes, des projets hardis, de grandes combinaisons, des conceptions fortes; quand il est démasqué, il faut que ce soit la cause des évènements et non la sienne. Blifil, dans la pièce, n'est qu'un bas coquin.

Le caractère de Tom Jones est un des plus aimables, des plus naturels et des plus intéressants qui soient jamais éclos du cerveau d'un romancier ou d'un poète. Ce n'est pas un chevalier Grandisson, qui possède toutes les qualités physiques et morales, qui réunit toutes les vertus, toutes les perfections, excepté celle d'amuser le lecteur : Tom Jones est vif, étourdi, libertin, indocile, ce qu'on appelle ordinairement un assez mauvais sujet; mais il a le cœur excellent; il est franc, généreux, sensible, brave, galant, adroit à tous les exercices du corps. Ses aventures ne sont point celles d'un héros de roman ; ce sont celles d'un jeune imprudent qui court le pays sans argent, avec sa bonne mine, et qui se jette dans des embarras cruels, sans que jamais l'honnêteté de son caractère en souffre.

Il n'y a que son intrigue avec lady Bellaston qui ait besoin d'être excusée par la jeunesse de notre héros, et l'extrémité où il se trouve réduit ; mais si l'on considère l'âge et le caractère de la dame, on conviendra que Jones n'est pas si coupable d'avoir accepté les dons d'une vieille folle et méchante, et qu'il a plus donné qu'il n'a reçu. La manière dont il se débarrasse de cette bonne fortune demande grace pour la manière dont il en a profité. Malgré ses imprudences, malgré ses fautes et ses torts réels, on ne peut s'empêcher d'aimer ce Tom Jones, si malheureux, si persécuté, et si digne d'un meilleur sort.

Werstern est un chef-d'œuvre de vérité, de naïveté, de force comique : c'est le portrait le plus plaisant et le plus fidèle de ces gentils-hommes anglais qui partagent leurs loisirs entre la chasse et la table : grossiers plutôt que francs; violents, emportés, opiniâtres; haïssant la cour et les grands, et cédant cependant à des considérations d'intérêt, à des vues de fortune. Ce caractère singulier, tracé de la main d'un grand maître, anime tout l'ouvrage.

Lady Bellaston est encore une copie fidèle des dames de Londres, qui savent couvrir la débauche du voile de la pruderie. La sœur de Werstern, avec sa politique, et quelques autres femmes, sont des personnages du second et du troisième ordres. Alworthy, froid par lui-même, contraste bien avec le fougueux Werstern; et Sophie est la digne maîtresse de Tom Jones. . . . .

La Femme Jalouse est une pièce originaire d'Italie. Lélio, fameux acteur du nouveau théâtre Italien, la composa d'après de vieux canevas; Joly la traduisit en français, et la fit jouer sur le même théâtre, en 1726; Desforges travailla sur l'original et sur la traduction française : son ouvrage fut représenté avec succès, d'abord sur ce théâtre, qui n'avait plus d'italien que le nom, ensuite sur la scène française, à laquelle il semblait appartenir plus spécialement comme pièce de caractère.

Une femme violente, emportée et féroce, est une espèce de monstre; c'est une furie sous des traits destinés par la nature à peindre la timidité, la douceur et les graces; la jalousie est plus théâtrale dans des amants que dans des époux, plus excusable dans une jeune femme que dans une matrone qui a une grande fille à marier. Souvent ce délire n'est qu'une explosion de l'orgueil le plus injuste; souvent une femme, dans l'âge de l'amitié, prétend avoir encore des droits à l'amour, et ne voit dans les outrages du temps que l'infidélité de son mari. La femme jalouse de son mari est un sujet qui n'est ni comique, ni intéressant au théâtre. Une femme ainsi dégradée est un triste spectacle, sur-tout pour son sexe; il choque les mœurs; il est ridicule sans être plaisant, dans un pays où le lien conjugal est extrêmement relâché.

Ce n'est pas qu'il n'y ait une vérité admirable dans le portrait de *la Femme Jalouse*, tracé par Desforges; mais cette vérité n'est ni agréable, ni utile. Le vice principal d'un pareil sujet, c'est que la jalousie poussée jusqu'à ce degré de violence, suppose un mauvais naturel et un grand défaut d'éducation; une femme sombre et sauvage, qui, depuis seize ans, fait son plaisir du martyre d'un homme doux, honnête et sensible, ne peut être qu'une méchante femme. La jalousie prend nécessairement la teinte du caractère; elle ne devient fureur et férocité que dans une femme naturellement altière, violente et acariâtre. On ne s'intéresse point aux malheurs chimériques d'une femme de cette espèce. L'imbécile mari qui, depuis seize ans, tourmenté par cette mégère, en est encore épris, qui aime encore le tyran devant lequel il tremble, est un être fort étrange, et n'intéresse guère plus que sa femme. On ne peut s'attacher qu'à la partie romanesque de la pièce. La jalousie de madame Dorsan est fondée, lorsqu'elle découvre que son mari fait venir à Paris, à son insu, une jeune fille de dix-huit ans, très jolie; sur-tout lorsqu'elle observe que cette fille ressemble beaucoup au portrait que son mari conservait précieusement dans le double fond d'une boîte d'or; mais cela ne suffit pas pour justifier les fureurs, la rage, les cris de ce tyran femelle. Dans *l'École des Mères*, de Lachaussée, un incident à peu près semblable est traité avec beaucoup d'art et de délicatesse.

Le caractère de l'ami du mari est peut-être celui

qui fait le plus d'honneur à l'auteur; il est bien tracé, bien soutenu d'un bout à l'autre; il est parfaitement vrai, mais il n'est pas théâtral. Un célibataire philosophe, d'une humeur grave, austère, inflexible, qui compatit peu aux faiblesses humaines, qui parle souvent des droits et de l'autorité de l'homme, et qui prétend qu'un mari doit être le maître chez lui; un pareil original, quoique d'ailleurs franc, généreux, bon ami, ne saurait plaire aux femmes. Tout le comique de la pièce est dans le rôle d'Eugénie. Ce caractère d'ingénuité n'est pas neuf, mais il est charmant. Il ne faut pas oublier un valet assez naturel, assez gai, dont le rôle ne sert pas beaucoup à l'action; mais il sert à égayer les spectateurs, qui, dans un sujet aussi lugubre, ne trouvent pas souvent le mot pour rire.

La Femme Jalouse suppose du mérite dans son auteur; la conduite en est bonne, le style médiocre, l'effet théâtral, triste et désagréable.

Geoffroy.

DESHOULIÈRES (Antoinette du LIGIER de LA GARDE) est née à Paris, en 1634, et non en 1638, comme le disent la plupart des biographes. Elle était fille d'un maître-d'hôtel de la reine Anne d'Autriche, qui avait exercé les mêmes fonctions auprès de Marie de Médicis. Mademoiselle de La Garde, adorée de ses parents, reçut une éducation peu ordinaire : elle apprit le latin, l'italien, l'espagnol; mais en même temps elle joignait aux études sérieuses celles des arts d'agrément ; et, chose assez rare, les occupations frivoles ne firent point de tort aux travaux de l'instruction. « La nature prit plaisir, « dit l'abbé Goujet, à rassembler dans mademoi- « selle de La Garde les agréments du corps et de « l'esprit, à un point qu'il est rare de rencontrer. « Elle avait une beauté peu commune, une taille « au-dessus de la médiocre, des manières nobles et « prévenantes; quelquefois un enjouement plein de « vivacité, quelquefois du penchant à cette mélan- « colie douce qui n'est pas ennemie des plaisirs ; « elle dansait avec justesse, montait bien à cheval, « et ne faisait rien qu'avec grace. »

En 1631, mademoiselle de La Garde épousa Guillaume de La Fon-de-Boisguérin, seigneur des Houlières, et lieutenant-colonel d'un des régiments du prince de Condé. Pendant les troubles de la Fronde, ce prince ayant quitté la France, Deshoulières se sépara de son épouse, et suivit son général à Rocroy, et ensuite à Bruxelles: c'est dans cette dernière ville que madame Deshoulières vint rejoindre son mari. Admise à la cour brillante de cette ville, sa beauté, son esprit, et ses graces lui attirèrent les hommages universels, et particulièrement ceux du grand Condé. Mais quelques plaintes qu'elle se permit sur les retards qu'éprouvait le paiement des appointements de son mari, l'ayant rendue suspecte dans une cour étrangère, elle fut arrêtée, et conduite comme prisonnière d'état au château de Vilvorde, à deux lieues de Bruxelles. Son mari, après avoir par des supplications réitérées vainement tenté de lui rendre la liberté, eut recours au parti·le plus désespéré. Suivi de quelques soldats dont la fidélité lui était connue, il pénétra dans le fort, sous prétexte de remplir une mission du prince de Condé, enleva sa femme, et prit sur le champ la route de France. Les deux époux profitant de l'amnistie que Louis XIV avait offerte à tous ceux qui pendant les troubles avaient fui chez l'étranger, arrivèrent à Paris: ils furent présentés au roi qui les accueillit avec bonté. La beauté de madame Deshoulières et sur-tout son esprit la firent bientôt rechercher des sociétés les plus brillantes de la capitale. C'était alors la mode des portraits : on s'amusait dans les cercles à tracer en prose ou en vers le caractère des personnages les plus marquants de l'époque: madame Deshoulières qui dans sa jeunesse avait reçu du poète Hémart quelques leçons sur les principes de la versification, et qui déjà s'était essayée avec succès dans quelques poésies légères, fit le portrait de Linière. Ses vers qui furent imprimés dans le *Mercure galant* de 1672, ne sont pas sans mérite, sur-tout pour le temps: il y a de la grace, de la facilité, mais peu de correction. Elle était liée avec les deux Corneille, avec Fléchier, Quinault, Benserade, le comte de Bussi-Rabutin, Ménage, les ducs de La Rochefoucault, de Nevers, etc. Elle a joui de son temps de la plus grande considération comme poète : on la surnommait *la dixième muse, la Calliope française*. Il est fâcheux pour madame Deshoulières que quelques préventions de société l'aient entraînée à préférer la *Phèdre* de Pradon à celle de Racine, et sur-tout à composer un certain mauvais sonnet qui commence par ces vers :

Dans un fauteuil doré, Phèdre tremblante et blême
Dit des vers où d'abord personne n'entend rien.

Il fallait avoir bien de la prévention contre Racine pour ne rien entendre à ses vers. Cette parodie burlesque fut cause que Boileau, pour venger son ami, dit de madame Deshoulières dans sa dixième satire :

C'est une précieuse,
Reste de ces esprits jadis si renommés,
Que d'un coup de son art Molière a diffamés.

Un fait digne de remarque, c'est que les deux femmes les plus célèbres du siècle de Louis XIV, mesdames de Sévigné et Deshoulières, ont méconnu le mérite de Racine. Mais c'était moins un défaut de goût qu'une admiration exclusive de Corneille à qui elles ne voulaient égaler personne.

La tragédie de *Genséric* que madame Deshoulières fit représenter, en 1680, sur le théâtre de l'hôtel de Bourgogne, fut trouvée si faible, et si dénuée de tout mérite, que, par allusion à sa plus belle idylle, on lui conseilla de *retourner à ses moutons*. Elle ne fut pas plus heureuse dans quelques autres essais du même genre : ses rimes redoublées et les vers qu'elle fit pour sa chatte, furent beaucoup plus goûtés de la cour et de la ville qui s'en amusèrent. En 1684, elle avait été nommée membre de l'académie des *Ricovrati* de Padoue, et l'académie d'Arles quelques années plus tard lui déféra le même honneur. Depuis long-temps madame Deshoulières attaquée d'une maladie mortelle, voyait chaque jour sa fin approcher : c'est pourtant au milieu des souffrances qu'elle a composé ses plus belles poésies, entre autres les *Réflexions morales*, et la paraphrase des psaumes, XII, XIII, et CXLV. On a prétendu, et presque tous ceux qui ont parlé d'elle l'ont répété, que la meilleure de ses idylles, celles des *Moutons*, ne lui appartenait pas, qu'elle l'avait copiée presque textuellement dans un poète obscur nommé Coutel. Malgré l'évidence que l'on a voulu prêter à ce plagiat, il paraît dénué de fondement; et puisque madame Deshoulières a pu faire ses autres idylles, il est assez probable qu'elle n'aurait pas osé s'emparer de celle-là aussi hardiment. Voltaire a placé madame Deshoulières dans son *Temple du goût;* et dans le *siècle de Louis XIV*, il dit que « de toutes « les dames françaises qui ont cultivé la poésie, c'est « celle qui a le plus réussi, puisque c'est celle dont « on a retenu le plus de vers. » Elle mourut à Paris le 17 février 1694. Quelques années auparavant, cédant aux sollicitations de ses amis, elle se décida à publier un premier recueil de ses *Poésies*, qui depuis long-temps étaient répandues dans le public. Il parut en 1687, in-8°; la mort l'empêcha d'en donner un second que sa fille fit paraître un an après. La meilleure édition des *Poésies de madame Deshoulières*, est celle de Crapelet, 1799, 2 vol. in-8°.

Ph. T.

JUGEMENT.

Segrais a plus de talent poétique que madame Deshoulières, quoique celle-ci, qui écrivit trente ans plus tard, ait une diction plus pure. Ses vers sont aisés, mais extrêmement prosaïques. Ce qui prouve un peu ce défaut dans ses *Idylles*, c'est qu'elles sont en vers mêlés; et si l'on a retenu quelques endroits de ses pièces, quand il n'y a plus guère, que les gens de lettres qui connaissent Segrais, c'est que la poésie purement bucolique est passée de mode, et que les *Idylles* de Deshoulières ne sont que des moralités adressées aux fleurs, aux ruisseaux, aux moutons, dans lesquelles il y en a quelques-unes exprimées d'une manière à la fois ingénieuse et naturelle. Elle avait plus d'esprit que de talent, et plus d'agrément que de naïveté, quoique Gresset l'ait appelé assez improprement la *naïve* Deshoulières. C'est l'esprit qui domine dans ses productions, qui sont en général faibles et monotones; et je ne parle que des meilleures, de ses *Idylles* et de ses *Stances morales;* car il y a long-temps qu'on ne lit plus la longue correspondance de ses chats et de ses chiens, qui remplit un tiers de ses œuvres, ni ses *Ballades*, ni ses *Épîtres*, ni ses *Chansons*, ni ses *Odes*: ses *Idylles* mêmes ont un plan trop uniforme. S'adresse-t-elle aux moutons, aux oiseaux, aux fleurs, aux ruisseaux, c'est toujours pour envier leur bonheur et comparer leur sort au nôtre. Non-seulement cette espèce de rapprochement trop répété devient un lieu commun, mais même il manque quelquefois de vérité. Est-ce la peine de dire aux fleurs?

> Jonquilles, tubéreuses,
> Vous vivez peu de jours, mais vous vivez heureuses;
> Les médisants ni les jaloux

Ne gênent point l'innocente tendresse
Que le printemps fait naître entre Zéphire et vous.

On ne sait pas trop comment *les fleurs vivent heureuses*, mais on sait trop que *la médisance* et *la jalousie* ne les *gênent* point. La poésie, qui anime tout, peut parler métaphoriquement des amours de Zéphire et des fleurs : la fable, qui donne un langage à tous les êtres, peut faire parler une rose : mais je doute qu'une idylle morale, la plus modeste de toutes les poésies, puisse être entièrement fondée sur le parallèle abusif du sort des fleurs et du nôtre : je doute qu'on puisse leur dire :

    Jamais trop de délicatesse
Ne mêle d'amertume à vos plus doux plaisirs,
Que pour d'autres que vous il pousse des soupirs,
    Que loin de vous il folâtre sans cesse,
Vous ne ressentez pas la mortelle tristesse
    Qui dévore les tendres cœurs,
    Lorsque, plein d'une ardeur extrême,
    On voit l'ingrat objet qu'on aime
Manquer d'empressement ou s'engager ailleurs.

Indépendamment de la faiblesse de ce style, il y a même ici une sorte d'inconséquence. Si l'on suppose que les fleurs puissent être amoureuses, pourquoi, dans cette fiction donnée, ne seraient-elles pas jalouses? Une fable allégorique où l'on représenterait la Rose se plaignant de l'inconstance du Zéphire, manquerait-elle de vraisemblance? Enfin, pourquoi employer une trentaine de vers à entretenir les fleurs de la nécessité de mourir, attachée à la condition humaine?

Plus heureuses que nous, vous mourez pour renaître.
Tristes réflexions! inutiles souhaits!
>Quand une fois nous cessons d'être,
>Aimables fleurs, c'est pour jamais.

Ces quatre vers suffisaient de reste. Pourquoi ajouter :

Un redoutable instant nous détruit sans *réserve*;
On ne voit au-delà qu'un obscur avenir.
A peine de nos noms un léger souvenir
>Parmi les hommes se conserve.
Nous entrons pour toujours dans un profond repos
>D'où nous a tirés la nature,
Dans cette affreuse nuit *qui confond le héros*
>*Avec le lâche et le parjure,*
Et dont les fiers destins, par de cruelles lois,
>Ne laissent sortir qu'une fois.

Qu'importe aux fleurs que le *lâche* soit confondu avec le *héros?* On ne voit pas même l'à propos de ces lieux communs si usés, et qu'on peut adresser à tout autre objet qu'aux jonquilles.

>Mais hélas! pour vouloir revivre,
>La vie est-elle un bien si doux?
>Quand nous l'aimons tant, songeons-nous
De combien de chagrins sa perte nous délivre?
Elle n'est qu'un amas de craintes, de douleurs,
>De travaux, de soins et de peines.
>Pour qui connaît les misères humaines,
>Mourir n'est pas le plus grand des malheurs.
>Cependant, agréables fleurs,
Par des liens honteux attachés à la vie,
>Elle fait seule tous nos soins,

Et nous ne vous portons envie
Que par où nous devons vous envier le moins.

On n'aperçoit ni le but ni le mérite de ces réflexions si communes, en vers si flasques et si rampants. Il n'y a de bon dans cette idylle que le commencement :

Que votre éclat est peu durable,
Charmantes fleurs, honneur de nos jardins !
Souvent un jour commence et finit vos destins,
Et le sort le plus favorable
Ne vous laisse briller que deux ou trois matins.

L'idylle *du Ruisseau*, quoiqu'un peu plus soutenue par la diction, n'est pas moins défectueuse dans le choix et le rapport des idées.

Vous vous abandonnez *sans remords, sans terreur,*
A votre pente naturelle.
Point de loi parmi vous ne la rend criminelle.

Point de loi ne la rend n'est nullement français. Mais d'ailleurs, je ne comprends pas qu'on dise à un ruisseau qu'il n'a *ni remords ni terreur.*

La vieillesse chez vous n'a rien qui fasse horreur.

Qu'est-ce que *la vieillesse* d'un ruisseau ?

Mille et mille poissons dans votre sein nourris
Ne vous attirent point *de chagrins, de mépris.*

Vraiment, je le crois bien. Ces vers, dont il est assez difficile de deviner l'application, portent-ils sur le contraste implicite de la maternité, qui, avec le temps, détruit dans les femmes la beauté qu'elle a d'abord rendue plus intéressante? Mais ce contraste n'est-il pas excessivement forcé?

Avec tant de bonheur d'où vient votre *murmure?*

Passons *le bonheur* des ruisseaux que je n'entends pas plus que celui des fleurs : n'est-ce pas trop jouer sur le mot *murmure?* Ce mot, pris dans le sens moral, peut-il s'appliquer à un ruisseau? Toutes les idées de la poésie pastorale doivent être simples et naturelles, et l'on ne trouvera dans les anciens qui s'y sont exercés aucun exemple de cette recherche.

De tant de passions que nourrit notre cœur,
    Apprenez qu'il n'en est pas une
Qui ne traîne après soi le trouble et la douleur.

Pourquoi faut-il qu'un ruisseau *apprenne cela?* Sont-ce *les passions que nourrit notre cœur* que l'auteur oppose aux *poissons nourris* dans les eaux? En ce cas, l'opposition des poissons aux passions ne vaut pas mieux que celle des poissons aux enfants.

L'imagination se prête davantage à la comparaison qui suit :

Il n'est point parmi vous de ruisseaux infidèles.
    Lorsque les ordres absolus
De l'Être indépendant qui gouverne le monde,
Font qu'un autre ruisseau se mêle avec votre onde,
Quand vous êtes unis, vous ne vous quittez plus.
A ce que vous voulez jamais il ne s'oppose ;
    Dans votre sein il cherche à s'abîmer ;
      Vous et lui, jusqu'à la mer
      Vous n'êtes qu'une même chose.

Ces vers sont trop peu différents de la prose, mais

il y a de l'intérêt dans la pensée. En voici une autre qui est ingénieuse et agréable :

> Ruisseau, ce n'est plus que chez vous
> Qu'on trouve encor de la franchise.
> On y voit la laideur ou la beauté, qu'en nous
> La bizarre nature a mise.
> Aucun défaut ne s'y déguise :
> Aux rois comme aux bergers vous les reprochez tous.

Ce dernier vers est très joli, et la fin de la pièce se rapporte très bien au commencement. L'auteur a dit :

> Ruisseau nous paraissons avoir un même sort.
> D'un cours précipité nous allons l'un et l'autre,
> Vous à la mer, nous à la mort.

Elle dit en finissant :

> Courez, ruisseaux, courez, fuyez-nous, reportez
> Vos ondes dans le sein des mers dont vous sortez,
> Tandis que, pour remplir la dure destinée
> Où nous sommes assujettis,
> Nous irons reporter la vie infortunée
> Que le hasard nous a donnée,
> Dans le sein du néant dont nous sommes sortis.

Cette connexion d'idées relatives devrait se faire sentir dans toute la pièce, puisqu'elle en est le fondement. C'est un des avantages de l'idylle des *Oiseaux* et de celle des *Moutons*, les deux meilleures de l'auteur. Celle-ci a plus de douceur et de grace; l'autre a peut-être un peu plus de poésie.

> L'air n'est plus obscurci par des brouillards épais ;
> Les prés font éclater les couleurs les plus vives,

Et dans leurs humides palais
L'hiver ne retient plus les naïades captives.
Les bergers, accordant leur musette à leur voix,
    D'un pied léger foulent l'herbe naissante.
        Mille et mille oiseaux à la fois,
        Ranimant leur voix languissante,
Réveillent les échos endormis dans ces bois.
Où brillaient des glaçons, on voit naître des roses.
Quel dieu chasse l'horreur qui régnait dans ces lieux ?
Quel dieu les embellit ? Le plus petit des dieux
    Fait seul tant de métamorphoses !
Il fournit au printemps tout ce qu'il a d'appas.
    Si l'Amour ne s'en mêlait pas,
    On verrait périr toutes choses.
    Il est l'âme de l'univers :
    Comme il triomphe des hivers
Qui désolent nos champs par une rude guerre,
D'un cœur indifférent il bannit les froideurs.
    L'indifférence est pour les cœurs
    Ce que l'hiver est pour la terre.

Cette description du printemps est ce que madame Deshoulières a écrit de plus poétique, et la poésie n'a que le degré de force qui convient à l'idylle. Les réflexions sont analogues au genre, et le reste de la pièce est du même ton.

Que nous servent, hélas ! de si douces leçons ?
Tous les ans la nature en vain les renouvelle;
    Loin de la croire, à peine nous naissons,
    Qu'on nous apprend à combattre contre elle.
    Nous aimons mieux, par un bizarre choix,
        Ingrats, esclaves que nous sommes !
Suivre ce qu'inventa le caprice des hommes,

Que d'obéir à ses premières lois.
Que votre sort est différent du nôtre,
Petits oiseaux qui me charmez,
Voulez-vous aimer, vous aimez ;
Un lieu vous déplaît-il, vous passez dans un autre.
On ne connaît chez vous ni vertus ni défauts ;
Vous paraissez toujours sous le même plumage ;
Et jamais dans les bois on n'a vu les corbeaux
Des rossignols emprunter le ramage.
Il n'est de sincère langage,
Il n'est de liberté que chez les animaux !
L'usage, le devoir, l'austère bienséance,
Tout exige de nous des droits dont je me plains,
Et tout enfin du cœur des perfides humains
Ne laisse voir que l'apparence.
Contre nos trahisons la nature en courroux
Ne nous donne plus rien sans peine :
Nous cultivons les vergers et la plaine,
Tandis, petits oiseaux, qu'elle fait tout pour vous.
Les filets qu'on vous tend sont la seule infortune
Que vous avez à redouter.
Cette crainte nous est commune :
Sur notre liberté chacun veut attenter ;
Par des dehors trompeurs on tâche à nous suprendre.
Hélas ! pauvres petits oiseaux,
Des ruses du chasseur songez à vous défendre :
Vivre dans la contrainte est le plus grand des maux !

Celle des *Moutons* est encore supérieure, puisqu'elle a un charme qui l'a gravée dans la mémoire des amateurs. C'est là son plus grand éloge, et il me dispense d'en dire davantage. Il faut joindre à ces deux jolies idylles celle de *l'Hiver*, qui, sans les valoir, est pourtant au nombre des bonnes pièces de l'auteur. Mais celles du *Tombeau* et de *la Solitude*, qui ne sont que des moralités vagues, ne peuvent leur être comparées ni pour les idées ni pour le style. On peut les joindre aux *Fleurs* et au *Ruisseau*. Ainsi, de sept idylles qui nous restent de madame Deshoulières, il y en a trois qui sont des titres pour sa mémoire. Il me semble qu'on peut y ajouter une églogue qu'on est surpris de ne pas trouver dans le choix qu'ont fait des poésies de Deshoulières les éditeurs des *Annales poétiques*.

La terre fatiguée, impuissante, *inutile*,
Préparait à l'hiver un triomphe facile.
Le soleil sans éclat, précipitant son cours,
Rendait déjà les nuits plus longues que les jours;
Quand la bergère Iris de mille appas ornée,
Et malgré tant d'appas amante infortunée,
Regardant les buissons à demi-dépouillés :
Vous que mes pleurs, dit-elle, ont tant de fois mouillés,
De l'automne en courroux ressentez les outrages.
Tombez, feuilles, tombez, vous dont les noirs ombrages
Des plaisirs de Tyrcis faisaient la sûreté;
Et payez le chagrin que vous m'avez coûté.
Lieux toujours opposés au bonheur de ma vie,
C'est ici qu'à l'amour je me suis asservie.
Ici j'ai vu l'ingrat qui me tient sous ses lois,
Ici j'ai soupiré pour la première fois.
Mais tandis que pour lui je craignais mes faiblesses,
Il appelait son chien, l'accablait de caresses;
Du désordre où j'étais, loin de se prévaloir,
Le cruel ne vit rien, ou ne voulut rien voir.
Il loua mes moutons, mon habit, ma houlette;

Il m'offrit de chanter un air sur sa musette.
Il voulut m'enseigner quelle herbe va paissant,
Pour reprendre sa force, un troupeau languissant ;
Ce que fait le soleil des vapeurs qu'il attire.
N'avait-il rien, hélas ! de plus doux à me dire ?

Ces vers ont, si je ne me trompe, tous les caractères du style bucolique, la naïveté des sentiments, la douceur de la diction, et le choix des détails analogues. La suite y répond, malgré quelques fautes; et de cette églogue, des trois idylles que j'ai préférées aux autres, et des vers adressés à ses enfants, *Dans ces prés fleuris,* je composerais la couronne poétique et pastorale de madame Deshoulières.

Dans ses autres poésies, on peut distinguer les vers à M. Caze pour sa fête : *On dit que je ne suis pas bête;* le rondeau qui commence par ces mots : *Entre deux draps*, et quelques-unes de ses stances morales, celles-ci par exemple :

Les plaisirs sont amers d'abord qu'on en abuse.
  Il est bon de jouer un peu;
Mais il faut seulement que le jeu nous amuse.
  Un joueur, d'un commun aveu,
  N'a rien d'humain que l'apparence;
Et d'ailleurs il n'est pas si facile qu'on pense,
D'être fort honnête homme et de jouer gros jeu.
Le désir de gagner, qui nuit et jour occupe,
  Est un dangereux aiguillon.
Souvent, quoique l'esprit, quoique le cœur soit bon,
  On commence par être dupe,
  On finit par être fripon.

Quel poison pour l'esprit sont les fausses louanges !
Heureux qui ne croit pas à de flatteurs discours !
Penser trop bien de soi fait tomber tous les jours
    En des égarements étranges.
L'amour propre est, hélas ! le plus sot des amours :
Cependant des erreurs elle est la plus commune.
Quelque puissant qu'on soit, en richesse, en crédit,
Quelque mauvais succès qu'ait tout ce qu'on écrit,
    Nul n'est content de sa fortune,
    Ni mécontent de son esprit.

Les deux derniers vers de chacune de ces stances ont ce mérite d'une vérité frappante, exprimée avec une précision ingénieuse qui fait les proverbes des hommes instruits.

La Harpe, *Cours de Littérature.*

MORCEAUX CHOISIS.

I. Les Moutons.

Hélas ! petits moutons, que vous êtes heureux !
Vous paissez dans nos champs sans souci, sans alarmes ;
    Aussitôt aimés qu'amoureux,
On ne vous force point à répandre des larmes :
Vous ne formez jamais d'inutiles désirs ;
Dans vos tranquilles cœurs l'amour suit la nature :
Sans ressentir ses maux vous avez ses plaisirs.
L'ambition, l'honneur, l'intérêt, l'imposture,
    Qui font tant de maux parmi nous,
    Ne se rencontrent point chez vous.
Cependant nous avons la raison pour partage,
    Et vous en ignorez l'usage.
Innocents animaux, n'en soyez point jaloux ;

Ce n'est point un grand avantage :
Cette fière raison, dont on fait tant de bruit,
Contre les passions n'est pas un sûr remède ;
Un peu de vin la trouble, un enfant la séduit ;
Et déchirer un cœur qui l'appelle à son aide,
   Est tout l'effet qu'elle produit.
   Toujours impuissante et sévère,
Elle s'oppose à tout, et ne surmonte rien.
   Sous la garde de votre chien
Vous devez beaucoup moins redouter la colère
   Des loups cruels et ravissants,
Que, sous l'autorité d'une telle chimère,
   Nous ne devons craindre nos sens.
Ne vaudrait-il pas mieux vivre, comme vous faites,
   Dans une douce oisiveté?
Ne vaudrait-il pas mieux être, comme vous êtes,
   Dans une heureuse obscurité,
   Que d'avoir, sans tranquillité,
   Des richesses, de la naissance,
   De l'esprit et de la beauté?
Ces prétendus trésors, dont on fait vanité,
   Valent moins que votre indolence :
Ils nous livrent sans cesse à des soins criminels ;
   Par eux plus d'un remords nous ronge.
   Nous voulons les rendre éternels,
Sans songer qu'eux et nous passerons comme un songe.
   Il n'est dans ce vaste univers
   Rien d'assuré, rien de solide :
Des choses ici bas la fortune décide
   Selon ses caprices divers :
   Tout l'effort de notre prudence
Ne peut nous dérober au moindre de ses coups.
Paissez, moutons, paissez sans règle et sans science ;

Malgré la trompeuse apparence,
Vous êtes plus heureux et plus sages que nous.

II. Allégorie.

Dans ces prés fleuris
Qu'arrose la Seine,
Cherchez qui vous mène,
Mes chères brebis :
J'ai fait, pour vous rendre
Le destin plus doux,
Ce qu'on peut attendre
D'une amitié tendre;
Mais son long courroux
Détruit, empoisonne
Tous mes soins pour vous,
Et vous abandonne
Aux fureurs des loups.
Seriez-vous leur proie,
Aimable troupeau?
Vous de ce hameau
L'honneur et la joie;
Vous qui gras et beau
Me donniez sans cesse
Sur l'herbette épaisse
Un plaisir nouveau?
Que je vous regrette!
Mais il faut céder;
Sans chien, sans houlette,
Puis-je vous garder?
L'injuste Fortune
Me les a ravis.
En vain j'importune
Le ciel par mes cris;

Il rit de mes craintes ;
Et, sourd à mes plaintes,
Houlette ni chien,
Il ne me rend rien.
Puissiez-vous, contentes
Et sans mon secours,
Passer d'heureux jours,
Brebis innocentes,
Brebis mes amours !
Que Pan vous défende !
Hélas ! il le sait ;
Je ne lui demande
Que ce seul bienfait.
Oui, brebis chéries,
Qu'avec tant de soin
J'ai toujours nourries,
Je prends à témoin
Ces bois, ces prairies,
Que, si les faveurs
Du dieu des pasteurs
Vous gardent d'outrages,
Et vous font avoir
Du matin au soir
De gras pâturages,
J'en conserverai,
Tant que je vivrai,
La douce mémoire,
Et que mes chansons
En mille façons
Porteront sa gloire,
Du rivage heureux
Où, vif et pompeux
L'astre qui mesure

Les nuits et les jours,
Commençant son cours,
Rend à la nature
Toute sa parure,
Jusqu'en ces climats
Où, sans doute, las
D'éclairer le monde,
Il va chez Thétis
Rallumer dans l'onde
Ses feux amortis.

DESMAHIS (Joseph-François-Édouard de COR-SEMBLEU), naquit à Sully-sur-Loire, le 3 février 1722. Son père, premier magistrat du duché, le destinait à la robe; mais la vocation du jeune Desmahis l'entraînait vers une carrière plus brillante. Comment pouvait-il échapper aux muses? il habitait un lieu rempli de souvenirs poétiques; Chapelle, Chaulieu et Fontenelle y avaient trouvé des inspirations, et Voltaire vint habiter quelque temps le château de Sully. Il n'en fallait pas tant pour lui faire chérir un talent dont il avait en lui l'heureux germe. Il vint à Paris, dès l'âge de dix-huit ans; et là, sous les auspices de Voltaire, qui le présenta dans les sociétés les plus distinguées, il essaya de se faire connaître par des poésies fugitives, dont la plus grande partie fut composée pour une dame qu'il aimait, et que des obstacles l'empêchèrent d'épouser. Ces petits ouvrages, remarquables par la facilité et l'élégance du style, lui ont fait obtenir une place honorable parmi nos poètes aimables. Il voulut bientôt essayer ses forces dans un genre plus élevé, et donna au théâtre *l'Impertinent*, ou *le Billet perdu*, comédie en un acte et en vers, qui eut beaucoup de succès, et dont plusieurs vers sont restés dans la mémoire des amateurs. Il composa encore deux comédies, *le Triomphe du sentiment* et *la Veuve coquette*; mais elles ne furent jamais représentées. Il a travaillé aussi à deux autres pièces, *l'Inconséquent* et *l'Honnête homme*, dont il n'a laissé que des fragments. Une mort prématurée l'enleva dans sa trente-neuvième année, le 25 février 1761. Il a fait dans l'*Encyclopédie* les articles *Fat* et *Femme*, morceaux dans lesquels on a justement blâmé la frivolité des idées, et l'afféterie du style. Suivant l'expression de Clément, Desmahis avait tout l'esprit qu'on peut avoir en petite monnaie. La meilleure et la plus connue de ses pièces fugitives est le *Voyage d'Essonne*, plus ordinairement nommé *Voyage de Saint-Germain*. M. de Tresseol a réuni les OEuvres de Desmahis en 2 vol. in-12, Paris, 1778. C'est l'édition la plus complète.

Desmahis était doué d'un caractère aimable, et des qualités du cœur les plus recommandables dans un honnête homme. Sensible à l'amitié, il disait : « Lorsque mon ami rit, c'est à lui à m'apprendre le « sujet de sa joie; lorsqu'il pleure, c'est à moi à découvrir la cause de son chagrin. » Il disait encore : « Content de vivre avec les grands hommes de mon « siècle, dans le cercle de l'amitié, je n'ambitionne « point d'être placé auprès d'eux, dans le temple

« de mémoire. » Il pensait que, « si l'union et l'harmo-
« nie régnaient parmi les gens de lettres, ils seraient,
« malgré leur petit nombre, les maîtres du monde. »
C'est pour cela qu'il détestait la satire. « Abjurez
« pour jamais ce malheureux genre, disait-il à un
« homme qui s'y exerçait, si vous voulez conserver
« avec moi quelque liaison. »

AUGER.

JUGEMENTS.

I.

Sa petite comédie de *l'Impertinent* est remplie de détails agréables, mais elle n'est point comique. Elle eut, dans sa nouveauté, un succès qui ne s'est pas soutenu, parce qu'il y avait trop d'esprit et trop peu de naturel. C'est aussi l'agrément et le vice du petit nombre de ses pièces fugitives que l'on a recueillies. Elles sont supérieures cependant à cette foule de bagatelles en vers que l'on nous a données depuis, et qu'il semble que Gresset avait prévues, lorsqu'il a dit :

De la joie et du cœur on quitte le langage
Pour l'absurde talent d'un triste persiflage.

C'est à Desmahis que Voltaire adressa ces vers aimables :

Vos jeunes mains cueillent des fleurs
Dont je n'ai plus que les épines ;
Vous dormez dessous les courtines
Et des Graces et des neuf sœurs.
Je leur fais encor quelques mines ;
Mais vous possédez leurs faveurs.

Tout s'éteint, tout s'use, tout passe ;
Je m'affaiblis et vous croissez ;
Mais je descendrai du Parnasse,
Content si vous m'y remplacez.
Je jouis peu, mais j'aime encore,
Je verrai du moins vos amours.
Le crépuscule de mes jours
S'embellira de votre aurore.

Je dirai : je fus comme vous ;
C'est beaucoup me vanter peut-être ;
Mais je ne serai point jaloux :
Le plaisir permet-il de l'être ?

Desmahis joignait, au talent de faire de jolis vers, celui d'écrire agréablement en prose. On a de lui, dans la première édition de l'*Encyclopédie*, deux ou trois articles pleins d'esprit, mais qui paraissent un peu déplacés dans ce dictionnaire.

PALISSOT, *Mémoires sur la Littérature.*

II.

L'Impertinent, de Desmahis, pétille d'esprit, mais aux dépens du naturel: les vers sont d'une tournure spirituelle, mais rarement adaptée au dialogue, et ce style n'est rien moins que dramatique. La pièce est une dissertation sur la fatuité, un recueil de maximes et d'épigrammes : il y en a d'assez jolies pour qu'on désirât de les trouver ailleurs; il y en a qui seraient mauvaises partout. Il est ridicule que Pasquin dise, en parlant de Damis et de sa maîtresse :

..... Vous êtes l'un et l'autre
L'écho de votre esprit, l'ombre de votre corps

Mais quand ce serait le poète qui le dirait en son propre nom, cela n'en vaudrait pas mieux. L'intrigue est petite; elle roule sur un *billet perdu* : c'était le premier titre de la pièce. Elle eut du succès dans sa nouveauté, mais on l'a remise rarement. Quelques traits fort heureux, quelques morceaux permettaient d'espérer, si l'auteur ne fût pas mort jeune, que son talent pour le théâtre pourrait se mûrir. Il en avait montré pour la poésie légère, et *l'Impertinent* même annonce dans quelques endroits un homme qui pouvait un jour écrire la comédie. Damis veut, à force d'impertinences, rebuter une maîtresse qui l'importune : celle-ci, prévenue de son projet, affecte une patience qui le déconcerte. Il dit à part :

Non, je ne parviendrai jamais à lui déplaire.
Voilà de ces malheurs qui n'arrivent qu'à moi.

C'est un mot de caractère et de situation. Il a été huit jours sans la voir : elle lui demande quels *devoirs importants* l'ont occupé.

DAMIS.

Vous m'en demandez compte! Eh! mais, cent, plutôt mille :
J'eus dimanche un billet pour souper chez Mouthier *,
Avec le petit duc et la grosse comtesse.
Lundi, jour malheureux! un maudit créancier,
Automate indocile, homme sans politesse,
Sous prétexte qu'il doit lui-même et qu'on le presse,
Me voulut sans délai contraindre à le payer.

* Cuisinier célèbre.

J'allai le jour suivant flatter un financier.
Mercredi je courus à la pièce nouvelle.
Tout le monde était pour, et moi, je fus contre elle.
La satire embellit les plus simples propos,
Et l'admiration est le style des sots.
Jeudi j'eus de l'humeur, je me boudai moi-même.
Le lendemain je fus d'une folie extrême;
Florise s'empara de moi pour tout le jour.
Hier à tout Paris j'ai fait voir une veste
D'un goût divin, l'habit le plus gai, le plus leste,
Où Laboutray, Passau*, ravissent tour à tour;
Et j'arrive aujourd'hui tout plein de mon amour.

Le détail de cette semaine est un morceau très piquant et très original : il y a même ici un autre mérite que celui du style et de la peinture des mœurs. C'est un à-propos très fin, que ce vers :

J'allai le jour suivant flatter un financier.

Ce jour est précisément le lendemain de la visite du créancier discourtois.

LA HARPE, *Cours de Littérature*.

MORCEAUX CHOISIS.

I. Les bureaux d'esprit.

Il faut penser pour être au rang de mes amis;
Les beaux esprits manqués n'y seront point admis.
J'en veux laisser jouir une madame Hortense
Qui, pour le sentiment n'ayant plus d'existence,
Croit qu'on a de l'esprit, en rassemblant le soir
Ceux qui dans le public passent pour en avoir.

---

* Brodeurs renommés.

Bien peu de gens en ont, disons-le sans scrupule,
Et, de tout cet esprit qui dans Paris circule,
Il est peu de cerveaux qui fournissent les fonds.
Quelques hommes choisis sont légers et profonds,
Quelques femmes aussi peuvent être citées;
Mais tout le reste vit de choses empruntées.
   Vous feriez-vous le protecteur
   De ces plaisants aréopages,
Où préside toujours une femme docteur,
    Qui, rassemblant de petits personnages,
    Recueillant de petits suffrages,
   Dicte des lois au peuple auteur?
On vit là comme ailleurs de phrases rebattues.
   Je compare ces tribunaux
   A des cabinets de statues
   Où sont, sur de grand piédestaux,
De petits bustes peints, figures inconnues
   Qu'un curieux étiquette du nom
   D'Aristophane ou de Platon.
Chacun de ces bureaux se croit la seule école
Des talents et du goût, de la prose et des vers.
   Dans une outre, on a dit qu'Éole
   Renferma tous les vents divers:
De nos bureaux d'esprit cette outre est le symbole;
Chacun croit contenir, comme dans une fiole,
   Tout le bon sens de l'univers:
Poètes, orateurs, historiens, critiques,
Tout abonde en ces lieux: je crois voir ces boutiques
Où je lis quelquefois, en traversant Paris,
Sur des vases rangés, d'Esculape chéris,
Émétique, antimoine, essence, esprit de nitre.
Eh bien, ces vases-là n'ont souvent que le titre.
     L'Honnête Homme, act. II, sc. 2.

II. Épître à Chloé.

Il n'est point de forfaits qu'on n'impute à l'Amour.
   Ses flèches sont empoisonnées :
   Le Caucase et les Pyrénées,
Dans leurs rochers, dit-on, lui donnèrent le jour.
Il se nourrit de pleurs; c'est le tyran du monde:
Tout y serait, sans lui, dans une paix profonde;
   Lui seul en trouble le repos.
Ne prête point, Chloé, l'oreille à ces propos.
Si pour nous en punir, ce dieu quittait la terre,
On verrait tout languir, tout perdrait ses appas;
   L'hiver, les glaçons, les frimats,
   Sans cesse nous feraient la guerre.
   L'Amour est le dieu du printemps;
Le feu de son flambeau ranime la nature,
Fait croître les moissons, donne aux prés leur verdure.
C'est lui qui fait bondir les troupeaux dans les champs;
C'est lui qui peint les fleurs des couleurs les plus belles;
Ce qu'on nomme zéphir est le vent de ses ailes;
L'univers, en un mot, lui doit ses agréments.
L'Amour embellit tout, jusqu'à la beauté même,
   Ou plutôt il fait la beauté.
C'est à lui qu'un beau teint doit sa vivacité;
   Par lui, par son pouvoir suprême,
Des boucles de cheveux ornés de quelques fleurs,
Sont autant de filets où se prennent les cœurs;
Ce sourire enfantin, ce son de voix qui touche,
Et ce je ne sais quoi, dont le charme secret
Invite les baisers à voler sur ta bouche,
Tu les tiens de l'Amour: c'est un don qu'il t'a fait.
   Ne pense pas qu'en ce tableau*,

---

* Ces deux rimes masculines de différente couleur se trouvent dans toutes les éditions.

Du peintre de Philippe imitant l'artifice,
Je te montre l'Amour du côté le plus beau ;
Je ne sais point tromper, rends-moi plus de justice.
Pour convaincre ton cœur de ma sincérité,
Écoute ce récit par maints Grecs attesté.
  Les dieux en corps, et Junon à leur tête,
  Chez Jupiter se rendirent un jour :
  Tous, de concert, se plaignaient de l'Amour,
   Et concluaient dans leur requête
Qu'il fallait le bannir du céleste séjour.
  Pour l'accusé, Jupin demande grace ;
  Mais c'est en vain : on s'écrie, on menace,
  S'il ne fait droit, de déserter sa cour.
  Vesta, Cérès, vont chercher le coupable,
   Pour qu'il ne leur échappe pas.
Les barbares de fers chargent ses petits bras ;
Rien ne peut désarmer leur cœur impitoyable.
Lui, croit que c'est un jeu, tend les mains sans effort :
Mes grand'mamans, dit-il, si vous serrez trop fort,
Vous vous en souviendrez ; je vous la garde bonne.
  Ah ! si je puis avoir mon tour,
  Vous le savez, des fers que l'Amour donne
   Les marques restent plus d'un jour.
   Conduit dans le sénat céleste,
Il y cherche Vénus d'un regard agité :
  Quand quelque part se trouve la beauté,
  L'Amour n'a rien à craindre de funeste.
Vénus était absente ; au bord du Simoïs,
  Dans les bras du dieu de la guerre,
   La déesse ne songeait guère
   Qu'on pût se plaindre de son fils.
Ce petit dieu, ne voyant pas sa mère,
Sent de son cœur la crainte s'emparer :

Hélas! dit-il, quel crime ai-je pu faire?
Puis tout-à-coup il se mit à pleurer.
Que l'Amour est touchant quand il verse des larmes!
Un mortel se fût adouci;
Il eût soudain rendu les armes.
Les vieilles déités ont le cœur endurci:
Chassé du séjour du tonnerre,
Il fut relégué dans ces lieux:
A cela qu'ont gagné les dieux?
Ils sont venus le chercher sur la terre.

III. Le Fat.

C'est un homme dont la vanité seule forme le caractère; qui ne fait rien par goût, qui n'agit que par ostentation, et qui, voulant s'élever au-dessus des autres, est descendu au-dessous de lui-même. Familier avec ses supérieurs, important avec ses égaux, impertinent avec ses inférieurs, il tutoie, il protège, il méprise. Vous le saluez, il ne vous voit pas; vous lui parlez, il ne vous écoute pas; vous parlez à un autre, il vous interrompt. Il lorgne, il persifle, au milieu de la société la plus respectable et de la conversation la plus sérieuse. Il dit à l'homme vertueux de venir le voir, et lui indique l'heure du brodeur et du bijoutier. Il n'a aucune connaissance, et il donne des avis aux savants et aux artistes. Il en eût donné à Vauban sur les fortifications, à Le Brun sur la peinture, à Racine sur la poésie.

Il fait un long calcul de ses revenus; il n'a que soixante mille livres de rente, il ne peut vivre. Il consulte la mode pour ses travers comme pour ses habits, pour son médecin comme pour son tailleur. Vrai personnage de théâtre, à le voir, vous croiriez qu'il a un masque; à l'entendre, vous diriez qu'il joue un rôle : ses paroles sont vaines, ses actions sont des mensonges, son silence même est menteur. Il manque aux engagements qu'il a; il en feint quand il n'en a pas. Il ne va pas où on l'attend; il arrive tard où il n'est point attendu. Il n'ose avouer un parent pauvre, ou peu connu. Il se glorifie de l'amitié d'un grand à qui il n'a jamais parlé, ou qui ne lui a jamais répondu. Il a du bel-esprit la suffisance et les mots satiriques; de l'homme de qualité, les talons rouges, le coureur et les créanciers.

Pour peu qu'il fût fripon, il serait en tout le contraste de l'honnête homme : en un mot, c'est un homme d'esprit pour les sots qui l'admirent; c'est un sot pour les gens sensés qui l'évitent. Mais si vous connaissiez bien cet homme, ce n'est ni un homme d'esprit, ni un sot; c'est un fat, c'est le modèle d'une infinité de jeunes sots mal élevés.

DESMARETS (JEAN DE SAINT-SORLIN), né à Paris en 1595, fut un des membres de l'Académie française, dès la création de cette compagnie. Il faisait partie des réunions de l'hôtel de Rambouillet, et les amateurs se rappellent encore les jolis vers sur une violette, qu'il composa pour *la Guirlande de Julie*. Sa gaieté, son esprit, lui attirèrent la bienveillance du cardinal de Richelieu, qui l'engagea à travailler pour le théâtre. Il débuta en 1636, par *Aspasie*, pièce très médiocre, qui cependant obtint du succès. Encouragé par cette réussite et par les éloges que lui prodiguaient les partisans du cardinal, il donna successivement, *Scipion*, *Mirame*, *Roxane*, *les Visionnaires*, *Érigone* et *Europe*. De toutes ces pièces, les seules qui soient dignes de remarque, non par leur mérite, mais par le succès qu'elles obtinrent, sont *Mirame* et *les Visionnaires*. La première fut ordonnée par le cardinal de Richelieu, qui passe même pour avoir travaillé à plusieurs scènes : elle fut jouée à l'ouverture du théâtre qu'il avait fait élever dans son palais. « La comédie des « *Visionnaires*, dit Voltaire, passa pour un chef- « d'œuvre : mais c'est que Molière n'avait pas en- « core paru[*]. »

Desmarets, dans sa jeunesse, avait mené une vie assez licencieuse: plus tard il en eut des remords ; et tout-à-coup, on le vit se séparer du monde, renoncer à ses habitudes, et se livrer aux pratiques de la dévotion la plus extrême. C'est à dater de cette époque qu'il composa les livres religieux qu'il a laissés. Quoique ses ouvrages fussent dangereux par l'exaltation de ses principes, comme ils attaquaient avec acharnement le parti des jansénistes, ils furent approuvés par le clergé de Paris. Son *Avis du Saint-Esprit au roi*, est la conception la plus extravagante qui puisse sortir d'un cerveau dérangé. Il assure que Dieu l'a envoyé sur terre pour faire une réfor-

[*] On trouve dans le *Segraisiana* les allusions qui ont fait le succès de cette comédie.

mation du genre humain, et il promet à Louis XIV, une armée de cent quarante-quatre mille hommes, pour établir la vraie religion dans l'empire des Mahométans.

Au moment de sa conversion, il s'occupait de son poème de *Clovis* : il l'acheva pourtant, et y mêla les folles imaginations dont sa tête était remplie. Ce poème que Chapelain vanta beaucoup, fut assez mal accueilli du public, et Boileau, par ses épigrammes, acheva de rendre l'ouvrage et l'auteur ridicules.

Desmarets mourut à Paris, le 28 octobre 1676, chez le duc de Richelieu dont il était l'intendant. Outre les ouvrages dont nous avons parlé, il en composa encore un grand nombre d'autres, dont voici les principaux : *Jeux historiques des rois de France, des reines renommées, de la Géographie et des Métamorphoses,* Paris 1698, in-8°, *Morales d'Épictète, de Socrate, de Plutarque, et de Sénèque,* 1653, in-8°; *l'Imitation de Jésus-Christ,* traduite en vers français, 1654, in-12. *Les délices de l'esprit,* 1678, in-12. On a dit, avec raison, qu'il fallait mettre à l'*errata* : *Délices,* lisez *Délires.* Le poème de *Clovis* ou *la France chrétienne,* en vingt-six chants, a eu plusieurs éditions; la meilleure est celle de Paris, 1673, in-8°.

DESPORTES (Philippe), poète français, naquit à Chartres en 1546.

Un évêque se l'attacha, et l'emmena de Paris à Rome, où il apprit la langue italienne, qui contribua à développer son goût pour la poésie. De retour en France, il s'y livra avec ardeur, et s'appliqua à purger notre langue qui, avant lui, était hérissée de grec et de latin.

Desportes suivit le duc d'Anjou en Pologne. Mais il n'y resta pas long-temps, et revint à la cour de Charles IX. Dès lors la fortune se plut à le combler de ses faveurs. Le roi le gratifia de 800 écus d'or pour son *Rodomont*. Son successeur, Henri III, lui continua ses bienfaits, le nomma son lecteur, et l'admit dans son conseil. Il reçut de ce monarque 10,000 écus d'or pour publier ses ouvrages; et l'abbaye de Tyron fut le prix d'un sonnet. Enfin, il réunit sur sa tête les abbayes de Josaphat, de Bomport, et plusieurs autres bénéfices, qui lui produisaient un revenu de 30,000 livres. Il était aussi chanoine de la Sainte-Chapelle: on prétend qu'il refusa différents évêchés, et même l'archevêché de Bordeaux.

A la mort de Henri III, Desportes, sous l'influence du duc de Joyeuse, son protecteur, embrassa le parti de la Ligue, et l'aida à soulever la Normandie. Mais il s'en repentit, et travailla de tout son zèle à faire rentrer cette province rebelle sous l'obéissance de Henri IV, qui oublia les torts du ligueur et lui accorda son amitié.

Desportes mourut le 5 octobre 1606, dans son

abbaye de Bomport, où il fut inhumé. Cette abbaye, de l'ordre de Citeaux, était située dans le département de l'Eure, à une demie lieue du pont-de-l'Arche. Son frère Théobald, lui fit ériger une colonne funèbre qu'on voyait autrefois au musée des monuments français. On lui composa cette épitaphe :

> Ci-gît pour qui sans hyperbole
> L'Hippocrène fut un Pactole.

Nous avons de Desportes des sonnets, des stances, des élégies, des chansons, des épigrammes, des imitations de l'Arioste, 1575 in-4°; 1579 in-4°; 1585 in-12; 1600 in-8°; 1611 in-12. *Soixante psaumes de David, mis en vers français*, 1591 in-4°; *cent psaumes avec quelques cantiques de la Bible, et autres œuvres chrétiennes et prières*, 1598 in-8°; *les cent-cinquante psaumes*, etc; 1603, in-8°; 1604, in-12; 1608, in-12; 1624 in-8°, avec la musique. Dans l'édition de 1598, on trouve un sonnet, qui a donné à Desbarreaux l'idée de son célèbre sonnet.

On a recueilli *les Imitations de quelques chants de l'Arioste* par Philippe Desportes, Saint-Gelais, Jean-Antoine de Baïf, et Loys d'Orléans, Paris 1572 in-8°.

« Une chose qui contribue à augmenter la gloire
« de Desportes (dit l'abbé Sabatier de Castres), est
« l'usage qu'il fit de la fortune que son mérite lui
« avait procurée. Son caractère aimable, facile, doux,
« généreux, le porta toujours à répandre ses bien-
« faits sur les jeunes littérateurs moins heureux que
« lui, et la noblesse de ses sentiments ne lui permit
« jamais de s'en vanter. »

Dans un livre intitulé: *les Rencontres des Muses de France et d'Italie*, 1604 in-4°, on lui reprocha d'avoir pris des Italiens, ce qu'il y avait de bon dans ses poésies. « En vérité, répondit-il, si l'auteur de
« ce livre m'eût consulté, je lui aurais donné de quoi
« grossir son ouvrage, car j'ai pris des Italiens beau-
« coup plus qu'il ne pense. »

Simone Desportes, sœur de notre poète, donna le jour au fameux satirique Mathurin Regnier.

« Desportes, dit La Harpe, écrivait beaucoup plus
« purement que Ronsard et ses imitateurs. Il effaça
« la rouille imprimée à notre versification, et la tira
« du cahos où on l'avait plongée. Il parla français:
« il évita avec assez de soin l'enjambement et l'hia-
« tus; mais faible d'idée et de style, il n'a pu, dans
« l'âge suivant, garder de rang sur notre Parnasse.
« Il imita Marot dans les pièces amoureuses, et cette
« fois inférieur à lui, il devança Malherbe dans des
« stances qu'on ne peut pas encore appeler des
« odes, quoique la tournure en soit assez douce et
« facile, et Malherbe le fit oublier. »

On a souvent cité les stances de Desportes *sur la Solitude*; si on se reporte à l'époque où elles furent composées, on doit être étonné de la pureté de style qui les distingue des poésies de ce temps.

> O bienheureux qui peut passer sa vie
> Entre les siens, franc de haine et d'envie,
> Parmi les champs, les rochers et les bois,
> Loin du tumulte et du bruit populaire,
> Et qui ne vend sa liberté pour plaire
> Aux passions des princes et des rois!

Il n'a souci d'une chose incertaine ;
Il ne se paît d'une espérance vaine ;
Nulle faveur ne le va décevant.
De cent fureurs il n'a l'âme embrasée,
Et ne maudit sa jeunesse abusée,
Quand il ne trouve à la fin que du vent.

L'ambition son courage n'attise :
D'un fard trompeur son âme il ne déguise ;
Il ne se plaît à violer sa foi.
Des grands seigneurs l'oreille il n'importune ;
Mais en vivant content de sa fortune,
Il est sa cour, sa faveur et son roi.

Si je ne loge en ces maisons dorées,
Au front superbe, aux voûtes peinturées
D'azur, d'émail et de mille couleurs,
Mon œil se paît des trésors de la plaine,
Riche d'œillets, de thym, de marjolaine,
Et du beau teint des printanières fleurs.

Ainsi vivant, rien n'est qui ne m'agrée ;
J'ai des oiseaux la musique sacrée,
Quand au matin ils bénissent les cieux ;
Et le doux son des bruyantes fontaines,
Qui vont coulant de ces roches hautaines,
Pour arroser nos prés délicieux.

DESTOUCHES (Philippe NÉRICAULT-), né à Tours le 22 avril 1680, mourut à Fortoiseau, près Melun, le 5 juillet 1754. Les commencements de sa carrière sont entourés d'obscurité, et la vérité est difficile à découvrir entre des traditions incertaines et contradictoires. Suivant l'opinion la plus accréditée, il s'échappa fort jeune de la maison paternelle, pour se soustraire à l'autorité de sa famille, qui voulait le contraindre à entrer dans la robe: il s'engagea parmi des comédiens de province, avec lesquels il parcourut la Suisse et la Savoie. A Soleure, il se fit connaître avantageusement du marquis de Puisieux, ministre de France, par une harangue qu'il prononça devant lui, en qualité de directeur de sa troupe. L'homme d'état sut pénétrer le mérite du jeune comédien; il lui proposa de quitter une profession qu'il n'avait embrassée qu'à regret; il se l'attacha comme secrétaire, le forma aux affaires, et ne cessa pas depuis ce moment de lui donner des marques d'estime et d'attachement. Tels sont les faits qu'on trouve rapportés dans l'*Éloge de Destouches* par d'Alembert; mais sa famille les démentit, moins flattée sans doute de ce trait de conformité avec Molière, que jalouse de désavouer des souvenirs qui lui semblaient peu honorables pour la jeunesse du poète. S'il faut s'en rapporter au récit donné par son fils, il s'engagea comme volontaire dans un régiment d'infanterie, fit avec distinction les campagnes de 1701 et 1702, et donna sa première comédie à Huningue, où il était en quartier d'hiver. Cette dernière version, moins vraisemblable que la première, s'accorde difficilement avec une lettre de Destouches, imprimée de son vivant, en tête d'une édition de ses œuvres, et dans laquelle il dit lui-même qu'il n'avait pas encore dix-neuf ans accomplis lorsqu'il s'attacha au marquis de Puisieux.

Quoi qu'il en soit, il est certain que Destouches eut de très bonne heure le goût du théâtre, et que les obstacles fortifièrent encore en lui cette inclination. Il paraît cependant que ses premiers pas dans la carrière poétique furent dirigés d'un autre côté. Il exerça d'abord son talent sur des sujets pieux : la religion eut les premiers hommages de sa muse, comme elle eut aussi les derniers. C'est encore une particularité digne de remarque, qu'il ait soumis ses productions à la censure de Boileau. Le sévère critique, dans une lettre qui nous est parvenue, encouragea le jeune poète, approuva les sentiments qui avaient inspiré ses vers, et tout en lui reprochant durement ses incorrections, donna à son talent des éloges qui paraîtront peut-être exagérés, à moins qu'on ne veuille y supposer un peu d'ironie.

Le premier ouvrage dramatique de Destouches fut *le Curieux Impertinent*, sujet tiré d'un épisode de Don-Quichotte. Cette comédie, qui eut un grand succès en Suisse, réussit même à Paris quelque temps après, et fit bien augurer du talent de son auteur. *L'ingrat* qui la suivit, reçut un accueil peu favorable. *L'Irrésolu*, malgré un style élégant et quelques situations comiques, n'est pas resté au théâtre ; mais tout le monde a retenu le vers heureux qui le termine. *Le Médisant*, mieux reçu dans sa nouveauté, ne s'est pas soutenu davantage sur la scène. Ce caractère fut compris depuis dans *le Méchant*, et la pièce entièrement effacée par le chef-d'œuvre de Gresset. *Le Triple Mariage*, petite comédie en un acte, offre quelques détails agréables ; *l'Obstacle imprévu*, roman fade et pénible, s'est sauvé de l'oubli à la faveur d'une jolie scène de valets.

La réputation que ces différents ouvrages avaient méritée à Destouches, l'arracha pour quelque temps aux lettres : il se trouva tout d'un coup transporté sur un autre théâtre, et jeté au milieu des affaires publiques. Ses succès l'avaient fait connaître du régent : ce prince, juge éclairé du mérite, l'envoya en Angleterre avec le fameux abbé Dubois, depuis cardinal et premier ministre, et qui commençait alors par une ambassade sa scandaleuse fortune. Peu de temps après l'ambassadeur fut rappelé en France, où l'attendaient les plus hautes dignités, et Destouches resta seul, pendant six ans, chargé des intérêts de son gouvernement auprès de la cour de Londres. Il eut alors l'occasion de mettre à profit les leçons de l'habile homme d'état qui avait été son premier protecteur. On peut même penser que ses travaux dramatiques furent pour lui une préparation utile aux nouvelles fonctions dont il était revêtu, comme aussi ces fonctions elles-mêmes eurent par la suite une heureuse influence sur son talent. Peut-être en effet y a-t-il plus de rapport qu'on n'est tenté de le croire au premier coup d'œil, entre l'art du diplomate et celui du poète dramatique. Le but qu'ils se proposent est différent ; mais leurs moyens, leurs procédés, leurs études se rapprochent. Que l'un cherche à pénétrer les intrigues, à démêler les pièges de la politique, à déjouer les passions, ou à les faire servir à ses desseins; que l'autre prête l'existence à des personnages imaginaires, pour peindre la vie humaine, et la reproduire dans une imitation fidèle et animée : c'est toujours la nature de l'homme qu'ils doivent tous deux approfondir; c'est le cœur humain qu'il leur faut étudier, avec ses penchants, ses faiblesses, les ressorts qui le font agir, les travers qui le dominent.

Destouches s'acquitta avec succès de son importante mission. On vit, à l'honneur des lettres, un poète, enlevé subitement à ses travaux, appliquer à la conduite des affaires une supériorité d'esprit qui jusque-là ne s'était exercée qu'aux jeux de l'imagination, s'élever naturellement à la hauteur des grands intérêts de la politique, et s'attirer à la fois l'estime de deux gouvernements. Quelques années auparavant, un autre poète, le célèbre Prior, avait été envoyé en France par la reine Anne, pour préparer la paix d'Utrecht; et, par ses habiles négociations, avait jeté les premiers fondements de ce traité qui rendit le calme à l'Europe agitée par trente ans de guerre.

Rappelé en France en 1723, le Régent l'accueillit avec la plus grande distinction, le combla d'éloges devant toute la cour, et lui promit de lui donner des preuves de sa satisfaction *qui l'étonneraient lui-même ainsi que tout le royaume.* On présuma que Destouches était destiné au département des affaires étrangères. Mais ces magnifiques promesses ne reçurent pas leur accomplissement. Le prince mourut peu de temps après; et le poëte, voyant s'évanouir tout d'un coup l'espérance d'une fortune qui ne l'avait pas ébloui, échangea sans regret cette brillante perspective contre des biens plus réels, le repos et l'indépendance. Il se retira dans un domaine agréable qu'il avait acheté près de Melun, et y passa presque tout le reste de sa vie, partageant ses instants entre ses deux occupations favorites, les lettres et l'agriculture.

A son retour de Londres, l'Académie française l'avait admis dans son sein. Il est présumable que la considération personnelle que ses services diplomatiques lui avaient acquise, contribua puissamment à lui concilier les suffrages de cette compagnie. Destouches avait obtenu plusieurs succès dramatiques, mais il n'avait pas encore donné un bon ouvrage. Ses titres littéraires pouvaient paraître faibles: il se hâta de les fortifier; et deux comédies, qui sont au nombre des chefs-d'œuvre de notre scène, prouvèrent que les suffrages de l'Académie n'avaient été que prématurés. *Le Philosophe marié* et *le Glorieux* mettent Destouches au premier rang des comiques du XVIIIe siècle.

Il a pris dans sa propre histoire le sujet de la première de ces deux pièces : on peut croire que cette circonstance a inspiré heureusement son talent. Pendant son séjour en Angleterre, il avait épousé une jeune personne catholique : de puissantes considérations lui faisaient un devoir de tenir ce mariage caché jusqu'à son retour en France. Forcé de livrer son secret à des confidents d'une discrétion douteuse, craignant à chaque instant de le voir découvert, il se trouva dans la même position où il a placé son Ariste. Mais aux craintes réelles qu'il pouvait éprouver, il ne joignait sans doute pas, comme Ariste, de vaines considérations de respect humain. Il faut en convenir, on voit avec quelque peine un homme estimable et sensé qui rougit d'être marié, parce qu'il s'est permis de plaisanter sur le mariage; qui se montre confus d'aimer une femme digne de son amour; qui a honte du sentiment le plus pur et le plus légitime, et d'un titre *respectable et doux, mais que les mœurs du temps ont rendu ridicule.* Il faut bien croire qu'un si absurde travers a pu exister, puisque cette comédie n'est pas le seul monument de la même époque qui nous l'atteste; mais est-ce à un esprit raisonnable à se laisser entraîner par de pareils préjugés? et cette faiblesse est-elle assez naturelle, assez intéressante? *Le Philosophe marié* est, du reste, un chef-d'œuvre d'art et de conduite. On a rarement mis sur la scène une action mieux ménagée, des situations plus comiques, un dialogue plus piquant, un dénouement plus heureux et plus naturel.

Un ouvrage d'un ordre si élevé faisait déjà le plus grand honneur à Destouches; *le Glorieux* mit le comble à sa réputation. Cette peinture de l'orgueil humilié dans ses prétentions insolentes, obligé de se repaître de mortifications et d'amertumes, trouvant dans tout ce qui l'entoure la punition de son arrogance, et dompté enfin par la voix impérieuse de la nature, parut une conception éminemment morale et dramatique. Peu de succès furent plus éclatants et mieux mérités. Ce n'est pas que le rôle principal n'ait aussi essuyé de sévères critiques. On blâma dans Tufière une hauteur qui va souvent jusqu'à l'impolitesse ; on trouva que cette morgue incivile et offensante manquait de vérité, puisque ordinairement la supériorité du rang ou de la naissance se fait sentir bien moins par des manières hautaines que par une politesse affectée et ironique. Ces reproches peuvent paraître en partie fondés ; peut-être aussi aurait-on dû remarquer que la position du comte de Tufière excuse, jusqu'à un certain point, ce que son orgueil a d'outré. Sa naissance est illustre ; mais son père a été dégradé, proscrit, forcé de s'expatrier : il ne lui reste que le souvenir d'une ancienne splendeur : dépourvu de fortune, réduit à un vain nom, sa grandeur est d'emprunt, et son existence dans le monde n'a de réel que ce qu'il peut arracher d'hommages par sa fierté et l'énergie de son caractère, qui se raidit contre la mauvaise fortune. On conçoit que cette situation équivoque, cette nécessité d'éblouir et d'imposer, donnent à l'orgueil du Glorieux quelque chose de fastueux et d'exagéré. La Harpe trouve peu fondées les critiques dont le chef-d'œuvre de notre poète a été l'objet. Voltaire a dit que son comique était un peu forcé.

Destouches, avouons-le, n'a pas cette étonnante vérité à laquelle Molière seul a pu atteindre, cette profondeur d'observation, qui saisit les grands traits du cœur humain, révèle la nature dans son caractère éternel, et peint l'homme de tous les temps et de tous les lieux. Quel que soit le mérite des deux ouvrages qui fondent sa gloire, il est juste de remarquer que, dans tous les deux, le caracractère principal n'est pas emprunté aux mœurs habituelles de l'homme. C'est une nature idéale, ou du moins d'exception, dont le type se rencontre rarement. Dans l'état actuel de la société, on voit peu de ces fanfarons d'arrogance, qui accablent les autres de leurs hauteurs insultantes; encore moins d'hommes sensés qui rougissent d'être mariés. En lisant les comédies de Destouches, il faut se prêter à une donnée dont on sent qu'on pourrait contester l'exactitude; mais les conséquences qu'il tire de sa fiction sont si justes, les sentiments si vrais, les effets si naturels, l'action si habilement conduite, que l'on oublie bientôt ce qui d'abord avait pu paraître peu conforme aux règles rigoureuses de la vraisemblance.

Nous venons d'indiquer un mérite particulier à Destouches. Il excelle dans la contexture de ses plans; il sait, avec un art infini, combiner l'intrigue, ménager les incidents, produire des effets piquants par des contrastes habilement saisis, amener des situations naturelles et attachantes. Tout occupé de l'intérêt théâtral, il a introduit dans la comédie une innovation dont il faut peut-être lui savoir gré. Molière avait trouvé dans la seule peinture des travers et des ridicules le germe d'une action féconde, sans avoir recours à des ressorts étrangers : Destouches s'est écarté de cette simplicité de composition qui avait suffi au génie. A la peinture des mœurs, il joint l'intérêt des évènements. Les faits qu'il mêle à son action ne sont pas le résultat nécessaire du développement des caractères; mais ils s'y rattachent d'une manière naturelle, les mettent mieux en vue, et leur donnent plus de vie et de mouvement. Quelquefois même il sait ménager au milieu du comique des situations touchantes; il intéresse le cœur et fait naître l'attendrissement, en même temps qu'il égaie l'esprit ou éclaire la raison. Il est le premier de nos auteurs qui ait introduit dans la comédie le pathétique, qui en paraît si éloigné. « *Le Glorieux*, dit d'Alembert, « est tout à la fois et l'époque de ce genre nouveau, « et le modèle de l'art et de la mesure que demande « l'alliance dangereuse de deux sentiments si disparates. » Si d'autres ont abusé après lui de ce moyen, il faut lui rendre la justice qu'il n'a pas méconnu le but principal de la comédie, et que le goût ne réprouve jamais les émotions qu'il produit, ni les larmes qu'il fait répandre.

Le style de Destouches est une des parties les plus estimables de son talent. Par la correction, la grace et le naturel, il rappelle la pureté de *Térence*, et peut être considéré comme un modèle de la simplicité noble et élégante qui convient au dialogue et à la diction comique. S'il n'a pas toujours cette chaleur, cette verve, cette vivacité pleine d'éclat, qui font de Molière un grand poète, il s'élève et s'anime avec les situations: de l'aveu même de La Harpe, il atteint une fois jusqu'au sublime. Le goût, la justesse et la convenance sont les qualités essentielles de la manière de Destouches ; on trouve souvent chez lui de ces vers pleins d'un sens profond, qui se gravent dans toutes les mémoires, et deviennent proverbes, parce que l'expression est si heureusement liée à la pensée, qu'il semble que la même idée ne puisse plus se présenter à l'esprit, que revêtue de la même forme.

Les comédies qu'il donna après ses deux chefs-d'œuvre n'eurent pas le même succès, et étaient loin de le mériter. *Le Dissipateur* présente plusieurs jolies scènes, une versification agréable, et un dénouement intéressant; mais l'ensemble est déparé par des défauts choquants. On voit encore avec plaisir deux autres pièces qui n'ont été jouées qu'après la mort de l'auteur : l'une est *la Fausse Agnès*, où le comique un peu chargé est du moins fort divertissant ; l'autre, *le Tambour Nocturne*, est imitée de la comédie d'Addison, intitulée *The Drummer*. Pendant son séjour à Londres, Destouches avait étudié la littérature anglaise ; il a traduit en vers plusieurs scènes de *la Tempête* de Shakspeare : vraisemblablement c'est aussi dans le *Timon d'Athènes* du même auteur qu'il a pris l'idée de son *Dissipateur ;* et l'intendant Flavius lui a fourni le trait le plus heureux de sa pièce, le rôle de ce serviteur qui reste seul fidèle à son maître dans sa disgrace, et veut partager avec lui le peu qu'il possède, au moment où tous ses faux amis l'ont abandonné. Il est inutile de parler de plusieurs autres comédies, plus ou moins oubliées aujourd'hui, qu'on trouve dans le recueil complet de ses œuvres. Les productions faibles d'un auteur ne sauraient nuire à sa gloire : c'est sur ses bons ouvrages seulement qu'il a le droit d'être jugé. Ceux de Destouches lui ont assuré une place très honorable parmi nos comiques : on lui accorde généralement le troisième rang ; d'Alembert prétend même que les étrangers le préfèrent à Regnard. Moins sensibles peut-être que nous au charme de la gaieté, ils trouvent en lui des vues plus morales et plus profondes, une peinture de mœurs plus vraie, plus applicable à la conduite de la vie, plus faite pour être sentie dans tous les temps et dans tous les pays.

La pureté des sentiments, dont il a empreint ses ouvrages, donne de son caractère une idée conforme aux souvenirs que la tradition a recueillis. Destouches était un homme d'une probité à toute épreuve, d'une droiture parfaite, d'une vertu aimable et douce. Ceux même qui accusent sa jeunesse d'irrégularité, conviennent que dans la situation délicate où son imprudence l'avait jeté, la pureté de ses mœurs ne se démentit jamais. Sa liaison avec le cardinal Dubois ne doit rien diminuer de cette opinion avantageuse, ni faire supposer, comme quelques personnes ont paru le croire, entre le protecteur et le protégé, une conformité peu flatteuse pour le dernier. De tout temps les hommes vicieux ont aimé à s'appuyer de l'autorité des talents et de la vertu. L'estime générale dont jouissait Destouches, l'agrément de son esprit, les qualités aimables de son caractère, suffisent d'ailleurs pour expliquer cette faveur. Il n'est resté de sa conduite privée que des souvenirs honorables. Pendant le cours de sa mission diplomatique, il envoya à son père, chargé d'une nombreuse famille, 40,000 francs, fruit de ses économies, et ne tira pas d'autre vengeance de l'injuste contrainte dont on avait usé à son égard. Si l'on en croit une anecdote rapportée par Duclos, qui prétend tenir le fait du poète lui-même, ce fut lui qui engagea le roi d'Angleterre à demander au régent l'archevêché de Cambray pour l'abbé Dubois, son protecteur. Peut-être pensa-t-il que la reconnaissance lui faisait un devoir de cette démarche ; peut-être aussi lui sembla-t-il piquant de faire, par l'entremise d'un prince protestant, cet étrange archevêque. Mais on regrette de le voir attacher son nom à un pareil scandale; et ne devait-il pas songer quels vices il allait élever sur un siège que venaient d'illustrer les vertus de Fénelon? C'est du reste la seule *mauvaise action* que présente la longue carrière de Destouches.

On a peu de détails sur sa vie. Nous avons vu qu'il s'était marié en Angleterre. Cette union, que l'inclination avait formée, dut être heureuse, si, comme on le croit, la femme qu'il avait choisie est le modèle de la Mélite du *Philosophe marié*. La tradition veut encore qu'il ait trouvé dans sa belle-sœur la vive et fantasque Céliante. On ajoute qu'assistant à la première représentation, elle se reconnut aussitôt, tant la ressemblance était frappante, et que, dans son indignation, elle s'abandonna à des emportements qui ne purent être calmés que par la crainte de fournir à son perfide beau-frère le sujet de quelque nouvelle scène plus piquante encore. Malgré cette malice, dont nous ne pouvons pas lui savoir bien mauvais gré, son humeur était douce et conciliante, son cœur inaccessible aux sentiments de la jalousie ou de la haine. L'envie l'avait plusieurs fois attaqué : il ne paraît pas qu'il y ait été très sensible. Il possédait cette sage philosophie qui fait chercher le bonheur dans la modération et la médiocrité. Il avait montré peu de regrets, lorque la mort du régent lui enleva l'avenir brillant auquel il semblait destiné : sa conduite prouva que cette indifférence était sincère. Le cardinal Fleury voulut l'envoyer à Saint-Pétersbourg, comme ministre de France : il eut la sagesse de refuser, et aima mieux jouir de l'estime de ses concitoyens et du bonheur domestique, au sein de la médiocrité, que d'aller chercher si loin de sa patrie la fortune et les honneurs. Ce fut avec le même sang-froid qu'il vit décliner sa gloire théâtrale. A soixante ans, il renonça entièrement au théâtre, pour donner toutes ses pensées à des objets plus graves. Les sentiments religieux, dont ses différentes occupations l'avaient distrait sans les lui faire oublier, remplirent la dernière partie de sa vie. On vit ce même homme qui avait consacré son talent à l'amusement de ses contemporains, se vouer tout entier à la défense des dogmes sévères du christianisme, et remplir le *Mercure* de dissertations théologiques. Il composa même contre les incrédules plusieurs milliers d'épigrammes, beaucoup moins piquantes que ses comédies, et trop peu acérées pour porter des coups bien redoutables aux adversaires contre qui elles étaient dirigées. Elles sont en grande partie perdues : les amis de la gloire de notre poète s'en consoleront aisément. Une perte plus regrettable est celle d'un commentaire sur les auteurs dramatiques, anciens et modernes, ouvrage immense, disait-il lui-même, auquel il avait consacré dix années de travail.

Destouches mourut dans sa terre de Fortoiseau, à l'âge de soixante-quatorze ans, laissant une fille mariée à un colonel, et un fils mousquetaire. C'est ce dernier qui dirigea la belle édition in-4° des Œuvres de son père, qui fut faite au Louvre, par ordre du roi, trois ans après la mort du poète *.

Un des plus heureux successeurs de Destouches, M. Al. Duval, lui a rendu un hommage digne de tous deux, en se servant, pour honorer la mémoire de ce célèbre comique, de l'art même dans lequel il s'est immortalisé. Dans une piquante comédie (*la Princesse des Ursins*), il a eu l'heureuse idée de rassembler les traits principaux du caractère de Destouches, et en a composé un personnage plein de vérité et d'intérêt, mélange de finesse et de sensibilité, de discrétion et de franchise, tel enfin que nous aimons à nous représenter notre poète diplomate **.

Th. Gaillard.

* On doit à M. Lefevre une édition encore plus estimée, des *Œuvres dramatiques de Destouches*, Paris 1811, 6 vol. in-8°, avec figures. M. Crapelet en a publié en 1823 une nouvelle édition sur grand papier vélin, tirée seulement à quatre-vingts exemplaires. Elle contient, ainsi que la précédente, une notice sur la vie et les ouvrages de Destouches, par M. de Senonne. F.

** Cette notice est extraite de la *Galerie française*, ouvrage qui offre,

JUGEMENTS.

I.

On ne trouve pas dans les pièces de Destouches la force et la gaieté de Regnard, encore moins ces peintures du cœur humain, ce naturel, cette vraie plaisanterie, cet excellent comique qui fait le mérite de l'inimitable Molière; mais il n'a pas laissé de se faire de la réputation après eux. On a de lui quelques pièces qui ont eu du succès, quoique le comique en soit un peu forcé : il a du moins évité le genre de la comédie qui n'est que langoureuse, de cette espèce de tragédie bourgeoise, qui n'est ni tragique, ni comique, monstre né de l'impuissance des auteurs et de la satiété du public après les beaux jours du siècle de Louis XIV. La comédie du *Glorieux* est son meilleur ouvrage, et probablement restera au théâtre, quoique le personnage du Glorieux soit, dit-on, manqué ; mais les autres caractères paraissent traités supérieurement.

Voltaire, *Siècle de Louis XIV*.

II

Destouches n'a eu ni la vigueur de style, ni la raison profonde, ni le naturel de Molière, ni même la gaieté de Regnard*, mais il était très supérieur

<small>avec les portraits des grands hommes qu'a produits la France dans les trois derniers siècles, des notices, pleines d'intérêt, sur leur vie, rédigées par des membres de l'Institut, et d'autres hommes de lettres distingués. F.</small>

<small>* Considérez attentivement le style de Destouches, il ne vous sera pas difficile de reconnaître qu'il manque de la verve, de la souplesse, et de l'originalité naturelle de Molière ; il n'a pas non plus la vivacité piquante, la précision, la fine ironie, et le sel pétillant de Regnard. La correction de sa</small>

à Boissy, son contemporain; il connaissait mieux son art, avait plus étudié ses maîtres, et porté sur les caractères un coup d'œil plus observateur. Il est souvent un peu froid, mais plein de sens; et le ton de ses ouvrages décèle l'éducation cultivée d'un homme du monde.

On lui reproche cependant d'avoir mal saisi, dans quelques-unes de ses comédies, ce ton que l'orgueil des gens de la cour appelait exclusivement le ton de la bonne compagnie et du grand monde. *Le Glorieux*, par exemple, paraît souvent grossier, non-seulement envers Lisimon, dont il veut épouser la fille, mais envers elle-même, quoiqu'il en soit amoureux; et ceux qui ont de l'usage savent assez que, lorsque les personnes d'un certain rang voulaient dire une chose dure, ou même cruelle, c'était toujours avec l'enveloppe la plus polie. Nous convenons qu'en cela Destouches a manqué aux convenances : mais l'esprit n'a plus d'objections contre cette pièce, l'une des meilleures qui aient paru depuis Molière, quand on entend ces vers si heureusement amenés par une situation qui n'a rien que de vrai :

J'entends. La vanité me déclare à genoux
Qu'un père infortuné n'est pas digne de vous.

phrase, la noblesse de ses expressions, seules qualités de son langage, suffisent à le préserver de la censure des puristes, mais non à le défendre du blâme que mérite sa froide monotonie. Cette grave uniformité qui répand une sorte de tristesse dans ses meilleures scènes, les bienséances qu'il garde partout, sont un médiocre avantage; on peut dire que chez lui les fautes de langue sont rares, mais que les beautés ne le sont pas moins.

(LEMERCIER, *Cours analytique de Littérature.*)

Sans cette pièce, et celle du *Philosophe marié*, qui nous semble son chef-d'œuvre, on pourrait regarder l'auteur comme un des premiers par qui la comédie a dégénéré sur notre scène. Il l'a rendue froide, sous prétexte de l'épurer; et il a été le précurseur de La Chaussée, qui en a fait une bourgeoise sérieuse et triste.

On a de lui pourtant quelques comédies d'intrigue, dont la représentation est agréable; mais il paraît chercher le comique qui venait de lui-même s'offrir à Molière; et son vers est moins facile que celui de Regnard. Il a publié un recueil d'épigrammes dénuées de sel, qui prouvent qu'il n'avait pas l'esprit du genre.

PALISSOT, *Mémoires sur la Littérature.*

III.

Le premier poëte comique que le XVIIIᵉ siècle nous présente, en suivant l'ordre des temps, c'est Destouches. La collection de ses ouvrages imprimés est nombreuse; et heureusement pour sa réputation, la plus grande partie est dans un entier oubli. C'est un triste recueil que celui qui est composé du *Curieux impertinent*, de *l'Ingrat*, du *Philosophe amoureux*, de *l'Obstacle imprévu*, de *l'Ambitieux*, du *Médisant*, de *l'Enfant gâté*, de *l'aimable Vieillard*, de *l'Amour usé*, de *l'Homme singulier*, de la *Force du naturel*, du *Jeune Homme à l'épreuve*, du *Trésor caché*, du *Dépôt*, du *Mari confident*, de *l'Archimenteur*, etc. A l'énumération de ces titres, on est tenté de répondre comme Chicaneau :

Si j'en connais pas un, je veux être étranglé;

et ce qu'on peut faire de mieux, c'est de ne pas les connaître. Une insipide monotonie d'intrigues communes, froides ou forcées; des scènes de valets remplies de plaisanteries triviales; des rôles d'amoureux et d'amoureuses, débitant des fadeurs usées; de grossières imitations de Molière et de Regnard qu'on peut appeler de maladroits plagiats : tel est le fond de toutes ces pièces : pas un caractère bien conçu, pas une situation comique; la plupart des sujets mal choisis.

L'ingrat pouvait-il être un caractère de comédie ? Peut-on rire de ce qui fait horreur ? Un homme qui fait trophée du vice le plus bas et le plus odieux, qui s'en vante et en fait des leçons à son valet, pouvait-il être supporté ? Si l'auteur a cru s'autoriser de *Tartufe*, qui est aussi ingrat qu'on peut l'être, c'est qu'il n'a pas vu que rien n'était plus naturellement comique que ces grimaces de la fausse dévotion, et que le plaisant du masque couvrait l'odieux du visage.

Le Médisant n'est qu'une nuance du *Méchant*, et ne peut pas faire un caractère qui puisse soutenir cinq actes. Une légèreté d'esprit qui n'est qu'en paroles ne peut guère produire des situations; ce qui pourtant est le but des caractères comiques et les met en valeur. On imagina de reprendre *le Médisant*, il y a vingt ans, à la faveur des *Fausses infidélités*, qui avaient un succès très mérité : la grande pièce ne servit qu'à faire abandonner la petite.

L'homme singulier ne fut pas plus heureux : sa singularité se borne à s'habiller autrement que les autres, à appeler son laquais *monsieur*, et à ne pas manger à des heures réglées. Le reste de son rôle est tout en lieux communs de morale, qui sont à l'usage de tout le monde comme au sien : ce n'est pas là de la comédie. *L'Ambitieux* n'en est pas une; c'est une espèce de drame héroïque dans le genre de *don Sanche d'Aragon*, mais très loin de cette pièce, qui, toute froide qu'elle est, a des beautés dignes de Corneille. Il y a dans celle de Destouches un rôle capable d'en faire tomber une meilleure; c'est une espèce de folle qu'il appelle *indiscrète*, et qui est d'une extravagance outrée et ridicule, aussi impossible à supporter dans la femme d'un premier ministre qu'il le serait de trouver madame d'Escarbagnas dans une femme de la cour.

La Fausse Agnès, qui n'a été jouée qu'après la mort de l'auteur, est restée au théâtre. Il faut se prêter à l'excès de crédulité du poète campagnard, qui est la dupe d'une stupidité apparente, portée à un excès absolument invraisemblable dans une fille bien élevée et qui passe pour avoir de l'esprit. Comme il n'en manque pas lui-même, malgré sa burlesque métromanie, il est bien difficile qu'il donne si aisément dans un piège si grossier, et qu'il imagine qu'une fille de condition, qui a dix-huit ans, *apprend à écrire depuis deux mois;* c'est une caricature; mais la dupe fait rire, et, comme je l'ai dit, on ne se rend pas difficile sur le rire.

Le Tambour nocturne et *le Dissipateur* n'ont été joués non plus que depuis la mort de Destouches. La première de ces deux pièces est une imitation d'une comédie anglaise : il y a dans l'original trois ou quatre intrigues, suivant l'usage : il n'y en a point du tout dans la copie. C'est un homme que sa femme croit mort, et qui s'amuse pendant cinq actes à lui faire peur en jouant le rôle de revenant, ou à lui donner, sous l'habit d'un devin, des conseils dont elle n'a pas besoin. Il s'agit d'éloigner un fat qu'elle-même méprise souverainement, et que le revenant finit par mettre en fuite en battant le tambour. Il n'y a là aucune espèce de nœud dramatique; mais tout a passé à la faveur d'un de ces rôles originaux, dans le grotesque, que les crayons anglais savent dessiner. Le jeu de Préville fit la fortune de M. Pincé, du vieil intendant *aux trois raisons*, et la pièce est demeurée. Telle qu'elle est, je la préférerais au *Dissipateur*, toutes les fois que M. Pincé sera bien joué, car du moins il amuse ; mais le fond du *Dissipateur* est si essentiellement faux, que le bon sens ne peut s'empêcher de le rejeter. Quelle idée que celle d'une femme qui, pour corriger son amant de sa prodigalité, projette de s'emparer de toute sa fortune, et en vient à bout dans un jour! Quel homme a jamais perdu, dans une partie de jeu avec sa maîtresse, *argent*, *billets*, *contrats*, *meubles*, *carrosse*, *hôtel*, enfin tout ce qu'il possédait? L'auteur n'avait pas osé risquer cette pièce de son vivant ; et quoiqu'elle ait eu peu de succès après sa mort, cependant elle est au répertoire. Des deux scènes qui ont contribué à la faire supporter, l'une est encore un emprunt fait à Regnard ; c'est la méprise de l'oncle, à qui on fait accroire, comme à celui du joueur, que son neveu est amendé, et que le bruit des convives, dans la salle voisine, est une dispute de savants, comme les imprécations du joueur sont, dans la bouche d'Hector, *des vapeurs de morale* causées par la lecture de Sénèque. L'autre appartient à Destouches, et a de l'intérêt : c'est l'offre généreuse du dernier valet qui reste au Dissipateur, et qui veut partager le peu qu'il possède avec son maître que tout le monde vient d'abandonner. L'effet de ces sortes de scènes est toujours sûr; mais qu'est-ce qu'un incident isolé, et qui ne produit rien, pour racheter un canevas si vicieux?

Le Triple Mariage est calqué sur tout ce que l'on connaît. Parmi cette foule de petites pièces d'un acte, dont la réussite est si facile, et qui laissent d'autant plus de place à l'indulgence, qu'il y en a moins pour l'ennui, l'on en connaît peu d'aussi médiocres. Celle-ci était fondée sur une aventure réelle : un père, son fils et sa fille s'étaient tous trois mariés secrètement. On croirait que ces trois mariages secrets peuvent amener quelques situations : point du tout, ils n'amènent qu'une fête et un bal où les trois mariages se déclarent à mesure que chaque personnage se démasque.

L'Irrésolu eut très peu de succès, et n'a pas été repris pendant la vie de l'auteur. C'est encore un de ces sujets dont le choix prouve peu de discernement, un de ces caractères dont le développement nécessite l'uniformité : dès la première scène, on l'a vu tout entier : on est sûr qu'il dira toujours oui et non. Il en est comme de *l'Esprit de Contradiction*, que Dufresny avait d'abord fait en cinq actes, puis en trois, puis en un seul. Il réussit sous cette dernière forme, parce qu'il n'en fallait pas davantage pour filer ingénieusement une petite intrigue qui a pour objet de faire dire *oui* à la personne contrariante, en lui faisant croire que tout le monde veut qu'elle dise *non*. Cette idée est agréable, et un acte suffisait pour la remplir, au lieu que la même contrariété revenant pendant cinq actes, n'offrait que le retour d'un même effet; et c'est ce qui arrive aussi dans *l'Irrésolu*. Tout le jeu du personnage consistant à vouloir et ne vouloir pas, on sait trop que sa volonté du second acte sera tout le contraire du premier, et ainsi de suite : c'est une machine qui tourne sur elle-même, et celle-là n'est pas la machine dramatique, qui doit toujours offrir un mouvement varié. Il y a pourtant du mérite dans cette pièce : elle n'est pas mal intriguée, et elle est assez purement écrite. Il y a de l'art à justifier l'irrésolution par les différentes manières de voir un objet sous plus ou moins de rapports, selon qu'on a plus ou moins de lumières. Les scènes de *l'Irrésolu* avec les deux femmes entre lesquelles il hésite sont assez bien dialoguées, et il finit la pièce par un vers singulièrement heureux, lorsqu'il dit, après s'être enfin déterminé pour Julie :

J'aurais mieux fait, je crois, d'épouser Célimène.

Je suis persuadé que cette comédie, si l'auteur l'eût mise en un acte, aurait eu le même succès que *l'Esprit de Contradiction* * : telle qu'elle est, on la joue rarement.

* Cette opinion de La Harpe a été justifiée ces dernières années par le

Si Destouches n'eût fait que les ouvrages dont je viens de parler, il serait au-dessous de Dancourt, car il n'y en a pas un qui vaille *les Bourgeoises de qualité*; mais il a fait *le Philosophe marié* et *le Glorieux*; et en vérité, quand on a lu tout le reste, on est étonné qu'il les ait faits. Ce n'est pas le seul exemple de cette prodigieuse disproportion : nous l'avons vue dans l'auteur de *Rhadamiste* : nous la verrons dans celui de *la Métromanie*. Le talent est souvent une sorte de mystère pour les connaisseurs, comme l'intelligence humaine pour les philosophes : ceux-ci ont peine à concevoir des traits de lumière qui brillent quelquefois dans l'homme le plus borné; ceux-là ne peuvent pas expliquer davantage comment un talent très faible dans une foule de productions peut avoir un ou deux moments si heureux qu'il rassemble, dans un seul ouvrage, tout ce qui avait manqué dans les autres.

Il y a, dans *le Philosophe marié*, de la conduite et de l'intérêt, des situations et des contrastes. Le mystère qu'Ariste veut garder sur son mariage qu'il a conclu sans le consentement d'un oncle dont il est l'héritier, est suffisamment justifié par la crainte de perdre cette succession, et de nuire à la fortune de sa femme et de ses enfants, si cet oncle, qui a des vues d'établissement pour lui, vient à savoir qu'il s'est secrètement engagé. Mais c'est un défaut réel dans le caractère d'un homme donné pour philosophe, de montrer tant de confusion d'être marié,

succès qu'a obtenu la comédie de Destouches, que M. O. Leroi a réduite en un acte.   •   H. PALIN.

pour s'être permis auparavant de plaisanter sur le mariage et de se moquer de ceux qui avaient pris ce parti. C'est mettre beaucoup trop d'importance à ce qui en a fort peu, et rougir beaucoup trop de l'espèce d'inconséquence la plus excusable de toutes. Cette petitesse déplaît dans un homme d'ailleurs fort sensé, et nuit un peu au plaisir que fait en général cet ouvrage très estimable. La douceur, la sensibilité, la modestie, qui font le caractère de Mélite, méritent la tendresse qu'Ariste a pour elle, et ont l'avantage assez rare de rendre l'amour conjugal intéressant. Le parti que prend enfin Ariste de déclarer et de soutenir hautement son mariage, au risque d'être déshérité par son oncle, qui parle de le faire casser, redouble cet intérêt ; et le dénouement est fort bien amené par la méprise très plaisante et très naturelle de cet oncle, qui prend pour Mélite sa sœur Céliante, et qui ne conçoit pas qu'on lui ait vanté la douceur et les graces d'une femme qui le traite avec la brusquerie la plus aigre. Cet emportement, de plus, n'a rien de déplaisant ni de déplacé, parce que Céliante, qui est naturellement très vive, ne peut entendre de sang-froid qu'on menace de casser le mariage de sa sœur ; ce sentiment honnête justifie tout, et les bienséances sont gardées. D'un autre côté, la modestie soumise et résignée de Mélite n'en a que plus de pouvoir sur le cœur de cet oncle, qui se croyait bravé et insulté, et qui ne voit que de la soumission et de la douceur. Tout le cinquième acte est bien conçu, et remplit toutes les conditions dramatiques, qui conduisent le progrès de l'intrigue de manière que la fin enchérisse sur tout ce qui a précédé. Il faut aussi louer l'auteur du choix de l'épisode qu'il a su lier à son action : les caprices de Céliante et son humeur fantasque, mais amusante, étaient nécessaires pour égayer et varier le sujet que la philosophie d'Ariste et la situation contrainte de Mélite auraient pu sans cela faire paraître d'un sérieux trop uniforme. C'est par la même raison qu'il y a joint le rôle du marquis du Lauret, qui a pénétré le secret d'Ariste, et se divertit à lui donner de la jalousie en paraissant amoureux de sa femme. Ce rôle, celui de la suivante Finette, qui profite de ses avantages sur un maître dont elle a le secret, et les scènes de querelle et de picoterie entre Céliante et Damon son amant, répandent dans cet ouvrage l'enjouement essentiel à la comédie. Le dialogue en est agréable et le style pur, quoiqu'on désirât d'en retrancher quelques plaisanteries un peu froides, et même assez peu décentes. Damon, par exemple, en querellant avec Céliante, lui dit :

Quoique vous m'appeliez pour vous faire raison,
Je vous laisse le choix du temps, du lieu, des armes ;
Mais comme vous pourriez m'éblouir par vos charmes,
Pour rendre tout égal, ne conviendrez-vous pas
De choisir une nuit pour vider nos débats ?
Vous riez !

CÉLIANTE.

Oui, je ris, quoique fort en colère.
Cette saillie est bonne et ne peut me déplaire.

Apparemment Céliante n'est pas difficile en *saillies* : celle-là me paraît beaucoup trop apprêtée, et de plus, faite pour plaire à Finette plutôt qu'à Céliante. Mais ces taches sont rares dans *le Philosophe marié*, qui en général est écrit de bon goût.

Cet ouvrage qui eut un grand succès, faisait déjà beaucoup d'honneur à Destouches; mais il se surpassa lui-même dans *le Glorieux*. Ce n'est pas que l'on n'ait beaucoup critiqué le rôle principal ; mais j'avoue qu'en le relisant, ces critiques m'ont peu frappé, et que je n'ai trouvé à reprendre que quelques détails qui manquent de convenance. Il est bien sûr que le comte de Tufière, qui, malgré sa hauteur, se pique d'une extrême politesse, ne doit pas dire devant son futur beau-père qui lui rend visite, et à qui un valet veut donner une chaise :

..... Non, offrez ce fauteuil :
Il ne le prendra pas.....

C'est une grossièreté dont l'homme le plus vain n'est pas capable, dès qu'on lui suppose l'usage du monde. Je conviens aussi qu'on peut désapprouver en lui le refus de rendre une visite à la mère d'Isabelle, qu'il veut épouser. C'est trop blesser les usages reçus; et je ne pense pas que le grand seigneur le plus fier se crût dispensé de cette démarche, qui est de nécessité envers une mère dont on recherche la fille. Il est vrai que ce refus produit entre le Glorieux et Lisimon une scène d'humeur qui est comique :

Suivi de ma famille,
Dois-je venir ici vous présenter ma fille,

Vous priant à genoux de vouloir l'accepter?
Si tu te l'es promis, tu n'as qu'à décompter.
Ma fille vaut bien peu si l'on ne la demande.
Je te baise les mains, et je me recommande
A ta grandeur. Adieu.

Mais les boutades plaisantes de Lisimon ne réparent pas cette disconvenance marquée dans le rôle du Glorieux, qui d'ailleurs, à ces deux fautes près, ne mérite que des éloges. Je présume que ce sont ces fautes, et la mauvaise honte poussée trop loin dans *le Philosophe marié*, qui ont fait dire à Voltaire que le comique de Destouches était *un peu forcé*. Tout le reste de l'ouvrage me paraît d'un comique parfaitement bien entendu. Rien de plus heureux que d'opposer au comte de Tufière, qui porte si haut les prérogatives de sa naissance, et qui est si délicat sur le ton et les manières, un épais financier, bon homme au fond, mais persuadé que ses richesses le mettent au niveau de tout le monde, et accoutumé, par défaut d'éducation, à une familiarité qui va jusqu'à tutoyer tous ceux qui ont affaire à lui. Quoique ce contraste semble se présenter de soi-même, il n'en est pas moins plaisant, sur-tout par les efforts momentanés que fait Lisimon pour être un peu plus poli avec le comte, efforts qui n'aboutissent qu'à le faire retomber un moment après dans ses vieilles habitudes. On rit de bon cœur de voir à quel point il déconcerte la morgue et la gravité du comte; et quand il l'entraîne par le bras, en riant :

Laisse en entrant chez nous ta grandeur à la porte,

on dit comme Pasquin :

Voilà mon glorieux bien tombé...

L'auteur a employé toute l'adresse convenable à motiver, d'un côté la complaisance forcée de Tufière, qui est au supplice, mais qui a besoin d'un riche mariage, et de l'autre la patience de Lisimon, qui ne laisse pas d'être excédé quelquefois des hauteurs du comte, mais qui veut absolument que sa fille soit comtesse, et qui, de plus, accoutumé à être maître chez lui, tient d'autant plus à ce mariage, que sa femme s'est déclarée pour un autre gendre. Ainsi la pièce, dont le fond est très moral, fait voir, dans le financier comme dans le grand seigneur, les prétentions de la vanité punies par les sacrifices qu'elles coûtent. Le plan est arrangé de manière à mettre sans cesse l'orgueil en souffrance, et toujours par des moyens aussi naturels que les effets sont comiques. Le glorieux veut imposer à tout le monde, et tout le monde le met à la gêne ou se moque de lui. Il n'y a pas jusqu'à l'homme *aux révérences*, le doucereux Philinte, qui le raille très finement, à l'instant même où le comte croit lui faire la loi. La suivante Lisette se trouve autorisée par sa maîtresse à faire la leçon au présomptueux Tufière, qui est forcé de la recevoir. Mais ce qu'il y a de mieux conçu, c'est de lui avoir donné un père dont la pauvreté désole son faste, et de là cette scène excellente où il est obligé de faire passer ce vieillard pour son intendant; de là le coup de théâtre, vraiment comique, produit par un seul mot, dans la scène de la reconnaissance : *Sa sœur femme de chambre!* C'est encore une idée qui va au but de la pièce, que le père du Glorieux ait été ruiné par l'orgueil de sa mère; et ce qu'on ne saurait trop louer, c'est de n'avoir jamais rendu ni vil ni odieux le principal personnage, qui doit être, au dénouement, heureux et corrigé. Il a beau rougir de l'indigence de son père, la nature l'emporte quand elle réclame ses droits, et il tombe à ses genoux devant une foule de témoins. Il s'excuse même au quatrième acte, d'une manière assez plausible, de vouloir cacher l'état malheureux de son père à un opulent financier qui pourrait mépriser la pauvreté. Il conjure ce père de ne pas les exposer tous deux à cette humiliation, et c'est là que se trouvent ces deux vers admirables :

J'entends. La vanité me déclare à genoux
Qu'un père infortuné n'est pas digne de vous,

vers qui ont une sorte de beauté bien rare et presque unique dans la comédie, le sublime de l'expression, car on peut qualifier ainsi *la vanité* qui parle *à genoux.*

Au mérite des caractères et des situations, *le Glorieux* joint celui d'un intérêt peu commun dans ce genre de drame, et qui n'est point trop romanesque. Il se fait sentir sur-tout dans le dénouement, où l'on est bien aise que le père soit rentré dans ses biens, et l'apprenne à son fils, lorsque la nature a vaincu son orgueil, et à sa fille, dont une conduite honnête, sage et courageuse, a fait désirer l'union avec le jeune Valère, fils de Lisimon, dont l'amour n'a eu que des vues légitimes. Les rôles accessoires n'ont pas été négligés : il y a du comique dans celui de Lafleur, qui ne peut souffrir d'avoir un maître à qui ses valets n'oseraient parler :

J'aimerais mieux deux mots que deux pistoles;

dans celui de Pasquin, le valet de chambre, qui copie sans y penser les grands airs de son maître, mais qui ensuite a le bon sens de n'en donner d'autre raison *sinon qu'il est un sot*. Enfin l'élégance de la versification, et un dialogue semé de traits heureux et de vers qu'on a retenus, achèvent de mettre cette comédie au rang des premières de ce siècle. Quelques personnes préfèrent *la Métromanie* : *le Glorieux* a toujours été plus suivi; et sans prétendre décider le goût des autres sur deux pièces si différentes, j'avouerai que le mien incline pour le chef-d'œuvre de Destouches*.

La Harpe, *Cours de Littérature.*

---

* Destouches, sans avoir aussi bien réussi que Piron, a su, par deux ou trois comédies, s'assurer une réputation durable. Un style pur et facile, des situations attachantes, maintiendront long-temps au théâtre *le Glorieux* et *le Philosophe marié*, où se trouvent cependant des caractères complètement hors de nature.

De Barante, *De la Littérature française pendant le XVIII° siècle.*

MORCEAUX CHOISIS.

I. Le vrai Philosophe.

GÉRONTE.

Qu'est-ce qu'un philosophe? Un fou dont le langage
N'est qu'un tissu confus de faux raisonnements :
Un esprit de travers, qui, par ses arguments,
Prétend, en plein midi, faire voir des étoiles ;
Toujours après l'erreur courant à pleines voiles,
Quand il croit follement suivre la vérité ;
Un bavard, inutile à la société,
Coiffé d'opinions, et gonflé d'hyperboles,
Et qui, vide de sens, n'abonde qu'en paroles.

ARISTE.

Non. La philosophie est sobre en ses discours,
Et croit que les meilleurs sont toujours les plus courts ;
Que de la vérité l'on atteint l'excellence
Par la réflexion et le profond silence.
Le but d'un philosophe est de si bien agir,
Que de ses actions il n'ait point à rougir.
Il ne tend qu'à pouvoir se maîtriser soi-même :
C'est là qu'il met sa gloire et son bonheur suprême.
Sans vouloir imposer par ses opinions,
Il ne parle jamais que par ses actions.
Loin qu'en systèmes vains son esprit s'alambique,
Être vrai, juste, bon, c'est son système unique.
Humble dans le bonheur, grand dans l'adversité,
Dans la seule vertu trouvant la volupté,
Faisant d'un doux loisir ses plus chères délices,
Plaignant les vicieux, et détestant les vices :
Voilà le philosophe ; et, s'il n'est ainsi fait,
Il usurpe un beau titre, et n'en a pas l'effet.

Le Philosophe marié, act. IV, sc. 3.

II. Le Glorieux.

PASQUIN.

Instruit de vos desseins, je parlerai sans craindre,
Et de la tête aux pieds je vais vous le dépeindre.
Ses bonnes qualités seront mon premier point ;
Ses défauts, mon second. Je ne vous cache point
Que je serai très court sur le premier chapitre ;
Très long sur le dernier. Premièrement, son titre
De comte de Tufière est un titre réel ;
Et son air de grandeur est un air naturel :
Il est, certainement, d'une haute naissance.

LISETTE.

C'est l'effet du hasard. Passons.

PASQUIN.

     Toute la France
Convient de sa valeur, et brave confirmé,
Parmi les gens de guerre il est très estimé.
Il fera son chemin, à ce que l'on assure.
Il est homme d'honneur : on vante sa droiture.
Quoique vif, pétulant, il a le cœur très bon.
Voilà mon premier point.

LISETTE.

    Passons vite au second.

PASQUIN.

     ..... Sa politique
Est d'être toujours grave avec un domestique.
S'il lui disait un mot, il croirait s'abaisser :
Et qu'un valet lui parle, il se fera chasser.
Enfin, pour ébaucher en deux mots sa peinture,
C'est l'homme le plus vain qu'ait produit la nature.

Pour ses inférieurs plein d'un mépris choquant,
Avec ses égaux même, il prend l'air important :
Si fier de ses aïeux, si fier de sa noblesse,
Qu'il croit être ici bas le seul de son espèce,
Persuadé d'ailleurs de son habileté,
Et décidant sur tout avec autorité ;
Se croyant en tout genre un mérite suprême ;
Dédaignant tout le monde et s'admirant lui-même ;
En un mot, des mortels le plus impérieux,
Et le plus suffisant, et le plus glorieux.
Le Glorieux, act. I, sc. 2 et 4.

DEVISE. Trait de caractère, exprimé en peu de mots, quelquefois seuls, mais le plus souvent accompagnés d'une figure allégorique.

La devise est une invention de la chevalerie. Ce fut d'abord la marque distinctive de l'armure des chevaliers ; et c'était sur leur écu ou sur leur cuirasse que leur devise était tracée. Le comte Thésoro l'appelle *la philosophie du gentilhomme, la métaphore militaire, le langage des héros*.

En France, en Espagne, en Italie, elle brilla dans les tournois, dans les réjouissances publiques, dans les pompes funèbres. Elle fut l'ornement des fêtes de la cour de Louis XIV, et l'expression des trois sentiments qui animaient et qui distinguaient cette cour, la vertu guerrière, la galanterie, et le culte pour le monarque. Dans ces fêtes, la devise de Louis XIV était le soleil, avec ces mots : *nec cesso, nec erro*, légende plus intelligible que le *nec pluri-*

bus impar; et les devises des courtisans répondaient à celle du roi.

C'était, par exemple, le miroir ardent exposé au soleil, avec ces mots, *Ardeo ubi aspicior*, devise du duc de Sulli; ou avec ceux-ci, *Tua munera jacto*, devise du duc de Vivone : celle du duc de Beaufort, amiral de France, était la lune avec ces mots : *Soli paret, et imperat undis*. Quand ce n'était pas au soleil, c'était à Jupiter que les devises faisaient allusion, comme celle de Maximilien de Béthune, grand-maître de l'artillerie, l'aigle portant la foudre, *Quo jussa Jovis;* et celle de Monsieur, une bombe, *Alter post fulmina terror*.

Mais parmi ces devises que la flatterie ou plutôt l'enthousiasme avait dictées, il y en avait où l'audace guerrière se montrait seule, avec l'amour de la gloire qui l'animait. La devise des mousquetaires était une bombe en l'air, avec ces mots, *Quo ruit et lethum ;* celle des chevaux-legers, des fusées volantes, *Celeres ardore*. Le comte d'Iliers avait aussi une fusée pour symbole, avec cette fière légende, *Poco duri, purche m'inalzi;* le comte du Plessis avait de même pour devise une fusée, avec ces mots, *Ardorem lux magna sequetur;* le comte de Saint-Paul, un soleil levant dissipant les nuages, *Nec dum omnis sese explicat ardor ;* et rien de tout cela ne paraissait étrange, parce qu'au moins cette jactance était un engagement pris d'en justifier la hauteur. Dans cet esprit, il était permis à un militaire de se représenter, lui et ses enfants, sous l'emblème de l'aigle et de ses aiglons, au milieu des nuages, avec ces mots qui étaient le vœu et la leçon de la famille, *Nec fulmina terrent.*

Quand la valeur militaire est exaltée, il semble que l'orgueil lui sied bien. On n'est pas choqué de voir pour devise, au prince Eugène, une aigle, avec ces mots, *Natus ad sublimia;* ni au maréchal d'Albret le même symbole, avec ces mots, *Animos expertus Jupiter;* ni au maréchal de Bassompière, un phare au milieu des étoiles, avec ces paroles superbes, *Quod nequeunt tot sidera, præsto.* Il est à croire cependant que ces devises étaient des louanges qu'on leur donnait sans leur aveu.

Il en était de même des devises qui dans les fêtes et les réjouissances publiques décoraient les arcs de triomphe, les colonnes, les pyramides.

Telle fut la devise que Quinault inventa pour la duchesse régente de Savoie, un arc-en-ciel au milieu des nuages, *Inter nubila fulget.* Telle fut celle de la reine mère de Louis XIV, comparée à la flamme d'une torche exposée au vent, *Agitata crescit.*

La devise du cardinal de Richelieu, l'aigle planant dans l'air, et au-dessous des serpents qui se dressaient contre elle, avec ces mots, *Non deserit alta;* celle-là, dis-je, était d'une fierté convenable à un grand ministre : mais celle où il était peint sous l'image d'un coq qui chante devant le lion, avec ces mots relatifs à l'Espagne, *Debellat voce leones,* ou ceux-ci, *Formido rapacis,* ou ceux-ci, *Vox non purpura terret,* me semble passer la mesure. Le temps favorable aux devises fut un temps de succès et d'enthousiasme, où l'on avait le courage, la franchise, la hardiesse de parler bien de soi, résolu de faire encore mieux : jusqu'au surintendant des finances qui osait prendre pour devise un chien de chasse avec ces mots, *Abstinet inventis.*

On est devenu plus modeste; bientôt peut-être on le sera trop. Lorsque la politesse aura tout aplati et le luxe tout énervé, et qu'à force de médiocrité on sera obligé d'être humble sous peine d'être ridicule, on n'osera plus prendre une devise de peur d'engager sa parole : les armoiries seront sans caractère comme les âmes; et si l'on porte encore un symbole honorable, ce sera celui de ses aïeux.

La galanterie, qui parmi nous a pris naissance avec la chevalerie, et qui dégénère avec elle, eut comme elle aussi ses devises. Mais les devises amoureuses tenaient presque toutes du bel-esprit plus que du sentiment. Un amant malheureux prenait pour image un alambic sur le fourneau, avec ces paroles, *De mon feu mes larmes;* ou un papillon qui se brûle, avec ces mots, *Me quod urit insequor;* et telles semblables fadaises. J'en excepte pourtant l'image de la tourterelle, *Uni servo fidem;* et ce symbole d'une jeune veuve, un oranger dépouillé de ses fleurs, de ses fruits, et de son feuillage, avec ces mots touchants,

Que peut m'ôter encore ou la terre ou le ciel?

Dans la devise, on distingue le *corps* et l'*âme :* le corps, c'est la figure; l'âme, ce sont les mots.

Les qualités essentielles de la devise, du côté du corps, sont que l'image en soit très simple, très

6.

distincte; et si elle n'est pas d'un caractère noble, que du moins elle n'ait rien de bas ni de choquant. L'image doit être simple, afin de pouvoir être dessinée d'un trait dans un petit espace, et pour ne rien présenter à l'imagination de confus et d'embarrassant; la seule difficulté de dessiner la figure humaine l'aurait fait exclure de la devise; mais un autre motif de cette exclusion, c'est que d'homme a homme le rapport n'est pas assez imprévu, l'allusion assez piquante. Ceci pourtant n'est pas une règle sans exception; et la devise de Philippe II, après l'abdication de Charles-Quint, Hercule soutenant le ciel, avec ces mots, *Ut quiescat Atlas*, me semble encore assez ingénieuse, quoique Bouhours n'en trouve pas le rapport assez éloigné.

L'image doit être distincte, afin que, sans beaucoup d'art et sans le secours des couleurs, l'objet en soit reconnaissable. Cette règle dictée par le bon sens, a été pourtant fort négligée. Par exemple, quoi de plus insensé que de prendre, pour la figure d'une devise, le feu caché sous la cendre? De l'or dans le creuset n'est guère plus sensible, quoique Bouhours nous l'ait donné pour une devise spirituelle; il en est de même de la pierre d'amiante, d'un voile trempé dans de l'esprit de vin, d'un zéphyr volant sur les fleurs, tous objets que le pinceau même le plus délicat aurait bien de la peine à rendre, et que les collecteurs de devises ne laissent pas d'accumuler sans choix.

L'image doit être noble, ou du moins agréable à l'imagination; et cette règle exclut tous les objets auxquels l'opinion attache l'idée de bassesse. Ainsi, pour exprimer l'amour, une marmite qui bout sur le feu, avec ces mots, *Je me consume en dedans*, est une devise de mauvais goût. A plus forte raison les objets dégoûtants sont-ils exclus de la devise.

Les règles de la devise, du côté de l'âme, sont que l'inscription soit brève et juste.

L'inscription doit être brève, en sorte que, sans présenter un sens complet, elle supplée uniquement à ce qui manque de précision au rapport qu'on veut indiquer. Encore l'image et les mots ensemble ne doivent-ils pas exprimer la pensée assez complètement pour qu'il n'en reste rien à deviner; et sans avoir l'obscurité de l'énigme, la devise doit conserver un caractère de finesse, qui flatte la vanité de celui qui en saisit le sens.

Bouhours n'y pensait pas, quand il a demandé * que le mot de la devise, pour être plus mystérieux et n'être pas intelligible au peuple, fût dans une langue étrangère. Il a oublié que dans une fête publique, sur le frontispice d'un palais ou d'un temple, sur un obélisque, un trophée, un tombeau, un monument quelconque, c'est pour la multitude que la devise est faite. Son voile doit être transparent; et une langue inconnue au peuple serait pour lui un voile impénétrable.

Il est bien vrai que la difficulté d'exprimer en très peu de mots la pensée de la devise dans une langue un peu diffuse, a fait passer en usage ce que Bouhours donne pour règle : mais l'usage n'est pas

---

* Entr. d'*Ariste et* d'*Eugène.*

plus raisonnable que la règle; et il en arrive que le peuple en lisant sur l'une des portes de sa ville, *Abundantia parta,* croit qu'on a voulu dire, l'*Abondance est partie.*

L'inscription doit être juste, et dans l'acception des termes, et dans son double rapport aux deux objets de la comparaison; car toute métaphore est une comparaison plus ou moins exprimée, et la devise est une métaphore.

Ainsi l'allusion de la devise ne doit pas être un jeu de mots, comme dans celle de Marc-Antoine Colonne, après la bataille de Lépante, une colonne au-dessous d'un croissant, avec ces mots, *ne impleat orbem.*

Il y aurait pourtant, ce me semble, un peu trop de rigueur à ne pas admettre cette devise d'un duc d'Albe, dans une course de taureaux, où il était en rivalité avec les Fonseques qui avaient des étoiles pour armoiries : *Al parecer de l'alva s'ascondan las estrellas.*

Quant au rapport réel de la devise avec les deux objets qu'elle compare, Bouhours ne le trouve pas juste dans la devise du grand maître de l'artillerie : *Quo jussa Jovis;* ces mots, dit-il, ne conviennent pas au grand-maître comme à l'aigle. Bouhours se trompe, à mon avis : jamais peut-être métaphore ne fut plus juste ni plus sublime.

Mais ce qui est de mauvais goût, c'est ce qu'un autre jésuite, le père Ménétrier, nous donne pour modèles de la devise et de l'emblème. Quoi de plus puéril, en effet, que de prendre pour emblème de la foi la corde d'un instrument, et en abusant de l'équivoque du mot latin *fides*, de représenter un Amour pinçant un luth qui n'a qu'une corde, avec ces mots, *Sola fides, nulla fides?* Ce qui signifie, à l'égard du luth, que *n'avoir qu'une corde, c'est n'avoir point de corde*; et à l'égard de la foi, que *c'est n'en avoir point, que d'en avoir sans les autres vertus.* Pour mieux sentir le ridicule de cet abus de mots, on n'a qu'à mêler les deux sens; on trouvera que *c'est n'avoir point de foi que de n'avoir qu'une corde;* et que *c'est n'avoir point de corde, que de n'avoir que de la foi.* C'est encore pis, lorsque, pour exprimer le mystère de la Trinité, on a pris l'image du miroir concave et du feu qu'il allume avec les rayons du soleil, avec ces mots : *Ab utroque procedit;* car ici la fausse application de l'image est une hérésie.

Bouhours veut que le symbole de la devise soit pris dans la nature, et il se trompe encore, en donnant cette règle comme exclusive. Mais lorsque le symbole est pris dans le merveilleux, ce doit être dans un merveilleux analogue. Le jour de la fête de saint Jean-Baptiste, à Gênes, les jésuites, pour la devise du précurseur, avaient fait peindre le phare de Gênes, avec cette légende : *Dum Cynthius abfuit, arsit.* Le *Cynthius* est là une sottise de collège; car Apollon et Jean ne sont pas de la même langue; et c'est le cas de dire que l'*un est de la Fable, et l'autre est de la Bible.*

La justesse et la propriété de la devise consistent à prendre pour moyen de comparaison, 1° une qualité commune au symbole et à son objet, en sorte que dans la louange, même hyperbolique, il y ait au moins un air de ressemblance; 2° une qualité qui leur soit propre, et qui les distingue; car si le symbole ne marquait pas dans son objet un caractère particulier, ce ne serait plus qu'un emblème, c'est-à-dire l'expression figurée d'une pensée, d'une sentence, d'une maxime générale sans aucun objet décidé.

Il y a cependant des devises qui ne diffèrent des emblèmes ou des symboles génériques que lorsqu'elles sont appliquées à un objet individuel. Par exemple, la poule défendant ses petits, avec ces mots, *Sgombra amor ogni paura*, est le symbole de l'amour maternel, et devient, par l'application, l'image de celle qui la prend pour devise.

L'aigle portant la foudre à son bec, avec ces mots, *Fulmen ab ore*, symbole de la haute éloquence, sera la devise de Démosthène. Le symbole de l'ambition, la foudre au milieu des ruines, avec ces mots, *Fecisse ruina gaudet iter*, devient une devise au pied de la statue de César. Celui du génie, une flamme avec ces mots, *Summa petit*, sera la devise de Corneille, mis à la tête de ses ouvrages. Le symbole de la vertu militaire, l'image du coq, avec ces mots, *Et vigil et pugnax*, vigilance et courage, sera la devise de Turenne.

Ainsi l'on voit que ce n'est pas une propriété individuelle, mais une convenance peu commune, qui est nécessaire à la devise; car lorsque c'est une louange, pour peu qu'elle convienne à son objet, on peut se reposer sur l'amour-propre, du soin d'en saisir l'allusion ; et si la devise est satirique, on peut compter de même sur la sagacité de la malignité publique. Parmi les devises satiriques, la plus ingénieuse, à mon avis, est celle d'un homme que la faveur a élevé, l'image d'un verre avec ces mots : *Ex halitu forma*. Mais qui voudra s'y reconnaître ? Dans l'un et l'autre genre, la meilleure devise serait celle dont tout le monde ferait la même application.

Quoique la devise soit communément personnelle, ou comme personnelle, c'est-à-dire appliquée à une collection de personnes animées du même esprit et considérées comme n'en faisant qu'une, il y a aussi des devises de choses, comme celle de la mine de poudre, *Ex obice vires ;* comme celle du canon, maxime remarquable du duc de Richelieu, *Ultima ratio regum ;* ou comme celle qu'on lisait sur les canons de Chantilli, *C'est fait de la valeur*. Des devises de choses, la plus heureuse peut-être est celle de l'imprimerie, où l'invention de cet art, si fécond en querelles d'opinion, est exprimée par l'image de Cadmus semant les dents du dragon, avec ces mots : *Semence de discorde*.

Dans les divers exemples que je viens de citer, on voit que les devises les plus curieuses sont celles qui parlent en même temps aux yeux et à l'esprit, c'est-à-dire qui réunissent une figure et des paroles qui en indiquent la relation. Mais n'en déplaise à Bouhours, cette réunion n'est pas indispensable ; et réciproquement la figure et la légende de la devise peuvent se passer l'une de l'autre. La devise de Tancrède, dans la tragédie de ce nom, n'a pas besoin de symbole :

Conservez ma devise, elle est chère à mon cœur ;
Les mots en sont sacrés ; c'est *l'amour et l'honneur.*
(Act. III, sc. 1.)

La devise de la Cornette blanche, *Donec victoria tingat*, ne demande pas d'autre corps que le drapeau où elle est écrite. Dans les armoiries ou sur la tombe d'un magistrat, la figure de l'équerre ou celle de l'aplomb, symbole de la rectitude, n'aurait pas besoin de légende. Le cachet de Pompée n'en avait point; l'image du lion tenant une épée était parlante.

Les devises ne sont plus guère en usage que sur les médailles et les jetons. Les médailles sont bonnes à constater les faits et les époques. Les jetons ne sont bons à rien qu'à servir de signes numériques à certains jeux, et à marquer, durant la partie, les alternatives de la perte et du gain. Parmi les vieux jetons qui roulent pêle-mêle sur les tables de jeu, il y en avait un qui représentait un vaisseau les voiles déployées, avec ces mots : *Nescit moras*. Or, il advint qu'un M. de Moras fut ministre de la marine, à laquelle il n'entendait rien ; alors le vieux jeton *Nescit moras* fut remarqué ; et tout le monde, jusqu'aux femmes, croyait entendre ce latin.

MARMONTEL, *Éléments de Littérature.*

DIALOGUE PHILOSOPHIQUE ou LITTÉRAIRE.

C'est un grand bien que de s'amuser; c'en est un plus grand de s'instruire. La lecture, qui réunit ces deux avantages, ressemble à un fruit délicieux et nourrissant à la fois. Telle est la perfection du dialogue philosophique ou littéraire. Il n'est personne qui, après avoir lu ceux des dialogues de Platon où se peint l'âme de Socrate, ne se sente plus de respect et plus d'amour pour la vertu : il n'est personne qui, après avoir lu les dialogues de Cicéron sur l'art oratoire, n'ait de l'éloquence une idée plus haute, plus étendue, plus lumineuse et plus féconde. Ainsi le dialogue, quand il n'est pas oiseux, a pour objet un résultat ou de sentiment ou d'idée. Celui qui n'est qu'un jeu d'esprit, un choc d'opinions, d'où jaillissent des étincelles, mais qui ne laisse à la fin qu'incertitude et obscurité, n'est pas ce qu'on doit appeler le dialogue philosophique, c'est le dialogue sophistique.

Il n'y a rien de plus aisé que de soutenir des paradoxes par des sophismes, que de donner à des choses éloignées et dissemblables une apparence de rapport, et de paraître ainsi rapprocher les extrêmes et assimiler les contraires. Mais cette manière de rendre l'esprit subtil est une manière encore plus sûre de le rendre faux et louche. L'art de bien décocher la flèche, c'est d'atteindre le but. Or, ici, le but est la vérité; et la vérité n'est qu'un point. Quand j'aurai vu les deux archers vider leur carquois sans y atteindre, que dirai-je de leur adresse et de leur force à tirer en l'air? Que m'aura laissé le dialogue le plus subtil, le plus alambiqué? Le doute : ou de fausses lueurs, ce qui est encore pire que le doute; car le doute est du moins un commencement de sagesse. Mais celui-ci serait le doute méthodique, le doute qui, en me plaçant dans le point d'ambiguité, me laisserait une raison libre, et lui montrerait les deux routes : au lieu que le dialogue sophistique cherche à capter ma persuasion; et c'est toujours du côté le plus faux que l'écrivain, pour briller davantage, s'efforce de montrer le plus de vraisemblance : ainsi tout son esprit s'emploie à dérouter le mien.

Mais qui ne sait pas que dans notre faible entendement rien n'est trop clair ni trop bien assuré, et qu'au moyen du vague des notions communes et de l'équivoque des mots, il est facile à un beau parleur de tout brouiller et de tout obscurcir?

Le difficile, je le répète, c'est de démêler, de classer, de circonscrire nos idées, en leur donnant toute leur étendue, d'en saisir les justes rapports, de tirer ainsi du cahos les éléments de la science, et d'y répandre la lumière. C'est à quoi le dialogue philosophique est utilement employé ; parce qu'à mesure qu'il forme des nuages, il les dissipe; qu'à chaque pas il ne présente une nouvelle difficulté qu'afin de l'aplanir lui-même; et que son but est la solution de toutes celles que l'ignorance, l'habitude, l'opinion opposent à la vérité. Si le dialogue n'a pas ce mérite, il n'a plus que celui du sophisme, plus ou moins captieux, et du faux bel-esprit, trop admiré par la sottise.

La beauté du dialogue philosophique résulte de l'importance du sujet, et du poids que les raisons donnent aux opinions opposées. Si pourtant le dialogue est moins une dispute qu'une leçon, l'un des deux interlocuteurs peut être ignorant; mais il doit l'être avec esprit: son erreur ne doit pas être lourde, ni sa curiosité niaise. *Les Mondes* de Fontenelle sont un modèle dans ce genre. Il y a peut-être un peu de manière; mais cette manière ingénieuse n'est ni celle de Pluche ni celle de Bouhours.

Les leçons en dialogues ont deux grands avantages, l'attrait et la clarté; mais elles ont un défaut, la longueur. Il serait donc à souhaiter que l'on réservât cette forme d'instruction pour les sujets naturellement épineux et confus, qui exigent des développements, et dans lesquels l'intelligence et la raison veulent être conduites, à travers des difficultés successivement résolues, du doute à la persuasion, de l'obscurité à l'évidence. L'histoire, toute en dialogue, serait trop délayée; mais des dialogues sur certains traits d'histoire, assez problématiques pour être discutés, assez intéressants pour être approfondis, pourraient être un ouvrage utile. Un modèle en ce genre est le dialogue de Sylla et d'Eucrate. On désirerait seulement que le philosophe y traitât le proscripteur avec moins de respect. Tous les grands hommes ont eu leur faible: celui de Montesquieu, en écrivant sur les Romains, fut d'être un peu trop sénateur.

MARMONTEL, *Éléments de Littérature.*

MÊME SUJET.

Le dialogue peut être présenté de deux manières : soit comme une conversation directe où les interlocuteurs seuls se montrent ; c'est la méthode dont se sert Platon : soit comme le récit d'un entretien où l'auteur lui-même paraît et raconte ce qui s'est passé dans la conversation ; c'est la méthode que suit généralement Cicéron. Mais, quoique ces deux manières diffèrent un peu pour la forme, la nature de la composition reste au fond la même dans les deux cas, et est soumise aux mêmes règles.

Sous l'une ou sous l'autre de ces formes, un dialogue bien conduit, sur quelque sujet de philosophie, de morale ou de critique, occupe un rang élevé parmi les ouvrages de goût ; mais il est plus difficile d'y réussir qu'on ne le croit communément. Il faut en effet, pour cela, quelque chose de plus que d'introduire des personnages qui parlent tour à tour. Le dialogue doit être une représentation naturelle et animée de la conversation réelle ; il doit offrir le caractère et les mœurs des divers interlocuteurs, et conserver à chacun d'eux le tour particulier de pensée et d'expression qui le distingue des autres. Un dialogue conçu dans cet esprit procure au lecteur un vif agrément, parce que, grace à la discussion qui s'établit entre les personnages, il prend une connaissance entière et parfaite des deux côtés de la question, en même temps qu'il suit avec plaisir une conversation polie et un développement de caractères bien tracés et bien soutenus. Ainsi l'écrivain qui a le talent d'exécuter ce genre de composition, selon la méthode que je viens d'indiquer, possède les moyens d'instruire et de plaire.

Parmi les anciens, Platon est célèbre par la beauté de ses dialogues. Dans quelques-uns, la scène et les accessoires sont admirablement décrits. Le caractère des sophistes avec lesquels Socrate discutait est bien peint. L'auteur nous présente une grande variété de personnages; il nous fait assister à une conversation réelle, souvent conduite avec beaucoup de chaleur et de vivacité, d'après la méthode socratique. Pour la richesse et la beauté de l'imagination, aucun philosophe, ancien ou moderne, n'est comparable à Platon. Le seul défaut de son imagination est un excès de fécondité, qui rend quelquefois sa pensée obscure, et l'entraîne fréquemment dans les allégories, les fictions, l'enthousiasme et les vagues régions de la théologie mystique : le philosophe disparaît trop souvent dans le poète. Mais, soit qu'il nous instruise ou non par le fond des choses (et il offre souvent beaucoup d'instruction), sa manière nous intéresse toujours, et nous ne quittons l'auteur qu'avec une haute opinion de la sublimité de son génie.

Les dialogues de Cicéron, ou les récits de conversation qu'il a placés dans plusieurs de ses ouvrages sur la philosophie et la critique, ont moins de feu et d'originalité que ceux de Platon. Quelques-uns cependant, et sur-tout le dialogue *de Oratore*, sont agréables et bien soutenus. Ils nous offrent une conversation entre plusieurs des principaux personnages de l'ancienne Rome, et on y trouve beaucoup d'aisance, de bon ton et de dignité.

Lucien est un auteur de dialogues fort distingué, quoique ses sujets soient rarement de nature à lui donner un rang parmi les philosophes. Il a tracé le modèle du dialogue badin et amusant, et l'a porté à une grande perfection. Un fond de légèreté, et en même temps d'esprit et de pénétration, caractérise tous ses ouvrages.

Blair, Cours de Rhétorique.

DIALOGUE POÉTIQUE. Quoique toute espèce de dialogue soit une scène, il ne s'ensuit pas que tout dialogue soit dramatique. Aristote a rangé dans la classe des poésies épiques les dialogues de Platon : sur quoi Dacier se fait cette difficulté : « Ces dia- « logues ne ressemblent-ils pas plutôt au poème dra- « matique qu'au poème épique ? Non, sans doute, « répond Dacier lui-même. » Et dans un autre endroit, oubliant sa décision et celle d'Aristote, il nous assure que les dialogues de Platon sont des dialogues purement dramatiques. Si l'on s'entendait bien soi-même, on ne se contredirait pas.

Le dialogue épique ou dramatique a pour objet une action; le dialogue philosophique a pour objet une vérité. Ceux des dialogues de Platon qui ne font que développer la doctrine de Socrate sont les dialogues philosophiques; ceux qui contiennent son histoire; depuis son apologie jusqu'à sa mort, sont mêlés d'épique et de dramatique*.

Il y a une sorte de dialogue dramatique où l'on imite une situation plutôt qu'une action de la vie : il commence où l'on veut, dure tant qu'on veut, finit quand on veut : c'est du mouvement sans progression, et par conséquent le moins intéressant de tous les dialogues. Telles sont les églogues en général, et particulièrement celles de Virgile, admirables d'ailleurs par la naïveté du sentiment et le coloris des images.

Non-seulement le dialogue en est sans objet, mais il est aussi quelquefois sans suite. On peut dire en faveur de ses pastorales, qu'un dialogue sans suite peint mieux un entretien de bergers; mais l'art, en imitant la nature, a pour but d'occuper agréable-

---

* Cela est très bien distingué; il y a cependant entre les dialogues *philosophiques* de Platon, et le dialogue dramatique, une analogie assez frappante que A. W. Schlegel a fait très bien ressortir dans ce passage de son *Cours de littérature dramatique*. (Leç. 1re.)

« Socrate, dans Platon, demande à un sophiste enflé d'orgueil, nommé Hippias ce que c'est que le beau : celui-ci trouve à l'instant, dans sa mémoire, une réponse superficielle; mais l'adresse cachée des objections de Socrate lui fait bientôt abandonner son explication, et après avoir divagué quelque temps, il est obligé de se retirer tout honteux et de reconnaître la supériorité du sage qui lui a prouvé son ignorance. Ce dialogue, tout rempli d'idées instructives et philosophiques, n'est pas seulement une excellente leçon, mais il offre encore l'intérêt d'une petite comédie. Lors donc qu'on a voulu louer les dialogues de Platon, sous le rapport de la marche animée des pensées, de l'art d'exciter la curiosité, et de l'intérêt soutenu qu'ils inspirent, on a renfermé cet éloge dans un seul mot, en disant qu'ils étaient dramatiques. »

Notre La Fontaine a parfaitement exprimé ce mérite des dialogues de Platon dans la préface qu'il a faite pour les traductions qu'en a données son ami Maucroix. H. PATIN.

ment l'esprit en intéressant l'âme; or ni l'âme ni l'esprit ne peuvent s'accommoder de ces propos alternatifs, qui, détachés l'un de l'autre, ne se terminent à rien. Qu'on se rappelle l'entretien de Mélibée avec Tityre, dans la première des bucoliques de Virgile.

MÉLIBÉE.

Tityre, vous jouissez d'un plein repos.

TITYRE.

C'est un dieu qui me l'a procuré.

MÉLIBÉE.

Quel est ce dieu bienfaisant?

TITYRE.

Insensé! je comparais Rome à notre petite ville.

MÉLIBÉE.

Et quel motif si pressant vous a conduit à Rome?

TITYRE.

Le désir de la liberté, etc.

On ne peut se dissimuler que Tityre ne répond point à cette question de Mélibée : *Quel est ce dieu?* c'est là qu'il devrait dire : *Je l'ai vu à Rome, ce jeune héros pour qui nos autels fument douze fois l'an.*

MÉLIBÉE.

A Rome! et qui vous y conduit?

TITYRE.

Le désir de la liberté.

L'on avouera que ce dialogue serait plus dans l'ordre de nos idées, et n'en serait pas moins dans le naturel et la naïveté d'un berger.

Mais c'est sur-tout dans la poésie dramatique que

le dialogue doit tendre à son but. Un personnage qui, dans une situation intéressante, s'arrête à dire de belles choses qui ne vont point au fait, ressemble à une mère qui, cherchant son fils dans les campagnes, s'amuserait à cueillir des fleurs.

Cette règle, qui n'a point d'exception réelle, en a quelques-unes en apparence : il est des scènes où ce que dit l'un des personnages n'est pas ce qui occupe l'autre : celui-ci, plein de son objet, ou ne répond point, ou ne répond qu'à son idée. On flatte Armide sur sa beauté, sur sa jeunesse, sur le pouvoir de ses enchantements; rien de tout cela ne dissipe la rêverie où elle est plongée. On lui parle de ses triomphes et des captifs qu'elle a faits : ce mot seul touche à l'endroit sensible de son âme; sa passion se réveille et rompt le silence :

Je ne triomphe pas du plus vaillant de tous.
(Act. I, sc. 1.)

Mérope entend, sans l'écouter, tout ce qu'on lui dit de ses prospérités et de sa gloire. Elle avait un fils, elle l'a perdu, elle l'attend : ce sentiment seul l'intéresse.

Quoi! Narbas ne vient point! reverrai-je mon fils?
(Act. I, sc. 1.)

Il est des situations où l'un des personnages détourne exprès le cours du dialogue, soit crainte, ménagement ou dissimulation; mais alors même le dialogue tend à son but, quoiqu'il semble s'en écarter. Toutefois il ne prend ces détours que dans des situations modérées : quand la passion devient impétueuse et rapide, les replis du dialogue ne sont plus dans la nature. Un ruisseau serpente, un torrent se précipite. Aussi voit-on quelquefois la passion retenue, comme dans la déclaration de Phèdre, s'efforcer de prendre un détour; mais tout-à-coup, rompant sa digue, s'abandonner à son emportement.

..... Ah ! cruel, tu m'as trop entendue;
Je t'en ai dit assez pour te tirer d'erreur.
Eh bien, connais donc Phèdre et toute sa fureur.
(Rac. *Phèdre*, act. II, sc. 5.)

Une des qualités essentielles du dialogue, c'est d'être coupé à propos : hors des situations dont je viens de parler, où le respect, la crainte, la pudeur, retiennent la passion, et lui imposent silence, hors de là, dis-je, le dialogue est vicieux dès que la replique se fait attendre : défaut que les plus grands maîtres n'ont pas toujours évité. Corneille a donné en même temps l'exemple et la leçon de l'attention qu'on doit à la vérité du dialogue. Dans la scène d'Auguste avec Cinna, Auguste va convaincre de trahison et d'ingratitude un jeune homme fier et bouillant, que le seul respect ne saurait contraindre; il a donc fallu préparer le silence de Cinna par l'ordre le plus imposant : cependant, malgré la loi que lui fait Auguste de tenir sa langue captive, dès qu'il arrive à ce vers,

Cinna, tu t'en souviens et veux m'assassiner.
(Act. V, sc. 1.)

Cinna s'échappe et va répondre : mouvement naturel et vrai, que le grand peintre des passions n'a pas manqué de saisir. C'est ainsi que la réplique doit partir sur le trait qui la sollicite. Les récapitulations ne sont placées que dans les délibérations et les conférences politiques, c'est-à-dire dans les moments où l'âme doit se posséder.

On peut distinguer, par rapport au dialogue, quatre formes de scènes. Dans la première, les interlocuteurs s'abandonnent aux mouvements de leur âme, sans autre motif que de l'épancher : ces scènes-là ne conviennent qu'à la violence de la passion; dans tout autre cas elles doivent être bannies du théâtre, comme froides et superflues (*Voyez* ÉLOQUENCE POÉTIQUE). Dans la seconde, les interlocuteurs ont un dessein commun qu'ils concertent ensemble, ou des secrets intéressants qu'ils se communiquent : telle est la belle scène d'exposition entre Émilie et Cinna. Cette forme de dialogue est froide et lente, à moins qu'elle ne porte sur un intérêt très pressant. La troisième est celle où l'un des interlocuteurs a un projet ou des sentiments qu'il veut inspirer à l'autre : telle est la scène de Nérestan avec Zaïre. Comme l'un des personnages n'y est que passif, le dialogue ne saurait être ni rapide ni varié; et ces sortes de scènes ont besoin de beaucoup d'éloquence. Dans la quatrième, les interlocuteurs ont des vues, des sentiments ou des passions qui se combattent, et c'est la forme la plus favorable au théâtre. Mais il arrive souvent que tous les personnages ne se livrent pas, quoiqu'ils soient tous en action; et alors la scène demande d'autant plus de force et de chaleur dans le style, qu'elle est moins animée par le dialogue. Telle est, dans le sentiment, la scène de Burrhus avec Néron; dans la véhémence, celle de Palamède avec Oreste et Électre; dans la politique, celle de Cléopâtre avec ses deux fils; dans la passion, celle de Phèdre avec Hippolyte. Quelquefois aussi tous les interlocuteurs se livrent au mouvement de leur âme, et se combattent à découvert. Voilà, ce me semble, la forme de scènes qui doit le plus échauffer l'imagination du poète, et produire le dialogue le plus rapide et le plus animé; cependant on en voit peu d'exemples, même dans nos meilleurs tragiques, si l'on excepte Corneille, qui a poussé la vivacité, la force et la justesse du dialogue au plus haut degré de perfection. L'extrême difficulté de ces belles scènes vient de ce qu'elles supposent à la fois un sujet très important, des caractères bien contrastés, des sentiments qui se combattent, des intérêts qui se balancent, et assez de ressources dans le poète, pour que l'âme des spectateurs soit tour-à-tour entraînée vers l'un et l'autre parti, par l'éloquence des répliques. On peut citer pour modèle en ce genre la scène entre Horace et Curiace; celle entre Félix et Pauline; la conférence de Pompée avec Sertorius; enfin plusieurs scènes d'*Héraclius* et du *Cid*, et sur-tout celle entre Chimène et Rodrigue, où l'on a relevé, d'après le malheureux Scuderi, quelques jeux trop recherchés dans l'expression, sans dire un mot de la beauté du dialogue, de la noblesse, de la chaleur, du naturel des sentiments, qui rendent cette scène une des plus belles et des plus pathétiques du théâtre.

En général, le désir de briller a beaucoup nui au dialogue de nos tragédies : on ne peut se résoudre à faire interrompre un personnage auquel il reste encore de belles choses à dire ; et le goût est la victime de l'esprit. Cette malheureuse abondance n'était pas connue de Sophocle et d'Euripide; et si les modernes ont quelque chose à leur envier; c'est l'aisance, la précision et le naturel qui règnent dans leur dialogue, dont le défaut pourtant, surtout dans Euripide, est quelquefois d'être trop allongé.

Parmi nos anciens tragiques, Garnier affectait un dialogue extrêmement concis, mais symétrique et jouant sur le mot; ce qui est absolument contraire au naturel. Corneille se reproche à lui-même, ainsi qu'à Euripide et à Sénèque, l'affectation d'un dialogue trop symétriquement découpé vers par vers.

Dans le comique, Molière est un modèle accompli dans l'art de dialoguer comme la nature : on ne voit pas dans toutes ces pièces un seul exemple d'une réplique hors de propos. Mais autant ce maître des comiques s'attachait à la vérité, autant ses successeurs s'en éloignent. La facilité du public à applaudir les tirades et les portraits, a fait de nos scènes de comédie des galeries d'enluminures. Un amant reproche à sa maîtresse d'être coquette; elle répond par une définition de la coquetterie.

C'est sur le mot qu'on réplique, et non sur la chose : moyen d'allonger tant qu'on veut une scène oisive, où souvent l'intrigue n'a pas fait le plus petit chemin au bout d'un quart-d'heure de conversation.

La repartie sur le mot est quelquefois plaisante, mais ce n'est qu'autant qu'elle va au fait. Qu'un valet, pour appaiser son maître qui menace un homme de lui couper le nez, lui dise :

Que feriez-vous, Monsieur, du nez d'un marguillier ?
(REGNARD, *les Ménechmes*, act. III, sc. 2.)

le mot est lui-même une raison ; la *lune tout entière* de Jodelet est encore plus comique.

Les écarts du dialogue viennent communément de la stérilité du fond de la scène, et d'un vice de constitution dans le sujet. Si là disposition en était telle qu'à chaque scène on partît d'un point pour arriver à un point déterminé, en sorte que le dialogue ne dût servir qu'au progrès de l'action, chaque réplique serait à la scène ce que la scène est à l'acte, c'est-à-dire un nouveau moyen de nouer ou de dénouer. Mais dans la distribution primitive on laisse des intervalles vides d'action : ce sont ces vides qu'on veut remplir ; et de là les excursions et les lenteurs du dialogue. On demande combien d'acteurs on peut faire dialoguer ensemble : Horace dit trois tout au plus ; mais rien n'empêche de passer ce nombre, pourvu qu'il n'y ait dans la scène ni confusion, ni longueur. *Voyez* l'exposition du *Tartufe*.

MARMONTEL, *Éléments de Littérature*.

DIAMANTE. *Voyez la note qui termine le tome IX.*

DIDACTIQUE. Le but du poème didactique est d'instruire. Son moyen est de plaire; et, s'il le peut, d'intéresser. A cette suite de préceptes mis en beaux vers, on a refusé le nom de poème, parce qu'il est dénué de fiction, et que la fiction, a-t-on dit, est essentielle à la poésie : à quoi Louis Racine a répondu qu'il y avait une fiction de style, et que ce genre en était susceptible.

Il y a, ce me semble, une façon plus simple de trancher la difficulté; c'est de nier que la fiction soit de l'essence de la poésie.

La poésie est l'art de peindre à l'esprit. Ou la poésie peint les objets sensibles, ou elle peint les idées abstraites qu'elle revêt de forme et de couleur. Ce dernier cas est le seul où la poésie soit obligée de feindre; dans les deux autres, elle ne fait qu'imiter. Ce principe incontestable une fois établi, tout discours en vers qui peint, mérite le nom de poème. Or le poème didactique n'est qu'un tissu de tableaux d'après nature, lorsqu'il remplit sa destination. La froideur est le vice radical de ce genre : il n'est sur-tout rien de plus insoutenable qu'un sujet sublime en lui-même, didactiquement traité par un versificateur faible et lâche, qui glace tout ce qu'il touche, qui met de l'esprit où il faut du génie, et qui raisonne au lieu de sentir.

La première règle du poème didactique est de lui donner un fond solide et intéressant.

C'est une chose déplorable de voir dans le poème de Lucrèce *sur la Nature*, dans l'*Essai sur l'homme* de Pope, tant et de si belle poésie employée à développer le mauvais système d'Épicure et l'optimisme de Leibnitz. Mais heureusement l'un et l'autre poète a un mérite indépendant de la chimère du philosophe : l'un, d'avoir combattu la superstition; l'autre, d'avoir sondé le cœur humain, et d'avoir ainsi tous les deux consacré en beaux vers des vérités du premier ordre.

Virgile, plus modeste dans le choix de son sujet, semble n'avoir voulu qu'instruire le cultivateur; mais il l'a honoré, et il a élevé à l'agriculture le plus beau monument que le premier des arts agréables pût élever au premier des arts nécessaires.

Deux mille ans après Virgile, un poète philosophe a voulu inspirer l'amour de la campagne aux tristes habitants des villes, réconcilier avec la nature l'homme livré aux goûts fantastiques du luxe et de la vanité. Il fallait un sage pour former ce dessein, un poète pour le remplir; et il est rare que dans le même homme se rencontre un pareil accord. C'est cet accord qui assure au poème des *Saisons* une réputation durable.

Quoique de tous les arts, celui dont les préceptes sont le plus naturellement susceptibles des ornements de la poésie, ce soit la poésie elle-même, Horace n'y a mis cependant qu'une raison saine et solide. En traçant aux Pisons les règles de son art, il a pris le style des lois, un style simple, clair et précis. Lui qui a monté dans ses odes le ton de la couleur jusqu'au plus haut degré, semble n'avoir voulu répandre dans l'art poétique qu'une lumière pure. Des idées élémentaires, souvent neuves, toujours fécondes, font la richesse de ce bel ouvrage. Jamais poète n'a renfermé tant de sens en si peu de mots. Aussi, tant que la poésie aura du charme pour les hommes, ce code abrégé de ses lois leur sera précieux, et devra sa durée à sa solidité.

Mais, après ce mérite, il en est un que les poètes, au moins les poètes modernes, ne doivent jamais négliger.

Nos langues n'ont pas l'harmonie et la précision des langues anciennes. Notre poésie n'est presque plus de la poésie lorsqu'elle manque de coloris. Horace a dédaigné d'en mettre dans un sujet qui avait lui-même sa couleur, et dont la théorie ne pouvait être aride. Mais Despréaux, à qui Horace et Aristote n'avaient guère laissé de nouvelles choses à dire, et qui dans l'*Art poétique* ne nous a pas donné une idée qui soit de lui, le judicieux Despréaux a senti que la précision, la justesse, l'industrieux mécanisme du vers, ne lui suffirait pas pour faire lire avec intérêt des préceptes déjà connus : il a mêlé tout ce que la poésie de détail a d'agrément et d'élégance. Il a suivi Horace et imité Virgile, en homme de goût qu'il était, et en artiste ingénieux. C'est, je crois, la méthode que doivent observer tous nos poètes didactiques ; et moins leur sujet aura d'importance et d'intérêt, plus il aura besoin des charmes de l'expression et des ornements accessoires.

Parmi ces ornements, les épisodes sont les plus

précieux; et lorsqu'ils sont intéressants et naturellement placés, ils délassent agréablement le lecteur de la longueur des préceptes. Mais rares, ils se font attendre; fréquents, ils interrompent trop souvent l'attention. La véritable source des beautés poétiques devrait être le sujet même; et à cet égard, c'est, par exemple, un heureux sujet de poème didactique, que celui de l'*Essai sur la manière de traduire en vers*, par le comte de Roscommon. L'art d'orner la nature dans les jardins, qu'enseigne l'un de nos poètes, présente aussi une richesse variée et inépuisable; mais dans ce nouveau poème, qui ne paraît point encore, on trouvera, ainsi que dans le poème des *Saisons*, d'autres moyens d'animer, d'attendrir, de varier, de rendre intéressante la poésie didactique. (Ce poème a paru*).

On a souvent parlé du coloris de la poésie, on n'a presque jamais parlé de ses mouvements; et c'est là cependant le secret de la rendre affectueuse et pathétique. Le coloris ne plaît qu'à l'imagination; le mouvement de l'âme affecte l'âme : un souvenir que l'objet réveille, une réflexion qu'il amène, un moment de mélancolie où il plonge l'âme du poète, un regret, un désir, un mouvement de joie, d'attendrissement ou de pitié, un élan d'enthousiasme ou d'indignation, en un mot, tous les sentiments que peut inspirer la nature, que peut déployer l'éloquence, ménagés, placés avec goût, sans que l'art semble s'en mêler, animeront le poète didactique,

---

* *Les Jardins* de J. Delille. H. P.

si le sujet en est intéressant pour l'homme, s'il le touche de près et peut avoir sur lui une sérieuse influence. Tel serait, par exemple, le sujet du commerce ou de la navigation * : car il serait à souhaiter que les principes des arts d'une grande importance fussent tous rédigés en vers. C'est ainsi qu'à la naissance des lettres toutes les vérités utiles furent consignées dans la mémoire des hommes. Le poème didactique fut la première leçon écrite, la première école des mœurs, le premier registre des lois. Le ramener à son utilité, à sa dignité primitive, devrait être l'objet de l'émulation des poètes d'un siècle de lumière.

Aux divers mouvements de l'âme doivent répondre les mouvements de l'élocution poétique : ceux-ci se varient non-seulement au gré du sentiment, mais de l'image; et le caractère des descriptions, des peintures, comme celui de l'éloquence des passions, décidera du rhythme et de la cadence du vers. Pope en a donné la leçon; Virgile en a donné l'exemple, et un exemple inimitable.

Enfin plus la marche du poème didactique paraît unie et monotone, plus le poète doit s'appliquer à la varier dans ses formes, à l'enrichir dans ses détails, à y répandre la chaleur et la vie, et à rendre au moins élégant, rapide et facile, ce qui ne peut être animé.

Mais il me semble qu'un excès opposé à la langueur, à la sécheresse, serait d'y employer le ton et

---

* Ce sujet a été traité par M. Esmenard, en 1805.   H. P.

le langage de l'épopée, de l'ode, ou de la tragédie. L'éloquence en doit être du genre tempéré; la poésie, d'un caractère noble, mais sage et modeste, au-dessus de l'épître, au-dessous du poème inspiré. Dans le didactique, le rôle du poète est celui d'un sage dont on écoute les leçons. Mais la différence du style de l'*Énéide* et de celui des *Géorgiques* fera sentir ce que je veux dire mieux que je ne puis l'exprimer*.

MARMONTEL, *Éléments de Littérature*.

---

* Le poème didactique, ayant occupé moins de place dans la littérature que les autres genres de composition, a dû conséquemment en occuper fort peu dans les poétiques. Ce qu'en disent les anciens peut se réduire à ces deux vers d'Horace qui donnait en même temps le précepte et l'exemple :

> Quidquid præcipies esto brevis, ut citò dicta
> Precipiant animi dociles teneantque fideles.
> *Art. poet.*

> Instruisez-nous, mais par un trait rapide ;
> Précepte court frappe les auditeurs.
> *Trad.* de M. J. CHÉNIER.

Le docteur Lowth, dans son traité *sur la poésie des Hébreux*, a donné une fort bonne analyse de leurs ouvrages didactiques, et il y a mêlé de fort judicieuses réflexions sur ce genre de composition.

On trouvera aussi de bonnes choses sur ce sujet dans les *Réflexions critiques* etc. de l'abbé Dubos, section IXe, et dans *les réflexions sur la poésie* de L. Racine, ch. VII.

Le traité de l'abbé Batteux est très faible et l'on n'en peut guère tirer qu'une distinction qu'il établit entre les deux espèces de poèmes didactiques, ceux qui renferment des vérités pratiques, des préceptes, et ceux où l'on expose des vérités spéculatives, des systèmes.

Les préfaces jointes aux poèmes didactiques célèbres par leurs auteurs ou leurs commentateurs, ne donnent point la poétique du genre; on n'y parle jamais du poème didactique en général, mais seulement par rapport au sujet particulier de l'ouvrage; ce sont des traités sur le poème *géorgique*, le poème *astronomique*, le poème *philosophique*, etc.

Il faut faire une exception pour la belle préface que Heyne a mise en tête

DIDEROT.

DIDEROT (Denis) fils d'un coutelier de Langres, naquit dans cette ville en 1712, et mourut à Paris le 30 juillet 1784, à l'âge de soixante et douze ans.

SECTION PREMIÈRE. Commencements de cet écrivain.

Ses parents le destinèrent d'abord à l'Église, et ensuite au barreau : il porta même quelque temps l'habit ecclésiastique, et le quitta pour entrer dans une étude de procureur; mais un goût impérieux pour les sciences le fit bientôt ce qu'il voulait être, en dépit de ce qu'on voulait qu'il fût. Il avait naturellement une extrême avidité de connaissances, et c'est, à peu près tout ce qu'il eut de la philosophie; car d'ailleurs son esprit ressemblait à ces estomacs chauds et avides qui dévorent tout et ne digèrent rien, et ce ne sont pas ceux des hommes sains.

Venu de Langres à Paris malgré ses parents, sans autre ressource que celle de la plupart des gens de

---

des *Géorgiques* de Virgile, c'est avec les deux morceaux de Marmontel et de Blair, ce qu'il y a de mieux sur ce sujet.

Les règles données dans ces divers ouvrages se réduisent aux suivantes :

1° Choisir un sujet utile et intéressant.

2° L'exposer avec clarté, précision, et sous une forme animée.

3° N'en prendre que ce qui est susceptible d'ornements; négliger le reste.

4° Observer un ordre naturel sans être trop méthodique.

5° Y répandre de l'agrément par des images, des descriptions, des réflexions, des traits de sentiment, des épisodes enfin, bien liés au sujet, amenés naturellement, et proportionnés à l'ouvrage, pour le nombre et pour l'étendue.

Il n'est pas une seule de ces règles, recommandées par les critiques, à laquelle n'ait satisfait Virgile, dans ses *Géorgiques*, qui sont sans aucun doute, le chef-d'œuvre du genre. H. PAPIN.

lettres au commencement de leur carrière, c'est-à-dire le produit éventuel du travail et du talent, il augmenta encore ses embarras et ses besoins en épousant une femme qui ne lui apportait que de la beauté et de l'honnêteté; mais son activité suppléait à tout *. Il étudia la physique et la géométrie, et se mit en état d'être un des coopérateurs du *Dictionnaire de Médecine* avec Pidou et Toussaint : il fit une très médiocre traduction d'un très médiocre ouvrage anglais, l'*Histoire de Grèce*, de Stanyan, et une autre traduction beaucoup meilleure, ou plutôt une imitation très libre de l'*Essai sur le mérite et la vertu*, de Shaftesbury. Le fond moral et philosophique de ce livre est assez bon, quoiqu'on ait cru y apercevoir des propositions dangereuses, faute de se souvenir du dessein bien marqué de l'auteur anglais, qui est de parler de la vertu dans un sens absolu, indépendamment de toute croyance particulière, mais toujours dépendamment de l'idée de la Divinité. Ce plan aurait pu avoir des inconvé-

---

* Le libraire chez qui Diderot porta son premier manuscrit le fit examiner par quelques gens de lettres, qui lui dirent que l'ouvrage n'était pas en état d'être imprimé, mais que l'auteur avait du talent, et qu'il ferait bien de l'encourager en achetant son manuscrit et en l'engageant à travailler. Le libraire lui donna cent écus, que Diderot revint apporter à sa femme avec une grande satisfaction. Sa femme, qui n'avait aucune idée de la littérature, mais qui avait une probité délicate, fondée sur des sentiments de religion, qu'elle ne perdit jamais auprès de son mari, s'écria en voyant cette somme : « Ah ! monsieur Diderot ! comment avez-vous pu tromper ce pauvre homme, « au point de recevoir tant d'argent pour ces chiffons de papier que vous « m'avez montrés ? Ne craignez-vous pas de lui faire tort ? » Son mari eut bien de la peine à lui faire entendre ce qui en était, et à dissiper ses scrupules ; c'est lui-même qui racontait cette anecdote.

ments, s'il eût exclus le besoin d'une révélation; mais c'est ce qu'on ne voit nulle part dans l'ouvrage du philosophe anglais.

Il faut croire, ou que le traducteur était alors bien gratuitement de mauvaise foi, ou qu'il pensait tout le contraire de ce qu'il a pensé depuis; car il est ici décidément théiste, comme il a été depuis décidément athée. C'est bien en son propre et privé nom qu'il parle; c'est bien comme siennes qu'il donne les opinions de Shaftesbury, lorsqu'il dit dans son discours préliminaire: «Point de vertu sans croire « en Dieu : point de bonheur sans vertu : ce sont « les deux propositions de l'illustre philosophe dont « je vais exposer les idées. Des athées qui se piquent « de probité, et des gens sans probité qui vantent « leur bonheur, voilà *mes* adversaires. » Cela est formel; et vous voyez, Messieurs, que c'est à Diderot que je pourrais renvoyer les injures * que l'on m'a prodiguées dans nos journaux philosophiques, pour avoir manqué de respect à l'athéisme; mais, en conscience, j'aime beaucoup mieux les garder pour moi.

Il n'y a pas à douter que Diderot ne fût en effet bien plutôt le rédacteur des principes de l'auteur

* Je venais d'être traité publiquement de *scélérat* et d'*imbécile*, en propres termes et dans une lettre signée par un savant célèbre, par un membre de l'Académie des Sciences, et imprimée dans le *Journal de Paris*, uniquement pour avoir dit que « la doctrine des athées était ennemie de tout ordre « social et moral, et par conséquent de tout gouvernement. » C'est d'après les réflexions que doit faire naître un pareil trait, inouï dans l'histoire du monde, qu'on le trouvera au nombre des *phénomènes* de la révolution.
(Voyez *l'Apologie*.)

anglais, comme étant aussi les siens, que simple traducteur de l'*Essai sur le mérite et la vertu*. Il suffit, pour s'en convaincre de plus en plus, de l'entendre encore lui-même sur toutes les libertés qu'il s'est données. « Je l'ai lu et relu ; je me suis rempli « de son esprit, et j'ai pour ainsi dire fermé son « livre lorsque j'ai pris la plume... ; et ce qui n'était « proprement qu'une démonstration métaphysique « s'est converti en éléments de morale. » Diderot pouvait-il annoncer plus expressément que l'ouvrage anglais était devenu le sien ? Il écrivait donc d'après sa pensée, puisqu'il est contraire à la nature qu'un homme fasse un pareil travail sur un fond essentiellement contraire à ses opinions. Vous sentez quelles conséquences j'en pourrais tirer ; elles trouveront leur place ailleurs, quand je rassemblerai tous les exemples semblables : ici je me borne à une seule, c'est que Diderot (à moins qu'on ne démente ses propres ouvrages) commença bien authentiquement par croire en Dieu. Si c'est un grand tort devant la *philosophie* du jour, je laisse aux athées révolutionnaires à le pallier comme ils pourront, et à défendre la mémoire de leur patriarche : c'est leur affaire, et non pas la mienne.

Il eut un autre tort, que l'intérêt particulier et l'exemple assez général pouvaient peut-être excuser alors, mais qui ne doit pas aujourd'hui trouver plus de grace à leurs yeux ; puisque nous les voyons s'exprimer tous les jours en hommes qui, bien sûrs de n'avoir pas besoin d'indulgence, se croient dispensés d'en avoir aucune pour autrui ; il fit *les Bi-*

joux indiscrets. Et quand je dis que ce fut un tort qu'ils ne doivent pas excuser, ce n'est pas parce que l'ouvrage est un roman très licencieux d'un bout à l'autre, et finit même par un amas d'obscénités polyglottes *; non, ce n'est sûrement pas ce qui pourra les blesser, car Diderot a *prononcé* dans un autre roman, au nom de la philosophie, qu'il n'y avait que *des hypocrites* qui pussent trouver mauvais qu'on nommât les choses par leur nom, et qui vissent dans l'indécence des écrits un scandale pour les mœurs. Vous avez vu ce que Cicéron, comme tant d'autres philosophes païens, a pensé de ce cynisme; mais ce ne sont pas ceux d'aujourd'hui qui appelleront de cet oracle de Diderot. Ce n'est pas non plus parce que le roman est sans imagination, sans intérêt, sans goût : les feuilles philosophiques *prononceront*** qu'il y en a, et vous savez que ces gens-là sont par état en possession de *prononcer* sur tout, et dispensés de prouver rien : vous pouvez en juger par l'éloge qu'ils viennent de faire de *Jacques le fataliste* et de *la Religieuse*. Nous prouverions en vain, nous autres pauvres gens qui en sommes encore aux preuves, que ces deux ouvrages n'ont pas le sens commun : ceux à qui l'on ne démontre rien, même en logique, peuvent-ils être convaincus en fait de goût ? Il a bien aussi son espèce d'évidence ;

---

* Comme la langue française lui parut répugner trop aux ordures, il a rassemblé tout ce qu'il pouvait en savoir dans cinq ou six pages de latin, d'anglais et d'italien.

** On a vu dans la *Vie de Sénèque* et dans cent autres endroits, ces mots familiers à nos *maîtres* : Nous *prononçons*.

mais peut-elle embarrasser ceux qu'elle n'embarrasse pas même en philosophie, ceux qui ne répondent à rien qu'en *prononçant?* Il s'agit donc à leur égard de quelque chose de plus sérieux, et qu'on n'avait pas encore pris la peine de relever, mais qui est devenu aujourd'hui, sans qu'il soit besoin que je dise pourquoi, un objet de remarque et d'attention. Non-seulement ces *Bijoux*, ne sont rien moins qu'honorables pour l'auteur, comme romancier, encore moins comme moraliste; mais que sera-ce pour le philosophe, si c'est un ouvrage d'adulation, et tout entier de la plus basse adulation? Si ce n'était que pour Louis XV, qui à cette époque* avait mérité des louanges, on passerait sur l'exagération, et l'on citerait, quoique très bas, ces vers de La Fontaine :

On ne peut trop louer trois sortes de personnes,
Les dieux, sa maîtresse et son roi.

Mais c'est à la gloire de la *maîtresse*, non pas de l'auteur, mais de Louis XV, que tout le roman est composé. C'est sous le nom d'une *Mirzoza* que la marquise de Pompadour est un modèle d'esprit, de grace, et, qui plus est, de *sagese* et de *fidélité*. Il n'y a pas à dire non : l'auteur n'a pas voulu qu'on eût même à percer le voile de l'allégorie : elle n'est pas fine, car il n'y en a que dans les noms. Il est bien vrai que la France s'appelle *le Congo*; Louis XV, *Mangogul*; le maréchal de Richelieu, *Sélim*; et la marquise, *Mirzoza*; mais, de peur d'équivoque, tout

* En 1748.

le reste est français au *Congo*. Jéliotte et Lemaure chantent au *Congo*, et le sultan de *Congo* est à Fontenoi et à Lawfelt, etc. Jamais voile, si l'on peut appeler cela un voile, ne fut plus transparent, ou, pour mieux dire, plus grossier. Caractères, aventures et mœurs, tout est de Paris et de Versailles, et de ce temps-là, sans que l'auteur ait laissé rien à deviner. S'il n'y a pas beaucoup d'art dans ce plan d'allégorie et de flatterie, il n'y en a pas plus dans l'exécution. Louis XV-*Mangogul* renferme dans sa tête plus d'esprit qu'il n'y en avait eu dans celle de tous ses prédécesseurs ensemble. Qu'on dise après cela que nos philosophes ne savent pas, au besoin, louer un roi tout comme ils savent se louer les uns les autres. S'ils n'ont pas le mérite de la mesure, on ne peut nier du moins qu'ils n'excellent dans l'hyperbole. Il est vrai que ce n'est pas celle qui est oratoire ou poétique : cela était bon pour un Bossuet, un Despréaux, qui n'étaient, comme on sait, que des *flatteurs* et des *courtisans*; les petits compliments de Diderot sont tout autrement tournés. Il met en scène un de ces *beaux-esprits frondeurs*, qui apparemment ne lui plaisaient pas alors, et celui-là s'avise de dire du mal, dans un café, du grand *Mangogul. Un vieux militaire blessé à Lawfelt, à côté de Mangogul* (quoique *Mangogul-Louis XV* ne fût pas à Lawfelt), tance vertement le frondeur, qui s'écriait comme ont fait si souvent nos philosophes : « Ah ! si j'étais sultan !...... — Si tu étais sultan, tu « ferais plus de sottises encore que tu n'en débites. » Je suis pleinement, je l'avoue, de l'avis du vieux militaire. Ce n'est pas que je n'eusse très bien pu dire comme un autre, dans mon temps, et quand j'étais un peu philosophe : *Ah! si j'étais sultan!* comme Mathieu Garo dit à peu près : *Ah! si j'étais le bon Dieu!* Mais depuis que j'ai vu les philosophes nos *maîtres* de plus près, je suis venu à résipiscence, et tandis qu'ils sont restés tout aussi savants qu'ils l'étaient, j'ai cru devoir faire comme ce bon Mathieu Garo, qui finit par *louer Dieu de toute chose;* et, un peu plus blessé qu'il ne l'avait été par la chute d'un gland, j'ai compris qu'il ne fallait pas mettre les citrouilles au haut des chênes.

Je ne dois pas non plus vous priver de la petite harangue que Diderot met dans la bouche du vieux militaire, ne fût-ce que pour vous faire souvenir comme il en a profité lui-même. « Tais-toi, malheu« reux, *respecte les puissances de la terre*, et remercie « le ciel de t'avoir donné la naissance dans l'empire « et sous le règne d'un prince dont la prudence « éclaire ses ministres, et dont le soldat admire la « valeur; qui s'est fait redouter de ses ennemis et « chérir de ses peuples, et à qui l'on ne peut repro« cher que la modération avec laquelle tes sembla« bles sont traités sous son gouvernement. »

Si quelque autre qu'un philosophe eût écrit ces dernières paroles, croyez-vous qu'il y eût, pour cet attentat à la *liberté de penser*, assez d'invectives dans la langue française, et assez de supplices dans les lois révolutionnaires?

L'auteur, si complaisant pour les sultans, ne l'était pas autant, à beaucoup près, pour ses confrères les romanciers, car ses confrères étaient des rivaux, et des rivaux alors beaucoup plus connus que lui. Aussi ne les ménage-t-il pas. Il fait ordonner au sultan de Congo pour somnifère, la lecture de la *Marianne* de Marivaux, des *Confessions* de Duclos, et des *Égarements* de Crébillon fils. C'étaient précisément les trois romans nouveaux qui avaient eu dans le temps le plus de succès : celui de la *Marianne* s'est toujours soutenu, et c'est encore un des meilleurs romans que nous ayons. Les deux autres, quoique fort loin de ce mérite, ne sont pas oubliés ; les *Confessions* ont celui des caractères et du style, et les *Égarements*, qui promettaient de l'intérêt, mais que l'auteur n'acheva pas, sont encore ce qu'il a fait de mieux pour la peinture des mœurs, et à peu près le seul titre qui reste à sa mémoire. Les trois romans que nous a laissés Diderot n'approchent pas du moindre de ceux-là : jugez de son équité et de sa modestie.

Il imagina de pousser la flatterie pour son sultan encore bien plus loin ; et pour cette fois, quoique l'exagération fût excessive, l'intention était déliée ; car il touchait l'endroit sensible, et c'est le sublime de l'adulation. Il entreprit de mettre le siècle de Louis XV au-dessus de celui de Louis XIV. Jamais Voltaire, tout courtisan qu'il était, n'avait été jusques-là, même dans les fêtes qu'il composa pour Louis XV et sa cour, au milieu de nos triomphes. Diderot, qui n'avait pas l'excuse d'écrire à Versailles et pour Versailles, n'eut pas tant de circonspection. La marquise Mirzoza, seule avec Sélim-Richelieu, le conjure de lui dire en toute confiance ce qu'il faut penser des merveilles qu'on raconte du règne précédent, dont il a vu la fin. Il convient d'abord qu'il y a eu en effet des choses sérieuses; mais ensuite, retraçant fort légèrement le bien et insistant sur le mal, il conclut ainsi : « Voilà, Madame, « cet âge d'or; voilà ce bon vieux temps que vous « entendez regretter tous les jours, mais laissez dire « les *radoteurs*, et croyez que nous avons nos Tu- « renne et nos Colbert, que le présent, à tout « prendre, vaut mieux que le passé.... : »

Et des philosophes, flatteurs de Louis XV, ne pardonnent pas à des poètes et à des orateurs panégyristes d'un Louis XIV [*] ! Il me semble pourtant que la poésie et l'éloquence doivent être moins sévères que la philosophie, et que la postérité a mis quelque différence entre ces deux princes. Mais aussi ne voyons-nous pas que jamais les poètes et les orateurs du siècle passé aient contredit ni rétracté leurs hommages. Mais Diderot, qui, même en 1760, lorsque l'opinion publique était aussi défavorable à Louis XV qu'il fût possible, l'avait encore comparé à Trajan dans sa *Lettre au père Berthier*, dix ans après, le peignit sous les traits de l'imbécile Claude, dans la *Vie de Sénèque*.

Cette *Lettre au père Berthier sur le matérialisme* [**],

---

[*] Dès la fin de 1788, et avant que tout frein fût rompu, on imprima, dans une brochure qui courut partout, que Louis XIV *n'était qu'un faquin*. Il n'en fallait pas davantage pour annoncer tout l'esprit de la révolution.

[**] Cette lettre a toujours été connue pour être de l'abbé Coyer. On la trouve dans la collection des œuvres de cet auteur imprimées à Paris, 1782,

dont je vais parler tout de suite, puisque je l'ai nommée, avait pour objet de faire entendre que c'était une pure vision que de penser qu'il y eût en France des matérialistes. Ils en étaient apparemment disparus, du moins aux yeux de l'auteur, car il avait écrit, quelques années auparavant, que « le « monde en était plein, ainsi que d'athées et de « spinosistes: » ce sont ses termes. Mais qu'importe ? un bon philosophe (vous vous en souvenez) ne voit jamais que l'*intérêt* du moment; et alors celui de Diderot, qui voyait son *Encyclopédie* attaquée dès sa naissance par le père Berthier, principal rédacteur du *Journal de Trévoux*, était de tourner en ridicule le jésuite qui avait la simplicité de voir les choses comme elles étaient. Cette brochure satirique, qui se traîne pesamment d'un bout à l'autre sur un fond d'ironie uniforme et froid, fait voir que l'auteur ne maniait pas la plaisanterie plus habilement que la louange. Tout le sel de cet écrit consiste à traiter dérisoirement de matérialisme toutes les figures de diction où l'on passe du moral au physique : et l'auteur, qui prenait sans doute cette idée pour une trouvaille dans le genre plaisant, compose un vocabulaire de trente pages de ce qui ne devait pas en contenir une, car qu'y a-t-il de plus insipide qu'une même forme d'ironie, fût-elle bonne, si

---

sept vol. in-12. La Harpe a évidemment confondu cette lettre avec deux autres qui ont été réellement adressées par Diderot au P. Berthier relativement à l'extrait que ce Jésuite avait donné du prospectus de *l'Encyclopédie* dans le journal de Trévoux, mais il y a une différence sensible entre le style de ces deux lettres et celui de l'abbé Coyer.

BARBIER, *Nouv. suppl. au Cours de Littérature de La Harpe.*

prolixement répétée? Mais de plus, où est la finesse, où est l'esprit, d'appeler son adversaire *matérialiste lui-même*, parce qu'il a parlé d'objets qui raniment *tout le feu* d'un auteur? « Quoi c'est vous « qui mettez le feu en place de l'âme? » Ce genre de facétie pourrait faire rire dans une scène d'Arlequin philosophe; mais dans un écrit dont l'objet est d'ailleurs sérieux, revenir cent fois à de pareilles turlupinades! quelle pitié! le trait le plus fort, c'est d'adresser au père Berthier, comme exemple de métaphore, des apostrophes telles que celles-ci : « Vous raisonnez comme une pantoufle; vous « êtes une cruche, une tête à perruque, etc. » Cela n'est-il pas bien ingénieux! Ce n'est pas tout-à-fait le goût des *Provinciales* ni des excellentes lettres polémiques de Racine contre Port-Royal; mais ce Pascal était un *fanatique*, et Racine un *dévot;* et il n'a été donné qu'à la philosophie de nos jours d'ennoblir les grosses injures et de consacrer les platitudes : c'est un de ses droits exclusifs, et tout est bon pour la bonne cause.

Ce même Berthier, au reste que Voltaire et Diderot ont injurié à l'envi l'un de l'autre, sans que jamais il ait paru s'en apercevoir, a laissé dans l'Europe une réputation généralement avouée de savant critique, de bon écrivain et d'homme vertueux. Mais qu'est-ce que tout cela pour nos philosophes, quand on a le malheur d'être chrétien ?

Section II. *Les pensées philosophiques.*

Nous avons vu Diderot théiste avec Shaftesbury,

en 1745 : trois ans après, il avait déjà fait un grand progrès, et il en fit depuis bien d'autres. Il n'était plus que déiste quand il donna les *Pensées philosophiques*. (La différence de ces deux mots, non pas étymologiques, mais usuelle dans le langage des écoles, c'est que le théiste admet l'existence de Dieu comme premier fondement d'une religion et d'un culte public : et le déiste en admettant le premier fondement, rejette une religion et un culte public.) Ce petit livre, de cinquante pages, fut le premier ouvrage de Diderot qui fit du bruit dans le monde. La part qu'avait eue l'auteur au *Dictionnaire de Médecine*, et quelques essais de mathématiques et de philosophie morale, ne l'avaient guère fait connaître que des savants. Cet opuscule fut lu même des femmes, parce qu'il était court, et marqua, parce qu'il était hardi. Alors ce genre d'esprit avait au moins le piquant de la hardiesse, qui faisait oublier son extrême facilité. Cette facilité tient sur-tout à ce que le vulgaire des lecteurs, dès que vous attaquez ce qui est établi, vous dispense à peu près de preuves : il ne leur faut que des objections. Diderot avait éminemment le premier relief de ce genre d'écrire, le ton tranchant, qui est une autorité pour les ignorants, comme la raison pour les gens instruits. C'est dans ces *Pensées* que l'on commence à reconnaître la nature et les défauts du talent de l'auteur : un esprit vif, mais qui ne conçoit que par saillies, et qui hasarde beaucoup pour rencontrer quelquefois; un style qui a du nerf, mais qui laisse trop voir l'effort; des idées, mais plus souvent des formes gratuitement sentencieuses pour ce qu'il y a de plus commun, ou impératives pour ce qu'il y a de plus absurde.

Il débute ainsi : « J'écris de Dieu. Je compte sur peu « de lecteurs, et n'aspire qu'à quelques suffrages. « Si ces *Pensées* ne plaisent à personne, elles pour- « ront n'être que mauvaises; mais je les tiens pour « détestables, si elles plaisent à tout le monde. »

Cette dernière phrase, si singulièrement énigmatique, est ici d'autant plus remarquable, que, dans le reste de l'ouvrage, le style est assez clair, et que l'auteur n'avait pas encore fait de l'obscurité un des caractères du sien, qui l'a fait nommer le Lycophron de la philosophie. Comment un livre peut-il être *détestable parce qu'il plaît à tout le monde?* Je le laisse à deviner à ceux qui sont dans le secret de cette manière d'écrire. Ce qu'il y a de vrai, c'est que ce petit recueil est comme bien d'autres, quoiqu'il y en ait peu d'aussi courts : parmi ces *Pensées* il y en a de vraies et de fausses, de raisonnables et de folles, d'ingénieuses et de plates. L'auteur commence par l'éloge des passions, et redit en prose assez médiocre ce que Voltaire avait dit en fort beaux vers dans ses *Discours sur l'homme*. Mais Diderot, comme il lui arrive le plus souvent, a outré ce qu'il voulait renforcer; et il manque, dès les premières lignes, de cette mesure qui est de devoir en philosophie bien plus qu'en poésie. Voltaire avait montré le bien qui peut résulter des grandes passions bien dirigées :

Je veux que ce torrent par un heureux secours,

Sans inonder mes champs, les abreuve en son cours.
Vents, épurez les airs et soufflez sans tempêtes :
Soleil, sans nous brûler, marche et luis sur nos têtes.

Diderot n'est pas homme à s'en tenir là, et quand le poète est raisonnable en vers, le philosophe extravague en prose. Il *prononce :* « Il n'y a que les « passions et les grandes passions qui puissent élever « l'homme au grandes choses. » Ainsi, en rendant sa proposition exclusive pour la rendre plus forte, il ne réussit qu'à la rendre fausse; car le sacrifice d'une grande passion au devoir est à coup sûr une grande chose, puisque ce sacrifice est la vertu, et que rien n'est plus grand que la vertu, et très certainement encore la vertu n'est point une passion : donc l'auteur n'a su ce qu'il disait. Il continue sur le même ton : « Sans elles, point de sublime, soit « dans les mœurs, soit dans les ouvrages. » Dans les ouvrages d'imagination, soit; dans les ouvrages de spéculation, non. Il y a du sublime dans *l'Esprit des lois*, dans l'*Histoire naturelle*, dans la Métaphysique de Platon, etc.; et il n'y a là aucune espèce de passion. A l'égard des mœurs, c'est là qu'il fallait absolument distinguer les passions généreuses (car les passions perverses peuvent avoir aussi leur *grandeur* et leur force. et c'est tant pis); mais plus cette distinction était nécessaire, plus l'auteur s'en est préservé. Il y a eu du sublime dans les mœurs romaines, parce que les grandes passions des Romains, dans les beaux jours de Rome, étaient l'amour de la patrie, de la gloire et de la liberté, et que ces passions-là sont belles en elles-mêmes. Quand ils y substituèrent celles du luxe, des plaisirs et des spectacles, leurs mœurs furent viles et dépravées, et pourtant leurs passions étaient encore *grandes* en ce genre, car elles allaient jusqu'à la fureur et au délire, témoin tout ce que nous savons de leurs histrions et de leurs cirques. Il y a du sublime dans les mœurs françaises : la passion de l'honneur en est la source. L'histoire est pleine de traits qui l'attestent.

« Les passions *sobres* font les hommes com-
« muns. » *Did*.

Passons sur l'expression *sobre*, que l'auteur croit neuve et qui n'est que forcée. Il est faux que les passions modérées (comme l'auteur voulait et devait dire) fassent toujours des *hommes communs*. Aristide, Marc-Aurèle, Phocion, étaient très modérés dans leurs passions, très sobres dans tous les sens, pour répéter le terme de l'auteur : étaient-ce des hommes communs? Et combien j'en pourrais citer d'autres!

Voyez ce que deviennent à l'examen ces sentences proclamées comme des édits en morale; voyez si elles peuvent résister un moment aux regards de la raison la plus commune. Mais combien de gens qui ne sauraient se persuader qu'on puisse se tromper quand on paraît si sûr de son fait, ni qu'on déraisonne si souvent quand on affirme toujours! Le plus grand avantage de nos philosophes a été de bien connaître toute la sottise et toute la corruption des hommes de leur temps; leur grand tort, de ne pas prévoir qu'en changeant cette sottise en doctrine et cette corruption en loi, toutes les deux pourraient se tourner même contre leurs maîtres : c'est qu'ils n'ont eu que de l'esprit, et pas le sens commun. Toutes ces belles maximes que vous venez d'entendre, et mille autres où l'immoralité, qui n'est encore ici qu'en demi-jour, s'est enfin montrée à découvert, sont devenues le code du vice et du crime, qui ne demandaient que des autorités. Au moment où je parle, il est public, et vous le savez tous, Messieurs, que c'est dans les écrits que j'analyse que sont puisées toutes celles dont s'appuyait un monstre dont j'ai quelque peine à citer le nom, mais dont au moins le nom dit tout, de Babœuf *. Si du moins des exemples de cette force pouvaient ouvrir les yeux ! Mais poursuivons :

« Les passions amorties *dégradent* les hommes
« extraordinaires. » *Did.*

Si elles ne sont qu'*amorties* elles ne peuvent guère l'être que par l'âge ; et alors, s'il n'y a pas de mérite, il n'y a pas non plus de dégradation : si elles sont surmontées, ce ne peut être que par une force de réflexion, un retour sur soi-même, qui, bien loin de *dégrader*, ne peut que faire honneur. Qu'a donc voulu dire l'auteur? Voyons si ce qui suit le fera mieux comprendre. « La contrainte anéantit
« la grandeur et l'énergie de la nature. Voyez cet
« arbre : c'est au luxe de ses branches que vous
« devez la fraîcheur et l'étendue de ses ombres :
« vous en jouirez jusqu'à ce que l'hiver vienne le

* On venait de publier en plusieurs volumes les pièces de son procès, qui sont curieuses, et qui ne seront pas inutiles à l'histoire.

« dépouiller de sa chevelure. » Cette comparaison est encore de Voltaire, qui s'en est servi fort à propos en prose et en vers; mais ici que signifie-t-elle? Que les passions sont en nous ce qu'est dans un arbre *le luxe de ses branches ?* Mais tout le monde sait qu'en taillant et élaguant les arbres, non-seulement on ne leur nuit pas, mais qu'on les fortifie, qu'on les embellit. Il suivrait donc de cet emblème choisi par l'auteur, qu'il faut corriger la nature en nous comme dans les arbres, et c'est pourtant ce qui est fort loin de son intention. Et que peut vouloir dire ici *l'hiver*, qui achève la comparaison, si ce n'est que la vieillesse, en refroidissant en nous la sève des passions avec le sang, ne nous laisse plus ni les mêmes moyens ni les mêmes forces, soit pour le bien, soit pour le mal? Et que peut conclure l'auteur de cette vérité triviale? Où va-t-il? et que veut-il? Observez ici comme partout, dans les écrivains de la même trempe, l'affectation des termes abstraits, vagues, indéfinis, *la grandeur*, *l'énergie*, *la nature*, sans jamais énoncer quelle grandeur, quelle énergie, quelle nature; comme si tout cela ne pouvait pas être tour-à-tour, et selon les rapports différents, bon ou mauvais. Jamais un esprit droit, jamais un grand écrivain n'emploiera en morale cette façon d'écrire qui prête à tout ce qu'on veut. Mais pourquoi ces hommes-ci, au contraire, y ont-ils si souvent recours ? C'est, ou embarras dans leurs propres conceptions, dont ils ne sauraient se rendre compte, ou vide dans les idées, qui se trouveraient nulles en pesant les termes; ou quelquefois une sorte de honte de leurs propres pensées, dont ils craindraient de s'avouer les conséquences trop révoltantes, en même temps qu'ils font tout ce qu'ils peuvent pour être devinés ou interprétés. Mais c'est principalement un dessein et une précaution pour se ménager une hypocrite apologie, s'ils se trouvent forcés de s'expliquer avant d'être les plus forts. Combien de fois leur est-il arrivé de recourir à ces misérables subterfuges, et de traduire au besoin leurs paroles en un sens tout contraire à celui qu'ils avaient bien réellement voulu leur donner! combien de fois les a-t-on entendus s'applaudir de cette méthode d'artifice, long-temps un des secrets du parti, avant qu'il eût des piques à ses ordres! Je ne saurais, quant à moi, exprimer tout le mépris* qu'elle m'inspire.

« Plus d'excellence en poésie, en peinture, en « musique, quand *la superstition* aura fait sur *le* « *tempérament* l'ouvrage de la vieillesse. » *Did.*

Ah! voilà enfin où l'auteur en voulait venir; et heureusement aussi, à mesure qu'il se découvre, l'absurdité se laisse voir dans toute son étendue : je défie qu'on trouve dans cette phrase l'ombre du bon sens. S'il s'agit de la superstition proprement dite, je ne vois pas pourquoi, dans ce cas même, un poète, un peintre, un musicien perdrait son

---

* Je ne m'exempte point du tout de ce mépris, puisqu'il m'est arrivé, lorsque j'étais à cette école, de me servir moi-même de cette méthode pour justifier ce qu'il y avait de répréhensible dans l'*Éloge de Fénelon*, et dans *Mélanie*; et pourtant j'étais naturellement ennemi du mensonge et de la dissimulation; mais cette philosophie et le mensonge sont essentiellement inséparables dans tous les sens.

talent avant le temps, parce qu'il serait superstitieux. La superstition est une petitesse ridicule qui peut influer sur la conduite et les mœurs, fort peu sur le talent; et quand Raphaël et Pergolèse auraient porté de petits cierges à toutes les madones du pays et cru fermement à tous les miracles de bonnes femmes, je ne crois pas que cela eût empêché l'un de faire son tableau de la *Transfiguration*, ni l'autre son *Stabat*. Si la superstition signifie (comme on a droit de le penser, et comme tous ces philosophes-là, sans exception, veulent qu'on le pense), la religion, c'est encore, il faut trancher le mot, une bêtise; car qu'y a-t-il de plus bête que de démentir des faits sans nombre, qui vous écrasent dès qu'on les articule, de démentir tous les chefs-d'œuvre de tous nos grands artistes en tout genre dans le siècle dernier, et leur invariable attachement à la religion, qui n'est pas plus douteux que leur mérite? Il faut avoir un front de philosophe pour s'exposer à cet inévitable excès de confusion. Mais je vais plus loin, et je veux montrer un effet tout opposé dans ce qu'il plaît à cette tourbe insolente d'appeler superstition : je veux montrer dans le progrès de la piété le progrès du génie; ce qui est si loin de son affaiblissement. Jusqu'à *Phèdre*, Racine avait toujours été très bon chrétien; cela n'est pas équivoque; mais il était plus, il était dévot, et dévot jusqu'à renoncer au théâtre quand il fit ce qui est universellement renommé pour son chef-d'œuvre et celui de la scène, de l'aveu de Voltaire même, *Athalie*. Qui croirait, si un philosophe ne nous l'apprenait pas, qu'un homme est si prodigieusement déchu quand il fait une *Athalie?* Et Descartes! Vous verrez qu'il était devenu imbécile quand il laissa un *ex-voto* à Notre-Dame de Lorette..... Je m'arrête; passons à la conclusion de l'auteur.

« Ce serait donc un bonheur, me dira-t-on « d'avoir les passions fortes..... » *Did*.

Avant d'entendre sa réponse, remarquez toujours qu'il se gardera bien de distinguer jamais ce que tout moraliste a distingué, les penchants louables et les penchants vicieux. Mais il sait bien ce qu'il fait : les autres moralistes, n'ayant rien à déguiser, marchent au grand jour: les sophistes, au contraire, sont comme les voleurs; ils ont besoin de la nuit. Voyons à présent sa réponse : je crois bien que vous ne vous y attendez pas. « Oui, sans doute, « si elles sont toutes à l'unisson. Établissez entre « elles une juste harmonie, et n'en appréhendez « point de désordres. Si l'espérance est balancée « par la crainte, le point d'honneur par l'amour de « la vie, le penchant au plaisir par l'intérêt de la « santé, vous n'aurez ni libertins, ni téméraires, ni « lâches. »

Ce qui est clair, c'est le but de l'auteur, qui est de retrancher tout frein moral, toute idée d'ordre, de justice, de conscience, toutes ces pusillanimes superstitions, et d'opposer seulement les passions aux passions, afin d'affranchir l'homme de ces « pe-« tits moyens puérils de morale et de religion, en-« traves honteuses que des législateurs ineptes ou

« hypocrites ont crues de tout temps nécessai-
« res, et que la philosophie du XVIIIe siècle a
« seule appris à briser. » Je vous répète des phrases
auxquelles vos oreilles ne sont que trop accoutu-
mées, et que vous trouverez retournées de cent
manières dans les autres écrits de Diderot et consorts, comme dans ceux de la révolution. Il y pré-
ludait ici avec une réserve qu'il perdit bientôt quand
on se crut à temps de parler sans malignité. Mais
si le dessein est aisé à voir, si même les expressions
sont claires, il n'en est pas plus facile de trouver
un sens dans la phrase, qui ne présente, quand
on cherche le sens dans les mots, qu'une incroyable
complication d'absurdités et d'inepties : il y en a
tant, qu'on ne sait par où commencer. Il est de
toute impossibilité que l'auteur se soit entendu lui-
même; et Diderot est, de tous les écrivains, celui
qui est le plus souvent dans ce cas, quoique je
sois persuadé qu'il croyait s'entendre, tant il avait
dans la déraison une sorte de quiétude, et, pour
ainsi dire, de bonhomie que je n'ai vue qu'à lui,
soit dans ses livres, soit dans sa conversation, et
qui ressemblait parfaitement ou à la folie d'un
homme d'esprit, ou aux rêves d'un somnambule.
Je ne doute pas non plus que bien des gens (et il
en est que je pourrais nommer) ne trouvent une
grande *profondeur* dans cette phrase de Diderot,
comme dans mille autres de la même espèce : exa-
minez-là; vous n'y verrez qu'un amas d'idées contradictoires, le chaos dans toute sa beauté. Concevez, s'il est possible, comment des *passions fortes*,

dont aucune ne peut réellement s'appeler forte que relativement à la faiblesse des autres, peuvent cependant être à l'unisson et dans une juste harmonie, comme les cordes d'un instrument. Je comprends qu'il appartient à nos philosophes de monter la machine humaine, la machine sociale, la machine politique comme un instrument : ce qui n'est jamais tombé dans la tête de personne a dû tomber dans la leur, et l'on fait ce qu'on veut de sa machine, au moins sur le papier. Quand ils ont été à portée de l'exécuter, nous avons vu un échantillon de leur savoir faire, et nous avons pu juger de leur juste harmonie. Mais quand on en est encore à écrire, il faut savoir au moins ce qu'on veut dire au lecteur : et si les cordes d'un instrument bien monté produisent ce qu'elles doivent produire, des accords parfaits, des passions exactement *balancées les unes par les autres, et dans une juste harmonie*, à coup sûr ne produisent en réalité que l'absence de toute détermination et de toute action, comme des contre-poids égaux produisent l'immobilité de l'équilibre, et ce serait bien là, quoi qu'en dise l'auteur, un très grand *désordre*, qui heureusement, et en dépit de lui, est impossible. Il est certain que si l'*amour de la vie* est égal au *point d'honneur*, on ne se battra pas en duel, mais on n'ira pas non plus contre l'ennemi : on restera chez soi. En tout (et c'est ce qui est décisif), il est contre la nature que les passions de l'homme, et sur-tout les passions fortes, puissent jamais être égales : s'il est mu et déterminé, s'il agit (et il faut qu'il agisse), c'est parce qu'il a toujours un mobile prépondérant en bien ou en mal. Si un fripon ne vole pas, c'est quand il y a plus de danger d'être découvert que d'espérance de ne l'être pas, et alors l'amour de la vie l'emporte sur celui de l'argent. Mais il ne s'ensuit nullement que dès lors le fripon n'existe plus ; car il volera une autre fois quand l'*occasion fera le larron*, et le dicton populaire a plus de sens que la philosophie de Diderot. La belle philosophie, que celle qui nous assure qu'il *n'y a plus de fripons* dès qu'on a peur d'être pendu! la respectable morale! Ce ne serait pas même un axiome de police, tant il y a d'exceptions, tant il y a de fripons qui disent, comme M. Longuemain : S'il faut être pendu, ce n'est pas une affaire. (*Mercure galant.*) Et où en sera la société quand il n'y aura pas de risque de l'être? Il y a tant de manières d'être fripon sans avoir affaire à la justice!

Avec l'*amour de la santé, en harmonie avec celui du plaisir*, nous n'aurons donc *plus de libertins ?* Quand cela serait vrai, il ne resterait plus à notre philosophe qu'à nous enseigner le moyen d'établir cette harmonie. *Établissez*, dit-il : c'est avoir le commandement beau ; mais dites-nous du moins comment. Quel est le père qui, là-dessus, ne donne pas à son fils tous les avertissements possibles, et souvent même les leçons de sa propre expérience ? Y a-t-il beaucoup de jeunes gens qui en profitent ? Cependant tout le monde aime la santé, quoique cet amour ne soit pas proprement une passion, si ce n'est dans les malades imaginaires, et alors c'est une autre espèce de mal : on se fait par la crainte celui qu'on ne se fait pas par le plaisir; et cela nous rappelle une autre vérité que Diderot a oubliée, c'est qu'en elles-mêmes les passions fortes ne sont point des remèdes moraux, et par conséquent se corrigent fort mal les unes par les autres. Tout mouvement déréglé est un mal en soi : une passion forte n'est pas autre chose, et ce qui est déréglement ne saurait rien régler : cela répugne dans les idées et dans les termes. Des maladies qui se combattent ne produisent point la santé; seulement les unes sont plus dangereuses que les autres, et plus tôt ou plus tard mortelles.

La débauche avait un grand danger de moins chez les anciens que chez nous. La Providence, que l'on se plaît tant à inculper, a permis que la volupté eût depuis quelques siècles un poison qu'elle n'avait pas. En sommes-nous devenus plus sages? Non; c'est qu'elle a toujours son attrait, que l'attrait est proche, et le péril éloigné ou douteux. Le point moral est donc de donner plus de force au péril du lendemain qu'au plaisir d'aujourd'hui. Et qui ne sait combien l'objet présent a de pouvoir sur l'homme, combien le désir est naturellement plus fort que la crainte, et les sens plus que la raison? Ce n'est donc point un équilibre chimérique qu'il faut chercher où il ne peut pas être : c'est un frein contre tant d'aiguillons. Sauf quelques exceptions qui ne font rien pour la généralité, il n'y en a réellement qu'un, qui même n'est pas infaillible, à beaucoup près, puisqu'il faut que l'homme demeure libre, mais qui très certainement est reconnu, par l'expérience, le plus puissant de tous, soit pour opérer le bien, soit pour diminuer le mal. Ce frein, c'est la religion, la première de toutes les puissances morales, et sans laquelle même les autres n'ont point de base; et c'est celle-là particulièrement à qui nos philosophes ont juré une guerre d'extermination.

Les rêves en philosophie, tant ancienne que moderne, ont, d'un âge à l'autre, remplacé les rêves. Celui d'une perfection qui n'est pas dans l'homme fut autrefois celui des stoïciens, et nous n'avions pas besoin que Diderot vînt nous crier après tant d'autres : « C'est le comble de la folie de se proposer la ruine des passions. » Soit; mais il n'y en a pas moins à chercher la même perfection que cherchait Zénon, rien qu'en opposant les unes aux autres les passions qu'il voulait anéantir : l'équilibre ici n'est pas plus raisonnable que la destruction. Ce qui l'est, c'est d'observer, de contenir et de réprimer sans cesse l'ennemi avec qui l'on est condamné à vivre. C'est le combat de l'homme, comme disaient Socrate et Platon; et pourtant ils n'apportaient à ce combat d'autres armes que la raison, et eux-mêmes avouaient qu'elle était presque toujours impuissante sur la plupart des hommes. Mais du moins c'en était une véritable, et qui fut à leur usage et à celui de quelques autres. Ils étaient, autant qu'ils pouvaient y être, dans la vérité, et il ne leur manquait qu'une plus grande lumière et une plus grande force. C'étaient des médecins qui accréditaient du moins le meilleur remède connu ; et ceux de nos jours aiment mieux administrer des poisons, en rejetant à la fois et la raison des anciens sages et le secours des lumières divines.

Ce qu'il y a de particulier dans ces *Pensées*, c'est que l'auteur semble ne s'être fait déiste que pour mieux combattre les athées. « Le déiste, dit-il, peut « seul faire tête à l'athée : le superstitieux n'est pas « de force. » Comme ce serait une véritable niaiserie que de supposer que le superstitieux fût de *force* en raisonnement contre personne, il est plus clair que jamais que superstitieux ne veut dire ici que *chrétien*. Celui-ci est assurément *de force* contre tout le monde, parce que sa force est celle de Dieu même ; mais ce que Diderot paraît ignorer, et qui n'est pas moins vrai, c'est que quiconque a du sens est de force contre l'athée qui l'a perdu, au moins comme athée. Au reste, pour montrer les avantages du déiste contre l'athée, il met d'abord en avant celui-ci armé de tous les arguments que Diderot lui-même a trouvés depuis plus concluants, puisqu'il les a reproduits quand il a combattu l'existence de Dieu. Comme il avait ici un autre objet, il les pulvérise par un seul raisonnement, qu'il se vante d'avoir employé le premier, quoique ce soit tout simplement celui de Descartes, mais qu'il développe en effet avec une vigueur et une vivacité qui joignent le mérite de l'élocution à celui de la dialectique. Il ne faut pas nous refuser le plaisir de voir le patriarche de l'athéisme dans ces derniers temps, ici aux prises avec un athée. Pour cette fois, vous le verrez triomphant, et d'autant plus que, grace à la nature de sa thèse, sa démonstration est aussi lumineuse qu'énergique.

« Convenez qu'il y aurait de la folie à refuser à
« vos semblables la faculté de penser.—Sans doute,
« mais que s'ensuit-il de là? — Il s'ensuit que, si
« l'univers, que dis-je l'univers? si l'aile d'un pa-
« pillon m'offre des traces mille fois plus distinctes
« d'une intelligence que vous n'avez d'indice que
« votre semblable a la faculté de penser, il est mille
« fois plus fou de nier qu'il existe un Dieu que de
« nier que votre semblable pense. Or, que cela soit
« ainsi, c'est à vos lumières, c'est à votre conscience
« que j'en appelle. Avez-vous jamais remarqué dans
« les raisonnements, les actions et la conduite de
« quelque homme que ce soit, plus d'intelligence,
« d'ordre, de sagacité, de conséquence, que dans le
« mécanisme d'un insecte? La Divinité n'est-elle
« pas aussi clairement empreinte dans l'œil d'un ci-
« ron que la faculté de penser dans les écrits du
« grand Newton? Quoi! le monde formé prouverait
« moins une intelligence que le monde expliqué?
« Quelle assertion! L'intelligence d'un premier être
« ne m'est-elle pas mieux démontrée par ses ouvra-
« ges que la faculté de penser dans un philosophe
« par ses écrits? Songez donc que je ne vous ob-
« jecte que l'aile d'un papillon, quand je pourrais
« vous écraser du poids de l'univers. »

Voilà sans contredit une des pages les plus éloquentes que Diderot ait écrites. Le raisonnement rentre dans celui de Descartes, qui consiste à prouver

l'intelligence suprême par celle de l'homme. « Je
« pense: donc je suis. Si je pense, j'ai en moi l'intelli-
« gence, et je ne me la suis pas donnée. Il y a donc une
« intelligence créatrice, et par conséquent infinie: il y
« a donc un Dieu. » Mais Diderot a répandu la chaleur
oratoire dans l'argumentation sèche du philosophe.
S'il avait toujours fait un pareil usage du talent d'é-
crire, combien ce talent se serait élevé plus haut qu'il
n'a fait! et que d'écueils il aurait évités! Il ajoute :
« Je distingue les athées en trois classes. Il y en a qui
« vous disent nettement qu'il n'y a point de Dieu,
« et qui le pensent ; ce sont les vrais athées : un
« grand nombre qui ne savent qu'en penser, et qui
« décideraient volontiers la question à croix ou
« pile [*] ; ce sont les athées sceptiques : beaucoup
« plus qui *voudraient qu'il n'y en eût point*, qui
« font semblant d'en être persuadés, et qui vivent
« comme s'ils l'étaient; ce sont les fanfarons du
« parti. Je déteste les fanfarons; ils sont faux. Je
« plains les vrais athées : *toute consolation me sem-
« ble morte pour eux*, et je prie Dieu pour les scep-
« tiques; ils manquent de lumières. »

Il faut que Diderot ait bien mal prié, et que ses
prières n'aient pas plus réussi pour lui que pour autrui, puisqu'il a depuis nié si hautement le Dieu
qu'il priait ici. Pour peu qu'il eût réfléchi, ce qu'il

---

[*] Comme J.-J. décida la question d'une Providence en jetant une pierre contre un arbre. (Voyez ses *Confessions*.) Peut-on croire qu'un homme ait l'usage de sa raison quand il résout *à croix ou pile* un doute qui a de semblables conséquences? et puis, qu'on se demande de bonne foi s'il n'est pas vrai qu'il y a une espèce de philosophie qui est réellement une espèce de démence.... O Providence!

dit de ces *fanfarons qui voudraient qu'il n'y eût pas de Dieu* aurait dû suffire pour l'éloigner de l'athéisme. Ce ne sont sûrement pas des hommes de bien qui désirent qu'il n'y ait pas de Dieu, puisqu'ils n'ont rien à gagner à ce qu'il n'y en ait pas. Ce ne sont sûrement pas des hommes de bien, ceux qui *vivent comme s'ils étaient persuadés qu'il n'y a pas de Dieu*, car cela ne peut absolument s'entendre que des méchants. Or, qu'est-ce qu'une opinion qui est le vœu et l'intérêt des méchants? Il m'est impossible de deviner comment Diderot, devenu athée, aurait répondu à ses propres *pensées*. Il l'était pourtant devenu au point d'entrer en fureur au seul nom de Dieu, et de regarder l'idée d'un Dieu comme le premier des fléaux de la terre. Il cherchait comment cette idée était entrée dans le monde, et quel était le premier qui avait pu s'en aviser. Il ne disait pas comme Lucrèce : *Primus in orbe deos fecit timor**. *La crainte a fait les dieux.* Son imagination lui fournissait une autre hypothèse bien digne d'une tête comme la sienne. Il supposait un misanthrope furieux, un Timon, un homme qui avait nourri trente ans, dans une caverne, le ressentiment de tout le mal que lui avaient fait les hommes, et cherché pendant tout ce temps comment il exercerait contre eux une vengeance terrible et durable qui pût assouvir toute sa haine. Un jour enfin cet homme était sorti de sa caverne tout rempli

---

* Ce demi-vers est de Pétrone, et non pas de Lucrèce. On le trouve aussi dans Stace (*Thébaïd.* III, 661.)

J. V. LE CLERC.

d'une idée qui répondait à ses fureurs ; il en était sorti en criant d'une voix épouvantable : *Dieu!* et avait ainsi couru le monde en jetant partout le même cri, *Dieu!* et ce mot, répété et commenté, avait répandu toutes les calamités sur la terre. Telle était la fable philosophique que Diderot substituait à celle de Pandore, et qui est bien d'un autre goût, et ne fera pas la même fortune. Je ne crois pas qu'il l'ait fait entrer dans aucun de ses ouvrages ; mais je suis sûr que c'était là une de ses conversations dont on nous a dit tout à l'heure qu'*elles prouvaient autant de génie que des ouvrages*. Des hommes qui ont entendu celle-là existent encore ; ils sont croyables ; ils sont prêts à attester ce que je rapporte, et ce ne seraient sûrement pas eux qui auraient inventé ce qui peut-être n'a jamais pu éclore que du cerveau de Diderot.

Il fallait qu'il fût encore loin de là lorsqu'il fit son livre des *Pensées* : il y soutient l'existence de Dieu, comme prouvée en métaphysique et en bonne morale, et reconnaît l'utilité de cette croyance. Voici ses termes : « Sans la crainte du législateur, sans la « pente du tempérament, sans la connaissance des « avantages *actuels* de la vertu, la probité de l'athée « manquerait de fondement. » Or, comme les lois, tout en punissant les fripons, n'ont jamais fait un honnête homme ; comme *la pente du tempérament* est trop incertaine et trop variable pour servir de base à la probité ; enfin, comme les avantages *actuels* du vice sont fort souvent supérieurs à ceux de la vertu, il suit évidemment des paroles de Diderot (quelle que fût sa pensée), que la probité *de l'athée manque de fondement.* Quoique la phrase ne soit pas expressément affirmative par la tournure, elle l'est bien par les conséquences implicites. Peut-être ménageait-il un peu les athées par un secret pressentiment qu'un jour il se rallierait à eux; peut-être aussi demanderez-vous comment il a pu entrer dans leurs rangs, et se mettre même à leur tête, après les assertions et les aveux qu'on voit ici. Lui seul pourrait vous le dire; ce qui ne signifie pas même que vous dussiez le comprendre. — Mais enfin, direz-vous encore, comment s'est-il répondu à lui-même? — Jamais il ne s'est répondu. Il a beaucoup argumenté en sens contraire, et voilà tout. Est-ce que ces philosophes-là répondent? Pas plus à eux-mêmes qu'aux autres. Ils répliquent quelquefois, n'importe comment; mais répondre! ils ne s'y exposent pas. Ils enseignent toujours, et ne se trompent jamais : voilà leur vocation. Ils enseignent le pour et le contre dans tous les sens, et pourtant ne varient jamais : voilà leur privilège. Vous croyez que je plaisante. Point du tout. Rien n'est plus sérieux et plus facile à expliquer. Qu'importe qu'un homme soit tour à tour déiste, athée, sceptique, spinosiste, tout ce que vous voudrez? Il ne change point; il est toujours philosophe....... dès qu'il n'est pas chrétien. Je vous dis là le grand mot de la secte, le mot de ralliement; et quoiqu'il n'y en ait peut-être pas deux de la même opinion, il n'y en pas un qui, en parlant pour tous, parle jamais autrement qu'au nom *de la raison et de la vérité.* Cela peut paraître incompréhensible; mais cela est exact.—Mais il suffit donc, pour être philosophe, de n'être pas chrétien?—Précisément. Cette fois vous êtes dans le vrai, dans le vrai rigoureux, et qui n'admet point d'exception. J'en ai connu bon nombre (et avant la révolution) qui certainement ne savaient pas plus de philosophie que je ne sais de géométrie (et je n'en sais pas un mot), et qui étaient philosophes, et le sont encore si jamais il en fut. Les lettres de Voltaire en font mention honorable à tout moment ; et j'en citerai, à son article, un exemple qui vous tiendra lieu de tout le reste. Vous voilà, Messieurs, bien avertis, et assez, je crois, pour ne leur reprocher jamais les contradictions, les variations, la *versatilité*; ils crieraient à la calomnie. La philosophie n'est point versatile, et, par une raison péremptoire; c'est que jamais un philosophe ne dit qu'il s'est mépris, si ce n'est dans des occasions de peu de conséquence et pour un grand bien; et les exemples en sont très rares. Or, tant qu'on n'avoue point qu'on a été dans l'erreur, on est toujours dans la vérité, on est toujours ce qu'on était : cela est clair. Mais voulez-vous savoir ce que c'est que d'être *versatile?* C'est, par exemple, celui qui viendrait vous dire : « Je vous avoue que je me suis trompé, faute « d'avoir examiné. L'examen m'a détrompé, et voici « mes raisons : vous en jugerez. » Oh! celui-là est vraiment l'homme *versatile* [*]; il est de plus indigne de toute croyance, car il avoue qu'il a eu tort. Comment

---

[*] Tout ce qui est marqué en italique, jusqu'à la fin du paragraphe, avait été imprimée contre l'auteur dans une foule de pamphlets philosophiques.

pourrait-il jamais avoir raison? Il est de plus *hypocrite*, car il se déclare pour une cause proscrite et persécutée, sans aucune espèce de défense ni d'appui. Il est de plus un *lâche*, car il attaque des hommes qui ont en main tous les genres de pouvoir et tous les moyens d'oppression. Voilà, Messieurs, en peu de mots, mais très fidèlement, la logique de nos illustres adversaires, de ceux à qui nos séances font jeter les hauts cris. Je viens de mettre sous vos yeux la substance de vingt libelles; et si j'ai cru devoir vous en parler ainsi une fois en passant, c'est afin de vous convaincre que des ennemis que je ne crois pas même pouvoir ici traiter d'un ton plus sérieux, ne m'empêcheront jamais de dire la vérité tant que vous voudrez bien l'entendre, et tant qu'on ne m'ôtera pas les moyens de la dire. Revenons.

Si Diderot veut ici un Dieu, il ne veut pas de culte, et c'est une inconséquence qui, tout étrange et toute grossière qu'elle est, a eu de nos jours des suites si horribles, qu'elle vaut la peine d'être combattue à part: elle le sera dans un autre ouvrage * où cette discussion est naturellement placée, et dans toute son étendue. Diderot l'énergumène s'écrie : « Les hommes ont banni la divinité d'entre eux ; « ils l'ont reléguée dans un sanctuaire; les murs « d'un temple bornent sa vue; elle n'existe point « au-delà. Insensés que vous êtes, détruisez ces en- « ceintes qui rétrécissent vos idées; élargissez Dieu. »

Il était réservé à notre siècle de prendre pour

---

* Dans l'*Apologie*.

des principes ces déclamations à la fois puériles et forcenées, où l'on ne fait qu'abuser scandaleusement de vérités anciennes et communes, qui, dans leur juste mesure, avaient fourni aux anciens de belles pensées et de beaux vers. Ainsi dans Lucain, lorsque l'on veut que Caton aille chercher un oracle dans le temple de Jupiter Ammon, le poète lui fait dire fort à propos que les dieux sont partout :

> Ont-ils choisi ces bords pour leur asyle unique,
> Caché la vérité dans les sables d'Afrique?
> Nous sommes entourés de la Divinité.
> Les dieux n'ont qu'un seul temple, et c'est l'immensité.
> Ils n'ont qu'un sanctuaire, et c'est le cœur du juste *.

Caton parle en philosophe, et les vers sont d'un poète. On se serait moqué de l'un et de l'autre, s'ils avaient dit que les temples anéantissaient la Divinité; on les eût regardés comme des fous furieux, s'ils avaient dit : *Détruisez les temples*, parce que Dieu est partout. Mais de nos jours on a trouvé sublime cette saillie de rhéteur : *Élargissez Dieu*. Je dirais à Diderot : *Insensé* toi-même, toi qui appelles les autres insensés, et qui t'appelles *philosophe*, réponds. Où as-tu vu un peuple, un homme assez sot pour croire que le temple *bornât* la Divinité qui l'habite? Qui jamais a dit, hors toi, que *des murs*

---

* On peut choisir entre cette traduction et les deux vers de Brébeuf, souvent cités, qui peut-être valent mieux, quoique la fin du premier m'ait toujours paru une cheville, mais le second est d'une précision admirable :

> Est-il d'autre séjour pour *ce monarque auguste*,
> Que les cieux, que la terre et que le cœur du juste?

bornaient sa vue? A qui en as-tu? Qui jamais a pu ignorer, hors toi, que *le temple est pour l'homme et non pour l'Éternel**? On te l'a dit cent fois dans toutes les langues; pourquoi feins-tu de l'oublier? Où as-tu pris que, pour ceux qui ont des temples, *Dieu n'existe pas au-delà?* C'est calomnier stupidement le paysan le plus stupide. En veux-tu la preuve sensible? Ne t'es-tu jamais trouvé, dans nos campagnes, à ces cérémonies si touchantes dans leur agreste simplicité**, quand les habitants des bourgs, des villages, des hameaux, précédés de leur pasteur, marchaient à travers les plaines cultivées par leurs mains, élevant avec lui leurs chants religieux vers le Ciel, vers le Dieu qui nous a *donné la terre* et lui donne la fécondité? Tu as pu voir tous les ans ce beau spectacle, beau, non pas seulement pour un chrétien, mais pour tout vrai philosophe, pour quiconque a une âme; mais les sophistes et les charlatans n'en ont pas. Il est vrai que tu ne le verrais plus aujourd'hui, cet attendrissant appareil, ce commerce sublime de la nature avec son auteur, et des enfants avec leur père, à qui leurs voix demandent la nourriture. Tu ne le verrais plus dans la France, cet hommage solennel au dispensateur suprême de tous les biens; et, s'il osait s'y reproduire, des bandes d'assassins stipendiés marcheraient, avec le fer et le feu, contre ce paisible et religieux concours, qui ne se nomme plus parmi nous que *le*

---

* Paroles tirées d'un mandement de l'évêque de Lescar, l'un de ses écrits où la religion a été le plus éloquente.

** Les Rogations.

funatisme. Mais s'il ne se montre plus dans la France, tu le retrouverais dans l'Europe et dans tout le monde chrétien. C'est en France seulement, c'est aujourd'hui qu'il n'est plus permis d'adorer Dieu à la face du soleil ; c'est seulement parmi nous, ce n'est que de nos jours que l'on peut dire avec vérité que Dieu est *relégué*, emprisonné dans les temples, autant du moins qu'on l'a pu. Mais à qui faut-il s'en prendre, sinon à toi et à tes pareils ? Ne sont-ce pas tes propres paroles, *élargissez Dieu*, que répétaient ceux qui fermaient toutes les églises de la France, après les avoir dépouillées ; et, quand ils les abattaient, ne sont-ce pas tes ordres exprès, *détruisez ces enceintes*, que leurs mains sacrilègement dociles ont si bien exécutés ? Tes phrases n'étaient-elles pas le cri qu'on avait appris à l'ignorance pour autoriser la rapine et la rage, et qui est encore en ce moment répété par tous les échos journaliers de la philosophie ? Ah ! lorsque Dieu et ses adorateurs sont légalement confinés dans les temples, ce mot, qui dans ta bouche n'était qu'un extravagant blasphème, ce mot, pris dans un autre sens, trop réel et trop juste, ce mot nous appartient aujourd'hui, et c'est bien nous qui avons le droit de dire, au nom de la raison, de la liberté, de la religion : *Élargissez Dieu*[*].

Diderot, en faisant l'éloge du scepticisme, se moque de ceux qui veulent savoir *qui l'on est, d'où l'on vient, où l'on va, pourquoi l'on est venu*. Il est

---

[*] L'auteur a eu, avant de mourir, la consolation de voir la religion rétablie dans tout son lustre. (*Note de l'éditeur.*)

vrai que tout cela est si peu de chose, que ce n'est pas même la peine d'y penser. Aussi nous dit-il avec une fierté digne du plus noble quadrupède : « Le « sceptique *se pique* d'ignorer tout cela sans en être « plus malheureux. » C'est en effet se piquer d'une belle chose ! Mais le sceptique ne ment-il pas un peu ? N'est-il pas au moins prouvé par le fait qu'il s'est donné beaucoup de peine pour parvenir à *ignorer* ce que le sens intime, indépendamment de la révélation, avait appris à tous les peuples, puisque tous ont cru un Dieu rémunérateur et vengeur, une âme immortelle et un monde à venir ? Il est donc de fait (et ce qu'il y a de bon, c'est que nos philosophes eux-mêmes ne peuvent pas toujours nier les faits) que l'on avait de temps immémorial trouvé la réponse à ces questions que Diderot et son sceptique regardent comme si indifférentes, et que la conscience a enseigné à tous les hommes ce que la philosophie se pique seule d'ignorer. Ne serait-ce pas déjà une présomption morale assez plausible que la réponse du sens intime de tous les hommes vaut un peu mieux que l'ignorance de nos sages, qui n'affecte que celle-là, et qui d'ailleurs savent tout, excepté ce que savent tous les hommes ? Je sais que ces sages vont répondre par un seul mot qui répond à tout : *Préjugés*. Je pourrais répliquer par un vers fort beau, et qui pour eux n'est pas d'un homme à préjugés, puisqu'il est de Voltaire :

La voix de l'univers est-elle un préjugé ?
(*Irène*, act. IV, sc. 3.)

et il s'agit précisément d'un point de morale... Mais à quoi pensai-je? j'oublie que ce même Voltaire, que les chrétiens appellent un impie, Diderot l'appelait un cagot, et Helvétius un *cause-finalier*. Vous m'avouerez qu'avec ces sortes de gens on ne peut jamais savoir sur quoi compter. Au reste, Voltaire riait beaucoup de se trouver, sur la fin de ses jours, un cagot, et il disait, le plus doucement qu'il pouvait, à son ami Helvétius, que *cause-finalier n'était pas une réponse*; et je crois qu'au fond cela est assez vrai. Nos adversaires disent aussi que *des vers ne prouvent rien*. Oui, comme vers; mais rien n'empêche qu'ils ne prouvent comme pensée; et celle-là est d'un grand sens; elle rentre dans un axiome de l'ancienne philosophie, que j'aime à redire d'autant plus, qu'il sonne mal aux oreilles de la nouvelle : *Consensus omnium lex naturæ putanda est.* « Le « sentiment unanime de tous les hommes doit être « regardé comme une loi de la nature. » *Cic.* De plus, si les poètes ne sont pas tenus de prouver, des philosophes y sont obligés; et s'il peut être beau, quoique peu modeste, de contredire *la voix de l'univers*, il n'est pas heureux de n'avoir pu encore y opposer que des objections sans conséquence, et des théories sans aucun fondement. Il n'est pas très-péremptoire de dire : « Ce que tout le monde croit « est un *préjugé* dès que nous ne le croyons pas; et « personne ne doit affirmer quand nous doutons, ni « douter quand nous affirmons. » C'est là tout le fond des démonstrations de nos maîtres. J'y vois bien une assez grande supériorité d'orgueil, mais aucune supériorité de raison; et jusqu'à ce qu'ils veuillent bien descendre à raisonner avec nous, ou qu'ils prouvent du moins que la philosophie déroge qand elle raisonne, je me croirai en droit de dire que la leur est si prodigieusement ridicule, qu'il ne faut pas moins que tout le mal qu'elle a fait pour qu'il soit permis d'en parler sérieusement; mais qu'en même temps le mal est si grand dans les effets, qu'il faut toute l'ineptie de la doctrine pour que l'on nous pardonne de n'en pas parler toujours avec le ton de l'horreur et de l'indignation.

Diderot, à l'appui de son scepticisme, cite Voltaire qui se moque de Pascal, parce que celui-ci regarde comme un état insupportable celui d'hommes qui seraient condamnés à ignorer leur nature et leur destination. Que Voltaire se moque tant qu'il voudra, la proposition de Pascal n'en est pas moins juste et conséquente. Quoi de plus naturel à l'être raisonnable que le besoin de connaître ce qui lui importe le plus, et le regret de l'ignorer? « J'aimerais autant, « dit Voltaire, m'affliger de n'avoir pas quatre pieds, « quatre yeux et deux ailes. » Je serais tenté de croire que ce n'est pas sans quelque malice que Diderot a cité ce passage, et qu'il voulait faire rire aux dépens de ce cagot de Voltaire. On peut douter qu'on ait jamais imaginé une parité de cette espèce. Il est rigoureusement conforme à la raison de l'homme de s'interroger sur sa nature et sa destination, et de chercher au moins ce que là-dessus elle peut lui enseigner; et celui-là au contraire l'aurait absolument perdue, qui s'affligerait de n'avoir pas des ailes, etc. Le rapprochement de deux choses si opposées n'est pas plus raisonnable. La différence qu'il y a, c'est que le désespoir de n'avoir pas d'ailes suppose l'aliénation absolue; au lieu que donner deux choses contraires pour deux choses identiques ne prouve que cette absence momentanée de tout bon sens qui fait dire une sottise, une folie, sans être ni un fou ni un sot. Mais quand ces sottises et ces folies se multiplient au point de remplir des volumes, et de faire une partie considérable des ouvrages d'un homme qui d'ailleurs a montré, dans d'autres genres, non-seulement un esprit rare, mais un talent du premier ordre; quand il y a joint une multitude de mensonges d'une telle audace, qu'il n'y a d'autre difficulté à les réfuter, preuve en main, que la lassitude et le dégoût de dire sans cesse, *vous avez menti*, que peut-on en conclure, si ce n'est que la philosophie moderne a jeté sur un grand homme qui a eu le malheur de s'y attacher cette inévitable malédiction qui devait la suivre partout? et c'est ce que vous déplorerez avec moi, quand ce même Voltaire, que vous avez si souvent admiré avec moi, paraîtra devant vous, à son rang, comme philosophe.

Vous avez déjà vu combien il était sujet à se contredire, même en critique, tant il était dominé par une imagination rebelle à toute espèce de frein. Ce doit être pis en philosophie; et ici, par exemple, ce même écrivain qui défend contre Pascal l'insouciance du scepticisme, ailleurs la trouve stupide, et même impossible, sans doute parce qu'il était alors

dans un de ces instants de bonne foi qui obligent de parler comme on a senti. Le trait est frappant, et je n'aurai qu'à le transcrire et à l'abandonner à vos réflexions. Dans des entretiens* où, sous le nom d'un philosophe chinois, disciple de Confutzée (celui que nous appelons *Confucius*), il disserte avec un prince de la Chine sur la métaphysique et la morale, et l'instruit sur l'existence de Dieu et l'immortalité de l'âme, il lui dit : « Si vous abusez de votre
« raison, non-seulement vous serez malheureux dans
« cette vie, mais qui vous a dit que vous ne le se-
« riez pas dans une autre?

LE PRINCE.

« Et qui vous a dit qu'il y a une autre vie?

LE PHILOSOPHE.

« Dans le doute seul, vous devez vous conduire
« comme s'il y en avait une.

LE PRINCE.

« Mais si je suis sûr qu'il n'y en a point?

LE PHILOSOPHE.

« Je vous en défie. »

Et il tranche le dialogue à ce mot, qu'on peut bien appeler celui de la conscience. Il est également sûr que ce mot sortait de celle de l'auteur, et accusait celle des sceptiques et des athées. Ce mot *je vous en défie*, donnait pleinement raison à tous les moralistes et prédicateurs chrétiens qui ont tant de fois argué de faux la prétendue sécurité des impies sur

---

* *Entretiens de Cu-Su avec le prince Kou.*

l'avenir; et pourtant celui à qui cet aveu échappe sans qu'il y pense, a traité cent fois de déclamations tout ce qu'ont dit sur cet article ceux que lui-même a justifiés ici d'une seule parole.

Ces contradictions si fréquentes ne m'étonnent nullement, et me paraissent même dans l'ordre. Mais ce que vous trouverez plus extraordinaire, c'est le passage suivant, qui, dans Diderot, doit le paraître encore bien plus à nos adversaires qu'à nous : « Lorsqu'on annonce au peuple un dogme qui « contredit la religion dominante ou quelque fait « contraire à la tranquillité publique, justifiât-on sa « mission par des miracles, le gouvernement *a droit* « *de sévir*, et le peuple de crier : *Crucifige!* Quel « *danger n'y aurait-il pas à abandonner les esprits* « *aux séductions d'un imposteur ou aux rêveries* « *d'un visionnaire?* »

Je n'examine pas encore comment l'auteur a trouvé le moyen d'appliquer à faux un principe généralement vrai, et cela en y comprenant le seul cas qui doit y faire exception. Mais, avant tout, comprenez-vous que ce soit Diderot qui ait pu renverser alors en deux phrases ce code de *tolérance universelle*, le seul sacré pour nos philosophes tant qu'ils en ont eu besoin, et qu'ils ont foulé aux pieds comme tout autre, dès qu'ils ont été les plus forts? comprenez-vous que ce soit Diderot qui, en les condamnant, se condamne lui-même, et porte contre eux et contre lui un arrêt si formel, si rigoureux, si motivé? Certes, il ne pouvait pas se cacher que, dans ce même livre, à la même page, il attaquait

la religion dominante, et par des *dogmes* qui contredisaient non-seulement cette religion, mais même la religion et la police de tous les gouvernements du monde; car où souffrirait-on qu'un citoyen criât: *Détruisez les temples?* Il n'y a point de pays où ce ne fût un délit capital; et ce cri, vous venez de l'entendre dans sa bouche. Il ne *contredisait* pas moins formellement la religion de son pays en rejetant l'autorité des miracles, *dogme* qui tient même beaucoup de place dans ses *Pensées*, et dont il va encore être question. Et c'est lui qui crie contre lui avec *le peuple; Crucifige!* c'est lui qui reconnaît dans le gouvernement *le droit de sévir*. J'avoue qu'il m'est impossible de deviner ici son intention, ni de rien apercevoir qui puisse mettre d'accord ce qu'il écrit et ce qu'il fait, ce qu'il veut et ce qu'il doit vouloir. Je suis convaincu que personne, pas même nos philosophes, qui expliquent tout, ne pourrait expliquer une si étrange inconséquence. Dira-t-on que ce qui l'a emporté ici sur tout le reste, c'est la résolution de condamner Jésus-Christ, ses miracles et ses disciples, et de donner raison à leurs persécuteurs et à leurs bourreaux? C'est la seule idée qui se présente d'abord, et d'autant plus que c'est ce qu'a fait depuis Voltaire et toute la secte en cent endroits. Mais Diderot vient tout de suite au-devant de cette interprétation, en ajoutant : « Si le
« sang de Jesus-Chist a crié vengeance contre les
« Juifs, c'est qu'en le répandant ils fermaient l'o-
« reille à la voix de Moïse et des prophètes, qui le
« déclaraient le Messie. » Rien n'est plus vrai, et

c'est parler comme l'Évangile. Mais si ces paroles décisives repoussent le soupçon d'avoir voulu tourner contre Jésus-Christ la sentence qu'il vient de porter, il en résulte une nouvelle inconséquence plus forte que toutes les autres; car l'auteur admet et consacre, par cet aveu, la seule exception opposée à son principe, et dont il ne voulait pas; et c'est à présent que je vais faire voir comment son principe étendu jusque-là est devenu faux, et comment lui-même, sans y prendre garde, en avoue la fausseté. En effet si les juifs ont été coupables de ne pas reconnaître dans Jésus-Christ le Messie annoncé par leurs prophètes, assurément ce ne peut être que parce qu'il manifestait dans ses œuvres tous les caractères que ces prophètes attribuaient au Messie, et ces œuvres, ces caractères, ne sont autre chose que des miracles; c'est même ce que Jésus-Christ reproche à tout moment aux juifs en termes exprès. Cependant Diderot va tout à l'heure rejeter, comme absolument nulles, les preuves tirées des miracles. Comment concilier des assertions si contradictoires? D'un côté, le crime des Juifs est d'avoir méconnu le Messie malgré ses miracles, prédits par les prophètes, comme devant leur montrer le Messie; et de l'autre, les miracles ne prouvent rien. Ils prouvent si peu, que, malgré tous les miracles possibles, il faut pendre celui qui, en les faisant, *contredit la religion dominante*. Comme ce n'est pas ici un cours de théologie, vous me dispenserez de prouver, contre Diderot et tous les sophistes du siècle, que les miracles constatés sont évidemment une œuvre divine, et par conséquent un témoignage irrécusable de la vérité, puisque le Dieu de vérité ne saurait employer sa puissance en faveur du mensonge : c'est une thèse inexpugnable en bonne métaphysique; c'est aussi parce que la religion est appuyée sur cette colonne, que Diderot et consorts ont fait des efforts si multipliés et si vains pour la renverser. C'est là tout ce que nous pouvons voir ici, sans perdre le temps à mettre d'accord entre eux ni avec eux-mêmes des hommes qui n'y ont jamais pensé. Vous devez dès à présent les connaître assez pour n'en pas douter. Je puis ajouter que, dans leur plan, ils n'avaient pas plus le besoin d'être conséquents, qu'ils n'en avaient l'envie et le pouvoir. C'est pour édifier en quelque genre que ce soit, qu'il faut un ordre d'idées conséquentes. Pour détruire, c'est tout le contraire : il ne faut alors que suivre une seule idée, celle de la destruction. Le bien est dans l'ordre, et le mal dans le désordre. Le génie du mal est donc essentiellement le désordre en tout; et tel est aussi le genie de cette philosophie et de sa révolution.

Tout ce qui reste du passage singulier que j'ai cité, et ce qui est bon à retenir, c'est que Diderot a crié *Crucifige* contre tous ceux qui *contredisent la religion de leur pays, eussent-ils fait des miracles*. Laissons se débattre contre lui ceux qui veulent que l'on puisse prêcher dans une même rue Jésus-Christ et Mahomet, Brama et Sammonacodon, et qui appellent cela *tolérance*, *liberté de penser*, et *droit de l'homme*. Nos soi-disant philosophes doivent être d'autant plus embarrassés de la sentence dictée par Diderot, d'autant plus sûrs d'être pendus de sa façon, qu'ils n'ont pas même encore *fait des miracles*, ni essayé d'en faire, si ce n'est peut-être ceux de la révolution, qui, dans un sens, sont bien *des miracles*, mais non pas à leurs yeux; et je ne sais si Diderot lui-même serait plus content de ceux-là que de tous les autres.

« Une seule démonstration, dit-il, me frappe plus
« que cinquante faits. »

Peu lui importe que le bon sens lui crie : Votre proposition est insignifiante, car les *faits* sont aussi une *démonstration*, et aussi forte qu'il soit possible dès que les faits sont certains; ou il faut admettre cet axiome, fondement de toute philosophie, et particulièrement de la physique, ou il faut affirmer avec les pyrrhoniens qu'il n'y a pas de faits certains, et vous-même vous vous êtes moqué du pyrrhonisme. Qu'est-ce donc que Diderot a voulu dire? Encore une fois, ne le lui demandez pas; il ne s'agit que de ce qu'il a voulu faire, et il a voulu saper en philosophie la preuve de fait, parce qu'il y a au monde une religion fondée sur des *faits* comme l'ont avoué Fontenelle, Montesquieu et J.-J. Rousseau[*]. Voilà tout ce que Diderot a voulu : le reste lui est indifférent. Il n'ignorait pas que tout homme capable de raisonner pouvait lui répondre : Achevez du moins

---

[*] On sait que Fontenelle disait du christianisme: « C'est la seule religion « qui ait des preuves; » Rousseau : « Les faits de Jésus-Christ sont plus at- « testés que ceux de Socrate; » et voyez, dans *l'Esprit des Lois*, l'éloge du christianisme considéré en politique, et tout le bien qu'il a fait au monde.

votre proposition, si vous voulez qu'on la comprenne. Voulez-vous dire qu'une seule démonstration vous frappe plus que cinquante faits *incertains ou faux?* Ce serait une niaiserie. Il faut donc que vous disiez *plus que cinquante faits certains*, et c'est une extravagance, puisqu'il est reçu par tous les philosophes que la certitude de fait équivaut à toute autre certitude. Mais Diderot savait aussi que, toute simple qu'est cette réponse, jamais un sot ne la lui ferait, et c'était assez pour lui et ses pareils. Quant aux hommes instruits, vous savez comme ils s'en débarrassaient ; par un concert d'invectives et de calomnies, tant qu'ils n'ont pas eu d'autres armes, et dès qu'ils en ont eu la puissance, par ce décret très philosophique : « Quiconque parlera *dans un « autre sens que nous* sera égorgé sur le champ. » On ne niera pas ce *fait* il est trop public : mais on répliquera que *le décret est rapporté.* Soit : je n'examine pas comment, ni pourquoi, ni à quel degré. Mais aussi, à défaut d'autre réponse, le concert d'injures a recommencé....

Voulez-vous savoir pourquoi Diderot fait tant de cas d'une *démonstration,* quoiqu'il ne veuille pas de celle des *faits?* « C'est, dit-il, grace à l'extrême con- « fiance que j'ai dans ma raison. » *Extrême* en effet, il faut en convenir. Cet amour-propre est très naïf; peut-être serait-il sublime s'il n'était pas assez universellement reconnu que cet amour-propre-là est de tout temps celui des sots, et ce qui est dans la tête de tous les sots ne devait pas se trouver sous la plume d'un homme d'esprit. Rien n'est pourtant plus commun chez nos philosophes, et nous verrons pourquoi quand nous en serons à Rousseau, qui en ce genre a été plus philosophe qu'aucun autre. Aujourd'hui je remarquerai seulement que c'est *grace à l'extrême confiance en leur raison* que d'ordinaire les sots entendent si peu raison, et entendent si bien la déraison; et je puis dire, comme Dacier, que *ma remarque subsiste*, car elle est vérifiée depuis le commencement du monde.

Diderot s'adresse aux thaumaturges, vrais ou faux, qu'importe? « Pourquoi me *harceler* par des « prodiges, quand tu peux me terrasser par un « syllogisme? » Je ne suis point un thaumaturge, il s'en faut; mais je dirais à Diderot : C'est votre faute si vous ne comprenez pas, 1° qu'un prodige constaté renferme en lui-même un syllogisme; 2° qu'il est le plus *terrassant* de tous. C'est un argument en action, qui revient à ces paroles, que je vais mettre en forme syllogistique pour vous complaire : « Si Dieu m'a donné une puissance qui n'est qu'à « lui, et qui ne saurait être celle d'un homme, très « certainement c'est Dieu qui m'envoie, et c'est « sa parole que j'annonce. » La majeure est évidente. Passons. « Or, j'ai reçu de Dieu cette puis- « sance; donc, etc. »—Prouvez la mineure, crieront aussitôt tous ceux qui m'entendent. Je la prouve. *Lazare, veni foras.* « Lazare sortez du tombeau[*]; »

---

[*] C'est ce miracle, le plus éclatant de tous ceux de Jésus-Christ, opéré devant une foule de spectateurs qui crurent en lui; c'est l'effet qu'il produisit dans Jérusalem, d'après son incontestable publicité, qui détermina le sanhédrin à faire périr Jésus Christ, comme on le lit dans l'Évangile.

et un cadavre mort et enseveli depuis quatre jours, au vu et au su de toute une ville, se lève et sort de son sépulcre. Qu'en dites-vous, monsieur Diderot? cette mineure-là est-elle prouvée, et l'argument est-il en bonne forme? Il reste, je le sais, à argumenter contre le mort, à lui soutenir qu'il ne l'était pas, comme un Anglais s'est diverti à soutenir à un homme bien vivant qu'il était mort en effet. Mais ce n'est pas ce dont il s'agit : j'ai prouvé ce qu'il y avait à prouver, qu'un véritable miracle n'est autre chose qu'un syllogisme, dont la majeure sous-entendue est démontrée en principe, la mineure démontrée en action, et la conséquence dans la raison de tous les hommes. Mais admirons, en passant, cette grande prédilection pour les syllogismes, affectée devant ceux qui n'y entendent rien, et cette grande attention à compter des syllogismes pour rien, avec ceux qui savent en faire.

« Quoi donc! te serait-il plus facile de redresser
« un boiteux que de m'éclairer? » *Did.*

C'est selon : en rigueur, je ne crois pas que les miracles admettent le plus ou le moins de difficulté, puisque tout est également possible à celui qui seul fait les miracles : mais en me prêtant à la question de Diderot, je la trouve douteuse. C'est sans doute un prodige de redresser la jambe d'un boiteux ; mais ce pourrait bien en être un autre de redresser l'esprit d'un athée, et je ne voudrais pas répondre que le dernier ne fût pas le plus difficile.

« L'exemple, les prodiges et l'autorité peuvent
« faire des dupes : la raison seule fait des croyants. »

Il faut donc qu'il y ait dans le monde deux *raisons* opposées l'une à l'autre, ou bien tous les hommes les plus éclairés depuis dix-sept siècles, à compter de Tertullien et de saint Augustin, jusqu'à Fénelon et Massillon, ont été dénués de *raison*, et *la raison ne date que d'un siècle,* comme un bel-esprit vient de nous le dire très positivement. Cette *raison* qui date d'un siècle est l'incrédulité; celle qui en compte dix-sept, est la foi. Laquelle croire? Je m'en tiendrai (la révélation même mise à part) à ces paroles de l'Évangile : « Vous les connaîtrez « par leurs fruits. » *A fructibus eorum cognoscetis eos ;* et comme le fruit de *la raison* de nos philosophes n'a été autre chose que la révolution française, je suis en droit de conclure, avec l'Europe et le monde entier, dont l'opinion n'est pas équivoque, que l'arbre qui a porté un tel fruit était empoisonné. Si mes adversaires ne trouvent pas bon que je m'appuie d'un texte de l'Évangile, je les prierai de ne s'en pas fâcher, puisque ce texte rentre absolument dans la pensée d'un philosophe des plus fameux de ce siècle, et à qui eux-mêmes ne contestent pas ce titre, J.-J. Rousseau. C'est lui qui leur a dit (et ce n'est pas ce qu'il a dit de moins bon) : « Vous répétez sans cesse que la vérité ne peut ja-
« mais faire de mal aux hommes ; je le crois, et
« c'est pour moi la preuve que ce que vous dites
« n'est pas la vérité. » Si son argument était bon dès ce temps-là, que sera-ce donc aujourd'hui? La Providence a pris soin de rendre la replique impossible.

« Je ne suis pas chrétien parce que saint Augustin
« l'était, mais je le suis parce qu'il est raisonnable
« de l'être. » *Did.*

Messieurs, vous vous récriez: Quoi! Diderot se
dit chrétien! Attendez, nous allons tout à l'heure
avoir sa profession de foi en forme; vous saurez
peut-être à quoi vous en tenir. En attendant, souvenez-vous que Voltaire a fait en sa vie une cinquantaine de professions de foi, sans compter ou en comptant celle qu'il fit imprimer à Paris dans tous les
papiers publics quelques mois avant sa mort. Nos
philosophes disent que ce sont des *façons de parler*,
modus loquendi ; des *lazzi* philosophiques extrêmement plaisants ; et en effet, quelques-uns de ceux
de Voltaire en ce genre l'étaient beaucoup, et j'aurai
occasion de vous les rappeler. Cependant il faut
avouer que la phrase de Diderot n'a point du tout
le ton d'un *lazzi ;* au contraire, elle a celui de la
vérité. Diderot parle absolument comme saint Paul:
« Ne croyez ni à Apollon, ni à Céphas, mais à Dieu. »
« *Sit rationabile obsequium vestrum.* Que votre sou-
« mission soit raisonnable. » Vous voyez qu'il n'y
a rien à redire aux paroles de Diderot, et qu'il est
ici très orthodoxe. Il ajoute :

« Je suis né dans l'église catholique, apostolique
« et romaine, et je me soumets à ses décisions *de*
« *toute ma force.* » Il ne s'agit plus que de savoir
jusqu'où elle va. « Je veux mourir dans *la religion*
« *de mes pères*, et je la crois bonne. » Pardonnez-
lui ce mot, *la religion de mes pères.* Ce n'était pas
encore alors un crime capital. « Je la crois bonne,

« *autant qu'il est possible à quelqu'un qui n'a jamais* « *eu aucun commerce immédiat avec la Divinité, et* « *qui n'a jamais été témoin d'aucun miracle.* » Comme nous ne savons pas jusqu'où allait pour lui ce *possible*, non plus que *sa force pour croire*, il se pourrait bien qu'il y eût ici du *lazzi* de nos *sages*, et vous en penserez ce que vous voudrez. Mais il ne s'en tient pas là ; il nous assure qu'il a mis dans la balance *les raisons des athées*, des déistes, des juifs, des musulmans, de tous les sectaires et enfin des chrétiens. C'est ne rien oublier, et surtout *les raisons des athées* ont dû faire un grand poids. Vous attendez le résultat; le voici : « Après « de longues oscillations (il y avait de quoi), la ba-« lance pencha du côté du chrétien, mais avec le « seul excès de sa pesanteur sur la résistance du « côté opposé. » C'est toujours quelque chose; et je crois, Messieurs, que vous n'en espériez pas tant. « Je me suis témoin à moi-même de mon « équité. Il n'a pas tenu à moi que cet excès ne « m'ait paru fort grand : j'atteste Dieu de ma sin-« cérité. »

Diderot seul pourrait nous dire ce qu'un tel serment valait alors pour lui. Quoi qu'il en soit, ni *la balance*, ni le serment, ni la profession *catholique, apostolique et romaine*, ni *la religion de nos pères*, ne parurent au gouvernement des œuvres aussi édifiantes que nos philosophes les trouvaient *gaies ;* et l'auteur ayant donné, peu de temps après, une brochure du même genre, fut renfermé assez longtemps à Vincennes, où il fut d'ailleurs traité avec tous les ménagements possibles *, comme on sait, et n'en devint pas plus sage.

SECTION III. *Lettre sur les aveugles à l'usage des clairvoyants.*

Cette Lettre, qui attira enfin sur lui l'animadversion du ministère, plus d'une fois provoquée, est un de ces écrits insidieux où le matérialisme, n'osant pas se produire en dogme, s'enveloppe dans des hypothèses sophistiques, de façon qu'on puisse le deviner et le conclure. Elle fut composée à l'occasion d'un aveugle-né, du Puiseaux en Gâtinais, qui faisait alors quelque bruit par les avantages singuliers qu'il devait à l'exercice réfléchi de toutes ses facultés, qui lui avait appris à compenser, jusqu'à un certain point, celle qui lui manquait. Ce n'est pas en soi-même un phénomène très rare que ce perfectionnement des sens fortifiés et enrichis de la privation même de celui qu'on a perdu, et des leçons de la nécessité. On sait jusqu'où les aveugles poussent la finesse de l'ouïe, du tact, de l'odorat, en proportion du besoin qu'ils ont de suppléer la vue. Peut-être serait-ce, pour un vrai philosophe, une occasion de remarquer la bienfaisante prévoyance de l'architecte suprême, qui, dans la construction du corps humain, nous a donné des organes si bien entendus dans tous leurs rapports possibles; que non-seulement ils sont d'une parfaite intelligence pour les mêmes actes, mais qu'ils peuvent au besoin se suppléer les uns et les autres, au

* Il avait la permission, très rarement accordée dans les prisons d'état, de recevoir ses amis ; et Rousseau parle des visites fréquentes qu'il lui rendait.

point que celui qui est privé de deux sens peut encore sentir et exercer la vie avec les trois qui lui restent. Un physicien observateur aurait là une belle matière de recherches curieuses et de réflexions instructives sur les moyens de jouissance et d'industrie départis à l'homme avec une si sage munificence, que même l'imperfection nécessaire de la créature et les accidents qu'elle entraîne suffiraient à prouver la perfection des lumières du Créateur, qui a tout prévu pour remédier à tout. Mais ce n'est pas là ce que l'athée qui a le plus d'esprit verra jamais dans l'aveugle qui a le plus d'adresse. Celui-ci, quoique fort intelligent, était encore loin d'un autre aveugle bien autrement célèbre, l'Anglais Saunderson, qui professa les mathématiques à Cambridge, et donna des leçons d'optique. L'histoire des prodigieux efforts du génie de cet aveugle, et l'explication d'une machine qu'il avait inventée pour chiffrer au tact, font partie de l'ouvrage de Diderot, et c'est tout ce qu'il y a de bon. Le reste est un ténébreux amas d'inductions mensongères et de suppositions gratuites, qui tendent à réduire tout à l'action des sens pour anéantir celle de l'âme, et à faire de l'homme une pure machine pour faire de la morale un problème. L'auteur s'écrie : « Ah !
« Madame ! (car c'est à une femme qu'il écrit, et le
« prosélitisme philosophiste s'adresse volontiers aux
« femmes) ah ! Madame ! que la morale de l'aveugle
« est différente de la nôtre ! que celle d'un sourd
« différerait encore de celle d'un aveugle [*] ! et qu'un

---

[*] A ces paroles vraiment étranges et rares en ridicule, il partit de tous

« être qui aurait un sens de plus que nous, trouve-
« rait notre morale imparfaite, pour ne rien dire de
« pis! » Que le pathétique de cette exclamation et
ce ton de conviction profonde font un effet plaisant
dans une phrase qui n'a aucun sens! L'auteur
croyait-il s'entendre? Cela se peut; mais qu'il eût
été curieux d'apprendre de lui comment est faite
cette morale des aveugles, si différente de celle des
sourds, et ce que deviennent ces deux morales si
différentes dans ceux qui sont à la fois sourds et
aveugles, et dont il ne parle pas apparemment par
discrétion! Je n'ai pas l'espérance, non plus que
l'envie, d'avoir jamais six sens; et tout ce que je
demande à celui qui m'en a donné cinq, c'est de
me les conserver jusqu'à la fin. Mais encore serait-
on bien aise de savoir ce que serait la morale de
six sens, par rapport à nous qui n'en avons que
cinq, et pourquoi, avec ces cinq sens, notre morale
est si imparfaite et si vicieuse. Comment sur-tout
Diderot pouvait-il en savoir tant là-dessus, lui qui,
après tout, n'en avait que cinq comme nous, tout
philosophe qu'il était? Eh! mon pauvre philosophe,
faut-il te parler sérieusement? Si, au lieu de tant
de belles choses que tu vois dans les six sens, tu

---

les coins de la salle un éclat de rire universel; et ce ne fut pas, à beaucoup
près, la seule fois que les citations produisirent cet effet, et souvent je ne
puis m'empêcher de rire encore en les transcrivant. Hélas! de tout temps la
sottise a été en possession de faire rire : mais comment la plus risible de
toutes, précisément parce qu'elle était la plus sérieuse, celle de nos sophistes,
a-t-elle fini par faire couler tant de sang et de larmes? C'est là ce qui mérite
d'être examiné, et ce qui attirera l'attention de la postérité.

voyais ce qui est dans le sens commun, qui n'est pas celui de la philosophie, tu comprendrais que tu viens d'anéantir, en quatre lignes, deux sciences sur lesquelles tu n'as cessé d'écrire bien ou mal, la morale et la métaphysique. Je veux croire que tu ferais bon marché de la première ; mais la seconde que tu invoques sans cesse, et dans laquelle tu te crois si fort, tu la connais donc bien peu, puisque tu nous assures que *la nôtre ne s'accorde pas mieux que la morale avec celle des aveugles.* Dis-nous donc, s'il est possible, ce que devient une science qui a l'évidence pour but, et qui pourtant dépend d'un sens de plus ou de moins. Dis-nous, quand il n'y a plus ni morale ni métaphysique, ce que devient la raison. Viens me parler d'évidence, et je te répondrai par tes propres principes : Ce qui est évident pour toi ne l'est pas pour un aveugle. Viens me parler de morale (et toi et les tiens vous la nommez à tout moment dans vos écrits en faisant tout pour qu'il n'y en ait pas) et je te répondrai que tu te moques de moi avec ta morale ; qu'elle est *très imparfaite, pour ne rien dire de pis*, puisque nous n'avons encore que cinq sens, et que jusqu'à ce que nous en ayons six, comme cela ne peut manquer d'arriver un jour avec la perfectibilité philosophique, ta morale et rien c'est la même chose. Et oseras-tu dire que je ne raisonne pas aussi bien que toi, quand mes raisonnements ne sont que les conséquences immédiates des tiens ? Quelle chute pour un si grand moraliste et un si fier métaphysicien, de se voir enlever ses deux sciences, le tout pour avoir le plaisir de raisonner sur les aveugles comme un aveugle sur les couleurs!

Messieurs, quand on aura mis à nu toute la pauvreté d'esprit de nos soi-disant philosophes (et ce n'est pas celle de l'Évangile), tout ce qu'il y a dans leurs écrits de profondément inepte, caché sous un vain appareil de mots abstraits et de phrases ampoulées, qui en imposaient à l'ignorance et à l'inattention; quand on aura détaillé, au moins en partie, l'incroyable quantité de bêtises proprement dites, renfermées souvent dans une seule phrase (et je dis des bêtises par respect pour le mot propre qui est de devoir, et sur-tout ici), on aura honte pour le siècle où nous vivons qu'il ait pu être si long-temps la dupe de charlatans si méprisables, qu'ils n'étaient pas même en état de défendre leur masque, leur enseigne et leurs tréteaux, s'il y eût eu quelqu'un pour faire la police en philosophie, comme on la faisait au Parnasse. Il faudra expliquer (et c'est par où je finirai) toutes les causes de cette tranquille et imperturbable possession de l'absurde pendant tant d'années, de cette longue et incompréhensible impunité dont le vertige révolutionnaire a été la suite, et dont il doit être aussi le remède. Si ce dernier délire paraît beaucoup moins durable, et semble même se dissiper déjà quand le premier a eu tant de durée, c'est qu'il y a ici une différence essentielle, celle de l'absurde et de l'atroce, d'abord en spéculation, et ensuite en pratique; et si l'on a pu se tromper long-temps au premier, il n'y avait pas moyen de s'abuser long-temps sur le second. Si vous me permettez une ces comparaisons familières qui n'en sont que plus sensibles, je dirai que c'est notre faute, et non pas celle de la Providence, si, à force d'orgueil, d'obstination et de folie, nous l'avons obligée enfin de répondre à ses ennemis comme cet ancien Grec qui, impatienté de la déraison d'un pyrrhonien, finit par tomber sur lui à grands coups de bâton, et le força d'avouer, en criant, que les coups de bâton faisaient du mal.

Diderot montre pourtant quelque envie d'essayer des preuves et des exemples de cette disparité de morale et de métaphysique entre les aveugles et ceux qui voient. « Je pourrais, dit-il, entrer là-dessus « dans un détail *qui vous amuserait sans doute*, « mais que de certaines gens qui voient du crime « en tout ne manqueraient pas d'accuser d'irréli-« gion. » Quel excès de scrupule ! Heureusement ce n'est qu'une précaution oratoire, et il nous offre au moins un échantillon de ce détail, si *amusant sans doute*, et qui devait l'être en effet, mais autrement qu'il ne l'imagine, à en juger par le peu qu'il veut bien nous en communiquer. Il eût été peut-être un peu étonné, si, prenant la chose au sérieux, on lui eût dit d'abord qu'il pouvait bien y avoir réellement du *crime* à faire d'une puissance aussi respectable et aussi nécessaire aux hommes que la morale une hypothèse dépendante d'un sens de plus ou de moins ; mais, quoiqu'il lui eût été difficile d'en justifier seulement l'intention, soyez sûrs que c'est là une espèce de *crime* dont aucun de ces philosophes-là n'a jamais eu la première idée, ni le plus léger scrupule. Quel est celui d'entre eux qui aurait jamais sacrifié ce qu'ils appelaient *une belle page*, *de belles lignes*, à l'intérêt du monde entier? Mais ici ce n'est pas la peine d'être sérieux au milieu de tant de ridicules ; et vous allez voir dans les détails de Diderot, que, s'il y avait de quoi *amuser sans doute* sa dame, il y a peut-être aussi de quoi nous amuser avec elle.

« Je me contente, dit-il, d'observer que *ce grand
« raisonnement*, tiré des merveilles de la nature, est
« bien faible pour des aveugles. » Représentez-vous, ce qui certainement aura lieu quelque jour, Arlequin philosophe débitant cette incroyable balourdise, et les éclats de rire, les huées qui s'élèveraient de tous côtés. Je demande si ce n'est pas là, suivant l'heureuse expression des Anglais, *une sottise sterling*, c'est-à-dire qui en vaut à elle seule plus de vingt; et, il faut être juste, je ne connais personne qui soit en ce genre aussi riche que nos sophistes. Faisons même grace à Diderot du mépris qu'il affecte pour *ce grand raisonnement* que tout à l'heure lui-même employait si victorieusement dans ses *Pensées.* Vous connaissez l'homme, et vous avez dû voir, ne fût-ce que par l'article de Sénèque, que si on lui eût interdit les contradictions, il est douteux qu'il eût pu écrire quatre pages de suite. Prenons-le donc tel qu'il est, *contenti sumus hoc Catone*, et voyons comment le monde n'est plus une preuve de l'existence de Dieu, parce qu'il y a des aveugles. Encore s'il n'eût parlé que des aveugles-nés, qui n'ont jamais pu voir le monde ! Mais ceux-là sont en fort petit nombre, et ce n'est pas assez pour l'auteur. Dans tous les cas,

serait-il donc si difficile de persuader à un aveugle-né l'existence du soleil, lorsqu'il y a une différence sensible entre le jour et la nuit, même pour les aveugles-nés ? Ne peut-on pas leur faire comprendre tous les bienfaits de la lumière, seulement en opposant nos jouissances à leurs privations, à moins qu'ils ne nous prennent tous pour des imposteurs ou des fous ? Cela serait extrêmement philosophique; mais si nos philosophes sont souvent des aveugles, les aveugles ne sont pas d'ordinaire si philosophes. Leur premier vœu est de recouvrer la vue, leur plus grand regret d'en être privés. Il est donc démontré qu'ils ont l'idée de ses avantages. Eh bien ! c'est précisément parce que cette vérité est démontrée par le fait, qu'elle n'entre pas dans les raisonnements de Diderot. Tous ces sophistes ont une tournure d'esprit particulière, et qui suffirait pour rendre compte de toutes leurs extravagances. L'aperçu le plus frivole, le plus vague, le plus gratuitement hypothétique, les frappe comme les autres hommes sont frappés de la vérité; et je dirai bien pourquoi : c'est que la vérité est à tout le monde, mais leurs aperçus sont à eux; et, plus ils sont obscurs, insignifiants, contraires à toutes les notions de la raison générale, plus ils se savent gré de les avoir et de pouvoir en tirer parti. Diderot sur-tout est toujours comme en extase devant ses pensées; il se confond et se perd dans l'admiration de leur étendue. Il avait coutume de fermer les yeux en parlant, comme pour se recueillir en lui et devant lui, pour appeler l'inspiration et contempler plus à son aise toute la beauté de ses conceptions. En le voyant, on était tenté de dire dans son style : « Profanes, ne « le troublez pas ; *il est sous le charme*. Il jouit de « ses idées, comme Dieu jouit de lui-même : ne lui « demandez pas de les rendre claires pour vous. « Est-il sûr qu'elles le soient pour lui, et en a-t-il « besoin ? C'est un prophète. Peut-être ses idées ne « seront-elles des vérités que dans des milliers d'an- « nées, et la pensée du philosophe n'habite-t-elle « pas dans l'infini ? Qu'est-ce que le réel ? Le réel « est petit ; c'est le possible qui est grand ; et le do- « maine du philosophe, c'est le possible. Devant « lui, qu'est-ce qu'une génération tout entière en « comparaison d'une expérience ? »

Ne croyez pas qu'en me divertissant un moment à contrefaire leur emphatique jargon, j'aie chargé la ressemblance. Je vous jure qu'il ne tiendrait qu'à moi de leur donner pour sérieux ce qui n'est qu'une plaisanterie, et qu'il suffit que cela ressemble à l'admiration pour qu'ils prennent à la lettre tout ce que vous venez d'entendre. Je n'y ai mis que la forme : le fond est par-tout dans leurs écrits, et pendant cinquante ans ils l'ont pris et donné pour du sublime, et qui pis est, l'ont fait passer pour tel à la faveur de leur renommée, moitié réelle et moitié factice, de quelque talent plus ou moins médiocre pour écrire, et d'un talent plus ou moins grand pour intriguer. Vous avez dû voir notamment que ce que j'ai dit d'une *génération* et d'une *expérience* est le résultat formel et positif de toute la philosophie ré- volutionnaire, le grand mot de la révolution mille fois répété de mille manières depuis Diderot jusqu'à Robespierre. Ah! il doit être permis à la *génération* sur qui cette *philosophie* a porté son scalpel de ne pas trouver l'*expérience* bonne; et s'il a coupé les doigts de tous ceux qui l'ont si cruellement manié, en vérité cela était trop juste, et il ne faut pas moins que toute la charité chrétienne pour plaindre encore des anatomistes barbares que l'humanité doit détester.

Mais pour revenir de ces coupables aveugles qui nous ont fait tant de mal avec leur prétendue lumière, à ces aveugles innocents qui ne voient pas celle du soleil, quand même ils auraient de moins que nous cet argument en faveur de l'existence de Dieu, qu'est-ce que Diderot en pouvait inférer? N'y a-t-il donc pas d'autres preuves, même pour des aveugles, pour peu qu'ils ne soient pas privés des yeux de l'esprit comme de ceux du corps? Y aurait-il quelque chose de changé en métaphysique, parce que les phénomènes physiques seraient perdus pour quelques individus disgraciés de la nature? A-t-on jamais imaginé de mesurer l'intelligence humaine et l'autorité de l'évidence sur un vice accidentel d'organisation? Si quelques aveugles ne rendent pas douteuse pour nous la réalité du jour, peuvent-ils rendre plus douteuse la réalité des conséquences? Cela est si prodigieusement absurde, que Diderot même n'a pas osé l'énoncer en termes si exprès; mais ou il n'a rien voulu dire du tout, ou c'est cela qu'il a dit, et je ne sais si la déraison a jamais été plus loin.

Il ne se tire pas mieux de l'autre exemple pris de la morale. Il soupçonne les aveugles d'*inhumanité*, parce qu'ils ne peuvent qu'entendre la plainte, et qu'ils ne voient pas couler le sang. Quelle puérilité! Pour peu qu'eux-mêmes aient perdu du sang par une blessure douloureuse (et à qui cela n'arrive-t-il pas?) ignoreront-ils qu'un homme souffre quand on leur dira que son sang coule? Mais à considérer les choses en général, et comme doit les considérer la philosophie, l'impuissance et la faiblesse, qui est l'état naturel des aveugles, est la disposition la plus prochaine à l'humanité envers ses semblables, et par conséquent la plus éloignée de l'*inhumanité*. L'on est d'autant plus porté à plaindre et à secourir ses semblables, qu'on a plus besoin d'en être plaint et secouru ; et qui est dans ce cas plus que l'aveugle? Il doit se défier plus qu'un autre de ceux qu'il ne connaît pas ; voilà ce qui est vrai : mais il doit être aussi plus porté à la reconnaissance envers quiconque lui à prêté secours ; et qui peut, dans l'occasion, lui en refuser.

« Quelle différence y a-t-il, pour un aveugle,
« entre un homme qui urine, et un homme, qui,
« *sans se plaindre*, verse son sang? »

Aucune assurément, car cet homme sera pour l'aveugle comme s'il ne perdait pas son sang, dès que vous écartez tout moyen de le savoir; et dès lors vous prouvez doctement qu'on ne plaint pas le mal qu'on ignore. Mais cela est vrai de tout le monde, comme de l'aveugle; et dans ce cas, où est l'*inhumanité?* Si ce n'est pas là une niaiserie, qu'est-ce que c'est? Et n'en déplaise à ses admirateurs, Diderot y est fort sujet. Ici, par exemple, le non-sens se prolonge et se soutient merveilleusement. « Nous-mêmes « ne cessons-nous pas de compatir lorsque la dis- « tance ou la petitesse des objets produit le même « effet sur nous que la privation de la vue sur les « aveugles ? » *Did.* Eh bien ! voyez s'il sortira de son rêve. Il a juré de nous démontrer que ce qui nous est inconnu est pour nous comme n'existant pas. Il y aurait du malheur à rencontrer quelqu'un qui s'avisât de révoquer en doute une pareille découverte, pas plus que celle qui a fait tant de fortune, sur *le fameux La Palice : Hélas ! s'il n'était pas mort, il serait encore en vie.* Je défie qu'on nie la parité ; elle est parfaite. Mais vous croyez peut-être que, n'ayant rien dit, il ne conclura rien, par la grande raison que rien ne produit rien : détrompez-vous encore. Ces gens-là savent faire quelque chose de rien. Diderot s'écrie tout de suite, comme s'il eût résolu le problème d'Archimède : « Tant « nos vertus dépendent de notre manière de sentir « et du degré auquel les objets extérieurs nous af- « fectent ! » En vain, pour le réveiller, vous lui auriez crié aux oreilles : Mais songez donc que, dans l'exemple que vous citez, il ne s'agit pas *de manière de sentir* ni de *degré d'affection.* L'on ne *sent* rien et l'on n'est *affecté* de rien quand *la petitesse et l'éloignement des objets font sur nous l'effet de la privation de la vue.* Ce sont vos termes ; si vous aviez envie de faire une exclamation, il fallait dire du moins : « Tant il est vrai que nous ne pouvons

« exercer aucune *vertu* sur ce qui n'existe pas pour
« nous ! » Vous aviez là une belle occasion de n'être
pas contredit..... Messieurs, je puis vous assurer
qu'on aurait perdu sa peine. J'ai connu l'homme ; je
l'ai vu sur son trépied : sans faire la moindre attention à nos paroles*, et les yeux toujours fermés
comme l'esprit, il aurait *prononcé* : J'ai conclu contre
la vertu, et avec la même force de préoccupation
que saint Thomas d'Aquin (s'il est permis de comparer un philosophe à un saint) s'écriait à la table
de saint Louis : *Conclusum est contrà manichœos.*
« La conclusion est bonne contre les manichéens. »
— Mais, dira-t-on, prétendez-vous nous donner Diderot pour un sot ? Je ne suis pas moi-même assez
sot pour le penser ; mais je vous le donne hardiment
pour un de ces gens d'esprit qui ont écrit fort souvent comme s'ils n'en avaient pas. Le plus grand génie peut errer, je le sais ; mais, prenez-y garde,
des hommes tels que Descartes, Leibnitz, Malebranche, etc., ont pu se méprendre, dans des matières abstruses et conjecturales, sans trop compromettre leur esprit. Au contraire, Diderot, Helvétius
et autres sophistes ont déraisonné sans excuse et sans
mesure, et ont paru ne rien voir là où le plus simple
bon sens aurait vu clair, semblables à ces fakirs de
l'Inde qui ne voient pas devant eux parce qu'ils

---

* Diderot, en conversation, ne répondait guère qu'à lui-même, et parlait volontiers tout seul au milieu de dix personnes. Cette habitude était chez lui si forte et si marquée, que la seule fois qu'il ait vu Voltaire, en 1778, celui-ci, qui avait eu peine à placer vingt paroles en deux heures, nous dit, quand le philosophe fut parti : « Cet homme-là peut être bon pour le mono-
« logue, mais il ne vaut rien pour le dialogue. »

voient *la lumière céleste* au bout de leur nez; et je vous dirai bien encore quelle était *la lumière céleste* de nos fakirs, et pourquoi ils ont débité tant de folies. Comme la vraie philosophie, qui n'a pour objet que de rechercher les vérités utiles aux hommes, peut fournir de bonnes pensées à des esprits médiocres, de même le philosophisme, qui n'a pour mobiles que la vanité de renverser les vérités établies, n'est proprement que la recherche et l'étude du faux; et en faut-il davantage pour faire dire à l'homme le plus spirituel mille absurdités et mille platitudes?

Vous n'êtes pas au bout de celles que fournit à Diderot, son aveugle, sur lequel il ne sort pas d'admiration; et vous allez juger s'il y a de quoi. Il l'a observé dans toutes ses affections, et il nous révèle avec une gravité indicible « que l'embonpoint dans « les femmes, la fermeté des chairs, les avantages « de la conformation, les charmes de la voix, ceux « de la prononciation, la douceur de l'haleine, sont « des qualités dont cet aveugle fait grand cas. » Mais il me semble qu'avec de bons yeux on est assez volontiers sur tous ces points comme son aveugle, et ce n'était pas un aveugle qui demandait, dans une femme, *la peau, la voix, et l'haleine douces*. A quoi donc revient l'observation de Diderot? Je ne saurais même le soupçonner. Mais voici d'autres merveilles.

« Je ne doute point que, sans la crainte du châ- « timent, bien des gens n'eussent moins de peine à « tuer un homme, à une distance où ils ne le ver-

« raient gros que comme une hirondelle, qu'à égor-
« ger un bœuf de leurs mains. Si nous avons de la
« compassion pour un cheval qui souffre, et si nous
« écrasons une fourmi sans scrupule, n'est-ce pas
« le même principe qui nous détermine? »

Il faut également se donner la torture, ou pour trouver de pareils aperçus, ou pour en comprendre le résultat. Supposons qu'il soit possible de tuer un homme à la distance où il paraîtrait aussi petit qu'une hirondelle; c'est un secret qui n'est pas encore trouvé: on le trouvera peut-être, et ce sera une belle invention. Mais s'il était vrai que, dans cette hypothèse, il en dût naturellement coûter moins pour tuer un homme que pour égorger un bœuf, il s'ensuivrait que naturellement il en coûte plus à l'homme pour être boucher que pour être assassin, en raison de la grosseur respective de l'homme et du bœuf. Quelle proposition! Comme ils honorent la nature humaine, ces grands *amis de l'humanité!* et comme il leur en coûte peu d'entasser des inepties pour le plaisir de la déshonorer! La fourmi, l'hirondelle, le bœuf et le cheval de Diderot ne prouvent rien de ce qu'il veut prouver. Si l'on plaint un cheval qui souffre, ce n'est pas parce qu'il est gros, c'est parce que c'est un animal domestique, ami de l'homme, et utile à tout. Si l'on écrase la fourmi sans scrupule, c'est comme un insecte incommode et destructeur; et l'on tue sans scrupule, et même avec grand plaisir, un tigre et un léopard, parce que ce sont des bêtes féroces, quoiqu'elles soient d'assez belle taille, et qu'elles aient une très belle fourrure. Mais que peut-il donc résulter de l'amphigouri de Diderot? C'est une singularité dans nos sophistes (et celle-là n'est pas plus heureuse que les autres), que, lors même qu'ils sont le plus obscurs et le moins devinables dans leurs raisonnements, il y a d'ordinaire quelque chose de parfaitement clair, et c'est la perversité d'intention. Ici rien n'est moins équivoque. Qu'est-ce que l'auteur veut à toute force? Détruire le sentiment moral de la pitié, le mouvement naturel qui nous fait plaindre notre semblable quand il souffre. Ce sentiment, fondé sur les rapports les plus intimes de l'humanité, et peut-être le plus heureux que le Créateur ait mis en nous, parce qu'il supplée souvent les vertus, désarme le crime, et se fait sentir même aux plus méchants (les révolutionnaires toujours exceptés, comme de raison). C'est ce sentiment précieux dont la philosophie, l'éloquence et la poésie ont de tout temps fait les plus beaux éloges; c'est là ce que Diderot veut restreindre à une impression purement physique, à un mouvement tout machinal; et c'est ce qui lui a suggéré d'attacher uniquement la pitié au volume des objets, et de faire disparaître le crime et l'horreur du crime en raison de l'éloignement des corps. Sans doute la sagesse créatrice, en nous donnant une âme et des organes, à voulu qu'il existât une correspondance continuelle entre les impressions des objets et nos affections morales; et nous savons que la vue du sang, des blessures, des douleurs, les larmes et les cris de la souffrance et du besoin, sont des sensations qui nous portent à compatir. Mais nous savons aussi que ce ne sont pas nos organes qui sentent, mais notre âme ; il y a long-temps que cela est prouvé et convenu*. Or, tout ce qui tient à l'âme, au moral, au spirituel, déplaît mortellement aux matérialistes ; et, pour que tout cela ne soit rien dans la pitié, ils nous disent par la bouche du *maître :* Vous vous imaginez, quand vous êtes touchés de pitié, que vous éprouvez un sentiment bon et louable en lui-même, et qui est d'un bon cœur. Désabusez-vous ; machine que tout cela ; tout dépend de la place qu'occupent les objets dans la rétine. Quoique le bœuf soit fort bon à manger, et qu'il soit très permis de le tuer, vous y aurez toujours une répugnance extrême, parce que c'est un très gros animal, et qu'il répand beaucoup de sang. Mais si vous parveniez, n'importe comment, à voir les hommes aussi petits que les hirondelles, vous n'auriez aucune peine à les tuer ; et si votre père était aussi petit et aussi gras qu'un ortolan, et votre mère qu'une caille, vous trouveriez tout simple de les manger rôtis ; car il n'en coûterait pas plus de les manger que de les tuer.

Si ce ne sont ses paroles expresses,
C'en est le sens.
VOLTAIRE.

Et il faut toujours en revenir au refrain de M. Jourdain : « La belle chose que la philosophie ! »

On a pensé, avec raison, que l'on pouvait tirer

---

* Il y en a entre autres une preuve singulière, et qui n'est pas douteuse. Il est de fait qu'en certains temps, les personnes qui ont perdu un bras, une cuisse, souffrent dans le membre qu'elles n'ont pas.

quelques instructions des réponses d'un aveugle à qui l'opération de la cataracte aurait rendu la vue, et qui exposerait fidèlement ses perceptions graduées et ses jugements sur les objets par ce nouveau sens, dont l'exercice lui était auparavant inconnu. On a cru voir là un moyen d'acquérir de nouvelles lumières sur l'action et les relations de nos sens, et sur la manière dont les uns corrigent les erreurs des autres. C'est aussi ce qu'on a fait plusieurs fois, et non sans utilité, particulièrement en Angleterre, sur l'aveugle de Cheselden. Mais ce n'est pas l'avis de Diderot : cet homme, qui aime tant les expériences, ne se soucie nullement de celle-là, apparemment par le plaisir de contredire, ou parce que cette expérience contredisait trop son matérialisme. Quoi qu'il en soit, lui, qui tout à l'heure subordonnait la métaphysique à un sens de plus ou de moins, à présent *aime mieux écouter un métaphysicien sur la théorie des sens* qu'un *aveugle sur les sensations qu'il aurait éprouvées en voyant.* Il y a ici confusion d'idées; car il est clair qu'on ne peut pas attendre la même chose de l'un et de l'autre : l'aveugle interrogé fournirait à l'observation des faits que lui seul peut savoir, et le savant en tirerait des conséquences que lui seul peut assembler, d'après les faits mûrement examinés, et d'après les témoignages comparés de plusieurs aveugles guéris. Mais ce n'est pas assez pour Diderot; il veut qu'on lui donne l'aveugle à instruire, *et de longue main.* Et j'en devine aisément la raison ; car Diderot eût appris à l'aveugle à ne dire que ce qui convenait à Diderot. Voici ses paroles : « Il faudrait peut-être qu'on le rendît « philosophe, et ce n'est pas l'affaire d'un moment « de faire un philosophe, même quand on l'est. Que « sera-ce quand on ne l'est pas? C'est bien pis quand « on croit l'être. » Tout cela est très vrai; il ne s'agit que de l'application, qui aurait pu ne pas plaire à Diderot. J'avoue qu'il n'est ni aisé ni commun d'être un philosophe, ou d'en faire un; mais, après tout, on avait de nos jours fort abrégé les difficultés. Avec Diderot, il suffisait d'être athée; avec Voltaire, d'être incrédule; et ni l'un ni l'autre ne supposent un grand effort d'esprit. Aussi Voltaire écrivait-il que l'Europe était *peuplée de philosophes*. La belle peuplade ! Mais, d'un autre côté, Diderot gémissait qu'on eût *tout gâté en laissant en place le grand Être*; et il fallait voir avec quel froid dédain on prononçait ce mot de *grand Être*.

Au reste, si Diderot y avait déjà renoncé quand il écrivit sa *Lettre sur les aveugles*, le passage que vous allez entendre est inexplicable. Si l'on dit que ce n'est qu'une ironie, quoi de plus inepte qu'une ironie qui ressemble si parfaitement à la persuasion? Et s'il a voulu paraître persuadé en écrivant contre sa pensée, quoi de plus odieux qu'un hypocrite qui n'a pas même d'objet, puisque rien ne l'obligeait d'être hypocrite? C'est à propos de la mort de ce fameux Saunderson, dont les dernières paroles furent celles-ci : *Dieu de Clarke et de Newton, ayez pitié de moi!* et un moment auparavant il avait passé en revue, avec un théologien anglais, le docteur Holmes, toutes les objections contre l'existence de

Dieu, qui leur avaient paru ce qu'elles sont, insoutenables. Sur quoi Diderot dit à sa dame : « Vous « voyez, Madame, que tous les raisonnements qu'il « venait d'objecter au ministre n'étaient pas même « capables de rassurer un aveugle. *Quelle honte* pour « des gens qui n'ont pas de meilleures raisons, qui « voient, et à qui le spectacle étonnant de la nature « annonce, depuis le lever du soleil jusqu'au coucher « des moindres étoiles, l'existence et la gloire de son « auteur! Ils ont des yeux dont Saunderson était « privé, mais Saunderson avait *une pureté de mœurs* « *et une ingénuité de caractère qui leur manque.* « Aussi vivent-ils en aveugles, et Saunderson meurt « comme s'il eût vu. La voix de la nature se fait en- « tendre suffisamment à lui à travers les organes qui « lui restent, et son témoignage n'en sera que plus « fort contre ceux qui se ferment opiniâtrément les « oreilles et les yeux. »

Quand les prédicateurs chrétiens, d'accord avec les livres saints, ont attribué l'aveuglement de l'esprit, en matière de religion, à la corruption du cœur, nos philosophes les ont traités de calomniateurs, et ont vomi contre eux les plus furieuses invectives; et voilà que l'un de ces philosophes tient exactement le même langage! Qu'en dire et qu'en penser? Tout à l'heure l'argument tiré de l'ordre de la nature visible était *nul pour un aveugle*, et à présent il a suffi pour se faire entendre à Saunderson, qui est né et mort aveugle. Diderot, dans cet ouvrage, est très décidément matérialiste; n'était-il pas encore athée? Il est bien difficile de séparer l'un de l'autre ; car si la matière est *nécessaire*, Dieu ne l'est pas. Que devons-nous donc croire ? *Judica illos, Deus.* Passons à un autre ouvrage.

SECTION IV. L'Interprétation de la Nature, et les Principes de philosophie morale.

Quand *l'Interprétation* parut en 1754, un journaliste estimé, Clément de Genève *, en parla ainsi : « C'est un verbiage ténébreux, aussi frivole que sa-« vant..... Il n'est presque intelligible que lorsqu'il « devient trivial. Mais celui qui aura le courage « de le suivre à tâtons dans sa caverne pourra s'éclai-« rer de temps en temps de quelques lueurs heu-« reuses. »

Ce jugement est juste dans tous ses points. Jamais la nature n'a été plus cachée que quand Diderot s'en est fait *l'interprète*. Il eût suffi, pour s'y attendre, de la prétention du titre. Ce mot d'*interprétation* suppose d'abord qu'il y a énigme, et en effet la nature en est une dont le mot n'est connu, et ne peut l'être que de son auteur : c'est ce qui a été avoué de tous ceux qui auraient eu le plus de moyens pour y pénétrer, si cela eût été donné à l'homme. Mais il ne faut pas attendre tant de modestie d'un écrivain qui débute par ces mots : *Jeune homme, prends et lis.* On eut raison de s'en moquer, et les amis de l'auteur eurent tort de vouloir les justifier.

Quand on va parler de la nature, il faudrait des-

---

* Auteur des *Cinq années Littéraires*

cendre du ciel pour avoir droit de dire: *Prends et lis.*
De plus, ce n'est pas à la jeunesse qu'il convient d'adresser particulièrement des méditations sur la nature; ce n'est pas l'étude de cet âge, qui ne peut encore s'y préparer que de loin. La philosophie, d'autant plus circonspecte qu'elle a plus médité, n'a pas ce ton impérieux d'un inspiré, ni cet air d'exaltation prophétique. On la permet aux poètes, oui: c'est à eux de rendre des oracles, ceux de l'imagination, leur divinité, qui sont sans conséquence, et dont on ne croit que ce qui amuse. Cette espèce de délire est même nécessaire aux poètes pour se mieux persuader leurs fictions, et nous les rendre plus sensibles. Mais ce qui est chez eux l'enthousiasme de l'art n'est qu'emphase et morgue dans les spéculatifs. Les encyclopédistes prirent constamment ce ton pour un signe de supériorité: il n'y en a point de plus facile à prendre; c'est celui qui est propre aux charlatans. Comment pourrait-il être celui des sages? Il n'y en a point qui soit plus familier à Diderot: c'est un des travers qui le caractérisent. Il prend pour une force de style l'arrogance des paroles, qui, loin de la suppléer, ne saurait même s'y joindre sans la gâter. Il insulte le lecteur, et c'est un mauvais signe; c'est désespérer de le convaincre. Qu'arrive-t-il? On veut être imposant, et l'on n'est que ridicule, sur-tout quand un titre tel que celui de *l'Interprétation** forme avec l'ouvrage le contraste le plus complet, et ne conduit qu'à une métaphysi-

---

* Le véritable titre de cet ouvrage est: *Pensées sur l'interprétation de la nature.* F.

que quelquefois ingénieusement conjecturale, toujours très hasardée, et souvent inintelligible : c'est la substance de ce livre.

Je passe sur ce qu'il donne lui-même pour des conjectures et des hypothèses en physique. C'est l'affaire des savants; et quoiqu'il les débite parfois avec autant de confiance que si c'était des prophéties, je n'ai pas ouï dire que, depuis quarante ans qu'il les a publiées, elles aient jamais rien produit. Je ne m'arrête qu'à quelques idées éparses dans cet ouvrage sans plan et sans méthode, et dans lequel le faux, qui est de l'auteur, contredit souvent le vrai, qui est aux autres. Quelquefois aussi ce vrai acquiert sous sa plume un degré d'énergie qui est celui de son talent, comme dans ce morceau sur les bornes de l'esprit humain, qu'ailleurs il a l'air de ne pas reconnaître. « Quand on vient à comparer
« la multitude infinie des phénomènes de la nature
« avec les bornes de notre entendement et la fai-
« blesse de nos organes, peut-on jamais attendre
« autre chose de la lenteur de nos travaux, de leurs
« longues et fréquentes interruptions, et de la rareté
« des génies créateurs, que quelques pièces rom-
« pues et séparées de la grande chaîne qui lie toutes
« les choses? La philosophie expérimentale travail-
« lerait pendant les siècles des siècles, que les ma-
« tériaux qu'elle entasserait, *devenus* à la fin, par
« le nombre, *au-dessus** de toute combinaison, se-

---

* *Devenus au-dessus* n'est pas français; il fallait dire *arrivés au-delà*. Je remarque cette faute, parce que c'est une espèce de barbarisme de phrase. Il s'en faut d'ailleurs de beaucoup que la diction de Diderot soit habituellement pure et correcte.

« raient encore bien loin d'une énumération exacte.
« Ne faudrait-il pas des volumes pour renfermer les
« termes seuls par lesquels nous désignerions les
« collections distinctes de phénomènes, si les phé-
« nomènes étaient connus? Quand la langue philo-
« sophique sera-t-elle complète? Qui d'entre les hom-
« mes pourrait le savoir? Si l'Éternel, pour mani-
« fester sa toute-puissance plus évidemment encore
« que par les merveilles de la nature, eût daigné
« développer le mécanisme universel sur des feuilles
« tracées de sa propre main, croit-on que ce grand
« livre fût plus compréhensible pour nous que l'u-
« nivers même? Combien de pages en aurait enten-
« dues ce philosophe, qui, avec toute la force de
« tête qui lui avait été donnée, n'était pas sûr d'a-
« voir seulement embrassé les conséquences par
« lesquelles un ancien géomètre a déterminé le rap-
« port de la sphère au cylindre? Nous aurions, dans
« ce livre, une mesure assez bonne de la portée
« des esprits, et une satire beaucoup meilleure de
« notre vanité. Nous pourrions dire : Fermat alla
« jusqu'à telle page; Archimède était allé quelques
« pages plus loin. Quel est donc notre but? L'exé-
« cution d'un ouvrage qui ne peut jamais être fait,
« et qui serait au-dessus de l'intelligence humaine,
« s'il était achevé. »

Il y a beaucoup d'esprit dans cette nouvelle démonstration d'une vérité d'ailleurs si souvent répétée. L'auteur a très bien vu que la science qui cherche des principes et des résultats doit être quelque jour comme accablée par la multitude des faits,.

et comme perdue au milieu des immenses matériaux amassés par les siècles. Le seul travail de la mémoire doit absorber alors celui de l'esprit; et à mesure qu'il y aura plus à savoir, il sera plus difficile de comparer. L'idée du livre écrit par l'Éternel me paraît belle et vraie; mais l'auteur ne s'est pas aperçu qu'il faisait un aveu dont la conséquence retombait sur lui et sur tous les incrédules. S'il a senti que l'œuvre du Créateur, expliquée même par lui, serait encore incompréhensible pour nous, il a donc saisi une fois cette vérité, qui, toute simple qu'elle est, semble avoir échappé à tous nos sophistes; que Dieu lui-même ne peut élever ici-bas notre raison, obscurcie par nos sens, jusqu'à la perception des idées infinies, qui sont celles du Créateur. Mais en ce cas l'incompréhensibilité n'est donc plus une objection contre ce que Dieu a révélé, non plus que contre ce qu'il a fait, dès que la révélation et les faits seront prouvés. C'est pourtant ce dont aucun de nos adversaires ne veut convenir, puisque, toujours réduits au silence par la réalité des faits, aussi bien démontrée que mal attaquée, ils se retranchent toujours dans ce que les mystères et les miracles ont en eux-mêmes d'incompréhensible. L'inconséquence est évidente, et c'est ce qui leur ôte toute excuse, à moins que l'opiniâtreté n'en soit une.

Ce beau paragraphe de Diderot est placé immédiatement après celui où il assigne des limites très prochaines à l'étude et au progrès de toutes les sciences naturelles. Il *ne donne pas un siècle à la géométrie ;* il compte l'histoire même de la nature parmi les sciences qui *cesseront d'instruire et de plaire*. Je ne vois là ni connexion, ni vérité. De ce que chaque science marche vers un terme qu'elle n'atteindra jamais, il ne s'ensuit nullement qu'elle cessera d'instruire ou de plaire. Cette manie de prophétiser philosophiquement a été fort commune dans ce siècle. On a imaginé de se réfugier dans l'avenir, quand on ne pouvait pas tirer parti du présent et du passé; et il est sûr que l'avenir est un poste où l'on n'est pas aisément forcé. Mais cette manie a fait dire d'étranges choses; et malgré la prédiction de Diderot, c'est parce qu'il y aura toujours à découvrir qu'il y aura toujours un motif pour étudier, de l'agrément et de l'utilité à apprendre, et de l'honneur à enseigner. En physique, par exemple, c'est justement parce que les causes générales, sont inaccessibles que l'on sera toujours curieux des faits particuliers. Si nous pouvions connaître les causes, tous les faits seraient dès lors expliqués, et il serait indifférent d'en savoir plus ou moins : la synthèse dispenserait de l'analyse. C'est en ce sens que la Sagesse a dit : *Mundum tradidit disputationi eorum. Dieu a livré le monde aux opinions des hommes.* Si le monde était dévoilé, il n'y aurait plus ni opinions, ni disputes d'opinions.

Comment croire que l'histoire naturelle en particulier deviendra jamais indifférente aux hommes pour qui elle a un attrait général, comme si Dieu eût voulu augmenter sans cesse en nous l'admiration de ses œuvres par le plaisir de les étudier, et l'idée de sa grandeur par l'impossibilité de les comprendre?

Qui dira plus haut et plus souvent que le naturaliste : *Magnus Dominus*, le Seigneur est grand ? Prédire le temps où l'on cessera d'observer, c'est prédire le temps où l'homme n'aura plus de curiosité; ce qui ne pourrait arriver que quand il saurait tout, ou ne voudrait plus rien savoir; et, dans le premier cas, l'homme serait un Dieu, dans l'autre, une brute. Diderot n'espère pas l'un, pourquoi suppose-t-il l'autre? S'il convient que les choses n'ont pas de bornes, pourquoi en marque-t-il de si prochaines à l'étude des choses? C'est se contredire bien étourdiment; mais par bonheur les adages de ces philosophes, qui arrangent l'avenir comme le présent, ne dérangent point le plan de la Providence, et ne bornent pas plus ses bienfaits que nos facultés. Elle a été assez magnifique dans ses ouvrages pour occuper encore les dernières générations des derniers âges du monde, quelle qu'en soit la durée; elle a su y attacher un charme toujours renaissant pour la reconnaissance, et une richesse inépuisable pour nos besoins et nos plaisirs.

Ne serait-ce pas par aversion pour les causes finales que Diderot veut nous dégoûter sitôt de l'histoire naturelle? Il est certain que plus cette histoire est approfondie, plus l'argument tiré de ces causes devient irrésistible; et c'est ce que Diderot ne saurait supporter. Il se déclare formellement l'ennemi des causes finales, et emploie toute son autorité, c'est-à-dire le ton d'autorité qui est le sien, pour les bannir à jamais de la physique, où, malgré lui, elles tiendront toujours une très grande place, et la place la mieux démontrée. C'est peut-être la plus notable absurdité où l'esprit humain soit jamais tombé, que de nier un dessein là où l'on n'oserait contester le rapport des moyens à la fin. Mais, comme ce rapport, qui nous frappe comme le jour à midi, est un témoignage irrécusable que la nature rend à son auteur, il est tout simple que des philosophes tels que Diderot, qui se servent quelquefois du nom de Dieu dans leurs phrases, comme d'une figure de rhétorique, mais qui n'en veulent pas dans leur philosophie, ne s'accommodent nullement d'un dessein dans l'ouvrage, quand ils rejettent absolument l'ouvrier. C'est, au moins sous ce point de vue, être conséquent dans l'absurde : ce qui ne leur arrive pas toujours.

Où l'auteur a-t-il pris que les causes finales étaient *un système?* C'est un fait, non-seulement démontré en physique, mais d'une nécessité métaphysique, précisément comme le rapport des prémisses à la conséquence est nécessaire et essentiel en logique. Dès qu'il y a une connexion de la fin aux moyens, qui, dans les phénomènes naturels, suppose l'intelligence, le dessein de cette connexion (que l'on appelle cause finale) est aussi nécessairement renfermé dans les phénomènes que la conséquence d'un raisonnement juste l'est dans les prémisses. On objecte que l'observation est susceptible d'erreur sur les phénomènes, et par conséquent sur les causes finales. Qui en doute ? Mais nos connaissances sontelles nulles pour être faillibles, et les sciences n'existent-elles plus parce qu'il n'y en a pas qui ne puisse

être fautive? On objecte l'abus qu'ont fait des causes finales ceux qui ont voulu en voir où il n'y en avait pas; et l'objection prouve contre ceux qui ont abusé, et nullement contre la chose. Enfin Diderot tranche en ces termes par sa méthode impérative :
« Le physicien dont la profession est d'instruire, et
« *non pas d'édifier, abandonnera le pourquoi*, et
« ne s'occupera que du *comment*. Le *comment* se
« tire des êtres, le *pourquoi* de notre entendement;
« il tient à nos *systèmes* ; il dépend du progrès de
« nos connaissances. »

Et où serait le mal que la physique pût à la fois *instruire et édifier?* Songez, Messieurs, que cette *édification* que l'on interdit ici au physicien ne va pas plus loin que l'idée d'un Être suprême, d'un Dieu créateur; et appréciez, si vous le pouvez, l'espèce d'horreur qu'inspire à Diderot et à tous les athées cette seule idée d'un Dieu. Jugez-en par cette inhibition si sévèrement adressée au physicien :
« Observe, si tu peux, la régularité des phénomè-
« nes : c'est là nous *instruire;* mais garde-toi d'y
« montrer jamais un dessein et une intelligence; *tu*
« *édifierais*, et *ce n'est pas ta profession d'édifier*. »
Le physicien qui n'aura pas l'honneur d'être athée (et ce mot, qui ne vous paraît qu'une ironie, est très serieux dans la secte) peut répondre à Diderot : De quel droit ôtez-vous donc à ma profession un but moral, quand il n'y en a pas une qui ne s'honore de pouvoir en offrir un ? Depuis quand est-il défendu à la science de servir à nous rendre meilleurs? Sans cela toute science n'est-elle pas vaine,

au jugement même des sages du paganisme? Quoi! Voltaire veut que la poésie même, à qui l'on permet de n'être qu'agréable, soit utile à la morale, sous peine d'être un *art frivole*, et Diderot ne veut pas que la physique puisse *édifier*! Il veut que le physicien explique la machine sans dire un mot de l'intention de l'ouvrier. Malheureux! tâchez donc d'empêcher qu'elle ne se manifeste par elle-même. Tâchez qu'elle ne se montre pas aux yeux de la raison, comme la lumière aux yeux du corps. Empêchez qu'une démonstration anatomique ne soit un assemblage de prodiges qui jettent les spectateurs dans l'extase; et quand ils auront été atterrés du merveilleux mécanisme nécessaire pour la seule circulation du sang, quand ils auront d'autant plus admiré l'invariabilité des effets, qu'ils auront été plus épouvantés de la fragilité des ressorts, mettez-vous à ma place, et venez leur dire : « Tout cela est fort beau, « il est vrai; mais si vous croyez que les vaisseaux, « les artères et les soupapes aient été disposés ainsi « pour que toute la masse du sang passât par le cœur « de cinq minutes en cinq minutes, et y renouvelât « sans cesse la vie, vous vous trompez beaucoup. Il « y a ici quelque chose de plus beau, dont vous ne « vous doutez pas, parce que vous n'êtes pas philo- « sophes : c'est que tout cela s'est fait tout seul. »

C'est une consolation, Messieurs, que la haine contre Dieu nécessite absolument de si énormes absurdités. J'accorderai que nos sophistes ont d'ailleurs plus d'esprit que celui dont Malherbe disait si plaisamment : *Dieu a là un sot ennemi*. Mais je vois partout un malheur attaché à l'athéisme, et qui suffirait seul pour en dégoûter; c'est qu'il y a, pour les athées, un chapitre (et celui-là revient très souvent) sur lequel celui d'entre eux qui aura le plus d'esprit sera toujours forcé de raisonner comme s'il n'en avait pas l'ombre, et cela est dur. On disait autrefois que les voleurs avaient une maladie de plus que les autres hommes, la potence; et la révolution les en a guéris, comme cela était juste. On peut dire de même que les athées ont une maladie du cerveau que les autres hommes ne connaissent pas, et rien ne les en guérira jamais, si la révolution même n'a pu en venir à bout.

Qu'est-ce encore que cette distinction du *comment* et du *pourquoi*, dont l'un *se tire des êtres*, et l'autre de *notre entendement?* comme si le *comment* et le *pourquoi*, c'est-à-dire les moyens et la fin, n'étaient pas également dans les êtres physiques, comme si l'un et l'autre n'étaient pas également en eux le sujet sur lequel notre *entendement* opère par le jugement et la comparaison. Et c'est à des philosophes qu'on est obligé de rappeler ces notions élémentaires, que n'ignore pas le moindre écolier! Il le faut pourtant, sans quoi les ignorants admireraient l'antithèse doctorale du *comment* et du *pourquoi*, d'autant plus qu'elle n'a ici aucun sens. Le *pourquoi*, nous dit-on, *dépend du progrès de nos connaissances*. Vous verrez que le *comment* n'en *dépend* pas! vous verrez que l'exacte observation de la fin et des moyens, et des rapports qui lient l'un à l'autre, ne *dépend* pas du plus ou moins de sagacité et de science qu'on y apporte! C'est cela même qui nous apprend pourquoi les causes finales ont été plus d'une fois mal saisies ou gratuitement supposées. Quoiqu'elles existent partout nécessairement, partout *indépendamment de nos connaissances*; quoique, dans toute mécanique, le rapport des forces à la résistance, du ressort au frottement, du levier au fardeau, existe, aperçu ou inaperçu, il est très sûr que nous ne pouvons l'expliquer qu'en raison de nos connaissances. C'est cette explication qui *dépend* de leur *progrès*, et nullement la chose même; et c'est un artifice de sophiste de substituer l'une à l'autre. Il n'est pas moins sûr que cette explication est plus ou moins facile, suivant que les causes finales sont plus ou moins clairement marquées dans chaque partie de l'œuvre du Créateur, et qu'il en est même beaucoup qui doivent nous échapper, parce que nous n'en savons pas autant que lui, quoique nos philosophes en sachent beaucoup plus que lui. Mais parce qu'on ne voit pas tout, ne voit-on rien? parce que toute science a ses obscurités, n'a-t-elle plus ses démonstrations? Quelle marche que celle de nos sophistes! Ils se vantent de nous avoir appris à douter, et ils mentent; car c'est Bacon, c'est Descartes qui ont été les vrais précepteurs du doute raisonnable. Quant à eux, en deux mots, affirmer d'autant plus qu'il y a plus à douter, douter d'autant plus qu'il y a plus de raisons d'affirmer, c'est là tout ce qu'ils nous ont appris.

Que d'erreurs en quatre lignes de Diderot! et il

faut des pages pour les détruire! Oui, et l'on a tort de s'étonner quelquefois de cette disproportion; elle tient au principe fécond que j'ai exposé ci-dessus, à la nature de l'ordre et du désordre, et à leurs conséquences opposées cõmme leurs propriétés. Pour Dieu tout bien est facile, et le mal seul impossible; pour nous le mal est toujours aisé en comparaison du bien : nous n'ordonnons rien qu'avec travail, et nous désordonnons d'emblée. Les matériaux de l'édifice qu'on élève et ceux de l'edifice qu'on détruit sont les mêmes : on détruit en quelques jours, et il faut des années pour construire. Vous renversez par terre une planche d'imprimerie en une minute; pour refaire la feuille, il faut une journée. Le métier de sophiste est de brouiller les idées et les mots, comme des caractères d'imprimerie jetés pêle-mêle. Et ne faut-il pas du temps pour tout remettre à sa place? Heureusement ce n'est pas un temps perdu; mais ce qui en serait un, ce serait de percer l'obscurité d'une foule de passages de *l'Interprétation*, où Diderot, en accumulant les généralités à perte de vue, paraît ne s'être rendu inintelligible que par une puérile affectation de profondeur. Tel est celui-ci, où il nous enseigne *la véritable manière de philosopher* : « Ce « serait d'appliquer l'entendement à l'entendement, « l'entendement et l'expérience aux sens, les sens « à la nature, la nature à l'investigation des ins- « truments, les instruments à la recherche et à la « perfection des arts. » Je ne sais pas si quelqu'un sera tenté de se servir de cette *manière de philo-*

sopher : il faudrait commencer par l'entendre, et malheur à celui qui croirait l'avoir entendue! Ce que je sais, c'est que par la suite Diderot lui-même, qui plus d'une fois a fait des aveux de cette espèce, convint qu'en relisant cet ouvrage, il ne l'avait pas toujours compris, et que, sur quelques endroits semblables à celui-là, qu'un jeune adepte se vantait devant lui d'entendre fort bien, il lui dit : « Vous « avez donc plus d'esprit que moi, car je vous avoue « que je ne les entends pas. »

Au reste, de ce ténébreux sublime il descend tout de suite au grotesque, et termine ainsi son fastueux galimatias : « Et l'on jetterait les arts au peuple pour « lui apprendre à respecter la philosophie. »

Quoi! vous riez, Messieurs! vous n'êtes pas frappés de respect devant ce style imposant! vous ne sentez pas la beauté de ce majestueux dédain! *Jeter les arts au peuple* comme on jette des ordures! « Tenez, pauvre peuple, voilà ce qui vous appar« tient. Notre philosophie est trop au-dessus de « vous; nous la gardons. Les *arts* sont trop au-des« sous de nous; nous vous les jetons : ramassez. » Grand merci, philosophe! Je suis peuple ici, et je ramasse. Mais, Messieurs, ils n'ont pas toujours été si fiers; c'est de Voltaire sur-tout qu'ils apprirent depuis à *jeter au peuple* leur philosophie même, en la mettant à sa portée à force de libertinage, d'impiété grossière, d'obscénité et de dépravation; et, pour cette fois, c'étaient bien des ordures en effet qu'ils lui *jetaient*. Vous savez trop combien de gens les ont ramassées, même sans être *peuple;*

et moi qui vous parle, j'en avais bien ramassé quelque chose; mais c'est pour cela même que je me fais un devoir de les fouler aux pieds devant vous et devant le monde entier.

Avant de quitter cet ouvrage, encore un échantillon, s'il vous plaît, de ce pompeux fatras dont il est rempli, qui n'eût trouvé que des rieurs dans le siècle du goût et du bon sens, et qui ne pouvait trouver des admirateurs et des apologistes que dans ce siècle de philosophie. L'auteur prétend bien justifier l'obscurité qu'on lui reprochait, et l'on ne peut s'y prendre mieux, car sa justification en est un modèle. *Obscurum per obscurius.*

« S'il était permis à quelques auteurs d'être obs-
« curs (dût-on m'accuser de faire ici mon apologie),
« j'oserais dire que c'est aux seuls métaphysiciens
« proprement dits. Les grandes abstractions ne
« comportent qu'une lueur sombre; l'acte de la gé-
« néralisation tend à dépouiller les concepts de tout
« ce qu'ils ont de sensible. A mesure que cet acte
« avance, les spectres corporels s'évanouissent, les
« notions se retirent peu à peu de l'imagination
« vers l'entendement, et les idées deviennent pu-
« rement intellectuelles. Alors le philosophe spécu-
« latif ressemble à celui qui regarde du haut de
« ces montagnes dont les sommets se perdent dans
« les nues : les objets de la plaine ont disparu de-
« vant lui : il ne lui reste plus que le spectacle de
« ses pensées, et que la conscience de la hauteur
« à laquelle il s'est élevé, et où peut-être il n'est pas
« donné à tous de le suivre et de respirer. »

Je le crois, et descends bien vite de la *montagne*, afin de *respirer* de la terrible phrase, et de la *conscience de la hauteur*, dont je suis tout essoufflé. Mais si *du haut de* sa *montagne* Diderot avait été capable d'entendre quelque chose, je lui aurais humblement représenté d'en bas, que Locke et Condillac sont bien des métaphysiciens *proprement dits*, et n'ont point réclamé le privilège d'être *obscurs*, parce qu'ils n'en avaient pas besoin. Je lui aurais demandé comment des *notions* qui ne peuvent être que dans *l'entendement*, peuvent *se retirer vers l'entendement*; ce que c'est que des *spectres corporels*, puisque tout *spectre* est fantastique et n'a point de *corps*, et ce que font les *corps* et les *spectres* à la méthaphysique, qui ne considère point les *corps* ni les *spcetres*... J'allais lui faire encore bien d'autres questions; mais il était sur sa *montagne*, occupé *du grand acte de la généralisation, du spectacle de ses pensées et du dépouillement des concepts*. Je crois que nous ferons bien de l'y laisser, et de passer à un autre ouvrage, les *Principes de morale*.

C'est un petit traité fort court, et qu'on pourrait appeler élémentaire, s'il était mieux pensé et mieux rédigé. Il parut en 1745*, avant les *Pensées*,

---

* L'ouvrage dont La Harpe fait ici l'examen est intitulé : « *Principes de philosophie morale*, et a pour auteur Étienne Beaumont, qui le publia à Genève en 1754. Ce fait est consigné dans l'*Histoire littéraire de Genève*, par Sennebier, t. III, p. 92. Si La Harpe eût lu attentivement le discours préliminaire placé en tête de l'ouvrage, il eût fait attention à la date de Genève, le 25 mars 1754, qui se trouve à la fin. Le titre de l'ouvrage de M. de Beaumont ressemble beaucoup à celui que Diderot donna à la preet ne fit pas à beaucoup près le même bruit, parce qu'il était infiniment moins scandaleux. L'auteur semblait alors essayer à la fois ses opinions et son talent, et je n'en fais ici mention que parce que j'y ai retrouvé des erreurs pernicieuses, qui annonçaient déjà un ennemi des bons principes, et qui furent alors peu remarquées dans une série très commune de propositions générales, tirées de tous les cahiers de philosophie que l'auteur pouvait avoir lus.

L'inexactitude et la confusion habituelle des idées et des mots se remarquent partout dans cet écrivain, même quand il ne paraît pas en abuser à dessein. Il veut expliquer la cause de nos erreurs en morale et en conduite, et il dit : « Si la volonté est « aussi essentiellement destinée à choisir le bien, « que l'œil à voir la lumière, d'où viennent ces « méprises fréquentes?.... C'est que les erreurs de « l'entendement en produisent dans les détermina- « tions de la volonté. »

A coup sûr il ne dit pas ce qu'il a voulu dire : il veut parler de la tendance *essentielle* que nous avons tous au bien-être réel ou apparent. C'est cela seul qui est vrai; mais il est très faux que la volonté (comme il le dit au même endroit, où il se répète en d'autres termes) soit *invariablement dé-*

---

mière édition de sa traduction libre de *l'Essai sur le mérite et la vertu* de Shasfsterbury : il était ainsi conçu : *Principes de la philosophie morale*, ou *Essai sur le mérite et la vertu*, Amsterdam, 1745, in-12. Et voilà ce qui aura induit La Harpe en erreur.

BARBIER, *Nouveau supplément au Cours de littérature de La Harpe.*

terminée à choisir le bien : ce serait l'attribut d'une créature parfaite. Notre volonté est généralement mue vers ce qui lui paraît un *bien*, et pas même *invariablement* sous ce point de vue, puisqu'il n'est point du tout rare que la passion choisisse ce qui lui paraît à elle-même un *mal* : *Video meliora proboque, deteriora sequor* (Ovid., VII, 20); et jamais ce mot de Médée n'a été argué de faux. Or, la passion n'est autre chose que l'énergie de la volonté; et si cette volonté peut être une erreur, la volonté n'est donc rien moins qu'*invariable* dans le choix du bien. L'explication qu'il en donne n'est pas aussi fausse; mais elle n'est que partiellement vraie, et par conséquent très insuffisante. Les *erreurs* de l'entendement égarent sans doute la volonté, et de là ce mot connu, que *le crime est un faux jugement*. Mais ce *faux jugement* vient tout aussi souvent de *la volonté* pervertie que de *l'entendement* aveuglé : car bien que l'un et l'autre soient des facultés très distinctes de la substance qui pense et qui veut, toutes les deux agissent et réagissent continuellement l'une sur l'autre, et je penserais même qu'à tout prendre, la volonté, séduite sans cesse par les sens et l'amour-propre, porte dans notre esprit plus d'erreurs qu'elle n'en reçoit. Mais ce qu'il y a de pis, c'est que l'esprit, une fois obscurci de cette manière, devient plus mauvais encore que le cœur; il se fait l'avocat du vice, devient flatteur en devenant esclave, et se fait un jeu ou un devoir de justifier ce qu'au fond il n'approuve pas. Voilà nos orateurs de tribune, nos journalistes de révolution, nos sophistes de *république* : voilà l'homme.

Dans les paragraphes suivants, Diderot rassemble, et même avec autant de précision que de force, les preuves qu'on a données de la liberté de l'homme, et je ne l'observe ici que pour vous rappeler qu'il a fait depuis un livre entier pour la détruire, *Jacques le Fataliste*. Voltaire en a fait autant. Ces variations, cette perpétuelle versatilité, sont un vice inhérent au métier de sophiste.

« L'homme est moins fait pour être *parfaitement*
« *heureux* dans cette vie que pour travailler à le de-
« venir. » *Did.*

L'impossible n'admet ni plus ni moins. L'homme n'est point fait pour être *parfaitement heureux* dans cette vie : ce serait donc une erreur que de chercher ce *bonheur parfait*, et sur-tout ce ne doit pas être celle d'un philosophe. La *volupté* des épicuriens et le *souverain bien* des stoïciens étaient également des illusions, l'une des sens, l'autre de l'orgueil ; et, malgré les rêveries de ces deux sectes, la nature seule a pris suffisamment le soin de nous convaincre qu'il n'y a point de bonheur parfait dans cette vie. C'est, je crois, de toutes les vérités morales, la moins méconnue, tant elle est démontrée par le sentiment de nos misères. L'auteur a naturellement l'esprit si peu philosophique, qu'il ne s'est pas aperçu que ses propres expressions attestaient cette vérité qu'il oubliait. *Travailler à devenir heureux* prouve clairement l'absence du bonheur, car personne ne cherche ce qu'il a ; et s'il faut le chercher dans cette vie, il est évident qu'il n'y est pas. S'il y était, s'il pouvait s'y trouver, il serait essentiel à notre être, et dispenserait de toute recherche. Aussi, dans les livres saints, dépôt de toute vérité, le bonheur s'appelle toujours *paix, repos, joie* * ; ce qui exclut toute idée de travail et d'effort. Ainsi, pour s'exprimer, je ne dis pas même en chrétien, mais seulement en philosophe, il fallait dire : « Pour être heureux, *autant* « *qu'il est possible*, dans cette vie, il faut travailler à « le devenir *parfaitement* dans l'autre. » La vie de l'homme ici bas serait une inexplicable inconséquence sans la vie à venir; et rien n'est inconséquent dans ce que Dieu a fait. On entrera plus avant dans cette idée à mesure qu'on aura plus de vraie philosophie.

Quoique celle de l'auteur soit, dans ce petit ouvrage, le pur déisme, il ne laisse pas d'y avoir inséré des propositions très favorables à l'athéisme, et particulièrement celle qui est la thèse favorite des athées en ce qu'elle repousserait, si elle était vraie, le reproche le plus général qu'on leur ait fait, celui d'ôter toute base à la morale. Il dit avec eux, et d'autant plus affirmativement, suivant l'usage, que l'assertion est plus fausse : « C'est une thèse incon- « testable, que *les lois naturelles sont suffisamment* « *munies de sanction* par la raison qui les découvre, « et par l'intérêt de les pratiquer. » L'auteur devait d'autant moins adopter ici une pareille doctrine, qu'elle est l'opposé de celle des déistes, qui est celle

* « Ils n'entreront point dans mon *repos*.... Entrez dans la *joie* de votre « Seigneur... C'est ici le lieu de mon *repos* pour toujours, etc. »

de tout son livre ; car ce sont les déistes eux-mêmes qui ont toujours soutenu contre les athées, que, sans un Dieu rémunérateur et vengeur, la morale n'avait pas de sanction. Aussi Diderot, pour échapper à leurs arguments, commence par définir très mal le mot de *sanction*, et rien ne met les sophistes plus à l'aise que de définir mal.

« On entend par sanction le bien ou le mal que « le sujet craint ou espère du violement ou de l'ob- « servation de la loi. » *Did.*

Non pas, s'il vous plaît. Ce que vous dites là est bien une suite de la sanction, mais non pas la sanction même : cela est très différent ; et la différence est très importante. Je crois devoir appuyer sur la démonstration, quoiqu'il n'entre nullement dans mon plan de combattre en forme l'athéisme, sur lequel tout est dit en métaphysique depuis longtemps. *Conclusum est.* Mais il ne s'agit ici que de ses conséquences morales ; et c'est une occasion de forcer les athées dans leurs retranchements, où ils combattent contre un principe majeur, qui est la base unique, et heureusement indestructible, sur laquelle repose tout l'ordre moral de l'univers.

Et d'abord, pour rétablir les idées en définissant les termes, la sanction est le caractère d'autorité, imprimé à une loi en raison du droit et du pouvoir qu'a le législateur de punir les réfractaires ; c'est ce qui est rigoureusement renfermé dans l'étymologie latine du mot *, et ce qui est assez prouvé par son

---

* *Sancire*, passer en loi, ordonner légalement. *Populus sanxit*, le peuple a ordonné, disait-on à Rome, parce que l'autorité du peuple faisait la *sanction*.

acception universelle. Or appliquez cette définition, dans tous ses points, à Dieu et à la morale, vous verrez que l'un peut seul donner la sanction à l'autre.

Comment l'homme la lui donnerait-il ? Où est son droit et son pouvoir pour sanctionner les lois naturelles ? — *Sa raison.* — Depuis quand la *raison* d'un homme peut-elle commander à celle d'un autre ? — Elle peut prouver. — Peut-elle commander de se rendre à la preuve ? Il faudrait pour cela deux choses qui ne sont pas : que la *raison* de tous les hommes fût de la même force, et qu'elle fût une puissance habituelle sur tous les hommes. Mais les passions, les erreurs et l'ignorance, les mettez-vous de côté ? — Un peuple peut se faire, par besoin, des *lois positives*, ou les recevoir d'un législateur; et la sanction est dans la puissance publique et la volonté générale. — Fort bien. C'est la théorie probable des gouvernements primitifs; mais quoique ces *lois positives* soient des conséquences plus ou moins imparfaites des *lois naturelles*, combien elles en diffèrent par leur nature ! autant que la conscience diffère des actes extérieurs. Les lois positives peuvent régler ceux-ci; que peuvent-elles sur la conscience ? Rien, absolument rien. Et combien l'homme est plus souvent seul avec sa conscience qu'en présence de la loi ! Tout l'homme est dans le cœur : c'est une vérité éternelle; et le cœur est-il du domaine de la loi ? Ah ! cette haute extravagance devait exister une fois dans le monde, il est vrai; mais il ne fallait pour cela pas moins qu'une révolution française. C'est elle seule qui a pu imaginer, pour la première fois, de faire entrer l'*amour* et la *haine* dans ce qu'il lui plaît d'appeler des *lois*; de prescrire *légalement* des serments d'*amour* et de *haine*, comme s'il y avait des *lois* et des *serments* pour les affections du cœur, essentiellement libres et indépendantes; de faire un délit de l'*égoïsme*, comme si un vice était un délit, comme s'il y avait des juges d'un vice, ou qu'une *loi* pût commander le désintéressement; de punir l'*incivisme*, comme s'il était possible qu'une loi caractérisât ce qui est *civique* ou *incivique*. Mais qu'est-ce que tout cela prouve? Qu'il fallait que la tyrannie, en voulant se faire législatrice, créât des délits arbitraires pour une oppression arbitraire. N'est-ce pas elle aussi qui a fait entrer pour la première fois dans la législation le mot de *vertu?* Il appartient exclusivement à la morale; mais il est à l'usage du charlatanisme, qui devait s'emparer du mot de *vertu*, quand pour la première fois le *crime* a été législateur.

Les lois positives exclues, qui donc se fera l'arbitre de la conscience d'autrui? *La raison*, nous dira encore Diderot avec tous ses philosophes; et de là aussi, et d'après eux, la haute et très haute extravagance de ceux qui ont prétendu très sérieusement *gouverner le peuple par la raison*, comme si la raison d'un livre était la même chose que la raison d'un peuple *. On a vu ce qu'elle était dans la

---

* Voltaire, dans *Candide*, fait violer une femme par un matelot, sur les débris de Lisbonne, renversée par un tremblement de terre; et le philosophe Pangloss dit au matelot: « Mon ami, vous manquez à la raison universelle; « vous prenez mal votre temps.... » Le matelot répond: « Tête et sang! je

France *révolutionnée ;* et je ne manquerai jamais ces applications, pour faire bien sentir que toutes les erreurs se tiennent comme toutes les vérités.

Reste, dans la *thèse incontestable* de Diderot, *l'intérêt de pratiquer* la vertu ; et tout le monde sait ce que nos philosophes ont répété là-dessus, d'après tout le monde, sur les inconvénients du vice et les avantages de la vertu, et ce qui avait été dit mille fois mieux par les moralistes et les prédicateurs chrétiens. Mais si cet enseignement est très conséquent dans ceux-ci, même pour ce monde, il est très gratuit pour ceux qui ne reconnaissent pas le Dieu de ce monde et de l'autre; et quoiqu'il ne soit point faux en lui-même, puisqu'en effet la vertu est bonne en elle-même, et le vice en lui-même mauvais, cet enseignement n'en est pas moins nul dans la bouche des athées, parce qu'il n'est qu'une pétition de principe dans un système où il ne peut réellement y avoir ni *vice*, ni *vertu*. Ainsi donc je leur réponds d'abord que ce prétendu *intérêt* dont ils parlent n'est point une *sanction*, quand même il pourrait

---

« suis matelot et né à Batavia. J'ai marché trois fois sur le crucifix dans « trois voyages au Japon. Tu as bien trouvé ton homme avec ta raison uni- « verselle. » Aux termes près, c'est ce que répondra la passion dans tout homme à qui l'on n'opposera que la raison ; et il n'est pas malheureux que ce soit un philosophe même qui nous en fournisse un exemple. Mais en même temps il est bien singulier que ce soit un philosophe, un historien qui adopte ce conte populaire du crucifix foulé aux pieds, dont tous les gens instruits connaissent la fausseté. Il y a une bonne raison pour que la chose ne puisse pas être; c'est qu'on sait que les Hollandais ne peuvent pas même mettre pied à terre au Japon. Le commerce se fait dans la petite île de Disma, au milieu du port, avec les précautions les plus humiliantes de la part des Japonais, mais sans que la religion y entre pour rien

s'accorder avec leur doctrine, attendu qu'un *intérêt* quelconque est un *motif*, et non pas une sanction; qu'une *sanction* est invariable et imprescriptible, la même en tout temps et pour tous, au lieu qu'un *intérêt* et un *motif* varient à l'infini, suivant les caractères, les affections, les circonstances, les lumières, etc. Vous en voyez la preuve dans les lois positives et dans la société : la crainte du châtiment ou du mépris, ces deux *grands mobiles* que vantent les athées, sont d'une insuffisance attestée à tout moment, puisque rien n'est plus commun que d'échapper à l'un et à l'autre, ou en réalité, ou en espérance (ce qui revient ici au même pour l'effet), ou de braver tous les deux. Mais ce qu'il y a de plus terrible contre nos adversaires et contre leur *intérêt*, et leur *châtiment* et leur *mépris*, contre tous les moyens qu'ils veulent substituer à la sanction divine, et dont ils prétendent si mal à propos faire une autre sanction, c'est l'impossibilité où ils seront à jamais de répliquer un seul mot à tout fripon, à tout scélérat qui aura un peu de logique, et qui opposera les éléments de leur doctrine à la futilité ou à l'hypocrisie de leur morale. Je vais le mettre aux prises avec eux, et vous jugerez s'ils peuvent s'en tirer.

« Que me voulez-vous? Vous êtes des *philosophes*,
« n'est-ce pas? et moi aussi. Nous ne devons donc
« pas nous servir de mots vides de sens. Que sommes-nous, vous et moi? Des machines organisées,
« on ne sait par qui et comment, qui se meuvent
« aujourd'hui, et cesseront demain de se mouvoir; en

« un mot, des parties d'un grand tout que nous ne
« connaissons pas plus que nous ne nous connaissons
« nous-mêmes. C'est là votre *philosophie*, et c'est aussi
« la mienne. Il s'ensuit assurément qu'en ma qualité
« de machine organisée, je ne dois rien à personne,
« comme personne ne me doit rien; car qu'est-ce
« que des machines peuvent se devoir réciproque-
« ment? Je ne dois donc rien qu'à moi; car si j'i-
« gnore comment j'existe, je suis sûr que j'existe
« pour moi, pour mon bien-être avant tout, et que
« par conséquent ce qui est bien pour moi est le
« seul bien, n'importe aux dépens de qui, à moins
« qu'il ne puisse m'en arriver du mal; et je vous ai
« fait voir que je n'ai rien à craindre. Je suis le plus
« fort, le plus puissant ; je puis tuer cet homme
« et prendre sa dépouille, comme il pourrait faire,
« s'il était à ma place; et je n'ai pas peur qu'il m'en
« arrive aucun mal, car c'est *un prêtre, un émigré*.
« Que venez-vous me dire pour m'en empêcher?
« Que peut-être un jour je ne serai pas le plus fort,
« et qu'on me pendra? Mais c'est un futur contin-
« gent très incertain, et le gain que je vais faire est
« présent, certain ; et me conseillerez-vous de ba-
« lancer sur le choix? Cela ne serait pas raisonnable.
« Que me dites-vous encore, que, si je ne suis pas
« pendu, je serai méprisé, détesté? Détesté, que
« m'importe, tant que la haine est impuissante? Mé-
« prisé, pourquoi? parce qu'on méprise le méchant
« (car ce sont là vos paroles). Mais qu'est-ce que
« le méchant? — Celui qui fait le mal. — Et qu'est-
« ce que l'homme bon ? — Celui qui fait le bien.

« —Eh! ne vous ai-je pas prouvé que je faisais mon
« bien? Y en a-t-il un autre? Que je n'avais à craindre
« aucun mal; et y a-t-il un autre mal pour moi que
« celui qu'on pourrait me faire? S'il n'y a ni un autre
« mal ni un autre bien, comme cela est dans vos
« principes et dans les miens, que signifient ces mots
« de *vice* et de *vertu* dont vous vous êtes servi avec
« moi? Rien que des conventions sociales, comme
« mille autres; et que me font des conventions so-
« ciales quand je fais mon bien, qui est pour moi
« le seul, et qu'on ne peut me faire aucun mal?
« Qu'est-ce que le mépris dont vous me menacez?
« L'opinion des autres? Pourquoi donc serait-elle
« meilleure que la mienne? Si les sots me mépri-
« sent en répétant les mots insignifiants de *crime* et
« de *vertu*, les gens d'esprit m'approuveront pour
« avoir connu le seul bien réel, le mien. De plus,
« mes chers philosophes, où avez-vous donc vu
« qu'on fût si méprisé quand on est riche et puis-
« sant? Je serai très certainement très bien traité
« de tous ceux que je verrai. Que me font ceux que
« je ne verrai pas? Il ne vous manquerait plus que
« de me parler de remords; mais vous ne l'oseriez
« pas: il y aurait de quoi rire, car c'est l'un de vous[*]
« qui m'a appris qu'*il n'y avait d'autre remords*
« *que la crainte du supplice*, et je suis exempt de
« cette crainte. D'ailleurs, quand il n'y a réellement
« ni *vice* ni *vertu*, comme nous le savons tous, il
« est clair que le remords est une chimère; un fan-

[*] Helvétius.

« tôme de l'imagination, un reste des idées de l'en-
« fance; et ni vous ni moi ne sommes capables de
« donner dans ces niaiseries. Voilà bien toute votre
« prétendue *morale* réduite au néant. Ne m'en parlez
« donc plus, si vous ne voulez que je vous croie
« assez imbéciles pour ne pas vous entendre vous-
« mêmes, ou que je croie que vous voulez faire de
« moi une dupe. Plus de *morale*, encore une fois,
« je vous prie, et venez demain souper avec moi...
« au Luxembourg..... »

Je défie tous les athées du monde de trouver une réponse à cet homme. Il n'y en a point pour eux dans la logique. Ce n'est pourtant pas que j'aille aussi loin que Rousseau, qui va toujours trop loin en tout, et qui nuit à la vérité plus qu'il ne la sert. « J'ai long-temps cru, dit-il, qu'on pouvait avoir « de la probité sans religion. Je ne le crois plus. » Je crois que cela est possible, quoique fort rare, sur-tout si l'on donne toute l'étendue convenable à ce mot de probité, que l'on restreint d'ordinaire, et fort mal à propos, à s'abstenir du bien d'autrui. La probité véritable consiste à ne léser ni tromper personne en quoi que ce soit; et combien de gens qui ne voudraient pas prendre la bourse de leur ennemi, prendront sans scrupule la bourse de leur ami! Mais, dans tous les cas, un athée peut être un honnête homme selon le monde; c'est l'affaire de son éducation, de son caractère, de sa situation; mais il le sera indépendamment de sa doctrine, et même malgré sa doctrine, qui certainement ne lui impose aucune espèce de devoir; et c'est de la doctrine qu'il s'agit ici. Les exceptions personnelles ne font rien du tout à la question ; elle est résolue dès qu'il est démontré que, dans le système de l'athéisme, il n'y a aucune espèce de sanction pour la morale; et c'est ce qui ne peut laisser aucun doute. C'est en Dieu seul qu'est cette sanction. Il y a un autre juge pour celui que Dieu voit, que Dieu entend; et cette salutaire idée, dont il est si difficile et même presque impossible à l'homme de se défaire entièrement, ce serait la philosophie qui voudrait la détruire! Jamais aucun homme raisonnable n'accordera les honneurs de ce nom à la folie de l'athéisme. Objectera-t-on que cette sanction divine n'empêche pas qu'il n'y ait des violateurs de la loi? Oui, cette objection, toute puérile qu'elle est, a été de tout temps la dernière ressource de nos adversaires. Qu'ils anéantissent donc aussi toutes les lois criminelles, car elles n'empêchent pas qu'il n'y ait des malfaiteurs*. Comment peut-on se permettre des objections si plates, qu'il n'y a qu'à en tirer tout de suite la conséquence pour les réduire à l'absurde? C'est qu'on veut à toute force rejeter, comme inutile, toute autorité morale et religieuse. Le beau projet! Il se manifestait de bonne heure

---

* On reprochait au maréchal de Berwick sa sévérité contre les maraudeurs, et on lui représentait, comme ici, qu'il y en avait toujours, quoiqu'il ne leur fît point de grace. Le général feignit de se rendre à leurs conseils, et promit de fermer les yeux. Plusieurs coupables furent ainsi épargnés, et bientôt on s'aperçut que le prévôt avait ordre de ne point sévir. Au bout de huit jours, des compagnies entières étaient en marande, et les conseillers philosophes furent les premiers à supplier le général d'en revenir à l'execution de la loi.

chez nos bienfaisants sophistes; et c'est ce qui dictait à Diderot cette prière qui termine son *Interprétation*, et que par cette raison il n'est pas inutile de faire connaître ici.

Le commencement, tout-à-fait sceptique, ressemble à celle d'un philosophe de cette classe, qui disait en mourant : « Mon Dieu (*s'il y en a un*), « ayez pitié de mon âme (*si j'en ai une*). » Celui-là, comme vous voyez, ne voulait pas aventurer ses paroles, et ne faisait rien que sous condition. Diderot dit à peu près de même : « J'ai commencé « par la nature, qu'ils ont appelée ton ouvrage; je « finirai par toi, dont le nom sur la terre est Dieu. « O Dieu! je ne sais si tu es; mais je penserai comme « si tu voyais dans mon âme, j'agirai comme si « j'étais devant toi. »

Et moi je dis avec le prophète : « O mon Dieu! « *votre puissance a convaincu vos ennemis de mensonge**. » Je dis à Diderot : Si tu avais réfléchi sur tes propres paroles, tu n'y aurais vu que ta condamnation. *Ils* ont appelée, dis-tu : *ils* est là évidemment pour tous les hommes, parce que tu as craint d'articuler une généralité qui t'effrayait. Mais quel peut être ton motif pour révoquer en doute la croyance intime de tous les hommes? Ce ne peut être assurément que la crainte de te tromper avec eux. Tu ne pourrais pas en alléguer une autre. Mais d'abord, puisqu'il n'y a de ta part qu'un doute, n'y a-t-il pas une autre crainte plus fondée que celle

---

* In virtute tuâ mentientur tibi inimici tui.

de se tromper à peu près tout seul? Voilà pour la vraisemblance d'opinion. Voyons à présent l'effet moral. Dans le doute, s'il y a erreur, qu'y a-t-il à considérer avant tout? N'est-ce pas ce qui peut en résulter? Mais, par ce principe, qui est évident, te voilà sans excuse et sans ressource, de ton aveu; car ne nous dis-tu pas, ne dis-tu pas à Dieu, que, même sans être sûr qu'il te voie, tu veux *penser et agir comme si tu étais devant lui?* Tu reconnais donc que l'idée d'un Dieu est le premier mobile et le premier motif de tout bien; et si pour toi cette idée, seulement comme possible et problématique, est encore la règle à laquelle tu te glorifies de te conformer, que sera donc pour toi-même, comme pour les autres, l'idée d'un Dieu réel et reconnu? Si le bien est déjà dans la seule possibilité, où est donc, où peut être le danger de la réalité? Par la raison des contraires, il ne peut y avoir de danger et de mal que dans ton doute, qui peut mener d'autres à la négation; et pourtant tu publies ton doute. Tu es donc inconséquent en raisonnement et en morale à la fois; tu prends évidemment le plus mauvais parti, pour toi comme pour les autres. Diderot, tu disais à Rousseau* : « Quoi! vous croyez « en Dieu, et vous porterez ce crime à son tribu-« nal! » Ne pourrait-on pas te dire : Quoi! vous croyez Dieu possible, et vous ne craignez pas de porter devant lui le crime d'avoir publiquement

---

* Lorsque Rousseau l'accusa faussement d'un abus de confiance, dont Diderot était justifié par des témoignages irrécusables. (Voyez *les Confessions.*)

mis en problème ce que vous-même reconnaissez être le principe de tout bien moral! *Mentita est iniquitas sibi.* « L'iniquité a menti contre elle-même. »

« Si j'ai péché quelquefois contre ma raison ou
« contre ta loi, j'en serai *moins satisfait* de ma vie
« passée; mais je n'en serai pas *moins tranquille*
« sur mon sort à venir, parce que tu as oublié ma
« faute aussitôt que je l'ai reconnue. »

On a poussé l'extravagance jusqu'à reprocher en même temps aux chrétiens des idées outrées de la miséricorde de Dieu, faites pour rassurer les coupables, et des idées également outrées de sa justice, faites pour porter le désespoir dans les cœurs; et l'impossibilité d'accorder deux reproches qui se détruisent nécessairement l'un par l'autre, suffit pour justifier la religion, et arguer d'ignorance ou de mauvaise foi ceux qui la calomnient. Mais que n'aurait-on pas dit, et pour cette fois avec raison, si jamais un chrétien avait fait si bon marché de la clémence de Dieu aux dépens de sa justice? graces au Ciel, il n'y en a pas un qui se pique de cette grande *tranquillité* de Diderot. C'est quelque chose sans doute de *reconnaître* sa faute; c'est par où il faut commencer, et Diderot en parle comme s'il n'y avait rien de plus commun. Ce n'est pas du moins parmi nos philosophes, qui sûrement n'y sont pas sujets. Mais ne faut-il pas de plus repentir et réparation? Diderot n'en dit pas un mot; les lois humaines ne connaissent pas le repentir; mais elles exigent toujours la réparation, et celui qui met ainsi la justice divine au-dessous de la justice humaine, connaît et juge l'une comme l'autre!

« Je ne te demande rien dans ce monde ; car le
« cours des choses est nécessaire par lui-même, si
« tu n'es pas, ou par ton décret, si tu es. »

C'est trancher net. C'est dommage que l'idée de *nécessité*, très compréhensible et métaphysiquement démontrée dans l'essence du premier principe, soit une absurdité gratuite, un mot vide de sens dans les autres êtres. Peu importe à celui qui ne veut rien prouver aux hommes ni *rien demander* à Dieu : l'un vaut l'autre.

« J'espère* à tes récompenses dans l'autre monde,
« s'il y en a un, quoique tout ce que je fais dans
« celui-ci je le fasse pour moi. »

C'est peut-être la première fois qu'on a voulu *être récompensé de ne rien faire que pour soi*; c'est une prétention toute philosophique, mais elle suppose une générosité qui n'est pas du tout divine, car elle n'est pas raisonnable; et c'est précisément de ces hommes-là que Jésus-Christ a dit dans l'Évangile : *Ils ont reçu leur récompense, receperunt mercedem suam*; et cela est juste.

« Si je fais le bien, c'est sans effort; si je laisse
« le mal, c'est sans penser à toi. »

Philosophe, vous êtes aussi conséquent dans vos prières que dans vos raisonnements, comme s'il vous arrivait aussi souvent de prier que de philosopher. Tout à l'heure vous promettiez *d'agir et de penser comme si Dieu vous voyait*, et dix lignes

---

* *Espérer à* est un solécisme.

après, vous *ne pensez* plus à lui. Ainsi, vous ne pouvez pas, même pour Dieu, vous faire l'*effort* d'être d'accord avec vous, au moins dans la même page ! et vous êtes sûr de *faire le bien et de laisser le mal sans effort.* Il me semble pourtant qu'il peut en coûter quelque chose pour l'un et pour l'autre, et c'est même cette espèce de force qu'on appelle vertu. Apparemment des philosophes tels que vous ne connaissent pas celle-là : mais vous nous permettrez aussi de croire qu'une vertu si facile peut n'être pas très sûre. C'était du moins l'opinion des anciens sages, qui avaient placé la vertu *in arduo ;* un peu plus haut que vous ne faites.

« Je ne saurais m'empêcher d'aimer la vérité et
« la vertu, et de haïr le mensonge et le vice, quand
« je saurais que tu n'es pas, ou quand je croirais
« que tu es et que tu t'en offenses. »

Le dernier membre de la phrase est absolument inintelligible ; car que peut signifier ce qu'on dit ici à Dieu : « Quand je croirais que tu es et que tu
« t'offenses du mensonge et du vice, je ne saurais
« m'empêcher de haïr le vice et le mensonge. »
Pour qu'il y eût ici quelque sens, il faudrait que la croyance en Dieu et la persuasion qu'il hait le mensonge et le vice, pussent de quelque manière que ce soit, être une raison pour qu'on ne les haïsse pas. C'est une extravagance monstrueuse, et qui pourtant est formellement renfermée dans les paroles de l'auteur, au point qu'il est de toute impossibilité de leur donner un sens, si ce n'est celui-là ; et en même temps il est trop absurde

pour être sa pensée. Que voulez-vous qu'on dise à des gens qui écrivent ainsi? *Fiat lux.* Mais comment ceux dont le métier était de *faire la lumière*, sont-ils si souvent ténébreux?

« Me voilà tel que je suis. »

Tel au moins que vous prétendez être. Ce serait bien le cas de vous rappeler le fameux *connais-toi toi-même*, que Juvénal dit être descendu des cieux[*] pour sortir de la bouche de Socrate. Mais qu'est-ce que tous les anciens devant un sage du XVIIIe siècle?

« Portion organisée d'une matière éternelle, ou
« peut-être ta créature; mais si je suis bienfaisant
« et bon, qu'importe à mes semblables que ce soit
« par un bonheur d'organisation, par des actes
« libres de ma volonté, ou par le secours de ta
« grace? »

Cela peut ne pas *importer à vos semblables*, parce que, dans tous les cas, chacun ne répond que pour soi; mais cela pourrait vous importer à vous-même un peu plus que vous ne croyez, s'il vous plaisait d'y faire attention en raison de l'importance des objets.

L'auteur finit par recommander à ceux qui réciteront cette prière, *qui est*, dit-il, *le symbole de notre philosophie*, de lire aussi le précepte suivant:

« Puisque Dieu a permis, ou que le mécanisme
« universel[**] qu'on appelle destin a voulu que nous

---

[*] *E cœlo descendit*, γνῶθι σεαυτόν.   Juvén., XI, 27.

[**] Observez qu'il n'y a point de *mécanisme* qui ne suppose un machiniste, et qui par conséquent ne soit un effet et non pas une cause; et pourtant ce *mécanisme*, cet effet a pu *vouloir!* et les matérialistes et les athées ne

« fussions exposés à toutes sortes d'évènements, si
« tu es homme sage et meilleur père que moi, tu
« persuaderas de bonne heure à ton fils qu'il est le
« maître de son existence, afin qu'il ne se plaigne
« pas de toi, qui la lui as donnée. »

C'est penser à tout : et qui aurait cru que le chef-d'œuvre de l'amour paternel fût d'apprendre à son fils qu'il est *le maître* de se débarrasser de la vie quand il lui plaira? La belle et consolante leçon, et la douce philosophie! « Mon enfant, *pardonne-moi* « de t'avoir donné la vie; car, après tout, tu peux « te l'ôter quand tu en auras assez. » Ces professeurs-là sont un peu comme le Timon d'Athènes, qui ne voulait recevoir de visites que de ceux qui auraient envie de se pendre, et qui avait planté un figuier tout exprès pour leur commodité, s'engageant de plus à fournir la corde. Il était juste qu'il arrivât à point une révolution toute propre à faire fructifier ces honorables documents; aussi Dieu sait, et lui seul sait tout ce que, depuis ce temps, il y a eu de suicides en France : les journalistes sont las de faire mention de ceux qui sont publics, sans compter ceux que l'on cache, et l'on n'y fait plus même attention. Dès avant la révolution, il était de mode de s'extasier en France sur l'héroïsme du suicide, et c'est là ce qu'on admirait le plus dans le génie anglais. Déjà

sauraient écrire une page sans se contredire ainsi dans leurs propres termes. Comment concevoir que des gens d'esprit consentent, pendant toute leur vie, à se payer ainsi de mots qui n'ont pas de sens? C'est bien là une véritable malédiction; et la sagesse suprême est bien vengée, dès ce monde, de ses aveugles ennemis.

même cette noble émulation avait gagné quelques têtes, et l'on avait vu deux jeunes gens* qui s'étaient brûlé la cervelle en laissant un beau testament de mort, qui attestait qu'ils n'avaient pas eu d'autre motif pour se tuer que de faire preuve de philosophie. Ce qui était alors un évènement, n'en est plus un de nos jours; et la vanité française devrait être contente d'avoir surpassé les Anglais, au moins en ce point. Mais qu'est-il arrivé? Les Anglais, par esprit de contrariété anti-gallicane**, n'ont plus jugé à propos de se tuer quand ils ont vu que les Français en savaient là-dessus autant et plus qu'eux. Il n'est presque plus question de suicide en Angleterre; la Tamise et le pistolet ne sont plus les remèdes du spleen : ils en ont cherché d'autres, et ont bien fait.

A l'égard du *symbole* de Diderot, je ne sais s'il est à l'usage de beaucoup de gens; mais quand ce serait un homme qui aurait fait le *Pater*, en vérité j'aimerais mieux le *Pater*.

SECTION V. De l'Éducation publique.

Au moment où la destruction des jésuites laissait un grand vide dans l'instruction publique, et où l'on s'occupait à la fois des moyens de le remplir, et de quelques améliorations à effectuer dans le plan général des études; quand l'*Émile* de Rousseau

---

* L'un d'eux s'appelait, je crois, *Bordeaux*. Tous les papiers du temps rendirent compte du fait, qui est authentique.

** On sait qu'il y avait à Londres une société appelée les *Anti-Gallicans*, dont l'esprit consistait à contredire tout ce qui se faisait en France.

venait de réveiller l'attention sur cet objet, Diderot aussi voulut être législateur en cette partie, et donna un petit traité d'une centaine de pages sur l'*Éducation publique**. Vous croirez entendre ici un auteur, tant la religion tient une place éminente dans ce système d'études; mais vous ne devez nullement vous en étonner. C'était toujours le même homme, mais avec une autre ambition qui tenait aux circonstances. Il eût bien voulu que ce fût un philosophe qui eût l'honneur d'être le réformateur de l'instruction publique et de la discipline des collèges, et dès lors il n'y avait pas moyen d'être extravagant et impie. Il fut donc ici assez habituellement raisonnable; ce qui nous prouve que cette classe d'hommes l'aurait été comme les autres si elle l'eût voulu, et qu'ils déraisonnaient par projet et par métier, beaucoup plus que par conviction. Diderot se crut d'autant plus obligé de se conformer ici aux idées générales, qu'il tenait beaucoup à son plan particulier, et ne désespérait pas de le voir adopté. Son ouvrage a du mérite : il y a même une partie très bien traitée : c'est la première, celle qui contient la classification des objets de nos connaissances, l'une des meilleures que l'on ait faites, et où l'on reconnaît un homme à qui le travail de l'*Encyclopédie* avait donné l'habitude de l'analyse. Il y joint le mérite d'une diction nette, précise, souvent même énergique, et l'on voit que l'auteur avait soigné ce morceau. Mais il s'en faut de beaucoup que la seconde partie, celle où il

* On en a donné un extrait fort curieux, dans *le Mémorial catholique*. (Avril 1824.) F.

en vient au choix et à la distribution des études classiques, soit aussi bien conçue; elle me paraît défectueuse à bien des égards, et moins dirigée vers la perfection possible, que vers l'innovation gratuite: c'est là que l'auteur retombe dans son faible. Je crois devoir m'arrêter un peu sur ce sujet, qui me conduit à des observations dont peut-être on pourra tirer quelque fruit lors du renouvellement des études, qu'il nous est permis de ne pas croire éloigné.

Écoutez ce préambule, et vous verrez que Diderot aussi peut vous édifier comme un autre.

« J'appelle connaissances essentielles celles qui
« ont des objets réels et nécessaires à tous les états,
« dans tous les temps, et auxquelles rien ne peut
« suppléer, parce qu'elles comprennent tout ce que
« l'homme doit absolument savoir et faire, sous peine
« d'être dégradé et malheureux. Elles se réduisent
« à trois : 1° la religion, par laquelle nous devons
« commencer, continuer et finir, parce que nous
« sommes de Dieu, par lui et pour lui; 2° la morale,
« pour se connaître soi-même et les autres, ce que
« l'on peut et que l'on doit dans les cas divers où il
« plaît à la Providence de nous placer; 3° la phy-
« sique, pour prendre une idée de la nature et de ses
« opérations, de notre propre corps, et de ce qui
« fait la santé ou la rétablit, et des arts divers qui
« augmentent l'aisance en adoucissant les ennuis.....

« L'homme a une âme à perfectionner, des devoirs
« à observer, et une autre vie à prétendre. Il est
« sous la main de Dieu, lié à une société et chargé
« de lui-même. Or, le premier commandement de

« Dieu est qu'on lui rende hommage de toutes ses
« facultés, en travaillant selon l'ordre de la Provi-
« dence. La première loi de toute société est qu'on
« lui soit utile pour acheter par des services les
« avantages qu'elle procure. Le premier conseil de
« l'amour-propre* est d'augmenter son bien-être par
« l'aisance que la raison permet, et la considération
« que le mérite attire. Il faut donc que l'on abjure
« sa destination et son existence, ou que l'on con-
« naisse les œuvres de Dieu et le culte qu'il exige,
« les droits de la nature et les ressources de l'éco-
« nomie, les lois de sa patrie et les talents qu'elle
« honore, les moyens de la santé et les arts d'agré-
« ment. Il faut adorer Dieu, aimer les hommes, et
« travailler à son bonheur pour le temps et pour
« l'éternité. Religion, morale, physique, ces trois
« objets se représentent sans cesse et ne se séparent
« point. »

Lisez ce morceau chez tous les peuples policés, quels qu'ils soient, je ne dis pas seulement chez des chrétiens, puisqu'il ne s'agit encore, dans ces prolégomènes, que du besoin d'une religion, mais chez toutes les nations qui ont senti ce besoin, puisqu'elles sont civilisées; portez cet exposé des premiers éléments de toute éducation publique à Constantinople, à Ispahan, à Delhi, à Pékin, partout il trouvera un assentiment universel; partout on y reconnaîtra ce que la raison a fait sentir à tout le monde, et ce que tout gouvernement a mis

* Qui n'est ici que l'amour de soi, réglé par la raison, comme cela est reçu dans la langue philosophique.

en principe et en pratique. Mais au lieu de cet exposé si sage, et auquel il ne manque rien que ce que le christianisme seul pourrait encore y ajouter, allez présenter à quelque peuple que ce soit les inconcevables amphigouris qui servent de préambule à tous ces prétendus plans d'éducation qui se succèdent sans cesse parmi nous, et qui ne sont que des plans d'extravagance; tous ces volumineux fatras où l'on fait des efforts si visiblement hypocrites pour paraître ne pas renoncer à la morale, en mettant de côté Dieu et la religion; et partout l'on demandera de quel hôpital de fous sont sorties ces scandaleuses rêveries, et quel est le peuple assez insensé, assez malheureux, assez abject pour qu'une pareille doctrine y puisse être publique, et soit même celle du gouvernement. Portez où vous voudrez l'arrêté tout récent du corps administratif d'une de nos provinces, qui déclare en termes exprès, (et je me suis fait un devoir de les recueillir pour l'étonnement et l'horreur de la dernière postérité), que, « fidèle « aux principes républicains, il a soigneusement « défendu aux instituteurs qu'il a nommés pour les « écoles publiques de mêler à leurs leçons rien qui « puisse rappeler l'idée d'un culte religieux. » Partout on se demandera quel doit être l'état d'un peuple dont les magistrats parlent ce langage *au nom de la loi*, et ce que peut être une *république**

---

* Je ne doute pas qu'on ne demande aussi un jour s'il est bien vrai qu'on ait pu s'exprimer en public comme je fais ici, et prêcher cette doctrine en 1797, sans être sur-le-champ jeté dans un cachot, fusillé ou déporté. C'est le fait : je ne puis que répéter de nouveau que tout cela fut textuellement

dont ce sont là les principes. La réponse ne pourrait être que l'histoire de la révolution tout entière, et j'avoue que cette réponse même laissera encore une longue et très longue admiration..... de l'éternelle sagesse qui a voulu que la France tombât en délire pour être digne de ses maîtres les philosophes.

Mais, me direz-vous encore, voilà un de ces *maîtres* qui parle ici raison. — Oui, mais c'est sans conséquence ; et il était si peu changé, que, dans le *Code de la nature*, que nous allons voir, et dans le *Supplément au voyage d'Otaïti* qu'on vient d'imprimer, rien ne peut se comparer à l'horreur et au mépris qu'il exhale, non pas seulement contre toute religion, mais contre toute loi morale, sociale et politique. Son exaltation de tête, qui ne faisait que croître en vieillissant, a marqué ses progrès dans les écrits de ses dernières années.... — Mais enfin, dans ce conflit perpétuel d'idées opposées, de quel côté était la conviction? — Je l'ignore; mais il est beaucoup plus aisé d'expliquer la cause des paradoxes et des contradictions; elle est la même que celle de tant d'autres vices qui sont dans l'esprit humain, la vanité. C'est elle qui disait tout bas à Diderot, à Rousseau, à tous les sophistes : « Il faut faire du « bruit : pour en faire avec la vérité, il faut qu'elle « soit bien éloquente ; et cela est difficile, et pour- « tant n'est pas extraordinaire, car c'est la route

prononcé, en y joignant même tout ce que l'action oratoire pouvait me fournir de moyens. Mais ceux-là le comprendront, qui auront bien compris que jamais les méchants ne peuvent aller que jusqu'où la Providence veut qu'ils aillent. Ils *ajournèrent* leur vengeance, et ce ne fut que quelques mois après que cette Providence lui permit d'agir

« battue, où le talent et le génie ont marché depuis
« long-temps. Ce qui frappe sur-tout, c'est l'ex-
« traordinaire; et quand on vient tard, il faut le
« chercher. Or, quoi de plus extraordinaire que de
« contredire hardiment la raison de tous les siècles?
« Rien n'étonne la multitude comme l'audace de
« la déraison : c'est le sublime pour les sots; et
« combien de sots diront : il faut que cet homme
« en sache plus que tout le monde, car il contredit
« tout le monde. »

Cette petite harangue de la vanité n'a-t-elle pas dû être très persuasive chez un peuple devenu fou de vanité, à une époque où elle était le premier et presque le seul intérêt social, le premier mobile des paroles et des actions, où l'on se disputait, où l'on s'arrachait les succès et la célébrité, non-seulement devant le public, mais dans chaque maison, dans chaque cercle, partout où il y avait concurrence? Il est vrai que la raison dit aussi, quand c'est son tour de parler : ils n'étaient donc que vains, ces *sages?* Et quoi de plus petit et de plus puéril que la vanité? Quoi de plus opposé à la sagesse, qui apprécie les choses à leur valeur? Mais si cet orgueil ne paraît d'abord qu'une sottise dans son principe, voyez ce qu'il a été dans ses conséquences; et jugez si celui qui nous a dit que l'orgueil était la première source de tout mal, a bien connu l'homme et l'a bien instruit.

Quant au rang que donne l'auteur à la physique après la religion et la morale, sans doute il n'a pas voulu dire qu'il fût aussi *essentiel* d'être physicien que d'être éclairé sur la religion, qui est le fondement de la morale. Quoique, dans sa concision rapide, il ait négligé de s'expliquer suffisamment pour qu'on n'abusât pas de ce rapprochement des trois choses qu'il nomme *essentielles*, il paraît trop sensé en cet endroit pour que l'on puisse lui imputer cette erreur. On voit d'ailleurs, dans le contexte de ce même passage, que ce qu'il marque comme essentiellement usuel dans la physique, c'est l'avantage général d'entrer dans les procédés ou les matériaux de tous les arts d'utilité ou d'agrément.

Il observe, et avec vérité, qu'excepté les sciences de pur calcul, telles que l'arithmétique, la géométrie, l'algèbre, qui traitent des quantités et des grandeurs abstraites, toutes les autres sont plus ou moins dépendantes des faits. « Ce sont les choses
« de fait qui font naître les idées. Sans la connais-
« sance des faits, c'est une nécessité que l'on rai-
« sonne faux ou en l'air, comme on le voit trop
« souvent, même avec ce qu'on appelle de l'esprit;
« et au contraire, plus on a de faits, plus il est aisé de
« juger, puisqu'on a plus de pièces de comparaison;
« et plus on combine, mieux on se décide, mieux
« on agit. »

Diderot ne songeait guère que ce qu'il écrivait là était la condamnation formelle de cette prétendue philosophie qui est si souvent la sienne, et qui, comptant pour rien les faits en tout genre, ne bâtit jamais qu'en hypothèses. La nature de l'homme, ce qu'il est par lui-même, et ce qu'il a été dans tous les temps, ce sont bien là des faits, et des faits à *combiner* avec ce qu'il peut être en mieux, afin de

juger à quel point et en quoi ce mieux est possible, et de se bien *décider* pour bien *agir*. C'est pourtant là ce qu'ont oublié, mais complètement oublié, tous ces arrogants sophistes qui depuis si longtemps ne nous parlent que de *refaire* l'homme. Eh! plats charlatans, essayez d'abord votre science sur vous-mêmes, tâchez au moins de vous *refaire* : il y aurait de quoi, si cela vous était possible. Un [*] de leurs disciples ne vient-il pas de nous dire en propres termes : « Ce n'est pas seulement une révolu-
« tion politique que nous avons voulu faire : nous
« avons voulu *recréer l'entendement humain*[**], chan-
« ger les idées, les opinions, les sentiments, les mœurs
« les coutumes, etc. » Vous l'entendez, *recréer l'entendement humain*, et au XVIIIe siècle ! il faut le lire pour le croire ; et pour croire qu'on l'ait pensé et *voulu* sérieusement, il faut toute notre révolution. Mais qu'après cette révolution même, on n'en soit pas encore revenu ! que ce soit la huitième année de cette révolution qu'on en soit encore là !...

---

[*] Dans le journal intitulé *Clef des cabinets*,

[**] Il est bon de remarquer ce que j'ai déjà remarqué en plus d'un endroit, le danger des métaphores follement outrées. C'est Thomas qui le premier se servit de cette hyperbole insensée dans l'éloge de Descartes, qui, selon lui, *recréa l'entendement humain*. Thomas ne se doutait pas que cette mauvaise figure de style, cette vicieuse exagération, serait un jour prise à la lettre, comme bien d'autres ; car il ne faut pas s'y tromper : elle est ici dans un sens rigoureux, et l'auteur n'a pas voulu qu'on s'y méprît. Le fait d'ailleurs est d'accord avec les termes, et l'esprit de la révolution, quand elle a changé le langage à force ouverte et sous peine de la vie, était bien véritablement de *changer les idées*, si cela eût été possible ; de *refaire la pensée*, de donner à l'homme un autre *entendement* ; et ils n'y ont pas renoncé ; ils le veulent encore plus que jamais, et jusqu'au dernier moment.

Grand Dieu ! vous avez bien raison de détester l'orgueil : il est bien horriblement incorrigible. *Recréer l'entendement humain !* Et le commentaire qui suit, et où l'auteur développe toute l'étendue de la démence contenue dans ce peu de mots, comme s'il eût craint qu'on ne l'aperçût pas! Certes, on ne dira plus désormais un orgueil diabolique, un orgueil infernal : on dira un orgueil *philosophique*, un orgueil *révolutionnaire*. Il est bien prouvé que celui-ci est fort au-dessus de celui des démons. Les démons ne veulent du moins que le mal qu'ils peuvent faire ; mais nos philosophes veulent même celui qu'ils ne peuvent pas, que personne ne peut ; et sans les philosophes, j'aurais cru que, depuis qu'il a plu à Dieu de *créer l'entendement humain*, il n'y avait que le *Père éternel* des Petites-Maisons qui fût de force à le *recréer*.

Mais cependant qu'ont-ils effectué de ce qu'ils se vantent encore de *vouloir?* et à quoi ont-ils réussi? A pousser la méchanceté humaine plus loin, beaucoup plus loin qu'elle n'avait encore été, c'est à-dire à rendre plus méchant ce qui déjà était méchant, à intimider ce qui était faible : voilà tous leurs succès. Mais d'ailleurs on a eu beau torturer en tout sens la nature pour la *révolutionner*, l'homme est resté ce qu'il était. Vainement comprimée et défigurée un moment à l'extérieur, la nature a bientôt reparu de tous côtés ; elle a jeté et foulé aux pieds les masques hideux qu'on lui avait mis de force, et partout elle reprend ses traits et sa physionomie ; elle n'a point *changé* et ne changera point.

Ses oppresseurs *philosophes* ne peuvent étouffer sa voix par les cris de rage qu'ils ne cessent d'élever contre elle, et ces cris ne font qu'attester l'impuissance de leurs efforts. Déjà leur place n'est plus tenable dans l'opinion : c'est dire assez que bientôt ils n'en auront plus aucune. Revenons et continuons à nous édifier avec Diderot ; cela n'est pas commun, et il en faut profiter.

« J'observe que la religion, la morale et la physique, c'est-à-dire toutes les vraies sciences, ont en effet chacune trois parties bien distinctes, dont la première est le fondement de la seconde, et celle-ci le principe de la troisième; savoir : l'histoire, c'est-à-dire le recueil des faits relatifs à la chose, et qui servent de matériaux à l'esprit; la théorie, qui combine ces faits, en cherche les raisons, et en déduit la chaîne des axiomes et des règles; la pratique, qui, munie de ce secours, opère avec sa lumière, et doit être le principal et dernier but de toute étude sensée....

« L'histoire de la religion a deux parties, celle du peuple de Dieu, laquelle remonte à l'origine des siècles, ce que n'a fait aucune autre histoire, et celle de l'Église, qui, remplaçant ce peuple proscrit, ne finira qu'avec le monde. L'une contient les faits, les lois et les oracles qui ont préparé la venue du Messie; l'autre nous montre la loi éternelle et immuable, établie par le Messie et les Apôtres, avec l'oracle toujours subsistant dans l'Église, qui explique ses mystères et consacre sa doctrine. Les monuments authentiques de cette

« histoire sont, d'une part, les livres sacrés de l'An-
« cien et du Nouveau-Testament; et de l'autre, les
« décisions des saints conciles généraux, et les tra-
« ditions unanimement reçues des anciens Pères.
« On y ajoute la suite de la discipline, des rites et
« des établissements divers, moins essentiels sans
« doute, puisqu'ils peuvent changer, mais qui cons-
« tituent spécialement l'histoire ecclésiastique*. Voilà
« les faits de la religion, et l'objet de ce qu'on ap-
« pelle *théologie positive*, sans laquelle il n'y eut
« jamais que de vains et dangereux raisonnements.
« Je ne parle donc ici que de la religion révélée :
« l'histoire des fausses religions et des hérésies en
« est, à la vérité, un accessoire, mais qui dépend de la
« morale, puisque c'est l'histoire, non de Dieu, mais
« des hommes.... Il ne peut y avoir de théorie et
« plus sûre et plus nette que celle de la religion,
« puisque les faits qui lui servent de base sont décidés
« et authentiques : il n'est point d'ignorance plus
« honteuse que celle de la vraie théologie, puisqu'il
« n'est point de science plus importante, et plus
« aisée à apprendre. »

Diderot ajoute, avec non moins de raison, que
s'il y a tant d'obscurité et de disputes dans cette
étude, c'est que l'on confond la scolastique avec la
théologie véritable, qui a trois parties ; celle de
l'histoire, ou la théologie positive ; celle du dogme,
ou la théologie dogmatique, qui ne peut être qu'une
logique saine, appliquée aux faits de la religion;

* Il convenait d'ajouter dans l'ordre spirituel, car les faits de l'ordre
temporel sont aussi de l'histoire ecclésiastique.

celle de la morale, qui se réduit à une seule et grande règle, la conformité de nos volontés à celle de Dieu, et qui n'est qu'un développement méthodique de la loi de l'Évangile et des ordonnances de l'Église universelle.

Tout cela est exact; et il n'est pas indifférent de trouver sous la plume d'un de nos philosophes, antagonistes de la religion, un exposé si simple et si lumineux de ce qui en fait le fond et la substance, et si différent des caricatures mensongères qu'ils y ont si souvent substituées. Il paraît que Diderot n'avait pas mal profité des études théologiques qu'il avait faites chez les Jésuites de Langres, et que ce n'est pas par ignorance de la religion que celui-là s'est tant égaré depuis, ce qu'on ne saurait dire de Voltaire et de la foule des écoliers d'incrédulité qui ont écrit d'après lui : ceux-là paraissent aussi étrangers à la connaissance du christianisme que pourraient l'être des docteurs musulmans.

Diderot en vient à la pratique de la religion, et ses expressions sont celles d'une justice éclairée. Si elles n'étaient pas dans son cœur, comme le dira sans doute la secte *philosophiste*, tant pis pour lui et pour eux : il ne s'agit ici que de ce qui est sous sa plume. « Également éloignée de la superstition
« qui rend imbécile, et du fanatisme qui rend féroce,
« la pratique est pour les pasteurs, le gouvernement
« de leur église et l'administration des sacrements;
« pour les docteurs, la prédication et la controverse;
« pour les bénéficiers, la prière et la frugalité; pour
« tous, la foi éclairée, la piété solide et la charité

« universelle. Mais celles-ci sont le principe et la fin,
« le fondement et le faîte de l'édifice éternel, car
« sans elle Dieu est oublié ou insulté ; la controverse
« aigrit au lieu de convaincre ; le prédicateur amuse
« au lieu de toucher, le confesseur égare au lieu de
« diriger; le bénéficier scandalise au lieu d'édifier;
« le pasteur s'endort, et les brebis étonnées se di-
« visent.... La religion ne prêche que l'ordre et l'a-
« mour, et n'ôte point la raison, mais elle l'épure et
« l'ennoblit ; elle ne détruit pas les hommes, mais
« elle en fait des saints. La morale humaine n'est
« point le christianisme, mais elle ne peut le contre-
« dire ; elle vient du Ciel comme lui. La pratique
« de la morale, c'est la justice qui comprend égale-
« ment la piété et l'humanité, et en elles toutes les
« vertus. La piété adore Dieu avec le respect profond
« d'une faible créature pour le Dieu de l'univers, et la
« tendre confiance d'un fils honnête pour son père. »

L'on peut bien dire ici avec Boileau (*Sat.* X.) :

...... Et, sur ce point si savamment touché,
Desmâre, dans Saint-Roch, n'aurait pas mieux prêché.

L'auteur commence son plan d'études par la
religion. « Ce sera toujours la première leçon et la
« leçon de tous les jours. Est-il concevable que
« jusqu'à présent l'on n'ait pas senti que cela devait
« être ?.... N'est-il pas scandaleux que les jeunes gens
« parlent si hardiment de la religion dans le monde,
« et qu'ils en soient si peu instruits ?.... L'on com-
« mencera par faire apprendre aux enfants le *petit*
« *Catéchisme* de Fleury : il est vraiment substantiel,

« au-dessus de tout éloge, et fait exprès pour mon
« plan. C'est à de tels hommes qu'il convient de faire
« de petits abrégés ; mais s'il était permis de toucher
« à un ouvrage si précieux, on ajouterait à la partie
« historique trois ou quatre leçons sur les conciles
« et les Pères, et autant à la partie dogmatique sur
« la grace, les abstinences et les fêtes. »

Ce passage mérite quelques réflexions. Il y a quelque chose de vrai dans ce que l'on dit ici de l'enseignement de la religion dans les colléges, quoique le reproche de négligence et d'oubli ne soit nullement fondé. Je passe sur ce qu'il propose d'ajouter au Catéchisme de Fleury, dont il fait d'ailleurs un juste éloge; mais il oublie qu'il est encore à la première classe, celle de huit à neuf ans, et que la grace, les conciles et les Pères sont au-dessus de cet âge. Il n'a que trop raison sur l'ignorance trop commune de la religion, et sur la confiance vraiment ridicule des jeunes gens qui en parlent d'un ton que leur âge ne rend que plus indécent, loin de le rendre plus excusable. Ils en rougiraient, s'ils étaient seulement capables de se rappeler le nom des hommes qui ont respecté ce qu'ils méprisent; mais le plus grand mal, c'est que leur présomption n'est en effet que de l'ignorance, au point que, si on leur demandait de nous dire sérieusement ce que c'est que cette religion dont ils se moquent, la plupart, en se hasardant à répondre, risqueraient de dire une sottise à chaque mot. Cependant ce n'était ni faute de zèle ni faute de leçons que cette étude n'avait pas, dans les écoles publiques, tout l'effet qu'elle devait avoir, et que souvent on en remportait si peu de chose pour le reste de la vie. Sans compter l'observance régulière des devoirs et des offices religieux, il y avait (je suis obligé de dire *il y avait*, puisque vous savez que, si les collèges subsistent encore comme édifices, ils ne subsistent plus comme écoles), il y avait chaque semaine un catéchisme proportionné aux différents âges, et cela était en soi-même suffisant. Voici, je pense, ce qui manquait pour la suite, et ce qui, je l'espère, sera un jour suppléé. On ne s'est pas assez aperçu que la religion n'était pas pour les enfants (comme en effet elle ne pouvait pas l'être) un objet d'étude, mais seulement de mémoire, une croyance apprise, et non pas appliquée. Tout ce qu'on peut faire jusqu'à quinze ans, c'est de leur apprendre leur foi, et de tourner, autant qu'il est possible, la pratique en habitude et le respect en amour, et c'est ce que généralement on tâchait de faire. Mais qu'arriva-t-il? A peine hors de classes, toutes ces leçons, un peu sévères pour la légèreté de cet âge, se confondant bientôt, dans l'opinion et dans le discours, avec toute cette discipline de collège, qu'on ne traitait plus que de pédantisme dès qu'on n'y était plus assujetti, tout cela ne paraissait plus qu'une routine d'école qu'on oubliait bientôt comme le latin; et la raillerie *philosophiste* avait beau jeu à vous renvoyer, sur la religion, à votre précepteur et à votre bonne. Trois ou quatre sophismes usés, trois ou quatre plaisanteries triviales, mais qui étaient des nouveautés pour la jeunesse, leur semblaient des lumières d'homme, faites pour remplacer la crédulité de l'enfance, comme la liberté du monde pour remplacer la férule. Et combien peu étaient en état de résister à une séduction qui faisait disparaître toute idée de joug dans l'âge où il paraît le plus gênant! Quelle devait être l'autorité de la mode, et la crainte d'une sorte de ridicule, pour de jeunes esprits qui n'avaient à y opposer que des leçons fort bornées, et dont ils se souvenaient d'autant moins qu'ils les avaien' entendues avec moins d'attention et d'intérêt! Je ne prétends pas qu'il eût fallu faire de tous les étudiants autant de théologiens : chaque état a ses devoirs particuliers. Mais que fallait-il pour prémunir et armer la jeunesse contre des erreurs de l'esprit, si favorables alors aux faiblesses du cœur et à la fougue des sens? Qu'elle fût au moins en état de répondre sur sa religion, comme elle aurait pu le faire sur ce qu'elle avait appris de la rhétorique, des humanités et de la physique; et c'est ce qu'elle ne pouvait guère, faute d'un moyen qui était, ce me semble, une lacune dans les études. C'est dans le cours de philosophie, qui est de deux années, et où les jeunes gens sont assez forts pour la logique et la métaphysique; c'est là qu'il devrait y avoir un semestre consacré à l'application de ces deux sciences aux principes de la religion. Dès lors, j'ose le croire, elle eût paru tout autre : en devenant une science d'homme, elle acquérait de l'importance, même pour l'amour-propre, qu'il faut bien intéresser à tout, puisqu'il est de l'homme. Dès lors ce n'était plus le catéchisme de l'enfance, dont on se moque si aisément et si platement, parce qu'il ne contient que ce qu'il doit contenir pour cet âge, des dogmes qu'il faut l'accoutumer à croire avant qu'il soit à portée d'en comprendre les preuves : c'était tout autre chose ; c'était, comme le dit ici Diderot lui-même, la première des sciences, la philosophie la plus sublime; et qui doute que l'âme sensible de la jeunesse ne soit faite pour en sentir le charme et l'élévation? Avec quelle facilité elle aurait appris à se jouer de ces hommes qui ne se hasardent guère à raisonner là-dessus en conversation que quand ils ne voient personne en état de leur répondre, qui ont toujours à la main deux ou trois objections, souvent même mal apprises, mille fois réfutées, et dont il ne reste que le ridicule dès qu'on y a répliqué!

Et quel avantage n'a-t-on pas sur les moqueurs, quand on a prouvé leur ignorance! Souvent elle est telle, que l'homme instruit est obligé de refaire leur objection même qu'ils ne savent pas expliquer, et qu'il peut s'amuser à faire la demande pour eux et la réponse pour lui. Croyez qu'ils ne feraient pas meilleure contenance, devant un homme ainsi préparé, que ce raisonneur maladroit qui venait de déraisonner sur la physique devant un académicien des sciences, qui n'avait pas jugé à propos de dire un mot. « Eh bien! Monsieur l'académicien,
« à quoi donc est bonne une académie des sciences, si
« vous ne pouvez pas nous rendre compte de ces
« faits-là ? — A vous apprendre, Monsieur, ce que
« vous paraissez ignorer, qu'il ne faut jamais pro-

« noncer que sur des faits certains. » Et le savant fit voir aussitôt à la société, en fort peu de mots, que l'ignorant avait disserté sur ce qui n'existait pas, et n'entendait pas même les termes dont il s'était servi. L'on peut juger de quel côté furent les rieurs.

Dans le plan de Diderot, les objets de la première classe, de huit à neuf ans, seraient la morale, la physique et la grammaire raisonnée, celle de Port-Royal. Je ne suis nullement de cet avis : tout cela est trop fort pour cet âge : ce qu'il faut occuper alors, c'est la mémoire et les sens, qui précèdent les progrès de la raison. Quand on sait lire et écrire (ce que l'on n'apprend bien que dans cette première époque de la vie), l'arithmétique et la géographie, le dessin pour ceux qui montrent de la disposition en ce genre, me paraissent l'occupation la plus naturelle et le plus à leur portée. L'arithmétique peut leur plaire par la certitude et la facilité de ses opérations, que l'heureuse invention du décuple progressif, par la juxtaposition des nombres, a rendues presque mécaniques, et la satisfaction de trouver des résultats toujours sûrs, quoique sans savoir encore pourquoi, est un attrait de plus qui peut faire éclore le germe du talent dans ceux qui auraient naturellement du goût pour les sciences exactes. La géographie amusera leur curiosité et leurs yeux, qui apprendront à lire sur la carte ; et leur mémoire s'exercera à retenir les noms dont la carte fixe le rapport dans leur pensée. Mais les faits que peut montrer la physique exigeraient des explications que les enfants demandent toujours, et qui sont au-dessus de leur intelligence. C'est par la même raison qu'à cet âge je n'étendrais pas leurs études géographiques au-delà du globe terrestre, réservant l'explication de la sphère céleste pour la classe de philosophie, dont les éléments d'astronomie font une partie ordinaire. En général, il ne faut appliquer les enfants à rien qui puisse porter trop loin leur curiosité naturelle, que l'on risque de rebuter quand on ne saurait la satisfaire; et l'arithmétique et la géographie n'ont point cet inconvénient. Des traits d'histoire à leur portée sont aussi pour eux une exercice de mémoire, et un plaisir qui est fort de leur goût; et c'est, à mon gré, la vraie manière de leur donner alors des idées de morale usuelle, dont les traits bien choisis doivent toujours renfermer une leçon, mais une leçon très simple et faite pour l'instinct naturel, comme les bons apologues. La morale raisonnée et méthodique est au contraire une partie essentielle de la philosophie, qu'il ne convient pas d'entamer avant de pouvoir l'achever, et renvoyée par conséquent à la fin des études.

A l'égard de la grammaire, j'ai toujours pensé qu'on la commençait trop tôt dans les collèges, et de là vient aussi qu'on l'y apprenait mal. Le dégoût trop fréquent qu'elle inspirait dans les premières classes aurait dû faire sentir qu'il n'y avait point d'étude moins faite pour l'enfance; et je me souviens encore de la douleur que me causait l'extrême difficulté de comprendre, avec la meilleure volonté du monde. Déjà sans doute il y aurait eu sur ce point une réforme dont on avait aperçu la nécessité, si les parents eux-mêmes n'eussent voulu à toute force faire entrer trop tôt leurs enfants au colège, pour les faire entrer trop tôt dans le monde. C'était un double tort qui tenait à d'autres abus, et qui a eu des suites funestes; car l'éducation trop tôt terminée; et la jeunesse trop tôt émancipée, sont deux causes d'ignorance et de désordre, qui existaient en France beaucoup plus que partout ailleurs, et qu'une triste expérience doit nous apprendre à éloigner.

Pour revenir à la grammaire, il est facile de comprendre qu'elle ne peut avoir aucune espèce de rapport avec l'enfance, et c'est une considération qui n'est pas à négliger. L'étude des langues n'est et ne peut être d'abord que celles des mots et des constructions, étude abstraite, trop rebutante pour un âge à qui toute étude déplaît par elle-même, si l'on n'y joint au moins un attrait. Et pourquoi n'en faudrait-il pas à l'enfance, puisqu'il en faut même à la raison? Comment voulez-vous qu'un enfant de huit à neuf ans se soucie que l'adjectif s'accorde avec le substantif en genre, en nombre et en cas? pas plus qu'il ne peut le concevoir. Tous ces termes scolastiques ne peuvent que lui faire peur et le mettre au désespoir. Aussi que faisait-on? La théorie étant impraticable, on se traînait pendant des années sur la pratique répétée; et c'était seulement par cette répétition presque machinale qu'enfin l'écolier de quatrième commençait à ne plus guère se tromper dans l'application des principes qu'il n'entendait encore, ainsi que les mots même, que très imparfaitement, et dont aucune des classes suivantes ne lui donnait l'analyse. C'était une perte de temps, et d'un temps précieux; et j'ai vu des enfants de sept ans occupés ainsi du rudiment sans aucune utilité. Si au contraire vous reculez l'étude du grec et du latin jusqu'à onze ans, toutes ces difficultés s'aplanissent. Trois ans, quatre ans, sont beaucoup à cette époque : alors un écolier apprendra en six mois, en un an tout au plus, la grammaire latine et grecque, que rien n'empêche de faire marcher de front, parce que, s'il n'est pas dénué d'intelligence et de mémoire, il est fort en état de se rendre un compte raisonné de ce qu'on lui enseigne, et de saisir les rapports et les différences des deux syntaxes. Ce serait de plus une préparation pour la grammaire française, que l'on apprendrait en seconde, afin de pouvoir écrire en français dans les compositions de rhétorique; et de cette manière on ne sortirait pas du collège sans avoir au moins quelque connaissance théorique de sa propre langue, comme il n'arrivait que trop souvent.

C'était aussi le seul changement important que j'eusse désiré dès 1790, et je le proposais alors [*], en rendant d'ailleurs au système général des études de l'Université, et à l'esprit qui le dirigeait, toute la justice qui lui était due, et que j'avais opposée en tout temps à ses aveugles détracteurs. Je rédui-

---

[*] Dans le *Mercure de France*, dont la partie littéraire venait d'être confiée de nouveau à trois académiciens, MM. Marmontel, Chamfort et moi, afin de pouvoir effectuer le paiement des pensions.

sais ainsi à quatre années, au lieu de six ou sept, ce qu'on appelle le *cours d'humanités*, c'est-à-dire les langues grecque et latine, qui dans mon plan ne devaient jamais se séparer; et je suis persuadé que ce cours, commencé plus tard, peut en effet être achevé en moins de temps, et que quatre années classiques peuvent y suffire. Mais à celles de rhétorique et de philosophie, j'ajoutais de dix-huit à dix-neuf ans, pour ceux qui se seraient destinés au talent de la parole, une classe nouvelle que j'appelais la rhétorique supérieure, parce que, fortifiée des connaissances philosophiques qui l'auraient précédée, elle devait avoir pour but immédiat de former des orateurs, soit pour la chaire, soit pour le barreau. Mon cours entier d'études, diminué dans ses commencements et prolongé sur sa fin, mais enrichi de nouveaux objets à l'une et à l'autre époque, durait huit ans comme l'ancien, mais ne finissait qu'à dix-neuf ans. Je suis convaincu que cette prolongation est utile en elle-même, et j'ai pour moi l'exemple d'un peuple très éclairé, les Anglais, qui ont formé sur ce principe les écoles d'Oxford et de Cambridge, et qui les poussent même beaucoup plus loin; ce qui fait qu'en général leur jeunesse est plus instruite que la nôtre *. En général, on abandonnait trop tôt, parmi nous, à une dangereuse

---

* J'ai eu occasion de voir à Paris M. Fitz-Herbert, lorsqu'il y fut envoyé par le cabinet de Saint-James: il citait de mémoire Homère et Démosthène comme aurait pu faire alors un de nos professeurs de rhétorique, et il m'assura que rien n'était moins rare dans son pays; mais rien n'était moins commun dans le nôtre.

indépendance, cette inappréciable saison de la vie, la seule où l'on puisse tout apprendre et tout retenir, celle où les organes ont toute leur fraîcheur et toute leur force, et dont on ne saurait trop profiter avant qu'elle soit livrée aux distractions et aux passions.

Diderot, dans sa troisième classe, de dix à onze ans, recommande d'abord l'histoire sainte, car ici la religion est toujours chez lui en première ligne. Il ajoute : « Il ne faut pas glisser trop légèrement « sur les lois de Moïse : c'est un chef-d'œuvre d'é- « conomie politique*, dont les plus fameux légis- « lateurs n'ont pas approché. » Ici du moins je puis répondre de sa bonne foi ; je sais personnellement que c'était son opinion, et qu'il voyait à la fois dans Moïse le plus grand poète et le plus grand législateur qui ait existé. Il a d'ailleurs manifesté cette même opinion en plusieurs autres endroits de ses ouvrages**, en cela plus judicieux que Voltaire, qui affectait un mépris fort inepte pour les lois de Moïse et la poésie des livres saints. Mais je ne suis plus de l'avis de Diderot, quand il ajoute « Des enfants « de cet âge ne peuvent pas sentir ce mérite ; mais « il leur en restera une idée qui servira dans la « suite ».

Je n'en crois rien. *S'ils ne peuvent pas le sentir*, il est donc très inutile de leur en parler. C'est toujours dans Diderot, et dans les réformateurs de la

---

* Pourquoi donc, dira-t-on, les Juifs en ont-ils si peu profité ? Vous trouverez la réponse dans l'*Apologie*: il faut que chaque chose soit à sa place

** Notamment dans l'*Éloge de Richardson*.

même espèce, l'oubli d'un principe invariable, qui prescrit de proportionner toujours la nature et les objets de l'instruction à l'âge des élèves. Il serait même ridicule de faire lire à des enfants de dix à onze ans le *Lévitique* et le *Deutéronome*, et de prétendre le leur expliquer; c'est comme si l'on faisait lire en quatrième l'*Esprit des Lois* et la *Politique* d'Aristote. Quelle fureur de tout déplacer, de forcer sans cesse les choses et les temps! mais telle est partout cette philosophie, dans l'éducation comme dans les lois. Ne veut-il pas encore que l'on fasse traduire ici des extraits de la *Bible* et des *Pères?* Pour la *Bible*, oui, en y mettant du choix, et c'est à quoi jamais on n'a manqué; c'est pour cela même qu'a été fait le petit abrégé qu'il indique, *Selectæ è veteri*, avec la précaution très bien placée de le rédiger en meilleur latin que la *Vulgate*, dont les auteurs n'ont songé qu'à la littéralité de la version : aussi ce petit livre est-il d'un usage universel dans les écoles. Mais pour les *Pères*, c'est en rhétorique seulement qu'on peut les lire, et seulement par extrait. Je ne puis d'ailleurs qu'applaudir à l'éloge qu'il fait de ces illustres écrivains du christianisme : « Les pères ont « assurément autant d'esprit que les plus beaux gé- « nies d'Athènes et de Rome. » Je le crois, quoiqu'ils n'aient pas toujours autant de goût. Ne soyez pas surpris, au reste, que Diderot s'exprime ainsi, sans crainte d'être appelé *capucin*. Songez qu'il écrivait avant les beaux-esprits de la révolution, dont la plupart ne savent pas même l'orthographe *, et qui

---

* Cela est vrai à la lettre. L'un d'eux, qui a imprimé une vingtaine de

font un si grand usage de ces mots de *capucin* et de *capucinade*. S'ils se souvenaient du proverbe, qu'il ne faut pourtant pas prendre à la lettre*, *ignorant comme un capucin*, ils ne prononceraient jamais ce nom-là de peur des applications.

Mais sur l'étude du latin, Diderot ne pouvait manquer de répéter les anathèmes si étourdiment lancés, dans ce siècle de *réforme*, par ceux qui, blâmant tout et réfléchissant fort peu, se croyaient en état de tout remplacer. « Je n'ai jamais compris
« que l'on pût travailler sérieusement à enseigner
« à des enfants *les délices et les élégances*** d'une
« langue morte qu'ils n'entendent pas encore, et
« qu'ils ne sentiront jamais bien. Ne dirait-on pas
« que l'ancienne Rome va renaître de ses ruines, et
« qu'au sortir du collège ils vont haranguer le peuple
« à la tribune, ou réciter des poèmes à Auguste? Il
« s'agit d'entendre le latin, non pas pour le latin
« même, mais pour les choses utiles écrites en cette
« langue, et de le parler, non pour devenir préteur
« ou consul, mais pour se faire entendre à des
« étrangers qui ne veulent que nous entendre : aussi
« est-il à propos d'exercer dès lors, et d'obliger

volumes, m'écrivit en 1792 deux ou trois lettres de sa main, dont l'orthographe aurait pu être celle d'une blanchisseuse. Comme je pris la liberté de m'en moquer un peu, il eut recours à un de *ses secrétaires* (car il en avait alors), apparemment un peu plus fort que lui en cette partie, et me fit une réponse où il y avait encore des fautes, mais moins grossières. Quand ces auteurs-là font imprimer, c'est le prote qui corrige leurs manuscrits.

* C'est chez les Capucins que s'est formée de nos jours une société d'hébraïsans qui ont donné sur les textes originaux de nos livres saints des ouvrages universellement estimés.

** Ce sont les titres de quelques livres de classe.

« les écoliers à parler latin entre eux et avec leurs
« maîtres. ».

Pure déclamation, amas de contradictions et de puérilités dont il faut bien faire justice une fois, afin qu'on ne le répète plus. J'ai prouvé ailleurs que nous avions sur la diction latine des connaissances beaucoup plus assurées et plus étendues que ne le croient ceux qui ne l'ont que superficiellement étudiée. Je me réfère à ce que j'ai répondu à ceux qui interdisent aux modernes tout jugement sur le style des auteurs anciens, sous prétexte qu'ils n'en peuvent savoir là-dessus autant que Cicéron, Denys d'Halicarnasse et Quintilien, comme si l'on ne pouvait rien savoir parce qu'on ne sait pas tout; comme si une science n'existait plus parce qu'elle a ses incertitudes et ses bornes! Si l'on n'apprend pas le latin *pour le latin même*, cela ne peut signifier autre chose, si ce n'est, comme le dit ingénieusement Diderot, que l'on ne songe pas à *devenir préteur ou consul;* car d'ailleurs, pourquoi donc ne l'apprendrait-on pas pour le plaisir de savoir une très belle langue, dans laquelle on a écrit de très belles choses ? Et dès qu'on apprend, il faut apprendre le mieux possible; tout ce qu'on veut savoir, il faut le savoir bien. Diderot veut qu'on ne sache le latin que *pour le parler;* c'est d'ordinaire l'usage qu'on en fait le moins, hors en voyageant dans quelques contrées de l'Europe, où il est plus familier que le français. C'est encore, ajoute-t-il, *pour les choses utiles écrites en cette langue,* et *il ne s'agit que de l'entendre.* Mais pour *entendre* une langue, il faut, ce me semble, que l'on vous ait *enseigné* la propriété des termes, leurs différentes acceptions, la valeur des constructions, la différence et la variété des tournures, et les finesses d'expression. Or, qu'est-ce que tout cela, si ce n'est pas l'élégance proprement dite? Et c'est pourtant ce que l'auteur *ne comprend pas qu'on enseigne sérieusement.* Il oublie donc que, sans cet enseignement indispensable, et qui ne lui paraît que ridicule, on ne parviendrait jamais à cette simple intelligence du sens des auteurs, à laquelle il veut borner l'instruction; il oublie, il ignore qu'à cette même élégance d'expression et de phrase, dont il veut qu'on ne tienne aucun compte, est attachée le plus souvent, dans les orateurs, dans les historiens, dans les poètes, cette même intelligence du sens qu'il reconnaît nécessaire. Est-il permis de se contredire à ce point, ou de s'entendre si peu? Quoi! c'est à un savant (car il l'était) qu'il faut rappeler qu'il y a dans toutes les langues une grande distance entre le style familier et le style soutenu, et que c'est précisément cette différence qui constitue ce qu'on apelle élégance! Qu'est-ce qui arrête un commençant quand il arrive à la lecture des grands écrivains de Rome? Sont-ce les mots? il les trouve dans le dictionnaire; les constructions ordinaires? elles sont dans la syntaxe. Mais ce qui l'embarrasse, et qu'il faut absolument lui *enseigner*, parce que cela ne se devine pas, c'est la multitude des tropes, des mots détournés de leur sens et métaphoriquement employés, des figures de diction, des ellipses, des tournures empruntées du grec, dont les poètes sur-tout sont remplis. Pourquoi alors est-il dérouté à chaque pas? C'est qu'il ne connaît encore, pour chaque chose, que l'expression commune; et comment lui fera-t-on entendre ces auteurs-là, si ce n'est en lui enseignant que telle chose, qui se dit ainsi dans l'usage commun, se dit *élégamment* de telle ou telle autre manière? Plus il y a de ces tournures dans une langue, graces au génie de ses écrivains, plus elle est belle et riche; et c'est l'éloge du grec et du latin. Diderot voudrait-il nous défendre de faire entrer pour quelque chose dans l'étude du latin le plaisir de lire des écrivains supérieurs, dont le talent devient pour nous la récompense de notre travail? — *Vous* ne le sentirez jamais bien. — Non pas comme Varron et Asconius, je l'avoue; mais serait-il possible que lui-même n'eût jamais rien *senti* en lisant Horace et Virgile, et Tacite et Cicéron, et qu'il n'eût fait que les comprendre? Je ne crois pas qu'il en convînt, et il démentirait ce que lui-même en a dit. Mais ce qu'il y a de décisif, c'est que j'ai prouvé qu'il était impossible de parvenir à les comprendre sans apprendre en même temps à les sentir, autant du moins qu'il est permis à ceux qui n'ont pas été leurs concitoyens :

Est quadam prodire tenùs, si non datur ultrà.
(Hor. *Epist.* I.)

Et sans aller à tout, on va jusqu'où l'on peut.

Les poètes seuls ici formeraient une preuve péremptoire contre Diderot. Ou il faut renoncer à les lire, ou il faut savoir la langue poétique, qui est tout autre que celle de la prose. Elle est toute en figures de diction, qui sont cette élégance proprement dite dont il ne veut pas qu'on parle aux écoliers, parce qu'ils ne *réciteront* pas des *poèmes* à Auguste. Non, mais ils peuvent en faire dans leur langue; et si Racine et Boileau n'avaient pas été à portée de lire Horace et Virgile, et de faire beaucoup plus que de les comprendre, n'auraient-ils pas eu un grand secours de moins pour leur génie, et un grand objet d'émulation de moins, celui de faire *joûter** leur langue contre celle des Latins, et même des Grecs? Vous voyez, Messieurs, où j'irais, si je voulais pousser les conséquences de ces systèmes philosophiques, aussi meurtriers en fait de goût qu'en raison et en morale.

Rien de plus frivole encore que cette importance exclusive que l'auteur attache à cet usage familier du latin de conversation. D'abord, comme on l'a vu, c'est celui qui nous est le plus rarement nécessaire : ensuite les langues vivantes déposent elles-mêmes contre le système de Diderot dans une langue morte. Un étranger qui ne voudrait apprendre le français que de cette manière, sous prétexte qu'il ne le sentira jamais aussi bien que nous, pourrait se faire entendre de son cordonnier tout au plus**, et n'entendrait pas mieux Racine et Montesquieu que le cordonnier lui-même, comme ceux de nos Français qui

---

* C'était l'expression de Boileau.

** Témoin cet Anglais qui disait au sien : « Vous m'avez fait des souliers « trop *équitables*. » Si on lui eût appris les différences du mot *juste* au physique et au moral, il n'aurait pas fait cette faute

n'ont appris l'anglais et l'italien que dans les auberges d'Angleterre et d'Italie, sont incapables de lire Pope et l'Arioste.

Cette méthode, dont il paraît faire grand cas, d'obliger les écoliers à parler latin, était celle des Jésuites, chez qui l'auteur avait étudié. Elle fut toujours rejetée dans l'Université, et avec raison. L'on apprend mal et l'on sait mal une langue que l'on s'accoutume de si bonne heure à mal parler : et j'ai fait assez voir que, pour tirer quelque fruit du latin, il faut le savoir aussi bien qu'on le peut selon ses facultés. Diderot avoue (et c'est peut-être ce qu'il y a ici de plus plaisant) que cette entière connaissance du latin est *nécessaire* à ceux qui se destinent à l'enseigner. Mais comment, si elle est impossible, est-elle en même temps nécessaire ? ou si elle n'est pas impossible pour les uns, comment l'est-elle pour les autres ? Ainsi les uns auront bien appris pour enseigner mal; et puis, il y aura donc deux écoles, une pour ceux qui ne veulent du latin que pour parler aux Allemands, une autre pour ceux qui voudront lire Tite-Live et Tacite ? Que serait-ce si, considérant l'érudition et les sciences qui ne devaient pas être indifférentes à un savant de profession, je demandais à Diderot ce que deviendrait, dans son système d'études, cette langue dans laquelle sont écrits, depuis la renaissance des lettres, tant d'ouvrages de physique, de médecine, de chimie ; en un mot, tant de livres excellents dans tous les genres de doctrine, qui n'ont été et ne sont encore à l'usage de toutes les nations de l'Europe et du Nouveau-Monde, que parce que le latin est, depuis le XVIe siècle, comme la langue commune de tous les hommes bien élevés? Pour composer dans une langue vivante ou morte, il faut la savoir à fond; et parmi ceux qui l'étudient, quels seront ceux dont on pourra s'assurer d'avance qu'ils n'en feront jamais d'usage pour écrire ou pour enseigner?

Mais quand même ce ne serait ni pour l'un ni pour l'autre, je dis encore que l'on ne sait pas bien le latin, si l'on n'est pas en état d'écrire en latin; et c'est pour cela que j'ai toujours approuvé et soutenu l'usage des thèmes, que dans ces derniers temps on s'était aussi avisé de proscrire. Les maîtres de l'Université se moquèrent de cette proscription philosophique, et eurent raison. Des philosophes traitèrent leur expérience de pédantisme; et en cela, comme en tout, ils déraisonnaient. J'ai vu des gens du monde, et qui étaient gens d'esprit, que la curiosité avait engagés à se mettre à l'étude du latin, qu'ils n'avaient négligé dans leurs classes, et qu'ils n'avaient rappris qu'en expliquant les auteurs. Je puis affirmer qu'ils n'en connaissaient tout au plus que le sens, sur-tout dans les poètes, et qu'un médiocre rhétoricien voyait cent fois plus de choses dans vingt vers de l'*Énéide* qu'ils n'en pouvaient voir dans le poème entier. Pourquoi? C'est qu'il avait long-temps fait des thèmes et des vers latins; et quand cela ne lui aurait servi qu'à sentir ce qu'on ne saurait sentir autrement, dira-t-on que ce n'est rien?

Laissons donc les choses comme elles sont, car

elles sont généralement bien. Laissons à l'ignorance *révolutionnaire* à pratiquer, et même exagérer, dans ce qu'elle appelle *instruction publique*, les rêveries de nos sophistes. Cela est dans l'*ordre du jour*, et vous savez ce que signifie ce jargon, et jusqu'où il ira. De pareils maîtres n'ont écrit que pour de pareils disciples, comme les charlatans ne parlent que pour faire des dupes.

Dans la cinquième classe, de douze à treize ans, Diderot veut faire lire les *Prophètes* et *l'Histoire ecclésiastique*. Ni l'un ni l'autre : c'est trop tôt. « On y « verra, dit-il, avec admiration la sublimité des « idées et l'exactitude des rapports, fondements « sensibles de la religion. » Oui, l'on verra tout cela quand on sera en état de le voir, dans le cours de philosophie. Jusque-là quelques beaux morceaux des *Prophètes* pourront seulement être offerts aux rhétoriciens, ou comme modèles de sublime, ou comme matière de composition en vers. C'est lorsqu'il s'agira d'appliquer la philosophie à la religion, que l'*Abrégé des Annales ecclésiastiques* doit venir à l'appui des deux *Testaments*, comme les faits à l'appui des dogmes et des prophéties. Mais, n'en déplaise à Diderot, jamais on ne mettra entre les mains de la jeunesse étudiante un livre aussi infidèle et aussi dangereux que l'*Essai sur l'Histoire générale* de Voltaire. Jamais il ne conviendra de leur en parler que pour leur en faire voir les erreurs et les mensonges, que ne saurait autoriser ni excuser le mérite du style. D'ailleurs, Diderot n'a pas songé que de pareils abrégés, fussent-ils composés dans un bon esprit, ne sont vraiment utiles qu'après qu'on a lu chaque histoire particulière dans les auteurs qui les ont le mieux traitées, et dont même ces résumés rapides supposent la connaissance antécédente, sans quoi l'on n'en peut tirer qu'une instruction très superficielle.

De quatorze à quinze ans, il veut faire argumenter sur les preuves métaphysiques de la religion. J'aimerai toujours mieux que ce soit de dix-sept à dix-huit. L'esprit sera plus mûr pour un examen de cette importance, et les fruits en seront meilleurs et plus durables. Enfin cette *exposition de la doctrine chrétienne, dogmatique et morale*, que je place dans le cours de philosophie, Diderot la propose aussi dans sa dernière classe, qui est de quinze à seize ans, et vous voyez que nous ne différons que d'époque. Il est d'ailleurs assez singulier que je me sois rencontré avec Diderot, dans ce même projet, avant d'avoir lu son *Traité d'éducation publique*, que je n'ai connu qu'au moment d'en rendre compte. « On suivra, dit-il, le « plan commun des écoles de théologie. » C'est du moins une preuve qu'il ne le trouvait pas mauvais; mais je le crois beaucoup plus étendu, je dirai même plus vaste que ne le comporte la nature des études séculières. Peu de gens savent tout ce qu'embrassaient celles de la théologie; mais pour le grand nombre des étudiants dont ce n'est pas la destination, je répondrai à Diderot par un vers de Voltaire :

Et soyons des chrétiens et non pas des docteurs.

Section VI. Code de la Nature*.

On a tout à l'heure révoqué en doute si Diderot était l'auteur de cet ouvrage, et je conçois les motifs de ce doute élevé pour la première fois, au moment où les écrits de Diderot étaient annoncés parmi les objets de nos séances. C'est particulièrement sur ce *Code* que s'appuient les brigands **, dont le procès offre depuis si long-temps à la France un scandale de tout genre, égal à celui de leurs crimes. Ce *Code* n'est autre chose que cette doctrine du *bonheur commun*, de *l'égalité des biens*, substituée à ce *grand fléau de la propriété*; c'est tout le fond du système *révolutionnaire*, qui n'est nullement abjuré aujourd'hui, quoi qu'on en dise, mais qu'on a cru devoir atténuer et tempérer quand ceux qui se sont vu des moyens de domination

---

* Dans le *Nouveau supplément au Cours de Littérature de La Harpe*, M. Barbier prouve d'une manière évidente que La Harpe était dans l'erreur en soutenant que le *Code de la Nature* appartient réellement à Diderot. L'auteur de cet ouvrage est Morelly, qui avait déjà publié un poème de *la Basiliade* dont les principes politiques et moraux avaient été vivement attaqués. C'est pour répondre à ces critiques que Morelly fit paraître le *Code de la Nature* dont une grande partie n'est qu'une apologie de son poème. Quel motif eût pu déterminer Diderot à défendre cette *Basiliade* qui n'avait fait aucune sensation dans la littérature.   H. P.

** Babœuf et ses complices, alors en jugement devant ce qu'on appelait *la haute cour de Vendôme*. Babœuf fut condamné à mort, mais presque tous les autres furent, ou simplement emprisonnés, ou pleinement acquittés. A l'instant où je revois cet ouvrage, une nouvelle *révolution*, qu'on appelle *la journée du 30 prairial*, les a remis au premier rang dans la *République*, et cela était juste. (Note de 1799)

les ont trouvés plus sûrs pour eux-mêmes que les moyens de destruction.

Ce n'est pas que l'auteur du *Code* propose expressément les *grandes mesures* des *frères et amis**; il s'en rapporte, lui, aux progrès de *la raison* et à la force de ses preuves; et c'est aussi pour faire régner cette *raison* que les *patriotes* ont joint à la *force* de ces preuves celle de *la massue du peuple*. Il est vrai que nos philosophes, après avoir consacré mille fois cette *massue* dans leurs écrits, ont trouvé enfin qu'elle frappait trop fort depuis qu'elle les avait atteints eux-mêmes. Alors ils ont crié à la *calomnie* qui dénaturait leur doctrine, attendu qu'ils n'avaient jamais prêché le massacre et le pillage aussi formellement que Marat. Non pas tout-à-fait, j'en conviens, car ils avaient plus d'esprit que lui. Mais lorsque, foulant aux pieds avec autant de mépris que d'horreur toute espèce de loi divine ou humaine sans aucune exception, l'on n'établit d'autre loi que la *raison*, je demanderai d'abord de quel droit et par quel moyen la *raison* de l'un sera la *loi* plutôt que la *raison* de l'autre, puisque là-dessus tout le monde a les mêmes prétentions naturelles; et dès lors voilà tous les hommes également affranchis de tout frein, si ce n'est de celui que chacun voudra s'imposer; ce qui fait un merveilleux ordre civil et social, comme vous l'avez vu dans la révolution. Ensuite, quand *la raison des philoso-*

---

* On sait que *frères et amis* est le nom de guerre des *patriotes*; *le bonheur commun*, le mot d'ordre; *les grandes mesures*, tous les crimes mis en loi : cela ne comporte point d'exception.

phes consiste évidemment dans l'entier renversement de toute autorité divine et humaine, je demanderai encore si *le peuple* qui les renverse n'est pas très conséquent quand il se croit dès lors gouverné par la *raison*, et quand il exécute, *au nom de la philosophie et de l'humanité*, tout ce qu'on lui a prescrit *au nom de la philosophie et de l'humanité*. Enfin, pour me renfermer dans ce qui regarde Diderot, je demanderai, indépendamment de tout ce que vous allez entendre, s'il n'a pas donné le résultat général de sa doctrine dans ces deux vers qui en sont comme le couronnement :

> Et des boyaux du dernier prêtre
> Serrons le cou du dernier roi.

Ces deux vers, fameux depuis plus de vingt ans, ont-ils été assez répétés depuis 1789 ! et n'ont-ils pas été réimprimés, il y a quelque temps avec la pièce entière dont ils sont tirés, et avec les variantes, dans les journaux philosophiques qui en ont fait le plus grand éloge?—Quelques-uns, diront-ils, avec cette pudeur hypocrite dont ils s'avisent quelquefois, que ce n'est qu'*une gaieté ?* Quelle gaieté, bon Dieu! que celle qui met l'assassinat, le sacrilège, le régicide en plaisanterie ! Ah ! ceux qui se permettent celle-là savent trop bien qu'il ne manquera pas de gens qui la prendront, comme elle a été faite, dans le plus grand sérieux; et la preuve de fait est aussi publique que mémorable. Point d'excuse donc pour cet excès de perversité, qui ne peut avoir que des complices pour apologistes.

— Mais Diderot était un bon homme. — Nous verrons ailleurs ce qu'était, et ce qu'est même encore la *bonhomie* de nos sophistes. Mais ici je me contenterai de répondre que l'abbé Raynal était aussi *un bon homme*, et beaucoup plus réellement que Diderot; et cela n'a pas empêché que, dans un livre * dont ce même Diderot a fait la moitié, il n'ait laissé imprimer cette phrase au milieu de cent déclamations du même ton : « Quand viendra donc « cet ange exterminateur qui abattra tout ce qui « s'élève, et qui mettra tout au niveau? » Eh bien! il est venu; et Raynal, qui semblait l'attendre si impatiemment, et qui ne le croyait pas si proche, l'a vu *abattre et niveler*; il l'a vu comme nous, et a gémi comme nous; il a gémi dans les ténèbres et dans l'épouvante, en attendant la mort, qui a laissé du moins à sa vieillesse souffrante et proscrite tout le temps du repentir. Heureux s'il a été, comme je le crois, aussi sincère que légitime! Et peut-être aussi Diderot lui-même aurait gémi, si Diderot avait vu; mais sans doute ceux-là ne gémissent pas, qui ont eu le bonheur de leur survivre et le malheur de les justifier.

A l'égard du *Code*, ce qui est certain, c'est qu'il est imprimé dans la *Collection des OEuvres de Diderot*, en cinq volumes in-8°, titre d'Amsterdam, depuis 1773, et que Diderot, qui n'est mort qu'en 1784, n'a jamais désavoué ni l'édition ni l'ouvrage. Les auteurs du dernier *Dictionnaire historique*, généralement fort exacts et fort instruits dans tout ce

---

* *L'Histoire philosophique des deux Indes.*

qui regarde les faits de l'histoire littéraire, n'ont fait nulle difficulté de mettre le *Code de la nature* au nombre des productions de Diderot; et si quelqu'un alors eût regardé la chose comme douteuse, ils n'auraient pas manqué d'en parler. On se contente de nous dire depuis quelques jours : *Il n'est pas de lui*[*]. Où est la preuve qu'on oppose à l'authenticité de la *Collection* connue de tout le monde, au silence de l'auteur et de ses amis, et de tout le monde même depuis sa mort? Que ne donne-t-on du moins quelques indices de la supposition? Que ne nous dit-on de qui est l'ouvrage, de qui du moins il pourrait être, ou comment et pourquoi il n'est pas ou ne saurait être de Diderot? Pas un mot de tout cela; et qu'est-ce qu'une dénégation si sèche et si gratuite, sur-tout dans un parti à qui l'on sait que les dénégations et les désaveux n'ont jamais rien coûté, et dont la politique, plus d'une fois avouée par eux-mêmes et avec satisfaction, est de se jouer de la vérité? Le moment où vient cette dénégation si tardive suffirait pour la faire suspecter par elle-même. Elle serait venue plus tôt si c'était du moins honte ou scrupule : aujourd'hui c'est embarras, et rien de plus. L'accord parfait de Babœuf avec Diderot a paru difficile à sauver, parce qu'aujourd'hui Babœuf est dans les fers, et que l'opinion n'y est plus. Dans ces circonstances, une voix qui parle à l'opinion peut être à craindre. Mais si c'était le contraire, si l'opinion et la voix étaient encore cap-

---

[*] Dans le *Journal de Paris*.

tives, que Babœuf fût le maître, songerait-on à désavouer le *Code?* Pas plus qu'on n'y a songé auparavant. Babœuf a tort dans nos feuilles, parce qu'il a été le plus faible au camp de Grenelle; et ceux qui ont été ses condisciples sous les mêmes maîtres, n'ont-ils pas bonne grace de s'élever contre lui? *Ce tribun* * *du peuple*, à la tête de toute *la vaste secte sans-culotique*, pourrait leur répondre de manière à les réduire au silence, en adressant ainsi la parole à *la vaste secte des philosophes* : « Vous vous y
« prenez trop tard pour désavouer ceux qui n'ont
« fait qu'exécuter ce que vous n'aviez fait que pen-
« ser, et qui par conséquent valent mieux que vous,
« comme le Spartiate valait mieux que le discou-
« reur. *Ce qu'il a dit, je le ferai.* Nous sommes
« même plus avancés ; car ce que vous avez dit,
« nous l'avons fait. Ce n'est pas seulement Diderot
« ou l'auteur du *Code de la Nature*, quel qu'il soit,
« qui a dit que la méchanceté de l'homme n'était
« pas dans sa nature, mais dans ses institutions so-
« ciales et politiques : c'est Rousseau qui a fait un
« livre entier pour le prouver. Ce n'est pas seule-
« ment Diderot ou l'auteur du *Code* qui a dénoncé
« au genre humain la propriété comme le fléau du
« monde et l'origine de tous ses maux et de tous
« ses crimes ; c'est encore Rousseau, et Rousseau
« est au nombre de vos dieux. Ces mêmes dogmes

---

* C'est le titre que prenait Babœuf; et l'on peut bien croire qu'une *vaste secte* est de son style. Aussi ceux mêmes qui se croient obligés de condamner aujourd'hui ses opinions *sans-culotiques* disent encore qu'il écrit avec génie.

« ont été soutenus dans vingt autres ouvrages très
« connus, quoique leurs auteurs le soient moins;
« et après tant de longs traités si soigneusement
« multipliés pour nous apprendre que la propriété
« était le crime des législateurs, que la commu-
« nauté des biens et le nivellement absolu était le
« vœu et la loi d'une nature sage et bienfaisante que
« nos seules institutions avaient corrompue; après
« que vous avez appelé si souvent et si haut un *ange*
« *exterminateur* pour réparer ces longues erreurs
« des nations*, mettre fin aux préjugés, et ré-
« générer le monde, avons-nous pu avoir une plus
« belle et plus noble ambition, que d'être les pre-
« miers précurseurs de cet *ange*, et de faire au
« moins en France ce qu'il doit faire un jour
« dans tout l'univers? Mais qui veut la fin veut les
« moyens; et pour réaliser ce qui n'était qu'en
« théorie dans cette philosophie interprète de la
« nature, ne fallait-il pas écarter tout ce qui natu-
« rellement faisait obstacle à cette juste et glorieuse
« entreprise? Quand on est appelé à fonder la raison et
« la vérité, à détruire des erreurs si funestes au genre
« humain, n'est-ce pas à la fois un droit et un devoir
« d'exterminer tous ceux qui sont, par leur état, par
« leur éducation, par leur rang, par leur fortune,
« par leur religion, par leurs talents, leur considé-

---

* Je n'ai pas besoin de dire qu'ici tout est copié mot à mot dans les ouvrages de nos philosophes. Si les phrases ne sont pas marquées en italique, c'est qu'elles sont extraites d'une foule de livres où elles sont répétées à satiété, et où tout le monde a pu les lire. C'eût été perdre un temps précieux que de spécifier ici les citations. Je n'y manque jamais quand je réfute un auteur en particulier.

« ration, leurs lumières, les ennemis naturels de
« cette *raison* bienfaitrice et les fauteurs de ces erreurs
« oppressives ? Or, est-ce notre faute si, en voulant
« faire tout rentrer dans vos principes, nous avons
« rencontré sur notre passage tout ce qui avait un
« rang, une fortune, de l'éducation, des talents, de
« la religion, de la considération et des lumières?
« Le massacre est *vaste*, soit; mais qu'est-ce qu'un
« grand massacre devant un grand principe ? Si l'un
« vous fait chanceler sur l'autre, c'est que vous
« n'avez pas *notre énergie; et on ne nous ôtera pas*
« *notre énergie* *. Qu'est-ce donc que toute une gé-
« nération devant la postérité tout entière jusqu'à
« la consommation des siècles? Tant pis pour qui
« regarde aujourd'hui en arrière, et vient nous dire
« stupidement que nous avons été trop loin. Mal-
« heur à qui rétrograde en révolution : c'est là ce
« qui perd tout. Si l'on eût laissé faire Robespierre,
« qui n'avait encore fait périr qu'environ cent
« mille personnes *sous la hache nationale*, et qui
« allait frapper *le grand coup, le coup républicain*,
« il n'y aurait plus en France que les *sans-culottes*,
« *la patrie était sauvée*, et la terre était libre. »

Je sais bien ce que tout autre qu'un de nos philosophes pourrait répliquer à cette apologie : cela
serait très facile pour tout le monde, mais impos-

---

* Propres paroles d'un jacobin, conduit à un comité de police pour quelques *prédications patriotiques* vers la fin de 1794, où l'on commençait à en
être las. En attendant qu'on l'interrogeât, il jette les yeux sur une feuille où
était le nom d'un déterminé *Montagnard*, alors assez mal famé, qui depuis
est remonté à son rang. « Voilà, dit-il, *un patriote!* Oh ! l'on ne m'ôtera pas
« mon *énergie.* »

sible pour eux. Vous en serez encore plus convaincus en écoutant le *Code*.

L'auteur établit, pour première base de sa doctrine, qu'il y a eu dans le monde une première erreur, celle de tous les législateurs (il aurait dû dire de tous les hommes), qui ont cru que les vices de la nature humaine et la concurrence des intérêts et des passions rendaient l'état social impossible sans des lois coërcitives, qui, reconnues par le besoin général, maintenues par la force publique soumise à une autorité déléguée, protégeassent le droit contre l'usurpation, et la propriété contre la violence. C'est en effet le principe originel de tous les gouvernements, quelle qu'en soit la forme; mais c'est en cela aussi que l'auteur prétend qu'on a méconnu la nature, ou par ignorance, ou par intérêt; que l'homme n'est réellement méchant que parce que nos gouvernements l'ont rendu tel; que tous ses maux et tous ses crimes naissent de l'idée de propriété, qui n'est qu'une illusion, et non pas un droit, de l'inégalité des conditions, qui n'est qu'une autre illusion et une autre barbarie; qu'enfin rien n'aurait été plus facile que de prévenir entièrement, ou du moins à peu près, tous ces crimes et ces maux, seulement en mettant à profit les affections bienfaisantes et sociales, qui suffisaient, selon lui, pour établir et maintenir la société, si on lui eût donné pour fondement *la communauté des biens*.

Ces extravagances inouïes sont développées dans tout le cours de l'ouvrage, avec un ton de persuasion intime qui les rend encore plus inconcevables;

mais en même temps avec l'expression de la plus violente fureur, de la plus violente indignation contre tout ce qui a été appelé *ordre social* depuis le commencement du monde, sans exception de temps ni de lieu. Devant l'auteur tout est abominable : on dirait qu'il n'a écrit que dans le transport où dans l'extase; et celle-ci s'empare de lui quand il considère tout le bien, le bien immense, incomparable, qu'aurait pu faire ce qu'il écrit, substitué à tout ce qui a été, à tout ce qui est. Dès qu'il est une fois dans cette contemplation, son âme se fond pour ainsi dire d'admiration et de plaisir; c'est absolument le rêve de ce fou qui entendait tous les jours les concerts du paradis. Vous concevez d'avance que, dans cette disposition, rien ne l'embarrasse, rien ne l'arrête pour l'exécution de son système. Jamais il n'y voit la moindre difficulté : tout s'arrange de soi-même. Mais savez-vous comment? C'est que tout hérissé de termes métaphysiques et scientifiques mal appliqués et mal entendus, jamais il ne laisse approcher de lui l'homme tel qu'il est; c'est toujours l'homme tel qu'il l'imagine, tel qu'il lui plaît de le faire. Il ne lui en coûte rien pour regarder comme effectué tout ce qu'il propose : *il n'y a qu'un point qu'il oublie constamment, c'est de ne prouver jamais rien de tout ce qu'il met en fait ou en principe.* Il faut de toute nécessité qu'il se soit persuadé que sa pensée et la vérité, sa parole et l'évidence, étaient la même chose.

On a souvent demandé comment des gens, qui d'ailleurs, avaient fait preuve d'esprit, avaient pu en même temps écrire des livres entiers contre le sens commun : c'est avec cette méthode qui chez eux est invariable. Pas un de ces nouveaux professeurs de morale et de politique n'aurait pu aller à la seconde page, s'il s'était cru obligé, dès la première, de prouver, ou le principe dont il part, ou les faits qu'il suppose. Mais soit préoccupation, soit mauvaise foi, soit plutôt l'une et l'autre ensemble, cette première démonstration est toujours mise de côté. Cette marche est aussi sûre que facile pour aller toujours devant soi sans trouver d'obstacle. Écartez un moment, prenez pour non avenues trois ou quatre vérités éternelles, oubliez trois ou quatre faits aussi vieux et aussi certains que l'existence du monde; mettez à la place trois ou quatre principes ou faits également faux, que vous appellerez des vérités sans autres preuves que de les appeler ainsi; et, à partir de ce point, soyez sûrs que, plus vous serez conséquents, plus vous déraisonnerez à votre aise. Telle est l'histoire exacte de toute la philosophie que j'analyse ici; telle est la substance de tous ces livres si scandaleusement fameux, de *l'Esprit*, du *Système de la nature*, du *Code de la nature*, et de tant d'autres écrits de Diderot; d'un *Essai sur les préjugés*, ouvrage anonyme du même genre; d'un autre intitulé *le Bon sens*, anonyme aussi, et dont le titre est le premier mensonge; en un mot, de tous les livres d'athéisme, de matérialisme, de déisme, etc., enfantés depuis trente ou quarante ans. Il y a plus: telle est, comme nous le verrons bientôt, l'histoire des erreurs d'un écrivain bien supérieur à tous ceux-là pour le talent, de J-J. Rousseau, et particulièrement dans un de ses écrits qui a fait le plus de mal, *l'Inégalité des conditions*. Ce n'est pas qu'il soit assez maladroit pour poser d'emblée, comme eux, des extravagances si révoltantes : ses majeures ne sont pas moins fausses pour le fond; mais il les déguise et les enveloppe avec une adresse qui les rend encore plus dangereuses, et qui l'aide à se dispenser, comme eux, de la preuve; et l'on a eu raison de dire que, si l'on n'a pas soin de l'arrêter au premier pas, bientôt sa dialectique, aussi subtile que sa logique est mauvaise, vous entraîne avec lui dans le torrent des conséquences, dont une éloquence insidieusement passionnée vous dérobe l'absurdité.

Nous n'avons pas ici à combattre cette espèce d'art : l'auteur du *Code* présente le mal sans déguisement et sans apprêt. Tout est également insensé et impudent, au point que l'on pourrait regarder la réfutation comme inutile; mais il ne faut pas perdre de vue l'époque où nous sommes. Avant la révolution, ce livre n'avait guère fait plus de fortune ni plus de bruit que ceux de Lamettrie: sa grossière immoralité était la pâture secrète de ce qu'il y avait de plus ignorant ou de plus pervers dans toutes les classes de la société; et le zèle même de ceux à qui leur état faisait un devoir de combattre les mauvais livres avait abandonné celui-là à sa honteuse destinée. Mais tout est changé, et il est monté au premier rang avec l'espèce d'hommes pour qui seuls il était fait, et qui auparavant étaient comme lui au dernier. Pour dire tout en un seul mot, vous allez y retrouver toute la morale et toute la législation *révolutionnaires*. Je dois donc vous prier, Messieurs, de résister comme moi au dégoût : il le faut. L'ignorance est devenue a la fois si commune et si puissante! la déraison, déjà si confiante, est devenue si insolemment despotique depuis qu'elle a joint les piques au sophismes, les poignards aux mensonges, et des décrets aux attentats! on répète encore tous les jours si fièrement de si absurdes horreurs! C'en est assez, je l'espère, pour que les hommes honnêtes et éclairés, se souviennent que, si la vérité n'a pas pour eux besoin de preuves, le vice et l'imposture n'en ont pas besoin non plus pour les sots et les méchants, et c'est eux qu'il faut, ou détromper, ou confondre.

Pour avoir le droit de tout attaquer, l'auteur commence par mettre tout en problème, et comme la propriété est fondée sur la morale, sur l'idée du juste et de l'injuste, c'est la morale qu'il lui importe d'abord de renverser avant d'en venir à la propriété. Il déclare donc que la morale n'est autre chose que l'ouvrage du caprice des hommes, et un composé de notions arbitraires. Voici ses termes :

« Il est surprenant, pour ne pas dire prodigieux,
« de voir combien notre morale, *à peu près la même*
« *chez toutes les nations*, nous débite d'absurdités
« sous le nom de principes et de maximes incontes-
« tables. Cette science, qui devrait être aussi simple,
« aussi évidente dans ses premiers axiomes et leurs
« conséquences que les mathématiques elles-mêmes,

« est défigurée par tant d'idées vagues et compli-
« quées, par tant d'opinions qui supposent le faux,
« qu'il semble presque impossible à l'esprit humain
« de sortir de ce cahos; il s'accoutume à se per-
« suader ce qu'il n'a pas la force d'examiner. En
« effet, il est des millions de propositions qui passent
« pour certaines, d'après lesquelles on argumente
« éternellement. *Voilà les préjugés.* »

Remarquez d'abord, dans ce peu de lignes, tous les moyens d'astuce sophistique qui sont les procédés ordinaires de la secte que nous combattons, et qui doivent la rendre à jamais exécrable à tous ceux qui comptent pour quelque chose la bonne foi et le respect de la vérité. Il y a d'abord ici un aveu précieux, et qui sans doute n'est échappé à l'auteur que parce qu'il voulait tout envelopper dans la même réprobation; ce sont ces mots qu'il ne faut pas oublier : « Notre morale, *à peu près la même*
« *chez toutes les nations.* » Il est clair qu'il s'agit ici de la morale universelle, et je ne l'observe pas sans raison; car ce n'est nullement une *science,* comme il lui plaît de la nommer quelques lignes après pour donner le change. La morale en elle-même est ce qu'on appelle *la loi naturelle*, écrite dans la conscience de tous les hommes; et c'est précisément ce qui fait qu'elle est, comme l'auteur l'avoue expressément, *à peu près la même chez toutes les nations*, malgré la diversité des climats et des gouvernements. Il y a donc ici un caractère d'uniformité dont l'auteur chercherait tout de suite la cause, s'il savait ou s'il voulait procéder régulièrement; mais comme

cette cause est justement ce qu'il ne veut pas trouver, il se hâte de confondre cette morale naturelle avec la morale méthodique, dont les philosophes ont fait une *science*; et comme dans ses différents traités il se trouve différentes applications particulières des principes généraux qui sont les mêmes, arrivent sur-le-champ au secours de notre sophiste ces qualifications déclamatoires et outrageusement exagérées, qui paraissent tomber sur la morale même, et qui, dans le peu qu'il y a de vrai, ne peuvent regarder que les différentes opinions des moralistes sur des cas particuliers, comme sont celles des jurisconsultes sur l'application accidentelle des meilleures lois. Graces à ce petit artifice qui n'est pas bien fin, mais qui, en pareille matière, l'est toujours assez pour des lecteurs ignorants ou complices, voilà que cette morale, qui était *à peu près la même chez toutes les nations*, n'est plus, quelques lignes après, qu'un *chaos dont il semble presque impossible de sortir, des millions de propositions qui passent pour certaines.... Et voilà les préjugés!* Voyez-vous le chemin qu'il a fait en deux phrases, pour ne plus trouver dans *la morale de toutes les nations qu'un chaos de préjugés?* Entendez-vous tous les sots qui croient avoir entendu quelque chose redire avec lui : *Et voilà les préjugés!* Mais quiconque ne sera pas un sot arrêtera le discoureur au premier pas, et lui dira : Vous débutez par une impossibilité morale: pour peu que vous sachiez ce que c'est, et que vous entendiez le langage philosophique, il y a impossibilité morale à ce que *toutes les nations*, sujettes à penser diversement sur toutes sortes de matières, s'accordent sur une seule à penser uniformément dans tous les temps et dans tous les lieux, à moins qu'il n'y ait dans cette matière quelque chose de particulier et d'essentiel à la nature de l'homme qui ne puisse pas plus varier que cette nature même; c'est-à-dire sauf quelques cas d'exception qui existent dans tout ordre humain, et qui eux-mêmes prouvent l'ordre et la généralité. Vous voilà donc obligé de me rendre compte de cette distinction unique que vous-même reconnaissez dans la morale, et qui ne se retrouve nulle part. Pourquoi n'en dites-vous pas un seul mot?

Il est vrai, Messieurs, qu'il n'en dit rien; mais c'est ici l'occasion d'aller au-devant du sophisme trivial, que les ennemis de la morale naturelle ne manquent pas de faire sonner bien haut quand on leur dit, comme ici, qu'il est moralement impossible que tous les hommes se soient donné le mot pour regarder comme *des maximes incontestables une prodigieuse quantité d'absurdités débitées sous le nom de principes*. Savez-vous ce qu'ils répondent? Ils font le dénombrement des erreurs de physique, d'astronomie, de géographie, etc., qui ont été en différents temps accréditées dans le monde; et il ne leur en faut pas davantage pour rejeter avec hauteur cet axiome éternel, que le sentiment unanime de tous les hommes, dans tous les temps, est une loi de la nature. Quand Cicéron répétait cet axiome universellement avoué, et sur lequel personne ne peut se méprendre, qu'aurait-il dit si quelqu'un lui eût objecté des opinions erronnées dans des matières dont les trois quarts et demi du genre humain n'ont jamais entendu parler, et dont ils ne se soucient pas plus que si elles n'existaient pas? S'il s'était abaissé jusqu'à répondre à une si pitoyable défaite, n'aurait-il pas été en droit de répliquer au sophiste : Vous dites une double sottise, car vous vous appuyez sur une parité qui est doublement fausse : 1° ces erreurs des savants et des philosophes n'ont jamais été uniformes; elles ont varié suivant les temps et les lieux : 2° (et c'est ce qui est capital) les spéculations scientifiques n'ont aucun rapport essentiel avec la destination essentielle de l'homme, qui est son bien-être social dans ce monde, et son bonheur futur dans l'autre. C'est là ce qui importe également à tout homme, de connaître sa fin et ses devoirs; c'est là-dessus qu'est fondée toute société, et nullement sur des connaissances physiques plus ou moins parfaites. Quand on croyait que le soleil tournait autour de la terre et que la terre était immobile, les habitants de la terre ne se ressentaient pas plus de cette méprise que la marche des corps célestes ne se ressentait de la mauvaise physique de l'antiquité; tout allait de même, et ni plus ni moins. Sentez-vous le ridicule d'assimiler ce qui est si étranger à la plupart des hommes avec ce qui est partout d'une indispensable nécessité?

C'est pourtant là, Messieurs, l'unique argument des athées, et celui que je leur ai entendu répéter mille fois contre la preuve de l'existence d'un Dieu, tirée du sentiment intime de tous les hommes. « Tous

« les hommes n'ont-ils pas cru qu'il n'y avait point
« d'antipodes, jusqu'à ce que la découverte du Nou-
« veau-Monde en eût prouvé l'existence? » Voilà leur
phrase banale, et ils croyaient avoir répondu.

Mais à présent j'ajouterai, pour compléter cette
preuve et assigner la raison de cette uniformité de
morale que l'auteur du *Code* a énoncée comme en
passant, et s'est bien gardé d'expliquer, qu'il
était impossible au Dieu créateur, que Diderot veut
bien reconnaître dans ce livre, de ne pas donner à
l'homme, qu'il a fait pour la société, l'espèce de connaissances sans lesquelles il ne pouvait pas y avoir
de société; autrement Dieu eût été inconséquent,
ce qui répugne. Or, ces connaissances sont celles
qui résident dans le sens intime commun à tous
les hommes, dans la conscience du juste et de
l'injuste. S'il eût été possible que les hommes ne
s'accordassent pas généralement sur ces premiers
sentiments, sur ces premiers devoirs; s'ils eussent
été assez philosophes pour mettre en question si
un champ appartenait à celui qui l'avait ense-
mencé et cultivé, une cabane à celui qui l'avait
bâtie, la dépouille d'une bête à celui qui l'avait
tuée, le bien d'un père à ses enfants, et les enfants
à leurs parents, etc. (et c'est bien là l'origine de
toute propriété naturelle, même avant la propriété
légale); si ces principes n'avaient pas été dans la
conscience et à la portée de tous, jamais une seule
peuplade n'aurait pu se former. La philosophie,
qui les a réduits en problèmes, aurait bientôt, si
elle eût régné, anéanti l'espèce humaine. Ce sont

au contraire ces *préjugés*-là, comme on les appelle dans le *Code*, qui l'ont établie en société, qui l'y ont maintenue et l'y maintiendront, parce que la Providence ne permet pas qu'on touche impunément à son ouvrage. La révolution en est une terrible preuve.

Il ne tiendrait qu'à moi d'opposer encore ici philosophe à philosophe, et de faire voir que Voltaire a beaucoup mieux raisonné en vers que Diderot en prose sur *la loi naturelle*, dans un poème fait exprès sur ce sujet, où il prouve qu'elle n'est nullement d'institution humaine, mais divinement gravée dans notre âme par celui qui a fait notre âme, et où il distingue très bien ce qu'on affecte ici de confondre, c'est-à-dire ce que les opinions, les mœurs, les lois des différents temps et des différents peuples peuvent avoir d'arbitraire en elles-mêmes, et ce qui est essentiel et imprescriptible dans les idées morales communes à tous les hommes. Vingt fois le même écrivain, parlant comme pur déiste, a réfuté en prose les mêmes chicanes dont il se moque en vers. Mais ce n'est pas encore ici le moment de mettre aux prises nos adversaires les uns avec les autres; c'est un spectacle trop singulier et trop réjouissant pour ne pas le montrer dans toute son étendue, et c'est par où je finirai.

Mais il y a une autre espèce de sophisme dans le passage de Diderot, et d'autant moins à négliger, qu'il est tous les jours dans la bouche des élèves de la secte; ce qui indique d'avance combien il est frivole, puisqu'il est à leur portée : c'est la parité captieuse entre la morale et les mathématiques, parité dont il est bon de marquer le vrai et le faux. A les entendre, si les principes de la morale avaient la même évidence que les propositions d'Euclide, elles forceraient de même l'assentiment universel; et c'est ce que Diderot insinue ici fort malignement, lorsqu'il dit que « *cette science* devait être aussi simple, « aussi évidente dans ses premiers axiomes *et leurs* « *conséquences*, que les mathématiques elles-mêmes. » L'artifice est dans ces mots *et leurs conséquences ;* car, à l'égard des *axiomes*, ils sont, quoi qu'en dise l'auteur, ce qu'ils doivent être, d'une *évidence* égale à leur simplicité. Mais avant de dire pourquoi les *conséquences* ne sont pas toujours, et même ne peuvent pas toujours être absolument de la même *évidence* pour tous les hommes, je dois vous faire observer ce dont je vous avais prévenus d'avance sur la marche des sophistes. Si l'auteur avait regardé comme un devoir ce qui en est un, sur-tout dans des matières de cette importance, de procéder régulièrement et de bonne foi, il était tenu, avant tout, de nous citer des exemples de ces *absurdités* données en morale pour des *vérités incontestables*, et de les remplacer ensuite par ces *axiomes*, qui doivent être comme ceux des mathématiques ; et sur l'un et l'autre pas une phrase, pas une ligne, pas un mot; et pourquoi? c'est que c'était là la question, et par conséquent ce dont, en sa qualité de sophiste, il a juré de ne jamais parler. Il se sert même exprès d'une tournure ambiguë, et qui le dispense d'affirmer ce qui aurait pu paraître trop révoltant, qu'il n'y a en effet aucune loi naturelle, aucun ordre moral, si ce n'est ce qu'il appelle *les affections bienfaisantes*, qu'il a soin, comme vous le verrez, de faire naître seulement de nos besoins. C'est toujours le même fond de systèmes, plus ou moins déguisé ou modifié, celui de la *sensibilité physique*, ou de l'*animalité*, ou de l'*organisation*, toujours à l'exclusion de tout ce qui suppose une faculté intelligente, capable de discerner, par sentiment et raisonnement, le juste et l'injuste. Ainsi, en nous disant ce que *devrait être* la morale, il s'abstient de dire s'il y en a une ou s'il n'y en a pas, et dans tout son livre il n'en est pas question. Il déclame contre tout ce qu'ont fait les hommes et les législateurs; il déclame sur tout ce qu'on aurait dû faire, et rien de plus. Et à quoi bon s'envelopper ainsi? Vous allez le savoir. Si on lui eût dit : Répondez net; y a-t-il ou n'y a-t-il pas de morale, de loi naturelle? Il aurait répondu, pour peu qu'il y eût de danger à dire non : « Vous voyez « bien que de mes paroles mêmes il suit qu'il y en « a une. Quand je dis qu'elle *devrait être* simple et « évidente comme les mathématiques, n'est-ce pas « dire qu'elle existe? Dire qu'une chose devrait être « telle, mais qu'on l'a faite tout autre, c'est au moins « affirmer qu'elle est. » Mais je suppose qu'un de ses confrères, un athée, lui eût dit : A quoi pensez-vous donc? Est-ce que vous voudriez insinuer, en rapprochant la morale et les mathématiques, qu'il y a une morale comme il y a des mathématiques? Alors il aurait répondu : « Vous devez voir le contraire ; « car, en disant ce que *devrait être* la morale, et ce

« que j'affirme être tout le contraire de ce qu'on
« appelle morale, j'affirme implicitement, mais clai-
« rement, que la morale est une chimère, un être
« de raison, comme les *formes substantielles* de l'école.
« Et ne voyez-vous pas que, si je l'avais dit aussi
« crument, tous ces *cagots* de déistes auraient crié
« comme Voltaire, et réclamé leur *grand Être* et
« leur conscience, etc. » Vous voilà, Messieurs, initiés tout comme moi dans les rubriques de la secte;
elles ont été un peu négligées, il est vrai, depuis la
révolution qui en dispensait; mais ne croyez pas
qu'on y ait tout-à-fait renoncé. Non, cela dépend
du caractère et du genre de prétention. Parmi les
athées, il y en a tel qui se sait si bon gré de l'être,
qu'il le crie à pleine tête dans un salon, au milieu
d'un cercle : celui-là ne s'assiéra pas à côté d'une
personne inconnue sans lui apprendre, à la seconde
ou peut-être à la première phrase de sa conversation,
qu'il *n'y a pas de Dieu*. Il ne se nomme pas sans
ajouter : *Et on sait que je suis athée**. Ce sont les
zélés du parti. Mais il y a aussi les politiques, ceux
qui spéculent sur tel état de choses éventuel où il y
aurait peut-être quelque inconvénient à s'être déclaré athée un peu trop haut : ceux-là ne s'en ca-
chent pas trop, il est vrai, ni dans leurs écrits, ni
dans leurs conversations; ils ne manquent jamais de
justifier les athées, et de faire cause commune avec
eux. Mais pourtant, si vous imprimiez de l'un d'eux
qu'il est athée lui-même, il crierait à la *calomnie*,

---

* Ces détails sont d'une exactitude littérale, et il y a tel philosophe que là-dessus tout le monde nommera.

attendu qu'il n'a jamais écrit en toutes lettres, dans aucun ouvrage : *Il n'y a pas de Dieu.*

Revenons à l'insidieuse comparaison de la morale et de la géométrie. Les axiomes de l'une doivent être et sont en effet de la même certitude que ceux de l'autre, puisque en philosophie l'évidence qui naît du sens intime équivaut à celle du raisonnement; et en effet, il n'est pas plus sûr qu'un triangle ne peut exister sans trois côtés, qu'il ne l'est que *nous ne devons pas faire à autrui ce que nous ne voudrions pas qu'on nous fît.* Jusque-là tout est égal. La différence est et doit être dans l'application. Celle des vérités mathématiques se fait par l'entendement seul, qui, en suivant les règles du calcul, ne saurait se tromper, et sur-tout n'a aucun intérêt à se tromper. Celle des vérités morales ne se fait pas seulement par l'intelligence, mais bien davantage et bien plus souvent par la volonté, que les passions égarent, et qui dès lors obscurcit l'entendement ou résiste à la raison. Cette distinction est-elle assez sensible et assez décisive? Ne s'ensuit-il pas que dès lors l'incertitude et l'obscurité ne sont pas dans la chose, mais dans l'homme intéressé à les y porter? Connaissez-vous quelque chose de plus pitoyable que ce raisonnement, si commun parmi ceux qui voudraient que la morale n'eût rien de certain, afin qu'elle n'eût rien d'obligatoire : « S'il y avait réellement une justice, « tout le monde conviendrait de ce qui est juste, « comme l'on convient que deux et deux font quatre?» Doit-on avoir plus de pitié que de mépris, ou plus de mépris que de pitié pour des hommes capables de se payer de pareilles inepties ? Qui peut ignorer qu'il n'y a rien de démontré pour les passions, si ce n'est ce qui les favorise ? Quel est l'homme qui n'a pas assez d'esprit pour être sophiste dans sa cause ? Mais de ce que l'intérêt déraisonne, s'ensuit-il qu'il n'y ait plus de raison ? Ce qui est renfermé dans l'idée claire d'un objet et en constitue l'évidence, cesse-t-il d'y être parce que la passion s'obstine à ne l'y pas voir ? S'il n'y avait pas d'évidence en morale, c'est qu'il n'y en aurait dans rien; car celle-là est de même nature que toute autre, et nos adversaires admettent une evidence dans les faits et les calculs des sciences exactes et physiques. Il y a plus : l'auteur lui-même du *Code* prétend bien nous montrer l'évidence dans son système, qui renverse toute morale. Il la croit donc possible, cette évidence, en matière purement spéculative : et elle ne le serait pas dans le système opposé au sien, et qui est celui du monde entier ! Il ne saurait nier la parité; et dès lors tout rentre dans l'examen du rapport des idées avec les choses, pour décider qui a raison, ou de l'auteur du *Code*, ou du monde entier. C'est précisément cet examen qu'il aurait bien voulu éluder en rejetant toute certitude en morale; mais c'est précisément aussi ce qui suffirait pour le condamner d'avance, puisqu'il a commencé par poser en fait, non-seulement ce qui n'est pas, mais ce qu'il n'essaie pas même de prouver.

Mais, suivant l'usage, il cherche des autorités dans de grands noms, et outrage de grands hommes jusqu'à vouloir en faire ses complices. « Dans les

« derniers temps, et même de nos jours, les Bacon,
« les *Hobbes*, les Locke, les Montesquieu, les Pope,
« ont tous aperçu que la partie la plus imparfaite
« de la philosophie était la morale, tant à cause
« de la complexité embarrassante de ses idées, que
« par l'instabilité de ses principes, par l'irrégularité
« de sa méthode qui ne peut rien réduire en dé-
« monstration, trouvant à chaque pas des propo-
« sitions dont la négative peut également se dé-
« fendre. »

Avec un homme qui va toujours affirmant sans rien prouver, la simple dénégation pourrait suffire. Il suffirait de lui répondre : Jusqu'à ce que vous nous citiez ces propositions morales *sur lesquelles on peut également soutenir le pour et le contre*, j'affirme qu'il n'y en a point; Jusqu'à ce que vous nous fassiez voir en quoi consiste *l'instabilité des principes de la morale*, j'affirme que cette *instabilité* n'existe point; et certainement tout serait égal entre le sophiste et moi, si ce n'est qu'il resterait à peu près seul de son côté avec quelques écrivains aussi décriés que lui, et que j'aurais du mien tous les plus illustres moralistes anciens et modernes, avec le témoignage de toutes les nations. Mais il est généralement plus utile d'éclaircir l'erreur que de la mépriser; et quand l'erreur n'est que de la mauvaise foi, il suffit de remettre les choses à leur place. C'est seulement sur la *méthode* (mot que glisse subtilement l'auteur pour confondre les notions naturelles de la morale avec les traités didactiques qui en ont classé les devoirs); c'est uniquement sur cette partie scientifique que peuvent tomber les reproches d'*embarras* et de *complexité*, qui peuvent s'adresser de même, plus ou moins, à tous les livres méthodiques composés sur toutes les parties de la philosophie, sans que pour cela jamais personne ait prétendu qu'il n'y avait point de *vérités incontestables* en logique, en métaphysique, en physique, etc., parce que ceux qui en traitaient dans leurs écrits, en expliquaient différemment quelques conséquences, ou en posaient différemment les bases. C'est là-dessus seulement que les Bacon, les Locke, les Montesquieu, les Pope, ont pu désirer des rédactions plus parfaites, des méthodes plus exactes. Mais il est faux qu'aucun d'eux ait jamais attribué ces défectuosités de composition à l'*instabilité* de la morale; et pour qu'on ne doute pas de mon assertion, c'est assez que l'auteur n'ose alléguer aucun exemple, un seul passage de ces philosophes à l'appui de la sienne; car s'il eût pu en trouver un, vous pouvez juger avec quelle joie, quelle exaltation, il eût tâché d'en tirer parti. Après ce que nous avons vu Helvétius et Diderot risquer en ce genre, et après tout ce que nous verrons encore, nous pouvons hardiment, de leur silence, conclure toujours l'impossibilité. Concluez-la sur-tout de cette autre assertion, avancée de même sans la plus légère preuve, que dans nos méthodes de morale, *rien ne peut être réduit en démonstration.* Cela est aussi faux de la morale en elle-même que d'aucune des *méthodes* connues dans les classes de philosophie, quelle qu'en puisse être l'imperfection. Je réponds à sa pensée comme à ses paroles; car si celles-ci ne se rapportent qu'à la *méthode*, celle-là indubitablement se rapporte à la morale même. Le *Code* entier ne laisse là-dessus aucun lieu à l'équivoque.

Passerons-nous sous silence un homme tel que Hobbes, placé sur la même ligne avec les *Bacon*, les *Montesquieu*, etc.? Puisque Diderot n'en a pas craint la honte, il faut la lui faire tout entière. Tout ce qu'il y gagnera, c'est que vous verrez qu'avant lui, dans le dernier siècle, il y eut en effet un écrivain anglais qui put revendiquer sur Diderot la primauté de beaucoup de paradoxes impudemment absurdes et pervers. Vous allez juger sur-le-champ si les qualifications sont trop fortes. Quelques lignes fidèlement extraites de ce Hobbes vous feront comprendre quels *axiomes* lui ont valu l'estime de Diderot. « Le vrai et le faux ne sont
« que des mots dont nous ne pouvons constater
« la réalité..... Il n'y a aucune propriété légitime.....
« Il n'y a rien qui soit naturellement juste ou in-
« juste.... Tous ont naturellement droit sur tout....
« Le droit naturel n'est autre chose que la liberté
« d'user à son gré de ses moyens de considération,
« etc., etc..... » Voilà, Messieurs, quelques-unes des bases de la philosophie de Hobbes. Vous conviendrez qu'elles sont éminemment *révolutionnaires*, et peut-être serez-vous surpris que le nom d'un philosophe de cette force n'ait pas retenti chaque jour dans nos harangues et nos feuilles *patriotiques*, qu'il n'ait pas été un des apôtres dont on citait les ora-

cles, que son portrait ne soit pas à la Convention, et qu'on ne lui ait pas au moins *décrété* une rue de son nom, comme à quelques autres qui en vérité ne le valaient pas, et qui n'ont fait que le répéter. Un seul mot expliquera le sujet de votre surprise. Hobbes a écrit en latin, et il n'y en a pas de traduction connue. Or, vous savez que l'érudition de nos patriotes ne s'étendait pas communément jusqu'au latin ; et de plus, Hobbes ne s'était pas fait un devoir, comme nos philosophes, de se mettre à la portée de l'ignorance, afin *de propager la vérité*. Il est abstrait, et même profond, comme on peut l'être en athéisme et en immoralité, c'est-à-dire qu'il va très avant dans le faux, et qu'il bâtit très savamment sur des abîmes et sur des nuages. Il fut proscrit tour-à-tour en Angleterre et en France ; mais il mourut tranquille sous la protection de Charles II, par deux raisons ; d'abord parce qu'il avait enseigné les mathématiques à ce prince, lorsque tous deux étaient également réfugiés à Paris ; ensuite parce que dans son livre intitulé *de Cive* (du Citoyen) il avait poussé les droits de la monarchie jusqu'au despotisme ; car cet homme, qui avait un esprit si indépendant, avait le cœur esclave. Tous nos prédicateurs de matérialisme et d'impiété l'ont mis largement à contribution, et ne s'en sont pas vantés.

L'auteur du *Code* ne s'écarte de Hobbes qu'en un seul point : celui-ci soutient que l'homme est essentiellement méchant : il définit le méchant *un enfant qui a de la force : homo malus, puer robustus.*

Ce mot, qui est ingénieux et vrai en un sens, est en lui-même, et bien entendu, la réfutation de l'auteur qui l'a dit. Il est bien vrai qu'il ne manque à l'enfant que de la force pour faire beaucoup de mal; mais pourquoi? c'est que sa force ne serait pas réglée par la raison; et si le méchant, avec toutes ses forces et toute sa raison, abuse des unes, c'est qu'il n'écoute pas l'autre. Mais à qui la faute? A sa volonté sans doute, et non pas à sa nature, puisque celui qui obéit à cette raison dans l'emploi de ses forces s'appelle *bon*, comme l'autre s'appelle *méchant*. Il n'y a donc là rien d'*essentiel* de part ni d'autre, si ce n'est la faculté de suivre ou de ne pas suivre la raison, faculté qui n'est autre chose que la liberté de l'homme. Ce raisonnement est sensible pour tout le monde, et sur-tout pour ceux qui savent la valeur du mot *essentiel* dans la langue métaphysique. Mais c'est ici encore, puisque j'en ai l'occasion, que je dois faire voir dans l'Évangile cette métaphysique sublime qui n'est méconnue que par l'ignorance. C'est là que sont toutes les vérités premières, pour qui les y cherche de bonne foi. Jésus-Christ, qui ne voulait pas faire des docteurs, n'a pas donné ses leçons dans la forme des traités de philosophie, comme le voudraient ceux qui regardent comme au-dessous d'eux d'étudier ou d'entendre la sienne. Il a dit au cœur humain tout ce qui était nécessaire pour l'attirer à la foi par l'amour, et il s'est mis alors à la portée des plus simples, à qui cette lumière suffit comme à tous. Mais en même temps il a semé dans ses discours divins le germe des vérités les plus hautes, pour ceux qui seraient capables de les apercevoir, c'est-à-dire pour ceux qui n'obscurciraient pas leur propre jugement par l'orgueil. Je vais en citer un exemple qui n'étonnera que ceux qui n'ont jamais cru que l'Évangile méritât d'être approfondi, mais qui les étonnera au point qu'ils n'auront rien à y répondre. Ce n'est point m'écarter de mon sujet; car l'explication des paroles de Jésus-Christ, philosophiquement démontrée, sera la réfutation de deux erreurs tout opposées : celle de Hobbes, qui prétend que l'homme est méchant par sa nature, et celle de Rousseau et de Diderot, qui soutiennent qu'il est naturellement bon. Nous détaillerons dans la suite, à l'article de Rousseau, comment et pourquoi la dernière de ces deux erreurs était la plus pernicieuse, et a dû faire plus de mal que l'autre, quoiqu'elle se présente sous un aspect beaucoup moins repoussant. Mais je ne veux d'abord considérer, dans les deux thèses, que le principe dont je prouverai la fausseté d'après les paroles de Jésus-Christ. Quelqu'un s'adressant à lui, l'avait appelé *bon Maître*, *Magister bone*. Jésus-Christ ne parlant ici que comme homme et comme simple envoyé de Dieu, répond : « Pourquoi m'appelez-vous *bon?* « Il n'y a de *bon* que Dieu seul. » *Non est bonus, nisi solus Deus.* Il est d'abord évident qu'il s'exprime ici dans toute la rigueur philosophique; car, dans le langage usuel, lui-même admettait comme tout le monde, la distinction des bons et des méchants. Mais comme toutes ces paroles sont faites pour être méditées, et qu'il n'y en a pas une qui ne tende à nous instruire, il nous est permis de chercher dans celle-ci tout ce qu'elle contient; et si nous n'y voyons rien qui ne rentre dans sa doctrine et dans l'esprit des mystères de notre religion, nous pouvons être sûrs de ne pas nous tromper. Voici donc ce qui est contenu dans cette proposition du maître de toute science.

Celui-là seul est réellement et essentiellement bon, qui est bon par lui-même, c'est-à-dire dont la bonté est renfermée dans l'idée de son essence, tellement qu'il est bon parce qu'il est lui, et que, s'il n'était pas bon, il ne serait pas. Cela n'appartient qu'à Dieu, et l'on en convient; il n'y a pas là-dessus de controverse parmi tous ceux qui reconnaissent un Dieu. Mais il s'agit des conséquences, qui n'ont pas été, à beaucoup près, aperçues et saisies comme le principe. Si Dieu seul est bon parce qu'il l'est par lui-même, il s'en suit qu'aucune de ses créatures ne peut partager cet attribut incommunicable, qu'aucune ne peut avoir une bonté absolue, mais seulement une bonté relative à sa nature; et dans toute intelligence créée, cette bonté ne peut consister que dans la conformité à la loi de son auteur, puisque la perfection appartient au Créateur, et la dépendance à la créature. Tout cela est conséquent et évident. Dieu qui ne peut rien faire qui ne soit bon, mais seulement de cette bonté relative que je viens d'expliquer, a donc fait l'homme bon dans ce sens, dans ce seul sens, dans le même sens où il est dit que toutes les œuvres du Créateur étaient bonnes, *très bonnes*, *valdè bona*. Il donna au premier homme la loi naturelle, celle de la conscience, et y ajouta la loi de la dépendance, renfermée dans cette défense dont la violation a été si fatale. Mais cette dépendance de la loi de Dieu n'excluait nullement la liberté de l'homme ; et pourquoi? c'est qu'il fallait que l'homme fût libre, par cela seul qu'il avait reçu l'intelligence ; et c'est une des vérités métaphysiques que n'ont pas aperçues ceux qui ont si follement nié la liberté de l'homme. Ils n'ont pas vu qu'il y aurait contradiction, impossibilité à ce qu'une substance intelligente ne fût pas libre, car à quoi lui servirait l'une sans l'autre ? Que serait l'intelligence sans la liberté ? Ce serait une faculté active sans action. Cela répugne autant que si Dieu nous eût donné des mains sans aucun pouvoir de les remuer; et Dieu ne saurait être inconséquent. La bonté de l'homme est donc subordonnée à l'usage de sa liberté réglé par la loi divine. Il n'est bon qu'autant qu'il suit cette loi ; il est mauvais dès qu'il s'en écarte. Et qu'on ne dise pas que la loi détruit la liberté : ce serait une absurdité aussi évidente que si l'on disait que les déterminations de l'homme ne sont pas libres, parce qu'il a reçu la raison pour les diriger; que les actions des citoyens ne sont pas libres, parce qu'ils doivent les subordonner aux lois de la cité. Hélas! c'est pour n'avoir pas entendu ni voulu entendre ces notions si simples, mais qui demandent l'attention et la bonne foi, que l'on s'est tant égaré, en morale et en politique, dans l'acception du mot de *liberté.*

Tout ce qui est ordre essentiel, c'est-à-dire coordonné par la raison aux rapports essentiels de la nature humaine, à son bien-être et à sa fin, non-seulement n'altère pas sa liberté, mais même est ce qui la constitue, en morale comme en politique. La sagesse humaine l'a même compris, puisqu'elle a posé si souvent ces deux thèses, que la liberté civile consistait dans l'obéissance aux lois, et que la liberté morale consistait à obéir à la raison. La preuve en est claire, et les anciens philosophes l'avaient très bien vue. Quand est-ce que l'on s'écarte de la raison? C'est quand on est maîtrisé par la passion. Dès lors vous n'êtes donc plus libre. Quand est-ce aussi que la liberté civile est menacée? C'est quand les volontés particulières prennent la place de la volonté publique, qui est la loi émanée de l'autorité légitime, quelle qu'elle soit; et dès lors on ne repose plus sous le paisible abri de la loi, on est exposé au pouvoir arbitraire de la force, on n'est plus libre. J'indique souvent ces rapprochements de choses qui paraissent très diverses, pour bien confirmer cet axiome, si capital en philosophie, que toute espèce d'ordre remonte toujours à un même principe, que toute espèce de désordre tient originairement à une même cause.

Maintenant que nous avons bien établi quelle est l'espèce de bonté dont l'homme est susceptible, voyons d'où est venue la méprise des sophistes modernes, qui l'ont également méconnu, soit en le faisant nécessairement méchant, soit en le faisant bon tout autrement qu'il ne l'est et ne peut l'être.

C'est des deux côtés erreur de l'imagination fortement frappée. Hobbes et consorts ont vu la société exposée à des désordres plus ou moins grands, selon que l'action du gouvernement était plus ou moins répressive. Hobbes en a conclu que, puisque le frein de la morale était insuffisant sans le secours des lois, qui ne doivent leur origine qu'au besoin général, le frein moral n'existait pas, et qu'il n'y en avait pas d'autre que l'autorité coërcitive, sans laquelle chacun serait plus ou moins méchant. Ce n'est pas la peine de dire à quel point cette opinion est fausse. Elle a été réfutée partout, et même par plusieurs des philosophes que je combats. Son erreur tenait d'ailleurs, comme vous l'avez vu, à toutes les conséquences du matérialisme pur, et de l'athéisme, qui ne s'en sépare guère. Rousseau, tout au contraire, et Diderot, et ceux qui les ont suivis, ont mieux aimé se persuader que les maux et les crimes du monde ne venaient pas de notre nature, qui, selon eux, est bonne par elle-même, mais d'un vice radical, inhérent à tous les gouvernements établis, qui, selon eux, sont tous faits pour rendre l'homme méchant. C'est une absurdité tout autrement grave par ses résultats, une absurdité vraiment monstrueuse, et qui ne tend pas à moins qu'au bouleversement de tout ordre social chez toutes nations. Mais à quoi tenait-elle chez les écrivains qui les premiers l'ont mise en avant ? A un excès d'orgueil qui produisait deux effets également avoués, également odieux et coupables : l'un était l'aversion pour toute autorité, parce qu'il n'y en avait pas une qui ne leur parût une injure à leur supériorité personnelle; l'autre, la conviction intime que cette même supériorité était suffisante en eux pour donner au monde une nouvelle forme, et au genre humain de nouvelles lois. Il n'y a personne qui ne doive à présent s'apercevoir combien cette prétention était plus dangereuse que le paradoxe du misanthrope anglais; et nous pouvons d'abord observer, d'après l'expérience, que c'est un plus grand mal de flatter la nature humaine que de la calomnier : son amour-propre se défend bien mieux de l'un que de l'autre. On a dit, et non sans raison, du système de Hobbes, qu'assurer que tout homme est méchant, *c'était inviter à l'être.* Oui, et je crois bien que des hommes décidément pervers ont pu ne pas rejeter une excuse dont ils avaient besoin. Mais c'est partout le petit nombre, même depuis notre révolution, ce qui est sans réplique; et partout aussi, hors dans les convulsions passagères de cette révolution, les lois sont là pour contenir les méchants. Au contraire, une doctrine qui va droit à la subversion de tous les appuis quelconques du corps politique; une doctrine qui pose en fait que la cause unique, la cause primitive et subsistante de tous les maux de la société est précisément dans ces mêmes lois qui la maintiennent; une doctrine qui nous apprend que, sans ces mêmes lois, qui sont la seule digue contre les ravages des passions malfaisantes, ces mêmes passions n'existeraient pas; une semblable doctrine fournit bien plus qu'une excuse à tous les vices et à tous les crimes : elle leur offre le plus spécieux prétexte pour usurper le titre et les droits de la sagesse et de la vertu, pour tout oser sans rougir de rien, pour tout renverser sous ombre de tout reconstruire, pour tout envahir sous la promesse de tout réparer. Certes, le mal qu'ont fait ces écrivains est grand, bien grand : l'étendue s'en développera devant nous à mesure que nous avancerons dans l'examen de leurs livres et de l'usage qu'on en a fait ; et vous verrez bientôt, pour ce qui concerne Diderot en particulier, ce qu'a été pour les brigands de nos jours l'ouvrage que nous examinons.

Après avoir conclu contre les sophistes que l'homme n'est et ne peut être ni absolument bon ni absolument méchant par sa nature, mais que sa bonté ou sa méchanceté ne dépend que de sa libre conformité ou non conformité à la loi du créateur, venons au premier *problème de morale* que Diderot propose en ces termes : « Trouver une situation dans « laquelle il soit presque impossible que l'homme « soit dépravé ou méchant, ou le moins possible. » Ces derniers mots d'atténuation me font présumer que l'auteur fut lui-même frappé un moment du ridicule de sa proposition : mais il n'a pas vu que, si elle était d'abord en elle-même extravagante à force d'être neuve, il la modifiait de façon qu'elle devenait tout-à-coup à peu près nulle à force d'être triviale; car un état de choses *où l'homme ne soit dépravé ou méchant que le moins possible* est tout simplement le problème dont tous les législateurs ont cherché la solution, et Diderot venait un peu tard pour nous en aviser. Mais la différence très grande entre eux et lui, c'est qu'ils ont cherché à résoudre ce problème en législation, et non pas *en morale*, deux objets très distincts, et d'autant plus que l'auteur affecte sans cesse de les confondre dans son fatras scientifique. Ces législateurs savaient ce que nous savons tous, que la morale est invariable, et que ses principes universels ne sont point des sujets de *problème*. S'il se trouvait à l'avenir quelqu'un d'assez malheureux pour en douter, il suffira dans tous les temps de lui rappeler ce que nous avons vu dans le nôtre. A jamais on se souviendra qu'il a existé une fois une puissance, la plus épouvantable qui eût jamais existé, une puissance qui, dominant dans toute l'étendue d'un grand empire, s'est fait un système et un devoir de nommer vertu tout ce qui était crime, et crime tout ce qui était vertu, sans aucune exception; de traiter la vertu comme partout ailleurs on traite le crime, et le crime comme partout ailleurs on traite la vertu, et de soutenir cette doctrine *législative* par tous les moyens de violence et d'oppression les plus atroces qu'il soit possible d'imaginer; et l'on ajoutera que, malgré les efforts de cette puissance, qui a subsisté pendant des années, le crime et la vertu, le bien et le mal, n'en sont pas moins restés, dans la conscience de tous les hommes, ce qu'ils étaient, ce qu'ils seront toujours, et ont bientôt repris leur nom dans le langage général, même avant d'avoir repris leur place naturelle dans l'état, et seulement dès qu'il a été possible d'appeler tout haut les choses par leur nom sans aller sur-le-champ au supplice.

Voilà ce qui ne sera jamais oublié, et ce qui constatera l'indestructible force des idées morales, qui, bien que plus ou moins combattues, dans tous les siècles, par l'erreur, l'ignorance et la perversité, n'avaient du moins jamais eu à soutenir aucune attaque qui ressemblât en rien à cette guerre nouvelle, aussi horrible qu'inouïe.

Il n'en est pas de même de la législation. Personne n'ignore que les lois civiles et politiques sous lesquelles les peuples se sont réunis à diverses époques, soit par une convention expresse ou tacite, soit même par la force des armes, ont toujours varié et devaient en effet varier, et les raisons de cette diversité ont été mille fois expliquées; elles tiennent au climat, au site, aux habitudes naturelles ou locales qui en sont la suite, aux idées religieuses, au caractère national, aux anciennes traditions, aux coutumes, aux besoins, à la richesse ou à la pauvreté du sol, etc. Tout cela est entré et a dû entrer dans les dispositions et les vues des législateurs, dont aucun n'a négligé de s'y conformer, parce que c'était une force prépondérante, qui ne peut être méconnue que des insensés : il n'y a que des insensés qui soient capables de vouloir plier les hommes et les choses sous le niveau de leurs phrases, et tel sera aux yeux de la dernière postérité le caractère de nos *législateurs philosophes*.

Personne ne doute non plus que dans tout gouvernement, même le mieux ordonné, ne se trouvent encore et ne doivent se trouver les désordres et les abus, soit publics, soit particuliers, attachés à la condition humaine. Mais c'est parce que personne, en avouant le mal, n'en a méconnu la cause; c'est parce que tous ont pensé que la sagesse du gouvernement consistait à réprimer sans cesse les abus plus ou moins dangereux, plus ou moins nombreux, plus ou moins inévitables, sans jamais se flatter de les extirper tous ; c'est parce que cette vérité d'expérience vient, depuis tant de siècles, à l'appui de toutes les notions morales sur la nature de l'homme, que les sophistes ont nié hautement l'un et l'autre, se fondant sur cette proposition, qui est l'axiome de leur école : « Si tout est mal, c'est qu'il « n'y a que nous qui connaissions le bien : si l'on « veut que tout soit bien, il n'y a qu'à nous écouter. » Ainsi, pour entrer en matière, Diderot, après avoir posé son *problème*, nous déclare d'abord que, si nous ne sommes pas en état de le résoudre, c'est que nous croyons bonnement que l'amour-propre, qui est dans tous les hommes, est une cause naturelle de leurs fautes et de leurs maux. Le *maître* nous assure que nous n'y entendons rien; que c'est seulement par le vice de la société que l'amour-propre est un vice. « Vous en faites, dit-il, une hydre « à cent têtes; et il l'est en effet devenu par vos pro« pres préceptes. Qu'est-il, cet amour de soi-même « dans l'ordre de la nature? Un désir constant de « conserver son être par des moyens faciles et inno-« cents que la Providence avait mis à notre portée, « et auxquels le sentiment d'un très petit nombre « de besoins nous avertissait de recourir. Mais dès « que vos institutions ont environné ces moyens

« d'une multitude de difficultés presque insurmon-
« tables, et même de périls effrayants, était-il éton-
« nant de voir un paisible penchant devenir furieux
« et capable des plus horribles excès, vous obliger
« à travailler pendant des milliers de siècles*, avec
« autant de peine que peu de succès, à calmer ses
« transports ou à réparer ses dégâts? Est-il éton-
« nant que vous ayez vu cet amour de nous-mêmes,
« ou se tranformer en tous les vices contre lesquels
« vous déclamez, ou bien prendre le masque des
« vertus factices que vous prétendez lui opposer?»

Si un fou, renfermé comme tel, parlait ainsi à travers les barreaux de sa loge, on ne pourrait qu'en avoir pitié; et quoique l'atrocité soit implicitement, mais très clairement renfermée à chaque ligne dans chaque absurdité, on ne prendrait garde ni à l'une ni à l'autre, en faveur de la démence reconnue. Mais c'est un philosophe qui nous dit que, *dans l'ordre de la nature*, l'amour-propre tend au bien-être *par des moyens faciles et innocents*. S'il eût dit dans l'ordre de la raison, je l'entendrais, et je me contenterais de lui répondre qu'avec sa raison l'homme a aussi ses passions, et que si l'une tend à régler l'amour-propre, les autres tendent à l'égarer, et sont très communément les plus fortes. Mais cette méprise n'est rien encore près de l'oubli incompréhensible d'un fait général, dont il ne tient pas plus de compte que s'il n'existait pas; et ce fait, qui apparemment à ses yeux n'est rien ou presque

---

* C'est beaucoup; mais il ne faut pas prendre garde à ce calcul : tous ces *philosophes*-là veulent que le monde n'ait ni commencement ni fin.

rien, c'est l'inévitable concurrence des mêmes besoins partout où les hommes sont rassemblés, et de quelque manière qu'ils le soient. Et que deviennent alors ces moyens *faciles et innocents*, qui pourraient l'être en effet, si chaque individu était seul, mais qui courent grand risque de ne plus l'être dès que l'homme n'est pas seul? et il ne peut ni ne doit l'être, dès qu'il a seulement une famille; et les frères même peuvent devenir ennemis, à dater de Caïn. *Fratrum quoque gratia rara est.* (Ovid. I, 145.) *Rara est concordia fratrum.* Je ne parle pas même ici de l'état de civilisation; je prends l'homme là même où l'auteur ne peut nous objecter le crime de la société, là où il n'y a de loi que la volonté et la force individuelles, et les *affections bienfaisantes* de la nature, à qui Diderot attribue un si grand pouvoir. Assurément, dans cet état, rien n'est plus innocent et plus facile que de tuer un mouton pour en manger la chair et pour se couvrir de sa peau. Mais s'il se trouve là deux hommes qui aient besoin ou envie de l'un et de l'autre (car il serait aussi par trop inepte de supposer que l'homme n'a que ses besoins pour unique mesure de ses désirs), à coup sûr il y aura bataille pour le mouton, à moins qu'il ne se trouve à point nommé un philosophe pour leur prêcher les *affections bienfaisantes ;* encore n'oserais-je pas répondre qu'il fût écouté, et les deux contendants pourraient bien se moquer de ses *affections bienfaisantes*, comme vous avez vu le matelot hollandais se moquer de la raison universelle de Pangloss. Dans l'ordre de cette raison, ils pourraient s'accorder pour le partage; mais dans *l'ordre de la nature*, infiniment plus commun, il y a tout à parier qu'il se battront; et je prends mes preuves où je dois les prendre, où notre adversaire ne saurait les récuser, chez les sauvages. Qui ne sait les guerres sanglantes, les haines implacables qu'excitent entre eux la concurrence de la chasse et de la pêche, et ce que deviennent pour eux ces *moyens faciles et innocents*, malgré la vaste étendue de pays qui les offre à leurs besoins? Les peuplades rivales vont se chercher à trente, quarante, cinquante lieues, pour se disputer une forêt, une montagne, une baie poissonneuse, et se battent avec une rage et un acharnement dont le résultat dernier a été souvent l'extermination entière de plusieurs de ces tribus barbares, dont il ne reste en Amérique que le nom. Voilà pourtant *la nature* dans sa beauté sauvage, dans sa bonté philosophique; car apparemment on ne nous dira pas ici que sa méchanceté est *sociale et politique*, et que ce sont *nos lois qui ont corrompu l'amour-propre.* Je cite les expressions de l'auteur, aussi saines et aussi belles que ses idées.

Vous avez vu l'absurde prouvé en fait; voici l'atroce qui s'y joint. A entendre Diderot, *nos lois ont environné les moyens de subsistance de difficultés presque insurmontables, et même de périls effrayants.* Ou ces paroles ne signifient rien, absolument rien, ou *ces difficultés presque insurmontables et ces périls effrayants* consistent en ce que, dans l'ordre social, il n'y a point d'autres *moyens de subsistance* que la propriété et le travail. Pour la propriété, il n'y a pas d'équivoque possible; et c'est bien ici un des objets de réprobation, puisque vous allez voir que celui de l'ouvrage entier est de la proscrire avec horreur. Pour le travail, vous verrez ensuite ce qu'il en fait et ce qu'il deviendrait; mais il faut commencer par justifier l'un et l'autre, puisqu'un philosophe nous y réduit. Qu'y a-t-il donc de plus juste en soi que le droit de propriété? Elle est ou héréditaire ou acquise, et à qui donc appartient le bien de mes pères, plus légitimement qu'à moi? A qui ont-ils voulu le transmettre, si ce n'est à leurs enfants, et qui sera en droit ou de le leur ravir ou de le leur disputer? Et le fruit de mon travail, à qui donc appartient-il, si ce n'est à moi? Il est impossible de nier l'un et l'autre titre de propriété sans donner le plus insolent démenti à la justice naturelle, sans être ou un scélérat ou un insensé. Les sophistes qui l'ont osé sont ici obligés de choisir : hors de cette alternative, il n'y a rien. L'échafaud ou l'hôpital des fous, voilà ce qu'ils ont mérité, parce que la justice humaine ne saurait aller plus loin! Mais il y en a une autre qui voit plus loin, et qui peut bien davantage....Puissent-ils avoir songé à la fléchir!......Ils ne sont plus; mais leurs crimes subsistent, et nous en voyons le fruit.

Si nous passons du principe aux conséquences, est-ce donc un mauvais ordre de choses que celui qui satisfait aux besoins de tous, excepté de ceux qui prétendent que la société doit tout faire pour eux, sans qu'ils fassent rien pour elle ni pour eux-mêmes, et qui veulent que tout soit à eux, précisément parce qu'ils n'ont rien? Ai-je besoin d'ajouter qu'il ne s'agit pas ici de l'indigence infirme? Si les secours particuliers lui manquent, elle est partout sous la protection de l'humanité publique; et parmi nous, avant la révolution, elle était confiée à la charité religieuse. Il ne s'agit pas non plus des accidents physiques, des pertes fortuites et imprévues : quel gouvernement pourrait les prévoir, et quel extravagant pourrait l'exiger? Les ressources sont alors éventuelles comme les digraces : mais qui jamais a pu se permettre de ne considérer dans la force et la santé habituelles du corps social que quelques parties malades, et de sacrifier tout ce qui fait cette santé et cette force à la chimérique prétention de prévenir d'inévitables infirmités? Celui-là est coupable, qui se propose de renverser une économie universelle et immémoriale, celle à qui tant de millions d'hommes doivent leur existence et leur sécurité. Celui-là est coupable, qui dans cette admirable harmonie, ouvrage et preuve d'une Providence qu'on doit adorer et bénir, ne voit rien de respectable, rien de sacré, que quelques milliers de fainéants et de vagabonds, qui ne doivent qu'à eux-mêmes leurs vices et leur dénuement : sauf quelques exceptions qui n'entrent jamais dans aucune théorie générale, c'est leur histoire. Et pour qui, sinon pour cette très petite portion de chaque état, pour qui osera-t-on dire, en parcourant les villes et les campagnes, où tout le monde est occupé, que *les moyens de subsistances sont environnés de difficultés presque insurmontables, et même de périls effrayants ?* A quoi bon s'envelopper dans le vague de cette criminelle déclamation, si ce n'est qu'on a eu quelque honte (et je ne sais pourquoi) de nous dire sans détour qu'il est très difficile de subsister sans travail, et de voler sans courir le risque d'être pendu* ? Cela se peut, mais je ne crois pas que cette espèce de *difficulté* et ce genre de *péril* soient d'un intérêt fort touchant, sur-tout devant celui de toutes les nations dont l'existence est appuyée sur la propriété et le travail. C'est pourtant cet intérêt de la fainéantise et du brigandage qui est le seul bien, évidemment le seul que l'on ose ici consacrer et préférer à tout ; c'est le sens des paroles de Diderot, je le répète, ou bien elles n'en ont aucun ; et je couronnerai la démonstration quand j'y joindrai les paroles des brigands de nos jours, qui sont le commentaire exact du texte de l'auteur, et qui prouvent qu'ils l'ont parfaitement compris, et qu'ils ont parfaitement appliqué sa doctrine dès qu'ils l'ont pu. Le *maître* continue, et il faut le suivre :

« C'est de *votre triste morale* que l'éducation com-
« mune des hommes empruntant *ses lugubres cou-*
« *leurs*, on a vu et l'on voit ses leçons porter dans
« leur cœur, dès leur plus tendre enfance, le fu-

---

* Ils nous objecteront, j'en suis sûr, les maîtrises, quoiqu'elles n'existassent que dans une très petite partie de la France. Mais d'ailleurs, sur cette institution très sage et très favorable à l'industrie, bien loin de lui être nuisible, voyez la troisième partie de l'*Apologie*. Il suffit d'observer que cette objection ne peut ni expliquer ni excuser les propositions et les termes de Diderot, puisque, dans aucun cas, les maîtrises ne peuvent être *une difficulté presque insurmontable ni un péril effrayant*. L'exposé des faits anéantirait cette honteuse déclamation.

« neste levain que vous attribuez faussement à la
« nature. Le premier usage que fit un père de *pa-*
« *reils préceptes* pour instruire ses enfants fut l'é-
« poque fatale de l'esprit d'indocilité, de révolte et
« de violence. Était-ce un vice de la nature que cette
« résistance? non, certainement, *c'était une défense*
« *bien légitime de ses droits.* »

Avant d'éclater en indignation contre un écrivain qui appelle *l'indocilité, la révolte, la violence, la résistance* à l'autorité paternelle *une défense bien légitime des droits de la nature*, on est tout prêt à lui dire d'abord, ne fût-ce que pour chercher une excuse, s'il est possible, à ces affreux documents : Mais dis-nous au moins, et articule nettement quels sont ces *préceptes*, quel est ce *funeste levain;* dis-nous quelles sont les *leçons de cette triste morale* qu'un père enseigne à ses enfants dans *l'éducation commune*, et qui les autorisent, selon toi, à une *résistance légitimée par la nature*. Ne le lui demandez pas, Messieurs; il ne l'a pas dit, et il ne le dira pas; il n'articule pas un seul de ces *préceptes*, une seule de ces *leçons*. Non, mais plus cela était facile, s'il eût pu dire vrai, et plus cela était même indispensable, s'il était possible qu'il eût raison, plus aussi devons-nous conclure que, s'il ne sort jamais un moment de ces invectives ténébreuses, de ces vociférations forcenées, c'est que lui-même, oui, lui-même a senti l'impossibilité de dire ici rien qui fût clair et formel sans être infâme et révoltant. Quoi! dira-t-on, l'impudence même peut donc rougir? — Non, le front des sophistes ne rougit pas, ne rougit jamais; mais apparemment leur conscience, n'est pas toujours aussi endurcie que leur front, ou plutôt ils craignent la rougeur que leurs paroles, si elles étaient trop claires, feraient monter sur le front d'autrui. Et en effet, que peut être cette *triste morale aux couleurs lugubres*, qui donne aux enfants *un droit de résistance* à leurs pères, fondé sur la *nature* même? J'en appelle à l'intelligence de tous les lecteurs, j'en appelle au sens commun, et je défie que ce puisse être autre chose que la morale qui veut que l'on combatte les penchants vicieux nés de cet *amour-propre* que vous avez entendu préconiser dans le paragraphe précédent, et qui n'a que des *besoins et des moyens innocents*. Certes, ce qui précède entraîne ce qui suit, et ce qui suit résulte de ce qui précède. Ce sont donc là *les préceptes et les leçons* qui sont *tristes* en effet et *lugubres*, mais pour la perversité; qui *environnent*, mais pour elle seule, *les moyens de subsistance de difficultés presque insurmontables et de périls effrayants*. Ainsi, selon l'auteur, dès qu'un père a prescrit à ses enfants de ne pas toucher à ce qui ne leur appartient pas, dès qu'il leur a donné l'idée des droits de la propriété que l'auteur déteste, et de la nécessité d'un travail qui serve à l'acquérir ou à la suppléer, ces instructions, qui sont le devoir de tous les pères, et dont peut-être aucun ne s'est dispensé, si ce n'est dans *les sociétés* de voleurs de grand chemin, ces instructions ont été *l'époque fatale de l'indocilité, de la révolte et de la violence!* Et j'avoue qu'il n'y aurait point d'enfant *indocile*, si on lui permettait de faire tout ce qu'il lui plairait, et de prendre tout ce qui lui conviendrait; qu'il n'y aurait point de *révolte* dès qu'il n'y aurait point de prohibition, et qu'il n'y aurait point de *violence* dans les actions ni dans la volonté, si la volonté et les actions n'éprouvaient aucun obstacle. C'est tout ce qu'il y a de vrai dans la pensée et dans les termes de l'auteur; et cette vérité, qui n'est qu'un excès de niaiserie et de ridicule, est réellement le fond de tout son livre, celui qu'il développe avec une satisfaction indicible. Mais lorsque, dans le cas contraire, dans l'état général des choses, tel qu'il a toujours été, l'auteur affirme que cette *indocilité*, cette *révolte*, cette *violence*, cette *résistance aux leçons paternelles*, c'est-à-dire tout ce qui partout et en tout temps caractérise le méchant, *n'est point le vice de la nature, mais une défense bien légitime de ses droits*, alors j'entends le ciel et la terre s'élever contre lui, à l'exception des *révolutionnaires* et des bandits de toutes les contrées; alors je demande, à la face du ciel et de la terre, si ce n'est pas là le crime mis en principe, et si ce n'est pas le plus grand de tous les crimes qu'une doctrine qui les légitime tous.

Quelqu'un des initiés de la secte objectera peut-être (car il faut bien batailler jusqu'à l'extrémité) que la sentence portée par Diderot ne tombe que sur l'éducation qui a précédé la civilisation; qu'il indique son intention dans ce même endroit où il parle *d'un père simple et sauvage qui errait dans les moyens de policer sa famille, et d'y maintenir la paix*; qu'il avoue même que *si l'ordre que ce père s'était avisé d'établir pour cette fin était vicieux, les inconvénients dans ces commencements n'étaient pas considérables.*

Oui, il s'exprime ainsi; et, avant de répondre à l'objection, j'ajoute qu'il poursuit ainsi : « Vous, « réformateurs du genre humain (c'est aux législa- « lateurs anciens qu'il s'adresse), qui deviez être « avertis, par ces inconvénients, des défauts de cette « police, en sentir la cause, en remarquer les effets, « en prévoir les dangereuses conséquences, *êtes-« vous excusables d'avoir adopté ces erreurs*, d'en « avoir favorisé le progrès, de les avoir multipliées « comme les nations au gouvernement desquelles « vous les avez fait servir de règles? »

A présent, je réponds que l'objection tirée des paroles de Diderot, et celles que je viens de citer, et qui les suivent immédiatement, ne me fournissent qu'une surabondance de déraison. Il s'ensuit en effet que, si les idées de propriété et celles de justice distributive qui en sont la suite, ont dû être, de l'aveu même de l'auteur, *le premier usage et les premiers préceptes* de l'autorité paternelle dans un *père simple et sauvage*, elles ne sont donc pas originairement *le vice de nos institutions sociales et politiques*, qu'elles ont précédées de fort loin; et ce seul aveu fait crouler tout son ouvrage et son système. Je sens bien que c'est l'uniformité des traditions historiques, jointe à celles des probabilités naturelles, qui l'a entraîné comme malgré lui dans cet aveu; mais il n'en a pas aperçu les conséquences accablantes. Il est de toute vérité (et je l'avais déjà dit) que le droit de propriété, et tout ce qui en émane, est nécessairement antérieur à toute loi positive; mais pourquoi, si ce n'est parce que c'est une loi naturelle? Celui qui fait un *Code de la nature* doit au moins entendre ce mot de nature ; et qu'il nous dise donc, ou que quelqu'un nous dise pour lui ce que nous devons appeler un droit de nature, si ce n'est pas celui que Diderot lui-même avoue comme ayant existé et dû exister avant tout droit positif. Dès lors quelle contradiction plus absurde que d'attaquer, au nom de la nature, un droit qui n'a point d'autre origine que ce que tout le monde appelle l'état de la nature? Une pareille démonstration est un corollaire de géométrie.

Ce n'en est pas une moins forte que celle qui réduit de même à l'absurde les reproches qu'adresse l'auteur, au nom de la nature, aux législateurs dont les institutions politiques n'ont fait que confirmer et sanctionner un droit de la nature. Eh! que voulait-il donc qu'ils fissent de mieux? Il affecte de les nommer ironiquement *réformateurs du genre humain*, et ils l'ont été en effet. Mais dans quel sens? En cela seulement qu'ils ont mis sous la sauvegarde publique, et sous l'abri de l'autorité souveraine, ce qui n'avait jusque-là d'autre sanction que l'équité naturelle et la force individuelle, et ce qui par conséquent était exposé à tout moment à l'usurpation et à la violence. C'étaient là les seuls *inconvénients*, absolument les seuls de cet ordre, qui s'était partout établi de lui-même, et la législation y remédiait autant qu'il était possible. L'auteur prétend que cet ordre était susceptible des plus grands *inconvénients*, qui entraînaient des *conséquences funestes*, et il ne pardonne pas aux législateurs de ne les avoir pas vus dans un temps où lui-même avoue qu'*ils n'étaient pas considérables*. C'est encore se contredire grossièrement dans les termes; et il fallait au moins nous apprendre en quoi ces *inconvénients* pouvaient consister. Il fallait nous indiquer ceux de cette *éducation* primitive dans les familles; il fallait nous spécifier en quoi *errait ce père simple et sauvage*; comme il aurait pu, sans être insensé, ne pas donner à ses enfants des *préceptes* que sans doute il avait reconnus bons par sa propre expérience; comment il aurait dû, comment il aurait pu ne pas les avertir, pour leur propre intérêt, de respecter les propriétés et les droits d'autrui, afin que l'on respectât les leurs; comment il aurait pu ne pas suivre en cela ce premier instinct fondé sur le désir de notre conservation, et qui nous engage à nous abstenir du bien d'autrui par intérêt même pour le nôtre, à moins que la violence des passions perverses ne vienne obscurcir la raison. Jamais, sans cet instinct qui n'en est ni moins puissant ni moins général pour être souvent violé, jamais sans cette loi de la nature, la plus petite peuplade n'aurait pu se former. L'ignorance et les passions durent sans doute troubler souvent cet ordre primitif qui a précédé tout ordre légal; et ne troublent-elles pas encore celui-ci même, quoique sa puissance soit autrement répressive? Cependant il subsiste, et l'autre subsistait aussi auparavant, parce que heureusement il n'y avait pas alors de philosophe qui l'appelât *préjugés;* et l'ordre social subsiste et subsistera, comme le corps humain avec ses maladies, comme le monde physique avec ses accidents. Ces deux ordres du temps, le moral et le physique, subsistent par les principes conservateurs que la Providence a su y attacher, et dont elle a seule le secret; mais ni l'un ni l'autre ne sont à l'abri des atteintes passagères de la perversité humaine, qui ravage la terre et corrompt la morale; et de là tous les fléaux et tous les crimes qui sont l'ouvrage de l'homme et sa punition.

Retracez ces vérités si lumineuses et si simples, retracez-les à la raison naissante des enfants ou à la raison cultivée de l'âge adulte, et il est impossible d'en tirer autre chose que des instructions salutaires. Mais qu'un enfant de dix, de douze, de quinze ans, lise le *Code de la Nature*, ne se croira-t-il pas fondé à en opposer les leçons à celles de son père ? Pourra-t-on nous dire que sa *résistance* n'est pas *légitimée* par Diderot dans l'ordre social, quand elle est précisément la même chose que celle qui, dans l'ordre primitif, n'était, selon lui, que *la défense bien légitime des droits de la nature?* Ces droits-là ne sont-ils pas les mêmes en tout temps, et en tout temps imprescriptibles? L'enfant qui croira les trouver dans la doctrine de Diderot, n'aura donc qu'à dire à son père: « Et moi aussi je suis philosophe. Et le malheureux en attestant ces droits prétendus, qui ne sont que ceux des brigands, abjurera dès ce moment toutes les lois divines et humaines, à commencer par l'autorité paternelle;

et celle-ci n'a-t-elle pas été en effet, comme toutes les autres, foulée aux pieds par nos législateurs *révolutionnaires*, et d'après les documents de nos philosophes? Cependant l'enfant rebelle et coupable pourra du moins avoir encore une excuse, son âge et son ignorance; mais l'excuse des *maîtres*, où est-elle ?

Diderot nous dit, avec son assurance ordinaire : « L'homme n'a ni idées ni *penchants* innés. » Il n'eût pas risqué cette réunion aussi inconséquente qu'insidieuse des idées et des *penchants*, s'il n'en avait pas eu besoin. Sans doute il n'y a point d'*idées innées*, et celles même du juste et de l'injuste, qui font notre conscience et qui sont communes à tous les hommes, ne peuvent être que les jugements de la faculté pensante développée avec nos organes, et formée d'après la perception réfléchie des objets. C'est cette métaphysique exacte qui a écarté le système de Malebranche, quoique très ingénieusement soutenu. Mais jamais personne n'a douté qu'il n'y eût des *penchants innés*, c'est-à-dire inhérents à notre nature, tels que l'amour de nous-mêmes, le soin de notre conservation, l'attrait réciproque des deux sexes, etc. Tout ce qui est inséparable de notre nature peut rigoureusement s'appeler *inné* : il n'y a qu'un fou ou un sophiste qui puisse le nier. Mais l'auteur n'a mis en avant cette fausseté palpable que pour appuyer ses hypothèses fantastiques, où il modifie l'homme à son gré, sans s'embarrasser un moment de ce qu'en a fait la nature, cette nature qu'il invoque sans cesse et contredit sans cesse avec la puérile audace d'un charlatan. Ne nous assure-t-il pas que « la nature a voulu « que nos besoins excédassent toujours de quelque « chose les bornes de notre pouvoir? » Rien n'est plus faux : si cela était, l'homme aurait été plus maltraité que tous les autres animaux. Il n'en est pas un seul qui n'ait reçu des moyens en proportion exacte avec ses besoins, et c'est même cette proportion qui nous fait admirer, dans leur conformation et dans leur instinct, des prodiges si nombreux et si variés. Il serait bien étrange que l'homme seul eût été disgracié ; mais l'auteur n'en attribue pas moins à cette prétendue disproportion la sociabilité qui en est le supplément, en appelant les moyens de l'un vers les besoins de l'autre, et réciproquement. Il se trompe encore, ou veut se tromper : il confond les *besoins* avec les désirs. Les besoins de l'animal brute sont très bornés, comme l'auteur en convient dans ce même endroit; les désirs de l'animal raisonnable sont sans bornes, à raison de la supériorité de ses facultés qui embrassent le possible. Mais comme la civilisation seule les développe, l'exemple des peuplades sauvages suffirait pour démentir l'assertion de Diderot ; car on sait que leurs désirs n'allaient point au-delà des nécessités physiques, avant que notre commerce leur fît connaître de nouveaux objets ; et ce qui prouve que tous leurs besoins étaient satisfaits par des moyens proportionnés, c'est que jamais un sauvage n'a été tenté de venir chercher parmi nous d'autres jouissances. Il se peut qu'il n'y ait que de l'artifice à mettre ici les *besoins* à la place des désirs, pour ne déroger en rien au noble système qui assimile en tout l'homme à la bête ; mais pourtant, comme de semblables méprises reviennent à toutes les pages, il est difficile de n'y pas reconnaître un esprit naturellement faux ou tout-à-fait faussé par le malheureux métier de sophiste, et l'un et l'autre produisent l'ignorance absolue de toute bonne philosophie. Comment concevoir autrement qu'un homme instruit ne distingue pas des choses aussi différentes, aussi généralement distinctes que les besoins uniformes de l'animalité, et les désirs indéfinis de l'intelligence ? Quelle bévue plus lourde et plus honteuse ? Pauvres gens, vous avez bien raison de haïr, de détester tout homme de sens et de bonne foi ; c'est pour vous un ennemi naturel. Vous faites bien d'employer tous les moyens pour étouffer la voix des hommes honnêtes et éclairés. A qui pouvez-vous parler en sûreté, si ce n'est au vice et à l'ignorance ?

De cet excédant supposé de nos besoins sur nos moyens, qui n'existe en effet que dans l'état social, où il a été l'origine de l'industrie et du commerce, Diderot fait dériver, « 1° une affection bienfaisante « pour tout ce qui secourt et soulage notre fai- « blesse, 2° le développement de notre raison, que « la nature a mis à côté de notre faiblesse pour la « soutenir. »

Un peu de vrai, qui est à tout le monde, et beaucoup d'erreurs, qui sont à l'auteur. L'affection pour ceux qui nous secourent et nous soulagent est dans la nature. Qui en doute ? Mais la jalousie de ce qu'un autre a de plus que nous, et l'envie de le lui ôter pour nous l'approprier, n'y sont pas moins. Et qui en a jamais douté? Personne que l'auteur du *Code*, qui ne voit de mauvais dans l'homme que ce que nos institutions y ont mis, et dans ces institutions que *l'esprit de domination, d'usurpation, de superstition, de fraude, d'avarice, d'imposture*, etc., etc. Laissons de côté cette supposition insoutenable, que tous les législateurs aient été si odieusement pervers, et tous les peuples si bêtement dociles. Dans la foule d'absurdités, trop longues à énumérer, et à plus forte raison à réfuter, je préfère de choisir celles qui nous mettent à portée de battre le sophiste avec ses propres armes, et rien n'est plus aisé. Très décidément, il n'aperçoit d'essentiel dans l'homme que *les affections bienfaisantes*, qu'il fait dériver, ainsi que *le développement de sa raison*, du rapport inégal de ses moyens avec ses besoins : tout le reste est le fruit des institutions sociales et politiques. Voilà bien tout son système en substance et en texte. Mais il y a là un cercle vicieux si frappant, que, dès qu'il sera énoncé, le sophiste n'en sortira jamais. Qui a fait ces lois si funestes? Des législateurs. Qui a fondé toutes ces institutions si perverses ? Des hommes. Donc *l'esprit de domination, d'usurpation, de superstition, de fraude, d'avarice, d'imposture*, était dans l'homme avant les lois et les institutions, puisque ce sont des hommes qui les ont faites. Cet esprit était aussi dans l'état de famille qui a précédé l'état social. Et d'où cet esprit pouvait-il *dériver*, si ce n'est de cette même nature humaine dont tu prétends ne faire *dériver* que *des affections bienfaisantes* et *le développement de la raison?* Certes, l'esprit qui a dicté les institutions était avant les institutions, comme la cause avant l'effet, comme l'ouvrier avant l'ouvrage...... Pauvres sophistes ! réunissez-vous tous ensemble, et tâchez de vous tirer de là, sans nier qu'il fait jour à midi. Les voilà, Messieurs, ces hommes si insolents, les voilà! Ai-je tort de vous dire qu'ils ont écrit comme si jamais personne n'avait dû leur répondre, ou comme si la réponse n'eût jamais dû être entendue? Il est impossible d'en douter, puisque, du moment où l'on entend la réponse, il n'y a aucun moyen de répliquer. Mais comment ont-ils pu se persuader que jamais on ne leur répondrait ? Comment sont-ils parvenus, en effet, pendant trop long-temps, à se faire entendre seuls ? C'est ce que nous verrons à la fin dans le détail des faits. Poursuivons celui des ouvrages.

Vous me dispenserez de prouver que *le développement de la raison* n'est point venu non plus de cette disproportion, si gratuitement supposée, entre les besoins naturels de l'homme et ses moyens. Dès qu'il est reconnu qu'elle n'existe pas et n'a pu exister, il n'y a plus d'effet quand il n'y a plus de cause. On sait assez que ce *développement* est venu d'abord de l'état de famille, qui est de la nature humaine, et ensuite de l'état social, qui est de sa perfectibilité, et qui en a suivi les progrès. Ce sont de ces vérités communes comme la lumière, et que l'on ne serait pas obligé de répéter, s'il n'y avait pas des philosophes qui les ont niées ou méconnues. Je me hâte d'arriver au grand objet du *Code*, à ce que l'auteur nous donne pour le grand remède à tous les maux ; à ce qui est pour lui comme la pierre philosophale de l'économie politique ; à ce qu'il appelle *les fondements, l'ordre et l'assortiment des principaux ressorts d'une admirable machine...* C'est dommage qu'après ce magnifique préambule, je ne puisse éviter une espèce de chute, qui paraîtra un peu lourde; mais ce n'est pas ma faute, et je ne puis dissimuler que, si vous avez lu le procès fameux du fameux Babœuf, vous êtes au fait d'avance et je ne puis rien vous apporter ici de nouveau. Le *tribun du peuple* a rendu très vulgaire la philosophie de Diderot; c'est tout uniment la *communauté des biens*, et voici les termes sacramentels de la nouvelle religion : *Unité indivisible des fonds de patrimoine, et usage commun de ses productions.* Maintenant que nous savons à quoi nous en tenir, et que nous sommes sûrs de notre fait, nous pouvons nous permettre un moment quelques réflexions tranquilles, soit sur le partage des terres tant prôné dans notre révolution, soit sur la *communauté des biens*, proposée ici par Diderot.

Ce rêve, qui a un faux air de philanthropie, a pu s'offrir souvent à l'imagination, non pas assurément comme une idée politique et praticable (ce qui serait la démence complète), mais comme la fable de l'âge de d'or, comme une espèce d'*Utopie**, dont s'amusent quelquefois très innocemment ceux qui

* C'est le titre d'un ouvrage de Thomas Morus, où il a tracé de fantaisie un gouvernement d'hommes parfaits.

cherchent dans les illusions une perfection imaginaire qu'ils ne trouvent pas dans la réalité. S'il n'y avait ici que cette espèce de jeu d'esprit, on n'y ferait pas plus d'attention qu'à quelques autres romans philosophiques du même genre, et l'on renverrait ces fictions aux pays des Sévarambes et à la terre d'Eldorado ; mais ce *Code* est tout autre chose : c'est la conception méditée, quoique très creuse, d'un esprit ardent, sombre et mélancolique, d'un réformateur impérieux, qui a pris dans la plus noire haine tout ce que les hommes ont fait et pensé avant lui, qui déclare insensé et coupable tout ce qui ne rentre pas dans le plan qu'il a rêvé, et qui voudrait porter dans tous les esprits, dans tous les cœurs, l'horreur et le mépris qu'il manifeste partout contre tous les gouvernements du monde, et le désir furieux de les renverser. Enfin nous ne pouvons pas nous cacher que ces abominables folies sont devenues des dogmes révolutionnaires, et qu'on est fort loin d'y renoncer. Il faut donc, quoique nous soyons au dix-huitième siècle, rappeler des vérités de tous les siècles, et faire au moins en peu de mots ce que l'auteur, s'il eût été conséquent ou de bonne foi, aurait dû faire dans tout son livre, et ce qu'il ne fait jamais. Pour justifier un système social quelconque, sur-tout quand il est aussi extraordinaire que celui-là, il faudrait d'abord en prouver la possibilité, en déduire les moyens, en prévoir les inconvénients, en spécifier les remèdes. Vous allez voir pourquoi l'auteur s'est dispensé, ou plutôt, s'est soigneusement abstenu d'en parler.

Que des associations volontaires, comme, par exemple, celle des compagnons de Romulus, ou des établissements formés par la conquête, comme ceux des peuples du Nord dans les provinces romaines, aient commencé par un partage de terres, c'est ce qui est assez naturel en soi, et ce que nous atteste l'histoire, qui d'ailleurs, nous donnant fort peu de lumières sur les temps plus reculés, ne nous permet pas d'aller au-delà des conjectures et des vraisemblances sur la formation des premières sociétés politiques. Ce partage, constaté dans des temps postérieurs, ne fut pas même égal entre tous : on y voit déjà des différences et des distinctions proportionnées à l'état des personnes ; et l'on sait assez ce que devint, en très peu de temps, cette première égalité distributive, quelle qu'elle fût, et le bon sens le plus commun nous apprend ce qu'elle devait devenir, puisqu'il suffit de songer à la différence des facultés individuelles, et à la multitude des accidents physiques, pour comprendre que l'égalité d'aujourd'hui ne sera pas celle de demain, et que, si l'on prétend les maintenir, les arrangements iront à l'infini comme les difficultés. Aussi jamais personne n'y a pensé : le partage, qui n'a jamais été possible et raisonnable que dans une société nouvellement formée, n'a jamais été non plus que le premier titre de propriété personnelle pour la suite des temps, avec toutes les chances éventuelles d'accroissement ou de diminution, qui dépendent de la nature des hommes et des choses; et de là, en tout temps et en tout lieu, l'inégalité inévitable et nécessaire. Mais, dans l'état actuel du monde, et au milieu de la civilisation universelle, fondée sur cette propriété et cette inégalité, qui sont deux lois de la nature, venir nous parler sérieusement de partage! Il faudrait un volume pour détailler ce que le mot seul contient d'extravagances et d'iniquités. Dieu me garde seulement d'en faire la première page! Ce serait à la fois se défier injurieusement, et de la raison de l'homme, et de la providence de Dieu. Ce n'est plus là le cas de raisonner. Dès qu'un homme imagine de dire à un autre homme : « Tu as des terres et de l'argent, « et je n'ai ni l'un ni l'autre, donc il faut que tu « partages avec moi, » ce n'est pas là un argument de philosophie; c'est le compliment d'un voleur de grand chemin; et la réponse, c'est le pistolet ou le gibet.

Je dois pourtant dire un mot de Sparte et de Lycurgue, qui de nos jours ont été pour l'ignorance le texte de tant de sottises. C'est, il est vrai, le seul état qui ait subsisté sur le principe d'une sorte d'égalité dans les possessions territoriales, et même d'une sorte de communauté dans l'usage des produits. Mais cet exemple unique est de nature à prouver beaucoup plus contre ceux qui en abusent que contre nous. D'abord c'est une exception, et argumenter d'une exception est déraisonnable en soi; mais de plus, quelle exception, et comme elle est, dans le détail, accablante pour nos adversaires! Qu'était-ce que la très petite république de Sparte, qui ne compta jamais plus de dix mille citoyens? tout le reste était sujet ou esclave. Qu'était-ce que Sparte avec sa monnaie de fer, ses mœurs féroces, et ses repas en commun ? Une communauté guerrière, une espèce de couvent militaire, un séminaire de soldats. Et à quel prix a-t-elle pu subsister ? en outrageant toutes les lois de la nature dans des milliers d'Ilotes, plus esclaves que tous les esclaves du monde, et chargés de veiller pour les Spartiates à tous leurs moyens de subsistance, jusqu'à ce que la multitude des Ilotes, alarmant le petit troupeau spartiate, on prît tout uniment le parti de se défaire de l'excédant, comme on tue des bestiaux malades. Une constitution fondée sur une pareille monstruosité est-elle un modèle politique ? N'est-il pas démontré qu'il n'y aurait point eu de Spartiates, s'il n'y avait pas eu des Ilotes ? et en voyant les Ilotes, je ne saurais estimer le gouvernement spartiate : c'est un phénomène, et non pas un exemple. J'admire les qualités guerrières et patriotiques dans les individus, et leur héroïsme m'étonne comme tout ce qui est hors de la mesure commune; mais je ne saurais approuver ce qui contredit la nature. Cependant le droit de propriété était reconnu à Sparte; la communauté se bornait à ce qui était destiné pour les repas communs, dont il n'était pas rare de se dispenser; et ce qui prouve la propriété, c'est qu'on y connaissait le vol et qu'il y était puni. Il y avait donc, comme partout, le *cuique suum*, que l'auteur du *Code* veut abolir entièrement dans les plus grands et les plus riches états, quand il existait même à Sparte. Au reste les institutions de Lycurgue ne pouvaient être et ne furent pas long-temps en vigueur : bientôt elles furent affaiblies et éludées de toute manière; et la mémoire même en devint si odieuse, qu'un roi de Sparte fut mis à mort pour avoir voulu les faire revivre.

L'effet moral le plus sensible des lois de Lycurgue fut d'étouffer pendant long-temps la cupidité, mais en la remplaçant par toutes les passions orgueilleuses et tyranniques; et quand les Lacédémoniens, après avoir été vaincus successivement par les Thébains, les Macédoniens, les Achéens, succombèrent sous les armes romaines, ils avaient tout perdu depuis long-temps, même leur supériorité militaire, et c'était l'Achéen Philopœmen qui avait été le dernier héros de la Grèce.

L'auteur du *Code*, qui ne pouvait trouver nulle part sa *communauté de biens*, pas même à Sparte, a recours (qui le croirait?) à l'exemple des chrétiens des premiers siècles, dont il fait l'éloge le plus magnifique et le mieux mérité, et il intitule ainsi le paragraphe où il retrace ce premier âge du christianisme : « L'es-« prit du christianisme rapprochait les hommes des « lois de la nature. » Oui, en les perfectionnant par la loi révélée; c'est ce qu'ajouterait un chrétien instruit de sa religion, et ce qu'il ne faut pas demander à un de nos philosophes. Mais n'est-ce pas assez qu'il s'en trouve un qui donne un démenti si formel à tous ses confrères sur cette assertion tant répétée, que le christianisme était contraire à la nature humaine? Avons-nous assez souvent le plaisir de voir nos adversaires soutenir le pour et le contre, et n'être pas plus d'accord entre eux que chacun d'eux avec lui-même? Voyons donc ce que dit celui-ci, dont les louanges ont besoin de quelques commentaires, parce qu'elles sont données beaucoup moins à la vérité qu'à l'intérêt momentané de son opinion, le premier de tous, ou plutôt le seul, comme vous savez, pour toute l'école des sophistes.

« Les premiers chrétiens opposaient, pour toute
« défense, à leurs persécuteurs cette maxime : Ne
« faites pas à autrui ce que vous ne voudriez pas
« qu'on vous fît. *Faible négative* dont ils n'avaient
« pas besoin entre eux ni envers leurs plus cruels
« ennemis ; ils étaient trop éloignés de toute vio-
« lence. » *Did.*

Cette *négative* n'est pas *faible*, c'est un excellent axiome de morale naturelle, que celui qui contient la prohibition de tout ce qui peut léser le prochain, fondée sur le rapport de la justice avec notre propre intérêt. La raison humaine pouvait d'elle-même aller jusqu'à ce précepte ; elle pouvait même comprendre qu'il était aussi de notre intérêt de faire du bien, afin que l'on nous en fît ; mais elle n'avait pas été jusqu'à en faire un commandement ; et comme de nos jours on a poussé l'ignorance ou l'impudence jusqu'à reprocher à notre religion cette *faible négative*, suivant les termes de Diderot ; comme on s'en est servi pour affirmer qu'elle ne faisait que défendre le mal sans prescrire le bien, il est bon de confondre, en passant, les ignorants et les impudents, et de leur apprendre les faits. La maxime qu'ils citent n'est point de l'Évangile ; et quoique très bonne, comme je l'ai dit, elle est de la morale païenne qui est en cela conforme, comme en bien d'autres points, aux principes de justice universelle que Dieu a mis dans le cœur de tous les hommes, non-seulement pour les guider dans cette vie, mais pour les juger dans l'autre. La loi de grace, apportée par un Dieu sauveur pour relever notre nature déchue, devait aller plus loin et prescrire davantage, parce qu'elle promettait de nouveaux secours. Aussi est-ce Jésus-Christ lui-même qui dit en propres termes : *Faites à autrui tout ce que vous voudriez qu'on vous fît**; et cette parole n'est pas de conseil, elle est de précepte, et si bien de précepte, que Jésus-Christ ajoute : *Car c'est la loi et les prophètes***. Aussi est-ce tout simplement le résultat de cette loi de charité qui remplit tout l'Évangile et tous les livres du Nouveau-Testament, au point que les détracteurs de ces livres saints leur ont reproché d'exiger de l'homme une perfection qui est au-dessus de lui, en même temps qu'ils prétendaient que le christianisme avilissait l'espèce humaine et dégradait la raison. Ces contradictions paraissent inconcevables; elles n'en sont pas moins réelles ni moins nombreuses; et quoique je les aie rassemblées dans un ouvrage particulier***, je ne crois pas inutile de les noter ailleurs quand je les rencontre. Continuons le paragraphe.

« Quelques-uns de leurs principaux dogmes leur
« faisaient sentir l'*égalité naturelle de tous les hom-*

---

* *Omnia ergo quæcunque vultis ut faciant vobis homines, et vos facite illis.* Sermon sur la montagne. Saint Mathieu, chap. VII, vers. 12.

** *Hæc est enim lex et prophetæ.*

*** *L'Apologie.*

« *mes.* » *Did.* Oui, devant Dieu seulement, la fraternité en Jésus-Christ; dans l'ordre de la charité, qui est tout spirituel. Mais dans l'ordre temporel, dans l'état civil et politique!... Il faut toute l'effronterie philosophique et révolutionnaire pour avoir osé appeler au secours de leur extravagante et abominable *égalité* nos livres saints, qui en sont la condamnation la plus expresse, qui consacrent partout les *puissances ordonnées de Dieu*, qui font partout de la plus respectueuse obéissance une loi sacrée pour les peuples, et de la subordination sociale dans tous ses degrés un devoir, non pas seulement de convenance, d'intérêt, de crainte, mais de conscience.

« Ils ôtaient au maître toute la rigueur de son au-
« torité. » Oui, par la charité seule, et non pas au détriment de l'autorité même. « Ils adoucissaient
« l'esclavage. » Le christianisme, dès qu'il a régné, a fait plus; et Diderot aurait pu ajouter avec Montesquieu, ce qui est au vu et au su de tout le monde, que c'est le christianisme seul qui a fait disparaître, dans une partie du globe, cette coutume barbare de l'esclavage, commune à toutes les nations de l'univers.

« Ils rendaient la soumission *volontaire.* » Oui, à raison de l'autorité divine, source de toute autorité légitime; et cette loi étant fondée sur l'amour de Dieu, l'amour rendait *volontaire* dans le cœur ce qui était de droit dans la société; et cette perfection, dont ailleurs on ne trouve ni la trace ni l'idée, ne pouvait appartenir qu'à une loi divine, la seule qui puisse commander l'amour, parce que son auteur peut seul agir sur le cœur humain.

« Leurs préceptes, *ne permettant qu'un usage*
« *passager des biens de cette vie*, recommandaient
« aux riches de se détacher de leurs possessions et
« de les répandre dans le sein des pauvres. » *Did.*

Il n'est pas étonnant qu'un philosophe entende mal l'esprit de la religion, même quand il veut la louer. Ici il y a une phrase qui n'a pas de sens. Il n'y a point de loi qui puisse *permettre* autre chose qu'*un usage passager d'une vie passagère*. L'auteur devait dire qu'en considération de cet usage nécessairement *passager*, la loi des chrétiens leur prescrivait de ne point s'attacher à ce qui passe si vite, de s'en *détacher* de cœur par avance, puisqu'il fallait s'en séparer un jour. Cela est souverainement raisonnable; aussi n'est-ce pas ce que le sophiste y a vu.

« La douceur, la modération, une humble modes-
« tie, ne leur étaient pas moins fortement enjointes
« envers tous les hommes. Ces vrais humains.... »
pour cette fois l'expression est heureuse et juste, quoique sous la plume d'un philosophe; et il est très vrai que le christianisme est la plus sublime perfection de l'*humanité*, comme le *philosophisme* en est la plus honteuse dépravation. « Ces vrais
« humains étaient encouragés à remplir ces de-
« voirs par des promesses de récompenses infinies. »
C'est qu'il ne faut pas moins que l'infini pour balancer le présent par l'avenir, et pas moins que les *promesses* d'un Dieu pour y faire croire. « Des
« menaces terribles les empêchaient de s'en écar-
« ter. » Oui, mais la crainte des menaces n'aurait

pas suffi sans l'amour des *promesses*. Il n'y a que le chrétien qui ait jamais su que l'Être souverainement bon ne veut pas seulement être craint, mais qu'il veut être aimé parce qu'il doit l'être; et si le chrétien l'a su, c'est de Dieu même, car jamais l'homme n'a eu de lui-même une si haute pensée. « Aussi, pendant ces premiers temps, les « sectateurs de cette belle morale l'observaient-ils « avec la plus scrupuleuse exactitude. » *Ces premiers temps* ont duré près de quatre siècles; et même, après l'affaiblissement de l'esprit de religion, affaiblissement prédit par son fondateur lui-même, quelle prodigieuse multitude de saints l'ont conservé jusqu'à nous dans toute sa pureté! Que l'on cherche ailleurs quelque chose de semblable à cette seule perfection de quatre siècles, avouée par nos ennemis mêmes. « Leurs repas communs dans les-« quels les riches pourvoyaient abondamment aux « nécessités du pauvre, avec lequel ils s'asseyaient « à la même table; des sommes immenses mises en « dépôt entre les mains des pasteurs : toute cette « conduite tendait visiblement à rappeler chez les » hommes les vraies lois de la nature. Ainsi le chris-« tianisme, à ne le considérer que comme institu-« tion humaine, était la plus parfaite. »

Dès qu'on suppose le christianisme une *institution humaine*, il est tout simple qu'il n'y ait plus de justesse, ni dans les termes ni dans les conséquences. La religion (car le christianisme est seul digne de ce nom dans le sens absolu et complet), la religion est une institution divine, applicable et la plus heureusement applicable à toutes les institutions politiques qui rentrent dans le plan de la Providence: voilà la vérité. L'auteur du *Code*, qui voulait fort mal à propos s'autoriser du christianisme des premiers siècles pour appuyer son absurde chimère de la *communauté des biens*, n'a oublié qu'un fait capital qui fait tomber toutes ses inductions; c'est que jusqu'à Constantin les chrétiens n'étaient, sous aucun rapport quelconque, un corps politique. Les lois de l'Évangile les dirigeaient comme chrétiens; mais comme citoyens, ils observaient, à la religion près, toutes les lois de l'état; ils remplissaient toutes les fonctions publiques, à la cour, dans les armées, dans les magistratures, dans le commerce, etc. Jamais la *communauté des biens*, même dans ce temps, ne fut chez eux autre chose qu'une pratique de charité dans laquelle il n'entrait nulle dérogation au droit de propriété. L'auteur le reconnaît lui-même sans y penser, en distinguant dans son texte *les pauvres et les riches*; et assurément, sans propriété, l'on n'aurait connu ni *riches* ni *pauvres*. L'Évangile aussi, dans lequel il n'y a pas une parole inutile, et dont le divin auteur ne voulait pas qu'on entendît autrement que dans le sens de la charité ces mots dont on a voulu abuser : *Erant illis omnia communia, tout était commun entre eux*; l'Évangile pour nous apprendre que cette *communauté* était parfaitement volontaire, fait dire par saint Pierre à ce malheureux Ananie, dont Dieu punit la fraude hypocrite : « Pourquoi mentez-vous à Dieu? N'étiez-« vous pas le maître de garder votre bien? » Cela est positif, et tous les faits connus viennent à l'appui pour expliquer le précepte et les conseils, et distinguer l'un de l'autre. La charité envers les pauvres, l'obligation de leur faire part de son superflu, de soulager la misère par tous les moyens qui sont en notre pouvoir; tout cela est de précepte. Renoncer à tout, donner tout aux pauvres pour suivre Jésus-Christ, est une voie de perfection, un conseil; et c'est pour cela que Jésus-Christ dit qu'*il y a plusieurs demeures dans la maison de son père*. L'expropriation en réalité est un sacrifice qui plaît à Dieu, mais qu'il ne commande pas; ce qu'il commande, c'est l'expropriation du cœur, sans laquelle on ne saurait lui plaire, parce que sans cela on ne saurait l'aimer; et l'amour est de précepte. Il nous est donc prescrit d'user des biens de ce monde *comme n'en usant pas*, *quasi non utentes*, dit l'apôtre; il nous est défendu de les aimer, parce que nous ne devons aimer que Dieu, et le prochain en vue de Dieu; mais il nous est très permis d'user de ces biens en vue de Dieu et du prochain, et c'est ainsi que la loi de grace sanctifie tout, et qu'il y a des chrétiens et des saints dans toutes les conditions : il y a plus (et cette dernière observation est péremptoire contre le ridicule fantôme de la *communauté des biens*, contre les conséquences abusives qu'on a voulu tirer du renoncement évangélique), il entre essentiellement dans le plan de la Providence qu'il y ait des pauvres et des riches; et Dieu même, dont toutes les paroles sont vérité, a dit : *Vous aurez toujours des pauvres parmi vous. Semper pau-*

peres habebitis vobiscum. Cette diversité de conditions est d'abord de l'ordre temporel, par la nature même des hommes et des choses; et il n'y a que des sophistes, dont toutes les paroles ne sont que mensonge, qui aient pu imaginer un état social où il n'y eût pas de pauvres, et donner le nom de philanthropie à ce rêve de la folie et de la vanité. Mais ensuite cette même diversité de conditions est évidemment dans les desseins de la sagesse divine, qui attache tant de prix au grand précepte de la charité; et que deviendrait cette charité, s'il n'y avait ni pauvres ni riches ? Dieu aurait donc fait un commandement si gratuit, que l'observance n'en pourrait avoir lieu dans un état de choses que nos prétendus sages nous donnent comme le meilleur possible? Heureusement leur optimisme n'est qu'une sottise; et sans vouloir épuiser ici un objet important que je traite ailleurs, je me borne à conclure qu'il doit y avoir et qu'il y aura toujours des pauvres selon la parole de Dieu, parce que la pauvreté est un sujet de mérite pour celui qui la souffre patiemment comme pour celui qui la soulage, et qu'il est digne d'un Dieu qui nous aime tous, et qui veut le salut de tous, de donner à tous des moyens de lui plaire.

« La nature a fait sentir aux hommes, par *la pa-*
« *rité de sentiments* et de besoins, *leur égalité de*
« *conditions et de droits*, et la nécessité d'un tra-
« vail commun. » *Did.*

Il est difficile de penser et de s'énoncer plus mal. Je veux bien supposer que l'auteur n'entendait par cette *parité* que celle des *sentiments naturels*, qui est très bornée, car on sait assez combien sur tout le reste la *disparité des sentiments* est étendue. Mais d'ailleurs, comment se permet-on, en philosophie, de parler d'*égalité de conditions et de droits* sans restreindre, avec la plus rigoureuse précision, des termes si susceptibles d'interprétations arbitraires et fausses? C'est là d'abord, je le répète, un reproche qui pèsera éternellement sur nos sophistes. Il semble qu'ils ne se soient servis de la parole que comme d'un piége ; aussi la Providence a voulu qu'ils y tombassent eux-mêmes. *Foderunt foveam, et inciderunt in eam.* Il faut du moins articuler ici nettement ce que je me réserve de développer contre le grand champion de cette monstrueuse *égalité*, Jean-Jacques Rousseau. Les hommes sont tous *également* sujets à la mort, à l'ignorance, aux maux, aux erreurs : voilà leur seule *égalité de conditions*. Ils ont tous le même droit à se procurer le bien-être sans nuire à celui d'autrui : voilà leur seule *égalité de droits* dans l'état naturel. Ils ont tous le même droit à la protection des lois, à la garantie qu'elles assurent à leur personne, à leur liberté coordonnée à ces mêmes lois, à leur propriété reconnue par ces mêmes lois : voilà leur seule *égalité de droits civils*. Sous tout autre rapport, l'*inégalité des conditions* est une conséquence nécessaire de l'inégalité nécessaire de leurs facultés personnelles, physiques et morales, soit dans l'état naturel, soit dans l'état social : d'où il suit que l'*égalité des droits politiques* est une extravagance, une impossibilité aussi prouvée en fait qu'en principe. Je puis en citer dès ce moment une preuve péremptoire en attendant le détail des autres, et c'est la révolution française qui me la fournit. C'est elle qui, pour la première fois, a mis en avant, sur la foi de ses maîtres les philosophes, le monstre de l'*égalité absolue*; et sans rappeler tout ce qu'elle a fait pour l'établir en loi et en réalité, il suffit de savoir qu'elle-même a été forcée d'y renoncer. C'est à coup sûr ce qu'il est possible de dire de plus fort. Concevez ce qu'est un genre de démence devant lequel la révolution française a enfin reculé. C'est le premier pas rétrograde qu'elle ait fait; et quoiqu'elle ait affecté de retenir le mot en abjurant la chose, elle a pourtant déclaré, dans son troisième essai de constitution, que « l'égalité consiste en ce que tous les hommes « sont égaux devant la loi, soit qu'elle protège, « soit qu'elle punisse; » et cela est vrai. C'est peut-être la seule définition raisonnable qui se trouve dans l'immense fatras de leurs rêveries politiques; aussi est-elle d'une époque où le besoin d'un certain degré de raison avait donné un moment de crédit à quelques hommes instruits, mais sans que cette raison s'étendît jamais jusqu'aux grands *révolutionnaires*, aux grands *patriotes*: ceux-ci n'ont jamais reculé d'un pas, et c'est ce qu'il ne faut jamais oublier.

Mais ce qu'il y a ici de faux dans l'auteur du *Code*, c'est que *la nature ait fait sentir aux hommes la nécessité d'un travail commun*. C'est tout au plus ce que, dans quelques occasions particulières, une grande nécessité instantanée peut faire apercevoir à la raison éclairée par l'intérêt. Mais en général la seule *nécessité* que la nature *fasse sentir à l'homme*, c'est celle de travailler pour lui-même, et cet instinct est même avoué par la raison. Il est bien vrai que, dans l'état de société, chacun, en travaillant pour soi, travaille aussi pour les autres, quoique sans y penser et sans chercher autre chose que son intérêt avant tout. Mais c'est là le chef-d'œuvre de l'ordre social, et ce chef-d'œuvre est primitivement celui de la Providence. Cette proposition n'est point hasardée ; elle peut et doit être portée jusqu'à l'évidence, et son importance le mérite et m'y oblige. Mon sujet m'y ramènera tout à l'heure, et vous verrez que, bien loin qu'un ordre si admirable puisse jamais naître *de la communauté de biens et de travail*, folle hypothèse d'un cerveau malade, c'est au contraire le droit de propriété fondé sur la nature et correspondant à toutes ses affections et à tous ses besoins, c'est lui seul qui est le principe de tous les avantages de la sociabilité, des progrès simultanés de toutes les connaissances et de toutes les jouissances de l'homme civilisé ; principe aussi lumineux que fécond, qui remonte à la sagesse infinie de l'auteur des choses, et qu'on peut pardonner à Diderot l'athée de n'avoir pas mieux soupçonné, puisque le déiste Rousseau, qui d'ailleurs était un autre homme, paraît l'avoir entièrement méconnu. Mais ne quittons pas encore Diderot, qui laisse échapper ici des aveux dont il faut profiter.

« Par la diversité de forces, d'industrie, de talents
« mesurés sur les différents âges de notre vie ou

« sur la conformation de nos organes, la nature
« indique nos différents emplois. » Fort bien: mais
comment accorder cette *diversité* de moyens qu'il
avoue, et dont il déduit lui-même celle des *emplois*,
avec l'*égalité de conditions* qu'il suppose dans la
nature ? Je n'en vois pas la possibilité, à moins
que celui qui saura tout au plus lire ne soit l'*égal*
d'un magistrat ; et celui qui saura tout au plus
manier une arme, l'*égal* de celui qui pourra commander une armée; et celui qui saura bêcher la
terre, l'*égal* de celui qui saura construire un vaisseau, etc., etc. Sophistes hypocrites et insensés,
vous vous vantez de relever la nature humaine, et
vous ne pouvez la contredire sans la dégrader. Vous
osez parler des *droits de l'homme*, et avec votre absurde et vile *égalité*, vous ne prétendez pas moins
que lui ôter le plus précieux de tous ses *droits*, un
droit qui tient à la noblesse de sa raison et à l'équité
de sa conscience, celui d'estimer plus ce qui vaut
plus, de distinguer dans l'ordre social un homme d'un
homme, comme ils sont distingués dans l'ordre de
leurs facultés, d'honorer, non pas par l'insuffisant
tribut d'une opinion toujours plus ou moins incertaine et contestée, mais par des témoignages authentiques et des titres durables et respectés, tout ce qui
mérite en effet d'être honoré, les talents, les services,
les lumières, les vertus. Vous anéantissez la justice
dans les uns et l'émulation dans les autres; et vous
seuls au monde étiez capables d'ignorer que cette
émulation légitime, fruit d'un légitime amour de
soi, n'existe plus sans cette *inégalité de conditions*,

qui, avec toutes ses conséquences, est la base de l'édifice politique et l'ornement de la société, comme l'opposition apparente des éléments est en effet l'harmonie générale de l'univers. Et qu'est-ce donc que cette guerre déclarée de nos jours à cette heureuse et sage *inégalité?* Rien que le démenti le plus impudent donné à la nature humaine par des hommes qui en étaient l'opprobre. Pourquoi réclamaient-ils l'*égalité?* Parce qu'il n'y avait rien dans le monde au-dessous d'eux ; et ils étaient conséquents en voulant tout exterminer, puisqu'il eût fallu qu'ils demeurassent seuls au monde pour y établir leur *égalité*, celle du crime et de la bassesse. Quelle leçon! Et l'on pourrait encore la méconnaître!

La vérité a une telle force, quelquefois même contre ses plus grands ennemis, que Diderot, dans la législation primitive, dont il reproche l'ignorance ou l'oubli à tous les fondateurs de gouvernements, consent que l'on y eût fait entrer les rangs, les dignités, les honneurs, qu'il appelle fort heureusement *les tons de l'harmonie sociale*. Mais comment se résout-il à cette concession, dont il exagère en même temps les abus ? C'est qu'avec sa *communauté de biens et de travail* il a le remède à toutes les maladies du corps politique, précisément comme le charlatan, avec son baume, défie toutes les maladies du corps humain. Cependant il juge à propos d'y joindre des leçons qui ne sont pas neuves, et qui supposent seulement qu'il suffit de prêcher la sagesse pour faire de tous les hommes autant de sages. Il nous dit donc : « Si l'on eût *établi*

« que les hommes ne seraient grands et respecta-
« bles qu'à proportion qu'ils seraient bons, et plus
« estimés qu'à proportion qu'ils auraient été meil-
« leurs, il n'y aurait jamais eu entre eux d'autre
« émulation que celle de se rendre réciproquement
« heureux. »

C'est toujours quelque chose que d'avoir de temps en temps occasion de rire quand on a si souvent sujet de se fâcher. Je m'en rapporte au plus sérieux de nos adversaires : comment se défendre de rire d'un homme qui parle d'*établir* la sagesse en loi comme on l'établirait dans le discours ? Donnons satisfaction à ce confiant législateur ; la loi est faite :
« Il est *établi* que nul homme ne sera grand et res-
« pectable qu'à proportion qu'il sera bon; que ce-
« lui-là sera le plus estimé, qui sera le meilleur. »
La loi est fort belle; il n'y manque qu'un supplément que voici : « Il est établi qu'à dater de la pu-
« blication de cette loi, tous les hommes, ayant
« le jugement également sain, étant tous sans pas-
« sion et sans erreur, s'accorderont à estimer ce
« qui est estimable, à juger grand ce qui est grand,
« et bon ce qui est bon. » Ajoutez encore : *Car tel est notre plaisir*; et ce *plaisir* du moins sera fort *innocent*, mais dans le même sens que la confiance de notre philosophe législateur, dans le sens de l'imbécillité ; il est impossible de ne pas trancher le mot. Quand on ne suppose si gravement une telle perfection dans l'homme que pour étayer des systèmes qui ne tendent qu'à lui ôter ce qu'il a de réellement bon, quand on ne fait qu'appuyer

des chimères pernicieuses sur des chimères ridicules, ce n'est pas *le rêve d'un homme de bien*, comme dans l'abbé de Saint-Pierre, qui, en demandant l'impossible, ne demandait au moins rien de mauvais; c'est le mensonge d'un orgueil adulateur, qui ne flatte l'humanité que pour la tromper, et qui ne trompe que pour substituer l'empire de sa doctrine à celui de la nature et des lois.

L'auteur veut bien convenir que, « malgré les « sages précautions de son *système d'éducation*, il « eût toujours existé parmi les hommes *quelques* « *sujets de contention et de dispute;* mais ces *légères* « *irrégularités* auraient été aussi *passagères* que les « causes qui les auraient produites.

Il y a ici une singularité dont je ne crois pas qu'on trouvât un exemple ailleurs que dans les écrits de nos philosophes. Sur ce qu'on dit ici des *sages précautions d'un système d'éducation*, il serait naturel d'inférer que ce *système* fait partie du *Code*: point du tout, il n'y en a pas la plus légère trace, à moins que l'auteur ne regarde comme un *système d'éducation* tout le mal que vous l'avez entendu dire contre celle qui a existé partout et de tout temps; et je le croirais volontiers, car, dans l'école des sophistes, détruire se prend communément pour construire; et c'est de là que ce langage a passé chez nos *révolutionnaires*. Quant à ces *légères irrégularités* qui peuvent encore avoir lieu, et qui sont dans son *système* le seul inconvénient possible, si l'on s'avisait de douter d'un état de choses si parfait, il se fait fort de renverser tous les doutes par ce raisonnement, qui est pour lui une conclusion triomphante: « Je crois qu'on ne me contestera pas que « là où il n'existerait aucune propriété il ne pourrait exister aucune de ses *pernicieuses* conséquences. » Oh! cela est incontestable comme cet adage si connu: *Sublatá causá, tollitur effectus. Otez la cause, vous ôtez l'effet.* Otez la propriété, vous ôtez ses conséquences, bonnes ou mauvaises, et l'épithète est ici de trop. Mais malgré son axiome, qui ne fait rien à la question, l'auteur ne sort pas de sa déraison accoutumée; car d'abord (et vous verrez que cette distinction n'est rien moins qu'indifférente) tous les maux, tous les vices, tous les crimes, qu'il appelle les *conséquences de la propriété*, ne naissent point de la propriété comme cause, mais comme occasion. Ce n'est pas parce que mon bien est à moi que le brigand me l'enlève, c'est parce qu'il aime mieux que ce bien soit à lui qu'à moi. S'il me vole, ce n'est pas parce que je possède ce qu'il ne possède pas, c'est parce qu'il est injuste et méchant; et cela est si vrai, que ceux qui, étant pauvres comme lui, ne sont pas méchants comme lui (et c'est le grand nombre), ne sont pas voleurs comme lui. C'est donc la cupidité qui est la cause efficiente des délits, et non pas la propriété. J'avoue, en me prosternant devant la profonde découverte de l'auteur, que, s'il n'y avait pas de propriétaires, il n'y aurait pas non plus de voleurs, comme il n'y aurait pas d'adultères, s'il n'y avait pas de mariages. J'avoue encore, pour rendre hommage à toutes les vérités de la même force, « qu'avec le *bien commun*,

« *la probité* serait demeurée inaltérable, » celle au moins des hommes qui en ont, comme on dit, autant qu'il en faut pour n'être pas pendus. Il ne s'agit donc plus, à présent que nous sommes d'accord avec l'auteur sur sa théorie, que de l'appliquer en pratique, c'est-à-dire de persuader à tous ceux qui ont quelque chose que, pour qu'on ne puisse leur disputer ni leur prendre rien, le meilleur parti possible, c'est que personne n'ait rien à soi. L'auteur ne doute pas que cela ne soit très facile, et je n'en suis pas surpris : un philosophe ne doute de rien. Mais comme il faut rendre justice à tout le monde, les disciples me paraissent ici avoir raisonné mieux que les maîtres, et les *révolutionnaires* ont été plus conséquents que les philosophes. Ils ont voué à l'exécration *le droit de propriété;* mais en même temps ils ont *établi* en principe qu'il y en avait *une sacrée, celle du peuple*, et ils ont dit : *Les propriétés des patriotes sont inviolables* *. » Voilà qui est clair, et *la massue du peuple* était la sanction du principe et du décret, sous la clause sous-entendue dans toute la législation *révolutionnaire*, que personne ne se défendrait; et en effet la Providence a voulu une fois que personne ne se défendît, afin de manifester au monde toute la beauté de la philosophie moderne, réalisée dans la révolution française, avec des commentaires dignes de toutes deux.

Diderot continue les siens : « L'homme, exempt
« des craintes de l'indigence, n'eût eu qu'un seul

---

* Expressions textuelles du décret porté sur le rapport de Robespierre.

« objet de ses espérances, qu'un seul motif de ses « actions, *le bien commun.* »

Peut-être, si l'auteur était vivant, se ferait-on quelque peine de le tirer de son extase philanthropique : elle est si touchante! Mais tous les fous ne sont pas morts avec lui; et s'ils rêvent comme lui, il est permis de les réveiller. Je leur dis donc: Secouez-vous et ouvrez les yeux. Combien de vices, de désordres, de délits, de crimes où le désir d'avoir n'entre pour rien ! Quand l'Europe et l'Asie combattirent au siége de Troie, était-ce pour des richesses ? C'était pour une femme, et en supposant que l'homme, dans votre *communauté* bienheureuse, n'ait plus d'yeux pour la cupidité, n'en aura-t-il plus pour le plaisir? Vous voilà donc obligé de rendre aussi les femmes *communes*, comme les productions de la terre. — Eh bien! soit: Pensez-vous que cela nous arrête? — Dieu m'en garde: je ne ferai pas à des philosophes cette mortelle injure, qu'aucun mal réel puisse les arrêter dans la recherche du bien possible : ce serait trop méconnaître le sublime de leur doctrine. Mais il me reste toujours quelques doutes, quelques scrupules sur cette paix profonde et cette félicité parfaite, à quelques *irrégularités* près, que vous allez faire régner sur la terre par ce seul moyen, que tout appartienne à tous. Cela ne coûte que quatre mots sur le papier; mais où avez-vous pris que l'on pouvait ôter à l'homme toutes ses passions en lui ordonnant de les soumettre à une *égalité* de possession? Quoi! il n'aura plus ni cupidité, ni orgueil, ni jalousie, ni ambition, ni vengeance, etc.? Pardonnez; mais j'ai peur que cette prétention, qui est belle sans doute, n'aille un peu trop loin. Ne pourrait-il pas arriver à toute force que cette merveilleuse *égalité* ne convînt pas à tout le monde? N'y a-t-il pas toujours, même sous le règne de la philosophie, des hommes inquiets, ardents, jaloux, présomptueux, qui ne s'accommoderont pas aisément de n'avoir rien qui ne soit à autrui, pas même une femme? Cela n'est-il pas sujet à quelque petit désordre, qui pourrait aller au-delà de l'*irrégularité passagère*, et troubler un peu la *fortunée communauté?* Je ne me permettrai qu'une hypothèse : vous vous en permettez tant; passez-m'en une. Je suppose donc, ce qui n'est pas impossible, qu'une passion aussi violente que l'amour, et l'amour jaloux, ne soit pas absolument étouffée par vos lois philosophiques, quoique sans doute bien plus puissantes que les lois divines et la raison humaine, qui n'ont pas encore opéré ce grand ouvrage. Je suppose qu'un jeune homme amoureux, robuste et hardi, ait été le premier amant d'une de vos jeunes filles, et qu'il s'avise de trouver mauvais qu'un autre veuille lui succéder. Pour première preuve de son droit de possession, il le tuera; l'amour furieux n'a pas d'autre argument. Le rival tué et l'amant qui a tué ont des parents, des amis; on se bat, la querelle se propage, suivant les différentes affections; et voilà une guerre civile dans votre heureux gouvernement, malgré la *communauté des biens*, et même des femmes.

Revenons, il en est temps, à un ton plus sérieux; et quoique celui du mépris et de la dérision ne soit rien moins que déplacé contre l'extravagance, il en est un autre qu'il faut proportionner à la hauteur des vérités qu'elle a pu un moment ébranler, et qui sont encore menacées. S'il eût été possible que la *communauté de biens et de travail* existât, même dans les premiers temps du monde, elle n'eût abouti qu'à resserrer l'espèce humaine dans les bornes les plus voisines de l'animalité; elle eût donc été en opposition directe avec cette perfectibilité sociale, qui est également dans les facultés de la créature raisonnable et dans les vues de la sagesse créatrice. Elle a voulu, cette sagesse infinie, elle a dû vouloir que toute la beauté possible de son ouvrage rendît témoignage à sa gloire, en s'effectuant par les travaux progressifs de l'intelligence créée, et annonçât une Providence à quiconque ne refuserait pas de la reconnaître dans son œuvre. Mais qu'auraient été des hommes qui n'auraient eu pour objet et pour mobile que la subsistance commune? Qui peut douter que le plus grand nombre n'y eût mis que le moins qu'il aurait pu? Sans doute il est dans la vertu de faire beaucoup pour les autres; mais elle ne serait pas la vertu, s'il n'était du commun des hommes de ne faire beaucoup que pour soi. Aussi toute institution sociale doit être fondée sur la nature, qui est de tous, et nullement sur la vertu, qui est de quelques-uns *. Ainsi, quand il eût fallu

---

* Comme ce principe a été celui de toutes les législations, et il y est entré plus ou moins, selon le progrès différent des connaissances, il est dans

labourer, bâtir, chasser, et lutter en tout genre contre les obstacles, les fatigues et les dangers, qui ne voit que le travail eût été généralement restreint au plus étroit nécessaire du moment, dès que personne n'eût été intéressé le moins du monde à faire plus pour avoir plus ? Que serait devenue alors cette indispensable prévoyance de l'avenir, que chacun a pour soi et n'a point pour autrui ? De cela seul combien de périls et de fléaux ! Qui peut ignorer, à moins de n'avoir jamais réfléchi à rien, que si l'Europe est si supérieure au reste du monde, c'est que, dans les climats situés entre les tropiques, l'homme a fait d'autant moins pour lui que la nature avait fait davantage, et que, par ce défaut d'industrie, il est resté généralement pauvre au milieu des prodigalités du sol, tant il a besoin de l'intérêt propre et du ressort de l'émulation pour étendre l'action de ses facultés ? Plus il demeure près de la nature primitive, qui n'est jamais qu'une ébauche informe, plus il est porté à ne se mouvoir que comme l'animal, pour se nourrir et se reproduire. Ainsi, quand même la famine et les autres fléaux nés de cette inévitable apathie et de cette imprévoyance naturelle n'eussent pas bientôt fait disparaître ces peuplades *philosophiquement constituées*, représentez-vous le bel univers qui en serait résulté, et comparez-le à celui que l'intérêt particulier et la

l'ordre que nos *législateurs philosophes, les régénérateurs du genre humain*, ne se soient pas plus souvenus de ce principe que s'il n'eût jamais existé, et qu'ils aient constamment procédé en sens inverse sous tous les rapports. (Voyez, dans la cinquième partie de l'*Apologie*, cette violation inouïe d'un principe si commun, rangée parmi les *phénomènes de démence*.)

propriété ont élaboré pendant les siècles. Ne vous étonnez point que l'auteur du *Code* vous dise que cet *esprit de propriété et d'intérêt particulier est naturellement indocile et paresseux*. Prenez l'inverse, et vous aurez la vérité : c'est une méthode à peu près sûre avec nos sophistes ; et en ce sens au moins, ils peuvent servir à quelque chose. Celui-ci vous dit que *l'intérêt est paresseux* : pourquoi ? Parce que la nature et la raison lui criaient, depuis le commencement du monde, que rien n'est si actif, si ardent, si inventif que l'intérêt ; et que rien n'est si souple que l'esprit de propriété. Les voilà, les deux grands leviers de la grande machine du monde social, les plus puissants intruments de son activité, les inépuisables sources de sa richesse, les vrais principes de sa beauté. La voilà, la vraie philosophie, celle qui s'éclaire en s'élevant vers une Providence, qui l'admire davantage à mesure qu'elle l'observe mieux, et dont je vous ai promis le développement. Que des insensés ne voient dans la propriété que les *funestes conséquences* dont elle n'est que l'occasion, qui se retrouveraient encore, sans elle, dans les passions de l'homme, et qui ne la condamnent pas plus que les transgressions ne condamnent les lois, le bon sens répond par la voix de tous les siècles : C'est de l'esprit de propriété, c'est de l'intérêt particulier, suites naturelles de l'amour de soi, et légitimes comme lui, tant qu'ils restent dans les bornes de la conscience et de la loi ; c'est de là qu'est né cet infatigable mouvement de l'industrie humaine, qui a opéré successivement tant de prodiges. Si nous en jouissons le plus souvent sans reconnaissance, c'est que nous n'en avons pas examiné l'origine; et si nous les voyons sans surprise, c'est que nous n'avons pas assez réfléchi pour savoir nous étonner. Pourquoi, depuis des siècles, chez toutes les nations civilisées, n'avez-vous qu'un pas à faire pour vous procurer sur-le-champ, avec un signe d'échange, tout ce qu'il est possible de désirer, depuis les premiers besoins de la vie jusqu'aux derniers rafinements de la délicatesse et du luxe? Pourquoi les productions du monde entier semblent-elles rassemblées dans toutes les grandes villes, sous la main de chacun de leurs habitants? Pourquoi ce qui vient des quatre parties de l'univers vous est-il présenté à chaque pas, sans que vous ayez même songé à le chercher? Tous ces hommes, qui semblent n'avoir travaillé que pour vous fournir toutes les sortes de jouissances quand par vous-même vous pourriez à peine vous procurer même le nécessaire, tous ces hommes ont-ils pensé à vous pour vous tout donner? Pas un n'y a jamais songé : ils ne savent seulement pas si vous existez : chacun d'eux n'a jamais songé qu'à lui seul. Mais le désir de s'assurer leur propre bien-être, mais l'idée de se former une propriété capable de garantir leur subsistance et un héritage à leurs enfants, a éveillé le genre d'industrie dont ils avaient les moyens; l'heureuse diversité que la nature y a mise en a varié les produits au point d'égaler les désirs et même les fantaisies de tous, et de ne leur laisser à craindre que la satiété; en sorte qu'en dernier résultat chacun a travaillé pour tous, et tous pour chacun, sans que personne pensât à autre chose qu'à soi. Vous diriez que tous ont agi de concert, et ce concert n'a jamais été dans les hommes et ne pouvait pas y être. Ce n'est point là l'ouvrage des législateurs, c'est celui de la Providence. Cet ordre admirable, que nulle loi humaine n'a pu former ni prescrire, et qu'elle ne peut que protéger, cet ordre était uniquement dans l'intelligence suprême, qui a mis dans l'homme tout ce qui devait le mener jusque-là, sans que lui-même comprît où il allait, et crût rien faire que pour lui. Cet ordre sur lequel repose le monde social, et que l'homme n'a point fait, est l'œuvre de celui qui a fait l'homme; et ceux qui peuvent le méconnaître, joignent au malheur de l'aveuglement le crime de l'ingratitude.

A présent, qu'ils se récrient tant qu'ils voudront sur la mesure de mal qui se mêle à tant de biens, et qu'ils oublient que si les biens sont un présent de Dieu, le mal est la faute de l'homme; qu'ils répètent les lieux communs de l'éloquence et de la poésie, comme s'ils devaient jamais être admis en philosophie, et comme si la vraie philosophie n'y avait pas mille fois répondu péremptoirement. Que peut-on faire autre chose que de leur répéter aussi la réponse de la raison à ces insidieuses déclamations? La raison a dit et dira toujours : Mon unique fonction est de m'occuper sans cesse à maintenir et à propager le bien dont le principe est en Dieu, à restreindre et à réparer, autant qu'il est en moi, les effets du mal, dont le principe est dans l'homme; et, comme il n'est pas donné à l'homme, tout mauvais qu'il est, de détruire l'ordre en le troublant, il ne lui est pas donné non plus, tout éclairé qu'il est, de retrancher de l'ordre les abus qui en sont inséparables ici-bas. Quelle réplique à ces éternelles vérités ? Il n'y en a qu'une, et l'orgueil en démence en était seul capable. C'est lui qui, sous le nom de philosophie, a dit de nos jours : « Non, le bien dont vous « parlez est chimérique, et le mal seul est réel. C'est « à moi de détruire ce que vous appelez l'ordre, et je « le détruirai. J'en établirai un nouveau, qui sera le « bien réel ; et alors le mal ne sera plus, ou ne sera « presque rien. » Elle l'a dit ; elle l'a tant dit, qu'elle s'est fait croire, du moins parmi nous ; elle s'est fait croire plus que celui qui avait fait l'ordre, et l'on a cessé de croire à l'ordre parce qu'on ne croyait plus à son auteur, mais seulement à la philosophie qui le niait, et alors l'auteur de l'ordre a dit et a dû dire : Eh bien ! je vais un moment laisser faire cette philosophie, et vous choisirez ensuite entre elle et et moi, entre son ordre et le mien. Messieurs, vous avez vu ce qu'elle a fait, vous le voyez depuis dix années. Le bien qu'elle promettait a été l'anéantissement de tout bien ; et le mal qu'elle y a substitué a été si extraordinaire, que tous les maux connus jusque-là ont paru des biens, et l'étaient réellement en comparaison des présents que nous a faits la philosophie. Graces soient donc rendues au Ciel ! Maintenant le monde en sait assez pour choisir entre Dieu et les philosophes.

Personne n'a employé plus qu'eux le moyen aussi facile que perfide de ces satires depuis si long-temps triviales, dont tout l'art consiste à généraliser dans les choses l'abus qui est dans les individus. Aussi Diderot nous dit « que des institutions arbi-« traires prétendent fixer, pour quelques hommes « seulement, *un état permanent de repos*, que l'on « nomme prospérité, fortune, et laisser aux autres « le travail et la peine ; que ces distinctions ont jeté « les uns dans l'oisiveté et dans la mollesse, et inspiré « aux autres du dégoût et de l'aversion pour *des* « *devoirs forcés ;* que le vice que l'on nomme paresse, « ainsi que nos passions fougueuses, tire son ori-« gine d'une infinité de préjugés, enfants très légi-« times de la mauvaise institution de nos sociétés « que la nature répudie. »

Qui se douterait que la *paresse* fût *l'enfant des préjugés?* Sophiste, va donc demander à l'Indien par quel *préjugé* il répond à l'Européen qui lui offre du travail : *Je n'ai pas faim*, et reste couché sur sa natte jusqu'à ce qu'il n'ait plus rien à manger. Va demander au sauvage pourquoi il ne se meut pas davantage, à moins que le besoin ne le fasse courir à la chasse ; et les plus bornés des hommes apprendront à un philosophe que la *paresse* n'est ni *préjugé* ni *enfant de préjugé*, mais une disposition naturelle à l'homme, à moins qu'elle ne soit combattue par la nécessité ou l'amour-propre, ces deux mobiles d'action qui animent le monde social. Il est vrai, comme tu le dis ailleurs, que « l'homme est une créature « faite pour agir, et agir utilement ; » mais s'il était vrai comme tu le prétends, qu'*il n'est devenu paresseux que par nos institutions*, comment donc serait-il arrivé que l'activité fût si étonnante, si prodigieuse dans l'ordre social, et la *paresse* si habituelle dans l'état sauvage? Il est bien évident que la société a atteint, de ton aveu, le but de la nature, et que par conséquent nos *institutions*, bien loin d'y être contraires, y sont parfaitement conformes. Ce n'est que dans la société que la *paresse*, qui dans le sauvage n'est qu'une habitude, est devenue un vice et un danger. Je ne vois là que raison et conséquence, et pas trace de *préjugé*.

Un *préjugé* est une opinion reçue sans examen; et j'en vois ici un très déraisonnable, mais dans tes paroles et ton opinion. Je ne dis pas assez : il y en a plus d'un, et ces *préjugés* même sont grossiers et à peine concevables dans un homme qui aurait un peu réfléchi. Où as-tu pris que le travail des mains soit un mal? et c'est bien un mal à tes yeux, puisque tu te plains que *nos institutions l'aient laissé* au grand nombre. Où as-tu pris que le travail d'esprit, qui est celui du petit nombre, ne soit pas tout aussi pénible, tout aussi assujettissant, et souvent même davantage? Ces *préjugés* démentent des notions si générales et si prouvées, qu'en vérité on ne peut se résoudre à les réfuter : il suffirait de renvoyer à ce qu'on a dit tant de fois en prose et en vers, aux éloges qu'ont faits si souvent nos philosophes eux-mêmes des travaux de la campagne, de la salubrité de ces exercices, de la paix qui les accompagne, de la gaieté qui règne dans nos manufactures, dans nos ateliers, et dont les chants continuels de nos artisans sont une expression si naive : il suffirait de citer les poètes depuis Théocrite et Horace jusqu'à La Fontaine et son *gaillard savetier*, et enfin ces vers d'un poète *philosophe:*

> Ils chantent cependant; leur voix fausse et rustique
> Gaîment de Pellegrin détonne un vieux cantique.
> . . . .
> Un dieu qui prit pitié de la nature humaine,
> Mit auprès du plaisir *le travail et la peine.*
>   VOLTAIRE , *Ier et IVe discours en vers.*

Le travail et la peine (la peine prise, comme elle est ici, pour exercice du corps*), ne sont donc point *un vice de nos institutions.* Ce qui est un mal, c'est la disproportion entre l'usage et la réparation des forces, entre la peine et le salaire. Ce mal est d'abord celui du petit nombre; il naît ou des erreurs du gouvernement, ou du caractère même des individus, ou des accidents de la nature : c'est à une politique éclairée à prévenir les uns et à réparer les autres, mais seulement jusqu'où la chose est possible. L'homme sage, le bon citoyen, y travaillent utilement en joignant leurs vues aux moyens de l'administration, qui seule et absolument seule est à portée d'atténuer sans cesse un mal qui se reproduit sans cesse plus ou moins. Celui qui s'imagine qu'on peut l'extirper est un ignorant; celui qui donne au public cette illusion pour une découverte est un fou ridicule; celui qui ne s'en prend qu'aux gouvernements seuls de ce qui, avant et hors de

---

* De là cette expression usitée, *un homme de peine*, pour dire un homme qui porte des fardeaux, un crocheteur, un *fort de la Halle*, etc.

tout gouvernement, est ou accident physique, comme la grêle, ou défaut de l'individu, comme la paresse, est un calomniateur; et s'il s'enivre de ses idées au point de provoquer avec audace le renversement du monde qui est, pour y substituer le monde qu'il a rêvé, c'est un ennemi du genre humain.

Qu'est-ce encore que cet *état permanent de repos, que l'on nomme fortune, prospérité?* Je ne connais point *d'institutions* qui aient jamais *prétendu fixer* un semblable état pour personne, et ce seraient là des paroles vides, si on en ôtait l'intention de la calomnie. Quelle que soit l'imperfection des gouvernements, il n'y en a pas un seul qui n'ait pour objet de tirer parti de l'action des individus, pas un qui *prétende les fixer dans le repos*. Le repos indéfini est assez volontiers le vœu des citoyens d'un état, le but qu'ils regardent au bout de leur carrière, mais n'a jamais été le vœu ni le but d'aucune institution politique. On voit bien que l'auteur veut parler des grands, des premières classes de citoyens; mais tous ont des places, des emplois, ou veulent en avoir, soit à l'armée, soit à la cour, soit dans l'administration; c'est même un titre de considération personnelle, quand ce ne serait pas un appât pour l'ambition. Le nombre des hommes désœuvrés est très petit, et il ne faut pas non plus appeler ainsi ceux qui ont acquis, par leurs services et par l'âge, le droit de se reposer :

Le repos, du labeur est le juste salaire;
Il est d'autant plus doux qu'il est plus acheté,

Il redonne au travail un ressort nécessaire ;
Et fatigue l'oisiveté.

La plupart des gros rentiers ont des offices, et les petits mangent en paix le pain qu'ils ont laborieusement gagné. Ne dirait-on pas qu'il y a une classe d'hommes qui mettent leur orgueil ou leur bonheur à ne rien faire, et à qui nos lois ont donné ce privilège? C'est une supposition ridicule, à moins que l'auteur ne compte pour rien tout ce qui n'est pas travail des mains. Tant pis pour lui s'il n'a pas compris l'importance d'un autre travail, et sa nécessité première dans l'ordre social : s'il ne sait pas ce que c'est que le travail administratif, qui peut seul garantir la sécurité et les produits de tous les autres genres de travaux; s'il ignore que personne, excepté celui qui est atteint du vice de paresse, ne se plaint d'être *forcé* de s'occuper, puisque le bon sens apprend à tout le monde que la subsistance est le salaire du travail dans les uns, comme la considération sociale en est le prix dans les autres. Pour relever toutes les erreurs du passage cité, il faudrait relever tous les mots. On appelle ici *prospérité* l'indolence qu'on attribue aux grandes fortunes, comme si l'opulence industrieuse d'un grand négociant, d'un grand manufacturier et de tant d'autres, n'était pas une *prospérité* dont tout le monde est frappé ; et j'ai vu ces hommes riches à millions si accablés de leurs affaires, si étrangers à tout le reste, que je les aurais plaints, si je n'avais pas vu que ce prodigieux mouvement était devenu nécessaire à leur bonheur. A voir comme nos philosophes parlent du monde qu'ils veulent réformer, on croirait volontiers qu'ils ne l'ont jamais vu que dans leur cabinet.

Celui-ci va toujours avançant de plus en plus dans la déraison et l'immoralité. Jugez-en par le morceau qui suit : « La fausseté des principes du « droit naturel et du droit des gens consiste en ce « qu'ils supposent toujours une perversité qui n'est « point dans l'homme. Le premier de ces principes, « *ne fais pas à autrui ce que tu ne voudrais pas* « *qu'on te fit,* admet comme constant et ordinaire « que les hommes *peuvent penser sérieusement à se* « *nuire : ce qui n'arriverait jamais si les lois mêmes* « *ne les exposaient souvent à cette dure nécessité, et* « *si celles de la nature* eussent été exactement ob-« servées. »

Je crois que c'est Rousseau qui le premier a soutenu que *l'homme était né bon;* et Rousseau, trop à plaindre comme homme, et trop supérieur comme écrivain, pour être réfuté par le mépris, autorisera contre lui la rigueur des démonstrations métaphysiques, et vous verrez que son erreur est aussi opposée à la philosophie qu'à la religion. Qui croirait que cette erreur eût d'autre inconvénient que de faire trop d'honneur à la nature humaine? Je ne sais pourtant s'il y en a une plus funeste, et je n'en suis pas surpris, car elle est directement contraire à la révélation, et l'on ne contredit pas impunément la parole divine. Pour ce qui est de Diderot, c'est bien assez de le renvoyer de nouveau à cette preuve de fait que sans doute les philosophes ont oubliée tous, ou voulu oublier, puisque aucun d'eux, que je sache, n'a jamais essayé de la nier; et cette preuve contre la *bonté* de l'homme, c'est que ce sont les attentats contre la loi naturelle qui ont nécessité les lois positives. Ainsi d'un côté le monde entier a dit que la méchanceté humaine avait rendu les lois nécessaires; et de l'autre, Diderot nous dit que ce sont les lois qui ont ôté à l'homme sa *bonté* essentielle. Tout le monde croyait qu'on avait fait des lois parce qu'il y avait des méchants : point du tout; Diderot nous assure qu'il n'y a des méchants que parce qu'on a fait des lois. Des raisonneurs aussi forts que lui croiront sauver cet excès d'extravagance en nous citant, avec de grands cris, quelques lois fort mauvaises, et que personne ne justifie de ce grand vice qu'on leur reproche, d'occasioner des délits locaux qui sans elles n'existeraient pas; et telles sont, par exemple, les lois de la gabelle et quelques autres de la même espèce. Mais comme on est dispensé, par le bon sens, de répondre à ceux qui argumentent de ce qui est exception, il faut laisser crier; et je me récrierai, moi, sur l'incompréhensible ridicule d'un écrivain qui nie sérieusement *que les hommes puissent sérieusement penser à se nuire*, sans doute parce que, quand *ils y pensent*, c'est pour rire, et qu'avant les lois il n'y avait point parmi les hommes de méchanceté *sérieuse*. Je me récrierai encore bien davantage sur ce qui est révoltant, parce que le scandale est pire que l'ineptie, sur l'horreur des conséquences renfermées dans cette *dure nécessité* d'être coupable, imposée par *les lois*. En vain l'honnête homme dira qu'il ne connaît, ni dans sa raison ni dans sa conscience, aucune *nécessité* quelconque de faire le mal, aucune *nécessité* d'être méchant; mais le méchant, le scélérat, le livre de Diderot dans une main, et un poignard sanglant dans l'autre, dira : « Que me reprochez-vous? Ce sont vos « lois qui m'ont imposé la *dure nécessité* d'être un « assassin. » Et dans le système et dans les termes de notre philosophe, ce sera l'honnête homme qui sera inconséquent, et le scélérat qui raisonnera juste.

Le scélérat, si vous le poussez, sera encore plus fort, plus inexpugnable avec l'axiome suivant : il invoquera la nature qui l'a fait *libre* : et définissant *la liberté* avec Diderot, il dira : « La véritable li- « berté politique consiste *à jouir, sans obstacle et* « *sans crainte, de tout ce qui peut satisfaire ses ap-* « *pétits naturels et par conséquent légitimes.* » Il n'y a là ni équivoque ni restriction; cela est d'une clarté à la portée de tout le monde, et vous ne pourrez pas nier au brigand qui viendra forcer devant vous votre coffre-fort, enlever votre argenterie et violer votre femme et votre fille, que l'amour de l'argent et des femmes ne soient *des appétits naturels et par conséquent très légitimes*. On le conduira au supplice, je le sais, dès que la maréchaussée se sera saisie de lui; mais il dira qu'il ne lui manque, pour avoir toujours raison, que d'être toujours le plus fort. Et que ferez-vous du philosophe qui lui a si bien appris à n'avoir tort que contre la maréchaussée?

Et cet homme insulte à Montesquieu! Il se moque de cet *honneur* des monarchies et de cette *vertu* des républiques : et dans quel sens ose-t-il s'en moquer? Écoutez son exclamation; il l'adresse à Dieu : « Quels supports, grand Dieu! qui portent plus ou « moins sur la propriété et l'intérêt, les plus rui-« neux de tous les fondements ! » Il en connaît de meilleurs, lui, et vous le savez : « Pour que tout « soit le mieux possible, il faut que personne n'ait « rien à soi : pour que chacun travaille mieux pour « les autres, il faut que personne ne travaille pour « soi-même. » C'est là qu'est contenue toute félicité : c'est là qu'est toute la sagesse des gouvernements, digne de celle du législateur. Avec cette base de tout bien, peu lui importe d'ailleurs que la constitution soit monarchique, aristocratique ou démocratique, *pourvu que la propriété ne s'y introduise point*, car *ce seul accident peut tout perdre*. Ce sont ses termes; et, pour nous rassurer, il nous avertit que son système de *communauté* offre par lui-même tous les moyens de prévenir le retour de la propriété ; *et dès lors*, ajoute-t-il, *la monarchie même ne dégénèrera jamais*. Cette tolérance pour la monarchie est le seul article du livre qui ne soit pas *révolutionaire*. Il n'y manque rien, excepté *la haine à la royauté*; et c'est dommage; car d'ailleurs l'auteur est bien *à la hauteur*, il est *au pas*; et vous êtes, Messieurs, bien convaincus, je pense, que tout ce que vous avez vu *en révolution* est ici en philosophie. Il y a même un point où il va plus loin que Robespierre; car celui-ci s'avisa un jour, je ne sais pourquoi, de proclamer dans sa *République l'Être-Suprême*; et l'auteur du *Code* veut seulement que, « si un enfant vient à *entendre parler de Dieu*, et « demande ce que c'est, on lui réponde que *c'est la « cause première et bienfaisante,* » et qu'on n'en parle plus. Vous voyez que, de cela même que Dieu est *bienfaisant*, de cela même qu'il est *cause première*, l'auteur conclut qu'on ne lui doit ni hommage, ni culte, ni prière, ni reconnaissance; car dans le plan de sa législation positive, qui est assez étendu, il n'est pas plus question de culte que si jamais on n'avait *entendu parler de Dieu*; et cette logique inverse est encore bien parfaitement *révolutionnaire*. Ce qui ne l'est pas moins, ce qui même l'est éminemment, c'est cette *formule de tout commandement public*, prescrite par le législateur Diderot : *La raison veut, la raison ordonne*. N'êtes-vous pas là au centre de la sublime révolution française ? N'êtes-vous pas au milieu des cinquante mille *temples de la raison*, si fièrement relevés au moment même où je parle* ? Les rapports sont évidents. Il est tout simple qu'un philosophe, renonçant à être homme, devienne infaillible, et *commande* à tous les hommes au nom de *la raison ;* comme il est tout simple que *la raison révolutionnaire* détruise tout ce qu'avait consacré la raison humaine, et que,

---

* Depuis *fructidor*, toutes les assemblées de commune, dans les départements, étaient indiquées dans l'église du lieu, toujours avec la dénomination légale de *Temple de la Raison*. C'est à Paris seulement que, pour plus de variété, ils avaient donné à leurs *temples* les titres de leurs *fêtes républicaines*.

dans la France *révolutionnée*, on lise, en grosses lettres, *liberté, égalité*, à la tête d'actes dont le despotisme aurait horreur.

Enfin il fallait, pour couronner l'œuvre et pour qu'il ne manquât rien aux leçons que la Providence voulait donner au monde, ni à l'opinion qu'il doit avoir à jamais de la philosophie qui a régné dans notre siècle, il fallait que nos brigands républicains s'en emparassent de manière qu'elle ne fût pas seulement *une doctrine armée*, qui ne se soutient que par la force, mais qu'elle fût méthodiquement discutée entre les scélérats eux-mêmes, avec toutes les formes et toute la gravité des controverses politiques, afin qu'il ne fût pas possible de douter qu'en partant des principes de nos philosophes, tous les crimes n'en devinssent les conséquences rigoureuses et incontestables. C'est ce qui a eu lieu, il n'y a pas long-temps, devant toute la France, d'abord dans les écrits de deux fameux patriotes*, et ensuite devant une *cour nationale***. Tous deux, pleins du même esprit et d'une même estime l'un pour l'autre, ont aussi la même admiration pour *la doctrine du bonheur commun* (c'est le nom qu'ils lui donnent parce que cette dénomination est à la fois plus noble et plus courte); ils ne diffèrent que sur la possibilité de l'établir. L'un des deux, en gémissant d'être *venu trop tard*, se permet de douter que nous soyons encore à temps de réaliser cette sublime

---

* Antonelle et Babœuf.

** Le tribunal nommé *haute cour nationale*, siégeant à Vendôme pour juger le nommé Drouet, maître de poste.

théorie : il *craint* qu'après avoir *répandu des flots de sang pour le bonheur commun*, on n'obtienne pour tout résultat qu'*un vaste bouleversement**, et cette crainte le fait hésiter sur l'entreprise. Il faut entendre comme il s'explique : « Le droit de propriété
« est la plus déplorable création de nos fantaisies.
« Je suis convaincu que *l'état de communauté* est
« le seul juste, le seul bon, le seul conforme aux
« purs sentiments de la nature; que hors de là il
« ne peut exister de société paisible et vraiment
« heureuse........ Le nombre est infini, de ceux qui
« adoptent cette opinion, que les hommes réunis en
« société ne peuvent trouver le bonheur que dans
« la *communauté des biens*; c'est un des points sur
« lesquels les philosophes et les poètes, les cœurs
« sensibles et les moralistes austères, les imagina-
« tions vives et les logiciens exacts, les esprits exer-
« cés et les esprits simples, furent et seront toujours
« d'accord. »

Il est difficile de porter plus loin la plénitude de la conviction, et plus difficile encore de comprendre comment, si cette *unanimité d'opinions* existait, celui qui croit la voir partout, ne croit pas possible d'effectuer un vœu sur lequel tant *d'esprits différents ont été et seront toujours d'accord.* Mais il ne faut pas trop presser, ni sur la vérité des faits ni sur la justesse des raisonnements, un *philosophe révolutionnaire*, qui prend pour une *opinion* les fic-

---

* Ne lui sachez pas gré de cette crainte : au moment où il écrivait en 1797, le *vaste bouleversement* était sous ses yeux. Il ne s'agissait plus que de l'entière destruction, dont le Ciel a daigné nous faire grace.

tions et les saillies de quelques poètes quand ils ont rêvé leur âge d'or, et les hypothèses de quelques discoureurs quand ils ont rêvé leur république. Ce qui mérite plus d'attention, c'est la conclusion de l'écrivain, toute contraire à ce qu'on pouvait attendre. « Mais nous parûmes *trop tard* au monde l'un
« et l'autre (*l'orateur plébéien* qui parle ici, et le
« *tribun du peuple* auquel il répond), si nous y
« vînmes avec la mission de désabuser les hommes
« sur le droit de propriété. Les racines de *cette fa-*
« *tale institution* sont trop profondes; elles tiennent
« à tout : elles sont désormais inextirpables chez les
« grands et vieux peuples. On ne pourrait marcher
« à l'abolition effective de la propriété et à la con-
« quête de la communauté des biens que par le bri-
« gandage et les horreurs de la guerre civile; qui
« seraient d'abord d'affreux moyens, uniquement
« propres d'ailleurs à détruire la propriété sans nous
« donner *la communauté.* La possibilité éventuelle
« du retour à cet ordre de choses, *si simple et si*
« *doux,* n'est qu'une rêverie *peut-être.* »

Sans ce *peut-être*, qui laisse encore lieu au doute, et sans cet épanchement de vœux *philanthropiques* pour cet état de choses *si simple et si doux*, je crois que toute la haute réputation de *civisme* si justement acquise à *l'orateur plébéien* ne l'aurait pas garanti de la terrible appellation de *modéré*, la plus mortelle de toutes en *révolution*. Mais *le tribun*, qui avait besoin de lui, ménage *son cher égal**, et se

---

* C'est un des noms que prenait la bande de Babœuf, *la république des égaux* ; et en conséquence le tribun écrivait à ses affidés : *mon cher égal*.

contente de l'écraser par ses raisonnements. Il faut avouer qu'il ne manque pas d'armes contre lui, et d'armes victorieuses ; il lui oppose toutes les autorités que tous deux reconnaissent également, les exemples et les maximes de la révolution, et les axiomes de Rousseau, de Mably et de Diderot. Il multiplie la répétition solennelle et en lettres majuscules, de ces paroles mémorables du législateur genevois: « Vous êtes perdus si vous oubliez que les « fruits sont à tous et la terre à personne. » Il lui représente que la révolution a démontré possible tout ce que jusque-là on avait cru impossible, et certainement entre deux *révolutionnaires* l'argument est concluant. Il ne reste donc plus qu'un pas à faire, et pourquoi serait-il plus difficile que tout le reste ? Alors, avant d'en venir à ses *moyens*, il appelle au secours de ses principes celui qu'il nomme dans son enthousiasme, *notre principal précurseur, notre Diderot*, il copie les traits les plus forts de cet épouvantable tableau de l'état social, qui vient de passer sous vos yeux ; et, sûr de son triomphe, il a bientôt réduit à rien ces idées et ces expressions de brigandages et de guerre civile qui ont paru troubler le pusillanime *orateur*. « Serait-ce bien Antonelle qui « définirait le *brigandage* à la manière du *patriciat?* « Mais dans le sens *où l'entendent les hommes justes* « *et les enfants de la nature*, qu'est-ce que le *bri-* « *gandage?* Ce sont les cent mille moyens par « lesquels *nos lois ouvrent la porte à l'inégalité*, et « *autorisent le dépouillement du grand nombre par* « *une petite portion*. Tout *mouvement*, toute *opéra-*

« *tion**, qui effectuerait déjà, ne fût-ce que partiel-
« lement, le dégorgement... (Vous ne doutez pas
« que le *dégorgement* ne soit aussi égorgement, et
« vous le verrez tout-à-l'heure.) Le dégorgement de
« ceux qui ont trop, au profit de ceux qui n'ont
« pas assez, ne serait point un *brigandage;* ce serait
« un commencement de retour à la justice et au
« véritable bon ordre... Diderot, que tu te complais
« à citer, dit précisément que *l'esprit de propriété et*
« *d'intérêt dispose chaque individu à immoler à son*
« *bonheur l'espèce entière; que la propriété est la*
« *cause générale et permanente de toutes les discor-*
« *des, de tous les maux, de tous les crimes*. Cela ne
« prouve-t-il pas clairement qu'en marchant à l'*éga-*
« *lité réelle*, à la *communauté des biens*, il n'y a
« point à craindre de *guerre civile* qui soit compara-
« ble aux guerres d'homme à homme et de peuple
« à peuple qu'entretient sans interruption notre état
« présent? »

Avouons qu'on ne peut pas raisonner plus juste,
et qu'un disciple de Diderot ne pouvait pas, sans
être inconséquent, se dispenser d'être de la troupe
de Babœuf. Aussi a-t-il senti tous ses avantages,
et il tourne fort bien en exclamation oratoire, en
apostrophe pathétique, son argument *à fortiori*.
« Eh! Nature, puisqu'on n'a pas hésité devant les

---

* On voit aux pièces du procès ce que veulent dire, dans l'argot revolutionnaire, ces mots *mouvement, opération*, et cent autres du même genre; partout massacre et pillage sans exception. Jamais *le bonheur commun* n'a eu d'autres moyens; et ce qu'il y a de plus remarquable, c'est que ce *bonheur*-là ne pouvait pas avoir d'autres moyens.

« guerres sans nombre, ouvertes pour maintenir *la*
« *violation de tes lois*, comment pourrait-on balan-
« cer devant la guerre sainte et vénérable qui au-
« rait pour objet leur rétablissement? »

Remarquez que ce misérable, qui d'ailleurs était très borné, qui a débité cent mille sottises de son crû, qui déraisonna dans son interrogatoire et dans ses défenses, et fut, sans comparaison, le plus plat et le plus sot de tous les co-accusés de Vendôme, ici pourtant, parce qu'il trouve un appui, non-seulement raisonne fort bien, mais devient même éloquent; car il y a vraiment de l'éloquence dans le rapprochement et l'opposition des deux idées principales de sa phrase. Mais à quoi tient toute sa force? A ces seuls mots: *Pour la violation des lois de la nature*. Ils font frémir, je l'avoue, le bon sens et l'humanité; mais dès que vous avez admis avec Rousseau et Diderot que l'état social n'est, en effet, qu'*une violation des lois de la nature;* dès que leur abominable paradoxe est entré dans l'entendement à la suite des milliers de sophismes et de mensonges dont ils se sont fait un jeu de défigurer le tableau de la société, alors, je le répète, il ne reste plus de réplique à tous les Babœuf du monde; et la plume du philosophe qui donne ainsi raison au poignard du brigand et à la torche de l'incendiaire, est-elle autre chose elle-même qu'une torche et un poignard?

Le *tribun* poursuit sa démonstration, et, toujours fort de *son* Diderot, il trouve chez lui tout ce qui peut écarter les doutes et les difficultés.

« Diderot est plus consolant que toi. Il ne s'agirait,
« dit-il, que de *faire bien entendre* à la majorité lé-
« sée que ce nouvel ordre serait assez parfait pour
« que personne ne manquât du *nécessaire*, ni de
« *l'utile*, ni même de *l'agréable*. »

Ici, je ne doute pas qu'on ne revienne encore à l'objection si souvent renouvelée et si souvent repoussée, que ces expressions, *faire bien entendre*, n'indiquent que des moyens de *persuasion*, de *conviction*, mots qui reviennent souvent dans l'ouvrage de Diderot comme dans les commentaires de ses deux disciples, et que cela n'a rien de commun avec les *mesures révolutionnaires*. Et moi, je réponds encore et répondrai toujours, 1° que dans d'autres endroits (et on le verra bientôt) la violence est invoquée et semble même recommandée, non-seulement dans Diderot, mais dans Raynal; qu'ils ont tout légitimé contre ce qu'ils appellent *oppression* et *tyrannie*; et il est de toute évidence que pour eux tout ce qui n'est pas ordonné à leur gré est *oppression* et *tyrannie*: leurs écrits le prouvent à toutes les pages. 2° Je redirai encore que qui veut la fin veut les moyens, et les moyens, quels qu'ils soient, quand la fin porte sur ce principe très bien saisi par Babœuf et consorts, et appliqué sans cesse *en révolution*, qu'aucun mal passager n'est *comparable* à des maux permanents, sur-tout quand il s'agit de leur faire succéder le plus grand bien possible et pour toujours; et voilà bien toute la théorie *révolutionnaire*, qui est bien authentiquement toute *philosophique*.

Diderot avait rejeté avec autant de mépris que

d'indignation tout ce que les législateurs et les gouvernements croyaient devoir opposer aux abus que la cupidité naturelle à l'homme peut faire naître dans l'ordre civil établi sur la propriété. Il avait dit que ces *contre-poids*, ces *étançons*, étaient eux mêmes de *véritables abus*; qu'ils ne tendaient qu'à *perfectionner l'imperfection ;* que ces remèdes palliatifs étaient *les causes secondes* des maux, etc. Babœuf se sert de toute cette rhétorique pour amener à résipiscence le timide *orateur* qui veut aussi *qu'on arrête au moins et qu'on circonscrive les ravages du chancre invétéré et inextirpable.* Le fougueux tribun s'écrie : *Quoi! citoyen, des palliatifs!...* Vous reconnaissez là, Messieurs, l'accent de *l'énergie républicaine.* Il le soutient, et continue : « Les lois populaires
« partielles, les *demi-moyens* régénérateurs, les sim-
« ples *adoucissements*, sont toujours sans solidité. »
Or, savez-vous ce que c'est que ces *adoucissements* et ces *demi-moyens ?* C'est tout ce qu'on a fait jusqu'en 1794 : c'est vous dire tout en un seul mot; et vous ne connaîtriez pas la révolution, si vous ignoriez que *l'énergie* n'a jamais eu un autre sens.
« Que le peuple exige une *justice* entière, qu'il ex-
« prime *majestueusement* sa volonté souveraine,
« qu'il se montre dans sa toute-puissance; et au
« *ton* dont il se prononce, aux *formes* qu'il déploie,
« tout cède, rien ne lui résiste; il obtient tout ce qu'il
« veut et tout ce qu'il doit avoir. »

Ce n'est pas ici que j'aurais besoin d'expliquer ce que veulent dire la *justice*, la *majesté*, les *formes du peuple*, le *ton dont il se prononce*. *Le tribun du peu-*

ple, parlant *à l'orateur plébéien*, était sûr d'être entendu, quoiqu'il ne voulût pas en dire davantage dans une feuille publique et signée. Mais sans même avoir recours aux pièces de son procès, on trouverait dans les placards qu'il affichait le détail de cette *majesté de formes*; et c'est pour la postérité seulement qu'il faut articuler que c'était le massacre général de tout ce qui avait une existence honnête, jusqu'à ce qu'il ne restât dans Paris que tous les bandits et bourreaux chargés de toutes les dépouilles de toutes les victimes; car cette *opération devant être la dernière*, elle devait aussi être complète; et il convenait à Babœuf et aux siens d'achever le supplément au *Code de la Nature*, de manière qu'il ne manquât rien ni à l'un ni à l'autre.

SECTION VII. Vie de Sénèque.

J'aurai peu de chose à dire de cet ouvrage, dont j'ai tiré ailleurs[*] tout ce qui concernait Sénèque, mais qui pourtant ne doit pas être omis ici pour ce qui concerne la doctrine de Diderot, qui ne saurait être trop connue, parce qu'elle ne saurait être trop détestée. C'est partout le même fond de perversité: il n'y a guère de différence que de l'artifice à l'audace, selon qu'il croit devoir se montrer ou se cacher plus ou moins.

« A parler *proprement*, il n'y a qu'un *devoir*, c'est
« d'être heureux : il n'y a qu'une vertu, c'est la jus-
« tice. » *Did.*

[*] *Voyez* l'article SÉNÈQUE.

C'est parler très improprement, car le bonheur est un besoin et non pas un *devoir.* Le *devoir* dépend essentiellement de notre volonté, et le bonheur n'en dépend pas. Que serait-ce qu'un *devoir* qu'il ne serait pas en nous de remplir? C'est une absurdité. Est-ce de bonne foi qu'un homme instruit, qu'un homme d'esprit a pu être si absurde? Non; c'est parce que, dans la réalité, il ne reconnaissait point de devoir moral, qu'il a qualifié de *devoir* le vœu naturel du bien-être dans chaque individu, vœu qui n'est légitimé que par les moyens, précisément parce qu'il est le même dans tous. Diderot avait juré une guerre mortelle à l'*homme moral*, comme Voltaire à l'homme religieux. Je n'accuse pas légèrement: l'ouvrage qui va passer devant nous après celui-ci[*], vous en offrira la preuve textuelle: l'auteur y a parlé plus ouvertement que partout ailleurs, parce que l'écrit ne devait paraître qu'après sa mort. C'est la première partie de son testament *philosophique;* et la seconde est dans *Jacques le Fataliste*, autre écrit posthume, et le tout a été soigneusement recueilli. Dans le dernier de ces deux ouvrages, la fatalité exclut toute idée de délit; dans le premier, tout ce qui est de l'*homme naturel* étant bon, l'*homme moral* est anéanti, et anéanti expressément, dans les mêmes termes que je rapporte ici. Tel est le résumé de toute la philosophie de Diderot, et il n'est pas difficile à saisir : il n'y a pas lieu au reproche d'obscurité qu'on a fait si souvent à sa métaphysi-

---

[*] Cet article, qui devait former la section VIII, sous le titre d'*Œuvres posthumes de Diderot*, n'existe pas. (*Note de l'éditeur.*)

que : il a du moins été parfaitement clair dans son immoralité.

Comme rien n'est plus juste que d'expliquer un auteur par lui-même, et les passages particuliers par le système général, vous devez apercevoir à présent ce qu'il a voulu dire par cette seconde proposition, faite pour couvrir la première : « Il n'y a « qu'une vertu : c'est la justice. » Vous comprenez que, si ces mots avaient chez lui leur acception propre, il serait impossible de concilier les deux propositions qu'il a réunies ; car *s'il n'y a qu'un devoir*, celui *d'être heureux*, quand mon bonheur sera, comme il arrive si souvent, en concurrence avec celui d'autrui, il sera curieux de savoir comment je remplirai mon *unique devoir* en pratiquant cette unique vertu, la *justice*, qui certainement me défend de faire aucun mal à autrui, de faire mon bien aux dépens du sien, du moins selon la morale universelle. Il est impossible de se tirer de cette contradiction, à moins de dire, comme les stoïciens, que le bonheur est dans le devoir même ; et Diderot en est si loin, qu'il dit tout le contraire, puisqu'il met le devoir dans le bonheur, ce qui est précisément la proposition contradictoire de celle de Zénon. Mais tout devient très simple et très intelligible dès que la *justice* et la *vertu* consistent à remplir *le seul devoir de l'homme naturel, celui d'être heureux*; et c'est le sens des paroles de Diderot, ou elles n'en ont pas.

« Il n'y a pas de science plus évidente et plus « simple que la morale pour l'ignorant : il n'y en a

« pas de plus épineuse et de plus absurde pour le
« savant. » *Did.* Il disait vrai, mais dans un sens
bien éloigné du sien. Il voulait dire, lui, que
ce qui paraît certain à *l'ignorant*, qui s'en rapporte
tout bonnement à sa conscience, est tout au moins
fort problématique pour *le savant*. Mais ce qui est
vrai, c'est que cette conscience, le seul livre des
ignorants, vaut infiniment mieux que tous les livres
où les *savants* ont mis en problème ce qui est écrit
dans celui-là. Ce sont eux qui l'ont obscurci et défiguré cent fois plus que ne pouvaient faire tous nos
mauvais penchants. Ce livre, toujours ouvert pour
l'homme de bien, est toujours fermé pour le méchant qui peut encore le rouvrir; nos philosophes
seuls, ces *savants* dont parle Diderot, ont été bien
plus loin; ils ont voulu déchirer le livre, ou tout au
moins l'effacer.

« Dans Athènes, j'aurais pris la robe d'Aristote, celle
« de Platon, ou endossé le froc de Diogène. » *Did.*

Vous auriez pris plus aisément la *robe* de Platon
et d'Aristote que leur génie, et vous n'eussiez jamais
pris le froc de Diogène, ni habité dans son tonneau.
Vous croyez qu'il ne fallait pour cela que de l'orgueil : vous vous trompez : il fallait une espèce de
force fort mal entendue, il est vrai, mais qu'un
philosophe de Paris n'a pas.

Et ce qu'il y a de plus plaisant, c'est qu'au feuillet suivant cet homme, qui sait si bien ce qu'il
aurait été à Athènes, ne sait plus même ce qu'il est
à Paris. Il dit en propres termes : *Moi qui n'ai pas
l'honneur d'être augure ni philosophe;* et à chaque

page de ce livre, et dans tous ceux où il a parlé de lui, le philosophe est le synonyme de l'auteur, est son éloge ou son apologie.

Pour nous persuader qu'il ne faut juger un ministre de Néron, ni par les règles de la morale, ni par celles de la religion, il s'écrie dans un accès de gaieté : « Il faut convenir qu'à côté d'un Tibère, c'est « un *plaisant personnage* à supposer, qu'un casuiste « de Sorbonne. » *Did.*

Je conçois que dans ce poste un *philosophe de sa trempe* lui paraîtrait beaucoup moins déplacé que le sorbonniste; et c'est tant mieux pour la Sorbonne, et tant pis pour la philosophie.

« Il y a peut-être encore des princes dissolus et « méchants. Je voudrais bien savoir quel est celui « d'entre les ministres du Très-Haut qui oserait leur « porter des remontrances qu'ils n'auraient point « appelées... Exigera-t-on plus du philosophe payen « que du prélat chrétien? » *Did.*

Il s'agit toujours, comme vous voyez, de justifier le philosophe Sénèque d'avoir justifié le parricide de Néron, et l'on n'a pas mieux réussi à l'un qu'à l'autre. Voilà, par exemple, une parité plaisamment établie! Qu'il y ait en tout temps des princes *dissolus* ou même *méchants*, cela est très possible. Mais d'abord, depuis Charles IX et Philippe II, je crois qu'il serait difficile de trouver en Europe un souverain que l'on pût, sans une extrême injustice, rapprocher de Néron, et ce parallèle est déjà fort indécent. La *dissolution* des mœurs est très condamnable, mais beaucoup moins que la barbarie sanguinaire. C'est dans le secret des tribunaux de la pénitence que les *ministres du Très-Haut* exercent leur animadversion contre les fautes particulières, et dans la chaire contre la corruption générale. Confondre ici les mauvaises mœurs avec les grands crimes, est un paralogisme impardonnable; il ne l'est pas moins de supposer si faussement que les *remontrances* de Sénèque *ne furent point appelées*, comme on n'appelle point en effet celles d'un confesseur pour prendre une maîtresse. Sénèque fut si bien *appelé* en délibération sur le parricide, qu'il ne sut autre chose que demander à Burrhus *s'il fallait en donner l'ordre aux soldats**; et c'était là, je crois, ou jamais, le moment des *remontrances*. Mais ce qu'il y a de plus fort en déraison, c'est qu'il ne s'agit pas d'opposer à Sénèque le silence des *ministres du Très-Haut*, qui ne l'ont jamais gardé pour de bien moindres attentats, à moins qu'ils ne fussent indignes de leur ministère; ce qui n'entre pas dans l'hypothèse de Diderot. Il s'agit de nous persuader *qu'un prélat chrétien* se chargerait, comme le *philosophe païen*, de l'apologie publique d'un grand crime public; et il n'y a rien dans tout le raisonnement de Diderot qui en donne le moindre indice. Est-ce seulement habitude de raisonner mal? Non, c'est de plus ici l'envie de calomnier les prêtres chrétiens. Ce serait bien inutilement qu'on retracerait en leur faveur, parmi tant d'exemples de la plus héroïque fermeté, le plus mémorable de tous, la conduite de saint Ambroise à l'égard de l'empe-

---

* *Sciscitari Burrhum, an imperanda militi cædes esset.*

reur Théodose. Avec des adversaires tels que les nôtres, ce serait perdre le temps et les paroles; ils n'ont pas le sentiment de cette grandeur : Dieu et la religion gâtent tout aux yeux de ceux pour qui la religion n'est rien que superstition, fanatisme et hypocrisie.

Ce même écrivain, si indulgent pour celui qui plaida publiquement en faveur du plus grand des forfaits, ne vous semble-t-il pas un peu plus que sévère envers ceux qui, dans l'oraison funèbre, dissimulent des fautes et des faiblesses qui appartiennent au tribunal de l'histoire et non pas à la chaire évangélique, envers les orateurs chrétiens, qui quelquefois exagèrent la louange ou affaiblissent le blâme dans ces discours de cérémonie consacrés à la mémoire des princes de la terre? Sans doute il ne faut jamais blesser la vérité, sur-tout dans un ministère d'édification, et vous avez vu que je me suis permis moi-même ce reproche quand nos grands orateurs du dernier siècle m'ont paru y avoir donné lieu; ce qui heureusement est assez rare. Mais en avouant cette faute, pourrons-nous excuser le genre de punition que Diderot propose, ou plutôt qu'il appelle sur la tête des panégyristes complaisants, avec des cris de fureur? « Si le peuple avait un peu « d'âme, *il mettrait en pièces l'orateur et le mau-* « *solée.* Voilà *la leçon, la grande leçon* qui instrui- « rait le successeur. » Vous voyez s'il y a beaucoup de différence entre les *grandes leçons* de la philosophie et les *grandes mesures* de la révolution.... Qu'il paraisse donc, qu'il se lève l'impudent qui osera le

nier.... J'abandonne à vos réflexions tout ce qu'il y a d'horreurs contenues dans cette phrase; et croyez-vous que ce soit la seule de ce genre? En voici d'autres : « Sénèque dit que le désespoir des esclaves
« immole autant de victimes que le caprice des rois :
« *je le désirerais.* Il demande si l'esclave a sur son
« maître le droit de vie et de mort : *qui peut en*
« *douter?* Puissent tous ces malheureux, enlevés,
« vendus, achetés, revendus et condamnés au rôle
« de la bête de somme, *en être un jour aussi forte-*
« *ment persuadés que moi!* »

Il suffit d'être juste et humain pour condamner l'esclavage des noirs, dont on a fait depuis trois cents ans un moyen de richesse pour nos colons des deux Indes. Une politique plus sage, d'accord avec l'humanité et la religion, a fait voir que rien de ce qui est fondé sur l'injustice et l'oppression ne peut être un bien réel. L'appauvrissement et la décadence sensibles de l'Espagne, dont l'exemple fut la première source du mal, en est la preuve et la punition, et la population et l'agriculture ont assez perdu dans les états d'Europe qui ont des colonies riches et étendues pour donner de nouveaux aperçus sur la mesure qu'il convient d'apporter dans ces sortes d'établissements lointains, afin qu'ils ne nuisent pas à la mère patrie.

Mais quoique nous devions adorer la Providence dans tous les desseins de sa sagesse pour instruire et châtier les hommes, ceux dont elle se sert ici-bas comme instruments de sa justice n'en sont pas moins coupables; et les plus coupables à ses yeux, ce sont ceux qu'un orgueil pervers met toujours en première ligne dans la marche des fléaux qu'elle permet. Et de qui veut-on qu'elle se serve pour le mal, qu'elle seule ne saurait faire, et dont elle seule peut tirer un bien? Sera-ce des bons, des sages? Leur partage ici-bas est de souffrir le mal, et d'en gémir, même après qu'ils ont contribué, avec l'aide du Ciel, à le réparer. Son glaive est donc dans la main des méchants; quand il veut frapper, il n'a d'autre chose à faire que de les abandonner à eux-mêmes, abandon que l'excès de leur orgueil rend très légitime; il n'a qu'à livrer les chefs à leur profond aveuglement, la horde exécutrice à toute sa férocité, et le reste à sa faiblesse naturelle, qu'il n'est pas obligé de soutenir, quand on ne sait pas même le lui demander. Cet ordre est irrépréhensible, et le mal règne. C'est alors que des hommes accrédités sous le titre de philosophes en viennent à ce degré de délire, d'ordonner des millions de meurtres et le ravage de cent contrées pour *la cause de l'humanité;* c'est alors que les Diderot, les Pechméjà*, les Raynal, et après eux cent déclamateurs, et après eux la *Société des amis des Noirs*, s'imaginent corriger les passions basses en armant toutes les passions furieuses, et ne se doutent même pas que le remède qu'ils prescrivent est cent fois pire que le mal; c'est alors qu'un écrivain sanguinaire, dans le calme de la réflexion et du cabinet, *désire* tranquillement que les révoltés *fassent une multitude de victimes*, sans

---

* Celui qui a fait le morceau de la traite des Nègres dans l'*Histoire philosophique des deux Indes.*

doute parce que ce n'est pas assez de celles que peut faire *la tyrannie*; et cet écrivain ne s'aperçoit pas que son vœu, si froidement prononcé, n'est que l'accent de la rage; et bientôt il n'y a plus à en douter, car cet accent éclate : *Puissent tous ces malheureux*, *etc.* Insensé! suffit-il de s'indigner contre l'oppresseur pour légitimer tout dans l'opprimé? Si nous n'avions que le crime à opposer au crime, le poignard à l'injure, et le massacre à l'usurpation, où en serait le monde? à ce qu'il était dans l'enfance des sociétés, au seul empire de la violence; et c'est toi qui veux nous y ramener! — Je suis *l'ami des noirs.* — Non, tu es l'ennemi de leurs maîtres. — Je veux punir les maîtres et venger les esclaves. — Tu as tort : il faut délivrer ceux-ci et éclairer ceux-là; tu feras le bien de tous : autrement tu ne réussiras qu'à les perdre les uns par les autres. Quoi! ces esclaves sont sous la verge, et tu leur mets le fer à la main! C'est là tout ce que sait ta philosophie! Ma raison n'aurait pas même besoin de ma religion pour m'apprendre à ne pas combattre le mal par le mal, mais *à vaincre le mal par le bien*; et c'est ainsi que je ferai tomber la verge sans aiguiser le fer, que je ferai du maître un homme sans faire de l'esclave un assassin, que j'appellerai la justice sans déchaîner la vengeance. La vengeance! et n'en connais-tu pas les effets? Ne sont-ils pas toujours plus ou moins réciproques? Ces esclaves tueront, et ils seront tués ; ils incendieront les terres, ils mourront de faim : ils raviront l'or de leurs maîtres, et s'extermineront en se le disputant. N'auras-tu pas fait un bel ouvrage?... Hélas! il est consommé. Ton vœu sacrilège est rempli; et si tu ne l'as pas vu, les flammes de Saint-Domingue et ces vastes embrasements dont la lueur est venue à travers l'Océan épouvanter l'Europe, les cris de tant de *victimes*, aussi nombreuses et plus peut-être que tu ne pouvais le *désirer*, ont pu du moins apprendre, même à tes successeurs et à tes disciples, quel bien ton *humanité* pouvait faire au *genre humain*.

Le genre humain vous le savez, Messieurs, est l'emphatique et hypocrite refrain de tous ces écrivains qui lui ont fait tant de mal; et voilà encore Diderot qui nous demande *s'il vaut mieux avoir servi une patrie qui doit finir que le genre humain qui durera toujours*; et il ajoute gravement que *c'est un grand problème à résoudre*. *Problème* de charlatan, grands mots qui ne signifient rien! S'il s'agit d'écrits, quand les tiens seront bons et utiles à ta patrie, ils le seront pour tout le monde, car les principes du bien sont partout les mêmes, ainsi que les principes du vrai; et quant au reste, tu n'es pas chargé de *servir le genre humain*, mais ta patrie, à qui tu appartiens immédiatement, et dont les droits sur toi sont les premiers. De plus, celui qui sert sa patrie par ses talents et ses vertus, sert l'humanité par le meilleur de tous les moyens, le bon exemple. Mais quand on affecte d'étendre si loin de soi la sphère de ses devoirs, c'est pour n'en remplir aucun; et celui qui oppose *le genre humain* à sa patrie ne se soucie réellement ni de l'un ni de l'autre. Rhéteurs sophistes! désormais faites-nous donc grace de votre *genre humain*, il en est bien temps. Ne voyez-vous pas qu'on ne peut plus en être dupe depuis qu'on en est si las? Depuis que le genre humain a eu chez vous son orateur en titre d'office (Clootz), croyez-vous pouvoir aller au delà? La mesure est au comble, et il faut enfin que vous renonciez au *genre humain*, comme *le genre humain* renonce à vous.

Mais il est bien juste que Diderot, qui était loin d'y renoncer, donnât ses leçons aux États-Unis d'Amérique, dont l'indépendance venait d'être reconnue dans l'honorable traité de paix conclu par Louis XVI avec l'Angleterre, vers le temps où le philosophe écrivait son livre, et il était juste aussi que ces leçons ne fussent autre chose que des lieux communs, dont le fond est aussi vague et aussi obscur que le ton en est pédantesque. Je n'en citerai qu'un trait, l'un des plus susceptibles de ces pernicieuses applications dont la révolution était digne de s'emparer. « Qu'ils songent que la vertu couve
« souvent le germe de la tyrannie. Si un grand
« homme est long-temps à la tête des affaires, il y
« devient despote. » Il fallait dire: il y peut devenir.
« S'il y est peu de temps, l'administration se relâche
« et languit dans une suite d'administrateurs com-
« muns. » Voilà le mal des deux côtés. Un homme de sens eût indiqué le moindre des deux ou un moyen terme. Mais le philosophe a dit tout ce que le monde sait, et vu tout ce que le monde peut voir : il a fait sa tâche. Ne lui en demandez pas davantage : les *révolutionnaires*, ses disciples, feront le reste ; et

pour prévenir l'abus de tout pouvoir, ils ne reconnaîtront que celui du *peuple*, qui ne peut jamais être que celui de la force, et par conséquent celui du mal.

Mais voulez-vous savoir tout ce qu'il doit à Sénèque? Voici le résultat des obligations qu'il croit lui avoir après l'avoir lu : « Il me semble que j'en vois « mieux l'existence comme un point assez insigni- « fiant entre un néant qui a précédé et le *terme* qui « m'attend. » Si ce *terme* n'est pas aussi le *néant*, quoi de plus absurde que d'appeler *insignifiante* la vie qui décide d'un avenir sans *terme?* Mais s'il est clair que, pour l'auteur et pour le sens de la phrase, le *terme* est ici *néant*, quelle *philosophie* et quelle *morale!* pourquoi la chercher dans Sénèque où elle n'est pas? Diderot n'avait obligation de son athéisme qu'à lui-même. Ailleurs il se rend plus de justice, quand il nous fait cet aveu remarquable : « J'ai dit assez d'absurdités en ma vie pour m'y connaître. » J'accorde la majeure, et je nie la conséquence. C'est comme si l'on disait : J'ai l'esprit assez faux pour avoir le jugement bon. Mais celui-là serait fort conséquent, qui dirait à Diderot : Si tu reconnais que tu t'es si souvent trompé, pourquoi donc es-tu toujours si sûr de ton fait? Si tes erreurs avouées ne te servent à rien, l'aveu n'est plus une excuse; il n'est qu'une accusation de plus. Mais aussi est-il de bonne foi? Hors le mal que Diderot avait dit autrefois de Sénèque, qu'a-t-il rétracté? Il ne s'est donc repenti que quand il avait eu raison : c'est une modestie heureuse et exemplaire.

Au reste, il ne nous laisse aucun doute sur la sienne. Les quarante dernières pages de son livre sont consacrées à son panégyrique. — Fait par lui-même? — Pas tout-à-fait, du moins à ce qu'il *proteste*. Il nous dit : « J'inclinais à laisser la dispute où elle en « était, quand je reçus les observations suivantes. *Je* « *proteste qu'elles ne sont pas de moi.* » J'avoue que cet énoncé est très plaisant, et qu'il est difficile de ne pas rire d'un homme qui vous dit sérieusement : « Je proteste que les observations que *j'ai reçues* « *ne sont pas de moi.* » Rien ne ressemble plus à l'embarras du mensonge, et pourtant ce n'est ici que celui de l'*amour-propre*, car je sais en effet qu'elles ne sont pas de lui. « Si je les publie, ajoute-t-il, c'est « peut-être un peu par vanité, quoique le seul motif « que *je m'avoue*, ce soit d'opposer entre eux les « différents jugements qu'on a portés de mon essai. » Mais il n'y a rien à perdre, et si les observations sont d'une autre main, les apostilles sont bien de la sienne; et s'il y a vingt-sept paragraphes d'éloges, il y a seize commentaires de la même étendue, et où il parle en son nom, commençant toujours par ces mots : *Et j'ajouterai*, en italique comme ici. Quand on commence par lui dire qu'il est *homme de génie*, *grand écrivain*, *et homme sensible*, il *ajoute* que *de ces trois qualités il n'accepte que la dernière*; ainsi du reste. Quand on lui parle de ses connaissances (et il en avait réellement beaucoup, quoique toutes fort mal digérées), il ne veut être *qu'un moraliste passable*; et c'est précisément ce qu'il est le moins. Il n'était pas né sans génie, ou plutôt sans imagination : c'est cette partie du génie qui est chez lui dominante, dans les idées comme dans le style. Mais l'imagination, quand elle est seule, avorte plus souvent qu'elle ne produit. Il faut qu'elle soit fécondée par le jugement, pour devenir cette force créatrice d'où naissent les conceptions soutenues et durables. L'imagination de Diderot, trop destituée de ce jugement en tout genre, ressemblait à une lumière qui a peu d'aliment, qui jette de temps en temps des clartés vives, et vous laisse à tout moment dans les ténèbres. Toujours prêt à s'échauffer sur tout, ce qui est un moyen sûr de s'échauffer souvent à froid, il ne pouvait s'attacher à rien : de là les disparates continuelles d'un style scabreux, haché, martelé, tour à tour négligé et boursoufflé : de là les fréquentes éclipses du bon sens, et les bizarres saillies du délire. Incapable d'un ouvrage, jamais il n'a pu faire que des morceaux ; et c'est lui-même qu'il louait quand il réduisait le génie à de *belles lignes*. Il y en a dans tout ce qu'il a fait, plus ou moins rares ; et toujours il faut les acheter beaucoup plus qu'elles ne valent.

Quant à son panégyrique, les bienséances de la modestie sont assurément les moindres de toutes celles qu'il n'a point respectées dans ses ouvrages ; mais elles sont ici violées à un excès dont je ne crois pas qu'on trouve d'exemple avant nos jours, et avant le règne de la philosophie. On a déjà vu qu'il fallait compter parmi les exceptions en ce genre, qui ne touchent point à la morale, le privilége de la poésie, qui, en faveur de l'enthousiasme réel ou convenu, n'est point soumise aux règles ordinaires; et l'on sait de plus que ceux des poètes qui avaient le plus de droit à ce privilège sont encore ceux qui en ont le moins usé. Nous voyons aussi que, dans les deux siècles précédents, nos poètes français ou latins, à l'exemple des Italiens et des Espagnols, et même nos savants et nos écrivains en divers genres, ne se faisaient pas scrupule de joindre à leurs ouvrages les compliments tournés en sonnets, en épigrammes, en acrostiches que leur adressaient leurs confrères, à charge de revanche. Mais d'abord cette mode, qui tenait un peu du pédantisme attribué et pardonné à des hommes qui faisaient comme une classe à part cessa presque entièrement dans les beaux jours de Louis XIV, quand les gens de lettres, devenus hommes du monde, et le savoir réconcilié avec la politesse, se soumirent à toutes les convenances sociales. Je ne crois pas que, depuis ce temps, on ait jamais vu un auteur imprimer son propre éloge, écrit par une main étrangère, mais anonyme, et l'enrichir de commentaires aussi longs que le texte. C'est porter l'égoïsme beaucoup plus loin qu'on ne peut le permettre ou l'excuser; et ce qui rendait cette observation nécessaire, c'est qu'il était très naturel et très conséquent qu'une philosophie toute d'orgueil se dispensât ouvertement, en cela comme en tout le reste, des lois de la morale et de la société.

Section VIII. Théâtre.

Dans le temps même où l'on s'élevait encore contre les innovations de Lachaussée, quoique heureusement suivies par l'auteur de *l'Enfant prodigue* et de *Nanine*, un homme qui eut beaucoup d'esprit et de mauvais esprit, beaucoup de connaissances et fort peu de jugement, des prétentions aussi exaltées que sa tête, quelquefois le talent d'une page et jamais celui d'un livre, Diderot crut toute sa vie avoir fait une grande découverte en proposant le *drame sérieux*, le *drame honnête*, la *tragédie domestique*; et sous tant d'affiches différentes, c'était tout uniment le genre de Lachaussée, en ôtant la versification et le mélange du comique. Diderot accompagna ses deux essais de deux poétiques qui seront examinées ailleurs. Le premier, intitulé *le Fils naturel*, fit un bruit prodigieux. L'auteur dirigeait l'*Encyclopédie*, et tout ce qui tenait à l'*Encyclopédie* étant alors une affaire de parti, acquérait de la célébrité. Lorsque dans la suite *le Fils naturel* fut représenté, ce drame, dont l'impression avait fait tant de fracas, tomba très tranquillement. C'était une déclamation froide et emphatique, aussi insupportable à la lecture qu'au théâtre, c'est tout ce qu'il est possible d'en dire.

Il n'en fut pas de même du *Père de famille*; il réussit, et on le joue encore, quoiqu'il y ait peu de pièces aussi peu suivies. Les deux premiers actes ont de l'intérêt, et il y a au second une scène entre le père et le fils, où le rôle de ce dernier est du moins passionné, si celui du père est déclamatoire; mais, passé ce moment, toute la machine du drame manque par les ressorts; et si la pièce s'est soutenue au théâtre, c'est qu'au moins il y a toujours du mouvement, quoique ce mouvement soit faux. Il n'y a nulle raison pour que le commandeur s'adresse à Germeuil, et se repose sur lui de l'exécution de l'ordre qu'il a obtenu contre Sophie. Germeuil prétend que c'est pour le metttre dans une situation embarrassante que le commandeur lui offre sa nièce et sa fortune, en lui proposant de trahir Saint-Albin, dont il est l'ami, et de concourir à l'enlèvement de sa maîtresse; mais tout cet embarras est imaginaire. D'abord si le commandeur veut sérieusement faire enfermer Sophie (et il doit le vouloir, puisque la seule idée du mariage de Saint-Albin avec elle le transporte d'indignation), rien n'est plus inconséquent que de confier son projet à Germeuil, ami intime de ce même Saint-Albin, et amoureux de sa sœur Cécile. Il doit être sûr que Germeuil fera tout pour prévenir cette violence. Ensuite il ne peut pas croire que Germeuil soit la dupe de ses offres insidieuses; ce jeune homme sait que le commandeur le déteste; il le connaît pour un homme faux et méchant; et de plus, il n'ignore pas que ce n'est point un moyen d'épouser Cécile, que de faire une bassesse et d'outrager mortellement son frère. Enfin, pourquoi Germeuil se croit-il obligé de respecter un secret aussi odieux que celui du commandeur, au point de souffrir que son ami le prenne pour un traître et pour un infâme? Pourquoi cache-t-il ce secret à Saint-Albin, puisqu'il l'a dit à Cécile? Qu'y avait-il de plus simple que de dire à tous les deux: Le commandeur m'a fait un outrage en me prenant pour un scélérat; voilà ce qu'il projette; défiez-vous-en, et prenez vos mesures? Dira-t-on qu'il craint le commandeur? Mais il le craint si peu, que c'est lui qui dérobe Sophie à ses persécutions; et où la mène-t-il pour l'y soustraire? Dans la maison même du Père de famille, où demeure ce commandeur. Encore une fois, pourquoi donc toute cette dissimulation? Afin que tous les personnages, divisés sans aucune raison, se désolent tous sans sujet; aussi les trois derniers actes ne sont-ils qu'une suite d'allées et de venues, de brouilleries et d'explications, et surtout d'invraisemblances : il y en a tant qu'il serait trop long de les détailler. Comment Sophie, qui n'est depuis quatre mois à Paris que pour implorer les secours de son oncle le commandeur, ne sait-elle pas depuis ce temps où il loge? Comment madame Hébert, cette femme à qui sa mère l'a confiée, vient-elle la chercher chez le Père de famille? Assurément Germeuil, qui veut la cacher à tous les yeux, n'a pas dit où il la menait : comment donc cette madame Hébert le sait-elle? Pourquoi l'exempt, chargé d'un ordre du roi, s'en va-t-il sur-le-champ sans l'exécuter dès qu'il apprend que la maison où il est n'est pas celle du commandeur? Cela change-t-il quelque chose à l'ordre qu'il a reçu? Et l'amour épisodique de Cécile et de Germeuil, comment est-il traité? Le Père de famille désire leur union ; pourquoi donc ne parle-t-il pas plus ouvertement à sa fille? Comment n'a-t-il aucun soupçon de leur inclination réciproque, lorsque le commandeur en est si bien instruit, et même lui en fait part? D'où vient cette grande surprise qu'il témoigne à la fin, quand ils lui avouent leur amour? Quoi! ce Père de famille n'a pas plus de connaissance du cœur de ses enfants! Il est émerveillé que deux jeunes gens élevés ensemble aient du goût l'un pour l'autre! On ne finirait pas sur les observations de ce genre, et cependant l'auteur, dans ses poétiques, invoque à tout moment la nature; cela est plus commun et plus aisé que de la connaître.

Son dialogue s'en éloigne autant que son action : c'est tantôt le langage d'un philosophe, tantôt celui d'un prédicateur, ailleurs celui d'un énergumène. C'est une suite d'exclamations, d'invocations, de lamentations. Le père de famille *pleure*, et Saint-Albin *pleure*, et Sophie *pleure*, et Cécile *pleure*. L'auteur a soin de nous avertir, en interligne, de tous ces *pleurs*. Cette monotonie emphatique et larmoyante ennuie et fatigue au point qu'on ne supporte la méchanceté si gratuitement tracassière du commandeur, que parce qu'il rompt un peu cette triste uniformité, et que, parmi tant de gens qui *pleurent* toujours, il est le seul qui ne *pleure* point.

La Harpe, Cours de Littérature.

JUGEMENT.

Diderot fut doué d'une âme ardente et désordonnée. Mais c'était un feu sans aliment, et le talent dont il a donné quelques indices, n'a reçu aucune application entière. S'il eût embrassé une carrière unique, si son esprit bouillant eût marché dans un sens déterminé, au lieu d'errer dans tout le chaos d'opinions contraires, que cette époque voyait ou naître ou se détruire, Diderot aurait laissé une réputation durable, et maintenant au lieu de répéter seulement son nom, on parlerait de ses ouvrages. Mais sans connaissances profondes sur aucune chose, sans persuasion arrêtée, sans respect pour aucune idée reçue, pour aucun sentiment, il erra dans le vague, en y faisant parfois briller quelques éclairs. Un caractère tel que le sien a tout perdu, en adoptant la philosophie à laquelle il s'attacha.

Il essaya de renouveler le théâtre, et protesta contre les règles établies. Il réclama une imitation plus exacte de la nature. Il montra qu'il était en effet susceptible de la connaître et de la peindre, mais la prétention d'être chef d'une nouvelle école dramatique, et moraliste dogmatique, le fit tomber dans l'affectation et dans les déclamations les plus ampoulées. Ainsi il s'écarta de la nature bien plus que ceux contre lesquels il s'était élevé. Il écrivit sur la morale; et tout en faisant voir qu'il était capable de chaleur et d'élévation, il fit un mélange obscur et incohérent de ce style animé avec une philosophie analytique et destructive. Ses romans présentent aussi le burlesque assemblage de je ne sais quel amour de la vertu, mêlé avec le plus honteux cynisme, et d'une chaleur quelquefois vraie et profonde avec des paroles grossières et ignobles. Au total, Diderot fut un écrivain funeste à la littérature comme à la morale. Il devint le modèle de ces hommes froids et vides, qui apprirent à son école comme on pouvait se battre les flancs pour se donner de la verve dans les mots, sans avoir un foyer intérieur de pensées et de sentiment.

DE BARANTE, *De la Littérature française, pendant le XVIIIe siècle.*

DIFFUS. Ce mot exprime un défaut du style, et le défaut contraire à la précision. Prolixe est le contraire de pressé, lâche est le contraire de ferme, diffus est le contraire de plein et de précis, et non pas de concis, qui est le contraire de périodique. Le style de Cicéron est périodique, et n'est pas diffus. Celui de Démosthène a les mêmes développements, quand la pensée le demande. Mais dans les moments où l'énergie, la chaleur, la foule des idées qui se succèdent rapidement sans se lier, exigent le style concis, l'orateur latin sait le prendre aussi bien que l'orateur grec; souvent même il rompt à dessein la chaîne du discours afin d'en varier la marche : car une longue suite de périodes, nous dit-il lui-même, aurait trop d'uniformité, comme une accumulation de petites phrases coupées ferait un style sec et haché, semblable, si j'ose le dire, au langage d'un asthmatique. Ainsi le style périodique et le style concis forment ensemble un heureux mélange. Mais le style diffus est partout un défaut.

Le style périodique est diffus lorsque pour remplir le cercle de la période, ou pour en égaliser les membres, on y fait entrer des circonlocutions, des épithètes, des incidentes superflues. Mais lorsque chaque membre de la période est une partie essentielle de la pensée, rendue avec précision, et que les mots n'y occupent que le moins d'espace qu'il est possible, ce style, quoique développé, comme celui de Cicéron, n'est rien moins qu'un style diffus.

Le propre de celui-ci est de délayer la pensée dans une foule de paroles, de l'affaiblir en l'étendant; de l'embarrasser dans un amas d'idées accessoires et inutiles; de l'obscurcir, de la brouiller, soit en éloignant les rapports, soit en les rendant équivoques. Ainsi, la lenteur, la faiblesse, et souvent l'ambiguité, l'obscurité, sont les vices attachés au style diffus. Horace recommande la brièveté, comme un moyen de rendre le style plus net et plus coulant, et de ne fatiguer ni l'esprit ni l'oreille. (*Sat.* X, 9.)

Est brevitate opus, ut currat sententia, nec se
Impediat verbis lassas onerantibus aures.

Dans la discussion et l'analyse, le style diffus, au lieu d'éclaircir les idées, y répand de nouveaux nuages : « in re naturaliter obscurâ, qui, in ex-
« ponendo, plura quam necesse est superfundit,
« addit tenebras, non adimit densitatem. » (Arist.)

Le style diffus est toujours lâche; mais le style est lâche sans être diffus, s'il manque de nerf et de ressort. C'est le défaut que César reprochait à l'éloquence de Cicéron; et Cicéron, de son côté, reprochait à celle de Brutus d'avoir plus de douceur et d'élégance que de force. De celle-ci il ne nous reste rien; mais pour celle de Cicéron, nous sommes en état de voir si dans les *Verrines*, les *Catilinaires*, les *Philippiques*; si dans les plaidoyers *pour Milon* et *pour Ligarius*, elle manquait de véhémence et d'énergie, et si, pour être élégant et harmonieux dans son style, il en avait moins de vigueur. Si César avait été à la place de Catilina, ou que Cicéron, au péril de sa tête, eût osé l'attaquer de même, je doute que César eût trouvé son éloquence aussi énervée qu'il le disait.

Lorsque l'éloquence doit être tempérée dans ses mouvements, et ne faire que développer le sentiment et la pensée, Cicéron paraît s'occuper de l'arrondissement de ses périodes et de l'harmonie de leur désinence : mais dans les moments où sa douleur, où son indignation éclate, lorsqu'il presse l'accusateur de Ligarius, lorsqu'il expose les violences et les rapines de Verrès, lorsqu'il accumule les crimes, les attentats de Clodius, qu'il dénonce Catilina, qu'il accable Pison, qu'il demande qu'Antoine soit déclaré l'ennemi public, a-t-il ces *esse videatur* qu'on lui reproche dans les écoles? pense-t-il à être élégant? Pour donner, comme lui, à l'élocution oratoire de l'ampleur et de la majesté, il faut, comme lui, être plein de hautes pensées, de sentiments élevés ou profonds. Le style n'est vide et diffus que lorsque la solidité manque au volume, et que l'ampleur n'est que dans les mots. Ce n'est donc pas le style de Cicéron que l'on doit appeler diffus, mais bien le style de ses imitateurs, qui, parmi nous, et plus encore en Italie, n'ayant pas son génie et son âme, la riche abondance de ses idées, la plénitude de son savoir, et cette sensibilité plus féconde que son imagination même, ont voulu se donner le faste de son éloquence.

Le style prolixe approche du diffus; mais ce n'est pourtant pas le même: car tandis que le diffus s'étend, comme en superficie, sur des idées accessoires et superflues, le prolixe ne fait que se traîner pesamment en longueur, par des milieux qu'il eût fallu franchir, d'induction en induction, de conséquence en conséquence, et fatigue notre pensée en l'assujettissant à une pénible lenteur. Le style de nos procureurs est prolixe, celui de nos avocats est diffus. Le style des mauvais traducteurs est diffus; celui de presque tous les commentateurs est prolixe.

On est diffus dans les idées comme on l'est dans l'expression; et cela vient de ce qu'on ne sait pas les choisir, les régler, les enchaîner, les circonscrire, et qu'on écrit sans vue et sans dessein. « C'est « chose difficile, dit Montaigne, de fermer un pro« pos; et n'est rien où la force d'un cheval se con« naisse plus qu'à faire un arrêt rond et net. Entre « les pertinents même, j'en vois qui veulent et qui « ne se peuvent défaire de leur course. Cependant « qu'ils cherchent le point de clorre le pas; ils s'en « vont balivernant et traînant, comme des hommes « qui défaillent de faiblesse. » Aussi les maîtres d'éloquence ont-ils fait un précepte non-seulement de *dire ce qu'il faut, comme il le faut, et quand il le faut;* mais *de ne dire que ce qu'il faut.*

Marmontel, *Éléments de Littérature.*

DIODORE DE SICILE était d'Agyrium, ville de Sicile, ce qui l'a fait appeler *Diodore de Sicile*, pour le distinguer de plusieurs autres écrivains de ce nom. Il a vécu sous Jules César et sous Auguste.

Son ouvrage a pour titre : *Bibliothèque historique*. Il comprend en effet l'histoire de presque tous les peuples de la terre, qu'il faisait passer comme en revue devant son lecteur : Égyptiens, Assyriens, Mèdes, Perses, Grecs, Romains, Carthaginois, et d'autres encore. Il comprenait quarante livres, dont il nous trace lui-même l'idée et la suite dans sa préface. Les six premiers, dit-il, contiennent ce qui s'est passé avant la guerre de Troye, c'est-à-dire tous les temps fabuleux ; dans les trois premiers sont les antiquités grecques. Les onze suivants comprennent l'histoire de tous les peuples, depuis la guerre de Troye jusqu'à la mort d'Alexandre-le-Grand inclusivement. Dans les vingt-trois autres, cette histoire générale est continuée jusqu'au commencement de la guerre contre les Gaulois, où Jules César, après avoir subjugué plusieurs nations gauloises très belliqueuses, porta les limites de l'empire romain jusqu'aux îles britanniques.

De ces quarante livres, il ne nous en reste que quinze, avec quelques fragments qui nous ont été conservés principalement par Photius et par les extraits de Constantin Porphyrogénète. On a les cinq premiers de suite.

Dans le premier, Diodore traite de l'origine du monde, et de ce qui regarde l'Égypte. Dans le second, des premiers rois d'Asie, depuis Ninus jusqu'à Sardanapale : des Mèdes, des Indiens, des Scythes, des Arabes. Dans le troisième, des Éthiopiens et des Lybiens. Dans le quatrième, de l'histoire fabuleuse des Grecs. Dans le cinquième, de l'histoire fabuleuse de la Sicile, et des autres îles Les livres VI, VII, VIII, IX et X sont perdus.

Les sept qui suivent, depuis le onzième jusqu'au dix-septième inclusivement, renferment l'histoire de quatre-vingt-dix ans, depuis l'expédition de Xercès dans la Grèce jusqu'à la mort d'Alexandre-le-Grand.

Les trois suivants, savoir: les XVIII, XIX et XX traitent des différends et des guerres entre les successeurs d'Alexandre jusqu'aux dispositions pour la bataille d'Issus. Et là finit ce qui nous reste de l'histoire de Diodore de Sicile, dans l'endroit le plus intéressant et dans le moment même où va se donner un combat qui décidera du sort des successeurs d'Alexandre.

Dans ces dix derniers livres, qui renferment l'histoire suivie des Perses, des Grecs et des Macédoniens, Diodore y joint aussi l'histoire des autres peuples, et en particulier celle des Romains, selon que les évènements en concourent avec son principal sujet.

Diodore nous marque lui-même dans sa préface qu'il employa trente années à la composition de son histoire. Le long séjour qu'il fit à Rome, lui fut pour cela d'un grand secours. Il parcourut aussi, non sans courir beaucoup de risques, plusieurs provinces de l'Europe et de l'Asie, pour s'assurer par lui-même de la situation des villes et des autres lieux dont il devait parler, ce qui n'est pas indifférent pour la perfection de l'histoire.

Son style n'est point élégant ni orné, mais simple, clair, intelligible; et cette simplicité n'a rien de bas ni de rampant.

Il n'approuve pas qu'on interrompe le fil de l'histoire par de fréquentes et de longues harangues : il n'en rejette pourtant pas entièrement l'usage, et croit qu'on les peut employer fort à propos, quand l'importance de la matière semble le demander. Après la défaite de Nicias, on délibéra dans l'assemblée de Syracuse quel traitement on devait faire aux prisonniers athéniens. Diodore rapporte les harangues de deux orateurs, qui sont longues et fort belles, sur-tout la première.

On ne doit pas compter absolument sur les dates de chronologie, ni sur les noms, soit des archontes d'Athènes, soit des tribuns, soit des soldats et consuls de Rome, où il s'est glissé plusieurs fautes.

Cette histoire présente de temps en temps des réflexions fort sensées et fort judicieuses. Diodore sur-tout a grand soin de rapporter le succès des guerres et des autres entreprises, non au hasard ou à une fortune aveugle, comme le font plusieurs historiens, mais à une sagesse et à une providence qui préside à tous les évènements.

Tout bien pesé èt bien examiné, on doit faire un grand cas des ouvrages de Diodore qui sont parvenus jusqu'à nous, et regretter beaucoup la perte des autres, qui auraient jeté une grande lumière sur toute l'histoire ancienne.

ROLLIN, *Histoire ancienne.*

DIOGÈNE.

La meilleure édition complète de ce qui nous reste de Diodore de Sicile est celle de Wesseling, Amsterdam, 1745, 2 vol., avec des remarques savantes et très judicieuses. Elle a été réimprimée avec des additions importantes par la Société des Deux-Ponts, 1793 — 1801, 11 vol. in-8°. Diodore a été traduit en français par Terrasson, Paris, 1737, 7 vol. in-12. Cette traduction est fort inexacte.

DIOGÈNE LAËRCE, ou de Laërte, a vécu sous Antonin, ou peu après lui. D'autres ne le mettent que sous Sévère et ses successeurs. Il a écrit en dix livres les vies des philosophes dont il rapporte avec soin les sentiments et les apophthegmes. Cet ouvrage est fort utile pour connaître les différentes sectes des anciens philosophes.

Le surnom de *Laërte* qu'on est accoutumé de lui donner, marque apparemment son pays, qui pouvait être le château ou la ville de Laërte dans la Cilicie.

On apprend par ses écrits qu'après avoir bien étudié l'histoire et les dogmes des philosophes, il avait embrassé la secte des épicuriens, les plus éloignés de la vérité et les plus opposés à la vertu.

Rollin, *Histoire ancienne.*

La meilleure édition grecque de Diogène Laërce est celle de Meibomius, avec des notes de Ménage et de plusieurs autres savants, Amsterdam, 1692, 2 vol. in-4°; mais il s'en faut encore de beaucoup qu'elle réponde à sa réputation. Cet écrivain a été traduit en français par de Fougerolles, Lyon, 1601, in-8°, et par Gilles Boileau, Paris, 1668, 2 volumes in-12.

DION CASSIUS était de Nicée en Bithynie : il a vécu sous les empereurs Commode, Pertinax, Sévère, Caracalla, Macrin, Héliogabale, Alexandre, qui eurent toujours pour lui une grande considération, et lui confièrent les gouvernements et les postes les plus importants. Alexandre le nomma, l'an de J.-C. 229, pour être une seconde fois consul. Après ce consulat, il obtint la permission d'aller passer le reste de sa vie en son pays, à cause de ses infirmités.

Il a écrit en huit décades, c'est-à-dire en quatre-vingts livres, toute l'histoire romaine, depuis la venue d'Énée en Italie jusqu'à l'empereur Alexandre. Il nous apprend lui-même qu'il employa dix ans à ramasser des mémoires de tout ce qui s'était passé depuis la fondation de Rome jusqu'à la mort de Sévère, et douze autres années à en composer l'histoire jusqu'à celle de Commode. Il y joignit ensuite celle des autres empereurs avec le plus d'exactitude qu'il put jusqu'à la mort d'Héliogabale, et un simple abrégé des huit premières années d'Alexandre, parce qu'ayant été peu en Italie pendant ce temps-là, il n'avait pas pu savoir si bien comment les choses s'étaient passées.

Photius remarque que son style est élevé et proportionné à la grandeur de son sujet; que ses termes sont magnifiques, que sa phrase et son tour sentent l'antiquité; qu'il a pris Thucydide pour son modèle, qu'il l'imite excellemment dans sa manière de narrer et dans ses harangues, et qu'il l'a suivi presque en tout, sinon qu'il est plus clair. Cet éloge est bien favorable à Dion; mais je ne sais s'il ne passe pas un peu les bornes du vrai.

Vossius dit, et Lipse avait pensé de même avant lui, qu'on ne peut pardonner à cet historien de n'avoir pas su estimer la vertu selon son prix, et d'avoir décrié les plus grands hommes de l'antiquité, comme Cicéron, Brutus, Cassius, Sénèque, soit par une malignité d'esprit, soit par une corruption de mœurs et de jugement. Le fait est constant; et quoi qu'il en soit du motif, la chose en soi ne peut jamais lui faire d'honneur.

Il avait fait, comme nous avons dit, quatre-vingts livres de l'histoire romaine; mais il ne nous reste qu'une bien petite partie de ce grand ouvrage; car les trente-quatre premiers livres sont perdus, avec la plus grande partie du trente-cinquième, hors quelques fragments. Les vingt suivants, depuis la fin du trente-cinquième jusqu'au cinquante-quatrième, est ce qu'on en a de plus entier. Vossius croit que les six suivants, qui vont jusqu'à la mort de Claude, le sont aussi; mais Buchérius soutient qu'ils sont fort tronqués : et cela paraît fort vraisemblable. Nous n'avons des vingt derniers que quelques fragments.

Ce qui supplée un peu à ce défaut, c'est un abrégé de Dion, depuis le trente-cinquième livre et le temps de Pompée jusqu'à la fin, composé par Jean Xiphilin, patriarche de Constantinople, dans le XIe siècle. On trouve que cet abrégé est assez juste, Xiphilin n'ayant rien ajouté à Dion qu'en très peu d'endroits où cela était nécessaire, et s'étant d'ordinaire servi de ses propres termes. L'histoire de Zonare se peut dire encore un abrégé de Dion ; car il le suit fidèlement, et nous apprend quelquefois des choses que Xiphilin avait omises.

Rollin, Histoire ancienne.

L'édition la plus complète et la meilleure de Dion Cassius est celle de Reimar, Hambourg, 1750, 2 vol. in-folio. Il n'existe qu'une ancienne traduction française de cet écrivain, celle de Déroziers, Paris, 1542, in-folio ; encore ne contient-elle pas tout ce qui nous reste de Dion Cassius, parce que le texte grec n'était pas encore imprimé quand Déroziers l'a fait paraître.

DIRECT. Dans l'histoire, on dit qu'un discours est direct, qu'une harangue est directe, lorsqu'on fait parler le personnage qui est en action. Au contraire on appelle discours indirects ceux dont l'historien ne rapporte que la substance. Les anciens sont pleins de harangues directes, pour la plupart imaginées. On peut voir, par exemple, quelle éloquence Tite-Live prête à ces premiers Romains qui, jusqu'au temps de Marius, s'occupaient *plus à bien faire qu'à bien dire*, comme le remarque Salluste.

Les modernes sont plus réservés dans l'usage de ces ornements oratoires.

Cependant, comme il ne faut pas en être prodigue, il ne faut pas non plus en être trop avare. Il est des circonstances où cette espèce de fiction, sans altérer le fond de la vérité, répand dans la narration beaucoup de force et de chaleur. C'est lorsque le personnage qui prend la parole ne dit que ce qu'il a dû naturellement penser et dire. Salluste pouvait ne donner qu'un précis des discours de Catilina à ses conjurés : il a mieux aimé le faire parler lui-même; et cet artifice ne sert qu'à développer, par une peinture plus animée, le caractère et les desseins de cet homme dangereux. L'histoire n'est pas moins le tableau de l'intérieur que de l'extérieur des hommes. C'est dans leur âme qu'un écrivain philosophe cherche la source de leurs actions; et tout lecteur intelligent sent bien qu'on ne lui donne pas les discours du personnage qu'on lui présente pour des vérités de fait aussi exactes que la marche d'une armée, ou que les articles d'un traité. Ces discours sont communément le résultat des combinaisons que l'historien a faites sur la situation, les sentiments, les intérêts de celui qui parle; et ce serait vouloir réduire l'histoire à la sécheresse stérile des gazettes, que de prétendre la dépouiller absolument de ces traits d'éloquence qui l'embellissent sans la déguiser.

Par exemple, qui peut se plaindre que Plutarque ait mis dans la bouche du Gaulois Brennus cette réponse aux envoyés de Rome, qui lui demandaient ce que lui avaient fait les Clusiens pour venir assiéger leur ville ?

« Les Clusiens nous font le tort de posséder plus
« de terres qu'ils n'en peuvent cultiver, et de ne
« pas nous en faire part, à nous qui sommes étran-
« gers et pauvres, et en très grand nombre. C'est
« le même tort que vous avaient fait anciennement
« les Albains, les Fidénates et ceux d'Ardée, et que
« vous ont fait encore tout récemment les Veïens,
« les Capénates, et la plupart des Falisques et des
« Volsques, contre lesquels vous marchez avec toutes
« vos forces. S'ils ne partagent avec vous leur for-
« tune, vous les faites esclaves, vous pillez leurs
« biens, vous ruinez leurs villes; et en cela, Ro-
« mains, vous ne faites rien d'étrange ni rien d'in-
« juste ; mais vous suivez les plus anciennes de
« toutes les lois, qui ordonnent que le plus faible
« obéisse au plus fort, depuis Dieu même jusqu'aux
« bêtes brutes, à qui la nature a imprimé ce senti-
« ment, que le fort domine sur le faible. Cessez
« donc d'avoir tant de pitié des Clusiens assiégés,
« de peur que votre exemple ne nous apprenne à
« avoir aussi pitié de tant de peuples que vous avez
« opprimés. »

Il n'est aucun genre de narration où le discours direct ne soit en usage, et il y répand une grace et une force qui n'appartient qu'à lui. Mais dans le dialogue pressé, il a un inconvénient auquel il serait aussi avantageux que facile de remédier : c'est la répétition fatigante de ces façons de parler, *lui dis-je, reprit-il, me répondit-elle*, interruptions qui ralentissent la vivacité du dialogue, et rendent le style languissant où il devrait être le plus animé. Quelques anciens, comme Horace, se sont contentés dans la narration, de ponctuer le dialogue ; mais ce n'était point assez pour éviter la confusion. Quelques modernes, comme La Fontaine, ont distingué les répliques par les noms des interlocuteurs ou par la seule ponctuation ; mais cet usage ne s'est introduit que dans les récits en vers. Le moyen le plus court et le plus sûr d'éviter en même temps les longueurs et l'équivoque, serait de convenir d'un caractère qui marquerait le changement d'interlocuteur, et qui ne serait jamais employé qu'à cet usage. *Voyez* HARANGUE.

MARMONTEL, Éléments de Littérature.

DISTIQUE. On appelle ainsi une couple de vers qui forment ensemble un sens complet.

Il y a des épigrammes, des madrigaux qui se renferment dans un distique.

Parve puer, lumen quod habes concede parenti :
    Sic tu cæcus Amor, sic erit illa Venus.

Extra fortunam est quidquid donatur amicis.
    Quas dederis solas semper habebis opes.

    Ci-gît ma femme. Ah! qu'elle est bien ;
    Pour son repos et pour le mien!

Les élégies des anciens ne sont qu'une suite de distiques ; et à l'exception des métamorphoses, c'est la forme qu'Ovide a donnée à tous ses ouvrages.

Quelques-uns de nos poètes ont écrit en distiques; ce sont communément ceux qui ont le moins de chaleur. On dit de Boileau, qu'il commençait par le second vers, afin de s'assurer qu'il serait le plus fort. Il est à craindre que cette manière ne soit fatigante à la longue : elle rend le style lâche et diffus ; car on est souvent obligé d'étendre, et par conséquent d'affaiblir sa pensée, afin de remplir deux vers de ce qui pouvait se dire en un : elle est sur-tout vicieuse dans la poésie dramatique, où le style doit suivre les mouvements de l'âme, et approcher le plus qu'il est possible de la marche libre et variée du langage naturel. En général, la grande manière de versifier c'est de penser en masse, et de remplir chaque vers d'une portion de la pensée, à peu près comme un sculpteur prend ses dimensions dans un bloc pour en former les différentes parties d'une figure ou d'un groupe, sans altérer les proportions. C'est la manière de Corneille, de Racine, de Voltaire, et de tous ceux dont les idées ont coulé à pleine source. Les autres ont produit les leurs, pour ainsi dire, goutte à goutte ; et leur style est comme un filet d'eau, souvent pure à la vérité, mais qui tarit à chaque instant. *Voyez* vers.

MARMONTEL, *Éléments de Littérature.*

DITHYRAMBE. Dans un pays où l'on rendait un culte sérieux au dieu du vin, il est assez naturel qu'on lui ait adressé des hymnes, et que dans ces hymnes les poètes aient imité le délire et l'ivresse: c'était plaire à ce dieu que de lui ressembler; et si les Grecs eux-mêmes méprisaient les abus de cette poésie extravagante, au moins devaient-ils en approuver l'usage et en applaudir le succès. Mais qu'on ait voulu renouveler cette folie dans les temps et parmi des peuples où Bacchus était une fable, c'est une froide singerie qui n'a jamais dû réussir.

Sans doute le bon goût et le bon sens approuvent que, pour des genres de poésie dont la forme n'est que la parure, et dont la beauté réelle est dans le fond, le poète se transporte en idée dans des pays et dans des temps dont le culte, les mœurs, les usages n'existent plus, si tout cela est plus favorable au dessein et à l'effet qu'il se propose. Par exemple, il n'est plus d'usage que les poètes chantent sur la lyre dans une fête ou dans un festin; mais si, pour donner à ses chants un caractère plus auguste ou un air plus voluptueux, le poète se suppose la lyre à la main, couronné de lauriers comme Alcée, ou de fleurs comme Anacréon, cette fiction sera reçue comme un ornement du tableau. Mais imiter l'ivresse sans autre but que de ressembler à un homme ivre; ne chanter de Bacchus que l'étourdissement et que la fureur qu'il inspire; et faire un poème rempli de ce délire insensé, à quoi bon? quelle en est l'objet? quelle utilité ou quel agrément résulte de cette peinture? Les latins eux-mêmes, quoique leur culte fût celui des Grecs, ne respectaient pas assez la fureur bachique pour en estimer l'imitation ; et de tous les genres de poésie, le dithyrambe fut le seul qu'ils dédaignèrent d'imiter. Les Italiens modernes sont moins graves : leur *imagination singeresse et imitatrice*, pour me servir de l'expression de Montaigne, a voulu essayer de tout; ils se sont exercés dans la poésie dithyrambique, et pensent y avoir excellé. Mais, à vrai dire, c'est quelque chose de bien facile et de bien peu intéressant que ce qu'ils ont fait dans ce genre. Rien certainement ne ressemble mieux à l'ivresse que le chœur des Bacchantes d'Ange Politien, dans sa fable d'Orphée; mais quel mérite peut-il y avoir à dire en vers : *Je veux boire..... qui veut boire ? la montagne tourne, la tête me tourne.... je chancelle....je veux dormir*, etc.

La vérité, la ressemblance n'est pas le but de l'imitation, elle n'en est que le moyen; et s'il n'en résulte aucun plaisir pour l'esprit ou pour l'âme, c'est un badinage insipide, c'est de la peine et du temps perdus.

Nos anciens poètes du temps de Ronsard, qui faisaient gloire de parler grec en français, ne manquèrent pas d'essayer aussi des dithyrambes ; mais ni notre langue, ni notre imagination, ni notre goût ne se sont prêtés à cette docte extravagance.

Marmontel, *Éléments de Littérature*.

DIVISION. Rien de plus vain que l'affectation de diviser un sujet simple, un sujet que l'esprit embrasse, pour ainsi dire, d'un coup d'œil. Quand l'orateur a bien conçu le sien, et qu'il l'a pénétré dans toute sa profondeur et dans toute son étendue, s'il est obligé d'y chercher une division, c'est un signe infaillible qu'il n'en a pas besoin. Les divisions nécessaires sont celles qui se présentent naturellement et sans peine : où il n'y a point de masses distinctes, il ne faut point de division expresse; il ne faut que de l'ordre, de la méthode, de la progression dans le développement des idées. C'est fatiguer l'esprit de l'auditeur, plutôt que le soulager, que de lui présenter des divisions subtiles qui lui échappent malgré lui; et plus elles sont fugitives, plus elles étaient superflues.

C'est contre cette économie, puérilement recherchée, d'un discours dont le caractère répugne à l'affectation, que Fénelon s'est élevé; c'est de cet arrangement symétrique et curieusement compassé, que La Bruyère a fait sentir le ridicule. Mais autant il y a de petitesse d'esprit à affecter une division inutile, autant il y aurait de négligence à laisser confondre les parties d'un sujet vaste et compliqué.

« Il faut, dit Platon, regarder comme un Dieu « celui qui sait bien définir et bien diviser. » L'un et l'autre en effet demande un esprit qui non-seulement embrasse les objets dans toute leur étendue, mais qui les pénètre à fond dans tous les points; qui non-seulement en conçoive nettement la nature et l'essence, mais qui les voie sous toutes les faces et en saisisse tous les rapports.

Ce n'est donc pas un art futile que Cicéron nous

DIVISION.

a prescrit, lorsqu'il a fait de la division un des préceptes de sa méthode : *Recte habita in causá partitio illustrem et perspicuam totam effecit orationem.* De *Inv. l.* I.

Il distingue deux sortes de divisions. L'une est celle qui sépare de la cause ce qui est convenu, et la réduit à ce qui est en question. Par exemple, s'il s'agissait, dit-il, d'absoudre Oreste du meurtre de sa mère, son défenseur dirait : « Que la mère ait été « tuée par le fils, c'est un fait dont je conviens avec « mes adversaires; qu'Agamemnon ait été tué par « sa femme, c'est encore un fait dont mes adver- « saires conviennent avec moi (*Ibid.*) » La controverse ou l'état de la cause se réduit donc alors à savoir si le fils est coupable d'avoir vengé son père, et à quel point il est coupable : c'est à quoi se doit attacher l'attention des juges et l'éloquence de l'orateur. L'autre espèce de division est celle qui, dans la cause même réduite au point de la question, expose en peu de mots la distinction des choses dont il importe de parler.

La première désigne à l'auditeur l'objet dont il doit s'occuper, et délivre son attention de ce qui ne fait plus de difficulté dans la cause; la seconde lui marque, dans le plan du discours, des points fixes pour appuyer son attention et sa mémoire, et lui trace la route que l'orateur va suivre et va lui faire parcourir avant d'arriver à son but. Les qualités qu'on y exige sont la brièveté, l'intégrité, la simplicité.

1° La brièveté. Elle n'admet que les mots nécessaires; aucune circonlocution, aucun ornement étranger. Observons, en passant, que, contre cette règle, le plus grand nombre de nos prédicateurs affectent de tourner et d'amplifier leur division, de manière qu'ils rendent trouble ce qu'il doit y avoir de plus clair; qu'ils rendent vague ou confus ce qu'il doit y avoir de plus précis et de plus simple; et qu'après avoir fait, en écoliers, leur thème de plusieurs façons, ils ne laissent dans les esprits qu'un fatigant amas de synonymes et d'antithèses. Ces divisions laborieuses sont communément celles dont j'ai déjà parlé, qui, n'étant pas données par la nature, sont le travail futile de l'esprit et de l'art. Celle qui se présente d'elle-même à la réflexion s'énonce en peu de mots; et comme les points en sont bien marqués, on n'a pas besoin, pour les démêler, d'une analyse métaphysique.

2° L'intégrité. Cicéron l'appelle absolution, pour exprimer la correspondance complète de la division avec l'étendue du sujet et ses parties intégrantes : car il faut bien se garder, dit-il, d'y rien omettre d'essentiel à la cause, et à quoi l'on soit obligé de recourir après l'avoir oublié; ce qui serait dans l'orateur une maladresse honteuse. *Quod vitiosissimum ac turpissimum est. Ibid.*

On manque à ce précepte, lorsque, au lieu d'embrasser toute l'idée de son sujet, on n'en présente qu'une face; et c'est ce qui arrive fréquemment dans ce genre d'éloquence philosophique ou religieuse, que les anciens appelaient indéfini, et dans lequel on agite, non des causes particulières, mais des questions générales.

DIVISION. 401

« N'est-ce pas, demandais-je à un prédicateur cé-
« lèbre, n'est-ce pas une heureuse division que celle
« de Cheminais, dans son sermon de l'ambition, où il
« montre qu'*elle ne fait que des esclaves et des ty-*
« *rans?* Cette division, me dit-il, a le défaut de trop
« restreindre l'idée du sujet; et je la crois mieux
« embrassée, si dans le pacte de la fortune avec l'am-
« bitieux, on fait voir *ce qu'elle exige et ce qu'elle*
« *donne.* » En effet, dans ce plan je vis la chose tout
entière, au lieu que celui de Cheminais n'en présente que deux aspects.

3° La simplicité, que Cicéron appelle *paucitas*.
Elle consiste à ne prendre pour membres de la division que les idées principales et distinctes l'une de
l'autre. Si l'orateur, en attaquant un mauvais citoyen,
disait de lui : « Je prouverai que, par sa cupidité,
« son audace et son avarice, il a fait toutes sortes de
« maux à la république; » la division serait vicieuse,
puisque l'idée de *cupidité* renferme celle d'*avarice*.

Il peut arriver cependant que la division manque
de simplicité, quoique les parties en soient distinctes; et c'est ce qui arrive fréquemment dans nos
sermons, lorsque l'orateur, après avoir divisé, sub-
divise, et fait de son discours comme un arbre dont
les branches s'épuisent en se ramifiant, et ne poussent qu'un bois sans fruit.

Dans le genre oratoire, il faut se souvenir que
rien ne frappe la multitude que les grandes masses :
les détails multipliés papillotent aux yeux de l'esprit,
se confondent dans la mémoire, et ne font sur l'âme
que des impressions légères et fugitives comme eux.

L'abus des subdivisions n'en exclut pourtant pas l'usage ; et lorsque le développement du sujet les exige, elles sont placées : mais alors même, dit Cicéron, la simplicité consiste à ne pas y admettre de superfluités, comme l'orateur qui dirait : Ce dont mes adversaires sont accusés, je prouverai qu'ils l'ont pu faire, qu'ils l'ont voulu faire, et qu'ils l'ont fait ; car, s'il est prouvé qu'ils l'ont fait, le reste devient inutile.

Mais Cicéron lui-même ne semble-t-il pas tomber dans ce défaut, lorsque dans la septième des *Philippiques* il divise ainsi : *Cur pacem nolo ? quia turpis est, quia periculosa, quia esse non potest ?* Car s'il est prouvé que la paix avec Antoine est impossible, il est superflu de faire voir qu'elle serait honteuse et dangereuse. Lui-même a dit ailleurs que dans le genre délibératif les deux grands moyens sont l'impossibilité ou la nécessité. Mais ces deux moyens ne sont pas toujours bien démontrés, et c'est alors qu'ils ont besoin d'appui.

Voyez le modèle de subdivisions dans le sermon de Massillon sur la mort du pécheur et sur celle du juste, sermon que je regarde comme le chef-d'œuvre de l'éloquence de la chaire.

Que la division soit complète, précise et distincte, c'est-à-dire qu'elle embrasse tout son sujet, qu'elle ne s'étende point au-delà, que les parties qu'elle distingue ne rentrent point l'une dans l'autre, qu'elles soient toutes correspondantes, et comme les branches d'une tige commune partant toutes du même point ; ce sont des règles que la philosophie observe comme l'éloquence. Cicéron les étend à toute sorte de composition raisonnée, et il en cite pour exemple la belle exposition de l'*Andrienne* de Térence, où Cimon dit à son esclave :

Eo pacto et gnati vitam, et consilium meum
Cognoscis, et quid facere in hâc re te velim.

En effet, dans l'instruction du vieillard, cette division est remplie.

Toutes ces règles sont celles du bon sens ; et elles seraient superflues, si ce qu'on appelle le sens commun était moins rare. Mais, soit manque de réflexion ou de justesse dans l'esprit, on voit tous les jours ceux qui méprisent les règles, et qui nous disent avec confiance que le talent n'en a pas besoin, prouver par leurs écrits qu'avec le talent même on a tort de les négliger.

Je n'ajouterai plus qu'une observation : c'est que la division la plus ingénieuse, la plus séduisante pour l'orateur, le trompe fort souvent, en ce que l'une des parties est féconde et favorable à l'éloquence, et que l'autre est stérile et ne peut lui fournir que des détails inanimés. Dans une cause où le sujet commande, c'est un mal sans remède. Tout ce que l'orateur peut faire alors, c'est de disposer son sujet de façon que la partie aride et épineuse soit la première et la plus courte ; et que celle qui donne lieu à des tableaux frappants, à des mouvements pathétiques, soit la dernière et la plus étendue : c'est ce que Cicéron a observé singulièrement dans son plaidoyer *pour Milon*.

Cette méthode est d'autant plus facile à pratiquer, que, dans presque toutes les causes, le sujet présente d'abord ce qu'il a de litigieux; et qu'après la discussion se place, comme de soi-même, ce qu'il a de plus oratoire.

Mais dans un genre d'éloquence où l'orateur est libre de choisir ses sujets, il manque d'art, si l'une des parties est riche et belle aux dépens de l'autre. L'éloquence, comme la poésie, doit aller en croissant, non pas du faible au fort, du mal au bien; mais du bien au mieux, et de l'intéressant au plus intéressant encore. Les commençants, faute de prévoyance, se laissent éblouir par les beautés que leur présente une première partie; et quand ils arrivent à la seconde, leur sujet se trouve épuisé. D'autres comptent sur les ressources de leur seconde partie, pour relever la faiblesse de la première et pour réchauffer l'auditoire; il n'est plus temps, l'auditoire est glacé, et son attention rebutée. L'homme habile, en méditant sa division, prévoit, pèse, et balance ce que chaque partie de son sujet peut lui donner:

Et quæ
Desperat tractata nitescere posse, relinquit.
(HORAT. *De Art. Poet.*)

Au reste, le plus sûr moyen de trouver aisément des divisions heureuses, c'est de concevoir nettement des sujets vastes et féconds.

Cui lecta potenter erit res,
Nec facundia deseret hunc, nec lucidus ordo.
(*Ibid.*)

MARMONTEL, *Éléments de Littérature.*

DORAT.

DORAT (Claude-Joseph) naquit à Paris, le 31 décembre 1724, d'un auditeur des comptes, originaire du Limousin. Il descendait de Jean Dorat, célèbre poète du XVIe siècle, qui s'acquit dans son temps une grande réputation par ses poésies grecques, latines et françaises.

Le jeune Dorat, après avoir achevé ses études au collège du cardinal Lemoine, suivit la carrière du barreau où l'appelait le vœu de sa famille; mais possesseur d'une fortune assez considérable, il ne tarda pas à se lasser d'études et de travaux si peu compatibles avec la légèreté de ses goûts : il abjura le droit, et se fit mousquetaire. Cet état lui convenait beaucoup mieux, sur-tout à une époque où cette classe s'occupait beaucoup plus d'intrigues galantes que des devoirs militaires. Cependant il y renonça bientôt, et lui-même nous dit, dans une de ses épîtres, que ce fut pour complaire à une vieille tante janséniste dont il espérait hériter, et qui ne pouvait croire que sous cette brillante armure, il fut possible de s'occuper de son salut.

Dorat chercha d'autres agréments dans le culte des muses, et l'amour acheva de le consoler du sacrifice qu'il avait eu le courage de faire aux principes sévères de sa parente. Il essaya ses forces en poésie dans une ode *sur le malheur*, qui eut un succès d'indulgence, parce qu'on voulut encourager un jeune homme dont les premiers vers annonçaient quelque talent. Cette pièce fut bientôt suivie de quelques *héroïdes*, genre alors en faveur, et de la tragédie de *Zulica*. Dorat n'avait guère que vingt ans quand il composa cet ouvrage, qui pourtant ne fut joué qu'en 1760. Il nous apprend que cette pièce qu'il fit dans la suite reparaître sous le titre de *Pierre-le-Grand*, avait eu l'approbation de Crébillon, qui en était tellement enchanté qu'il s'était chargé de refaire le cinquième acte, le seul où il eût trouvé à blâmer. S'il faut en croire Dorat, c'est pourtant ce cinquième acte qui a fait échouer *Zulica*. Sa seconde tragédie, *Théagène et Chariclée*, éprouva le même sort. Ces deux chutes successives ne le découragèrent point ; il prévint gaiement le public que désormais il renonçait aux honneurs du sublime, et ne consacrerait sa muse qu'à chanter les Ris, les Graces et les Amours. Il tint parole pendant quelque temps : il inonda les salons et les boudoirs d'une multitude d'opuscules sur tous les sujets : le plus petit évènement, la nouvelle du jour, les noms célèbres de l'époque, tout fut matière pour ses vers ; et dans cette abondance de poésies qu'il publia si rapidement, s'il en est peu qui soient dignes d'être citées, il eut du moins le mérite d'amuser l'oisiveté de nos cercles, et d'instruire les provinces de nos frivolités et de nos ridicules. La réputation que lui attirèrent ces productions éphémères lui fit croire qu'il était appelé à partager avec Voltaire le sceptre de la poésie badine ; mais son persiflage continuel et son affèterie galante étaient loin du coloris brillant, de la touche fine et satirique de son maître. Toutefois l'élégance de son style et ses défauts mêmes lui firent beaucoup de partisans chez les femmes et chez les jeunes gens : il devint le chef d'une nouvelle école dont les écrits prétentieux enchérissant encore sur ceux de Dorat, infestaient la littérature et corrompaient le goût des jeunes beaux-esprits qui s'empressaient de les imiter.

Dorat se lassa bientôt de cette gloire de salon et en ambitionna une plus solide : il se rejeta de nouveau dans la carrière du théâtre, et fit représenter, le même jour, sa tragédie de *Régulus*, et sa comédie de *la Feinte par amour**. L'espèce de succès qu'obtinrent ces deux pièces ranima sa verve, et il donna, dans l'espace de peu d'années, *Adélaïde de Hongrie*, *Pierre-le-Grand*, tragédies, *le Célibataire*, *le Malheureux imaginaire*, *le Chevalier français à Turin*, *le Chevalier français à Londres*, et *Roséide*, comédies, sans compter *les Prôneurs* ou *le Tartufe littéraire*, *Zoramis*, etc. pièces qui n'ont jamais été représentées. La plupart de ces ouvrages furent maltraités par le public qui s'obstinait à les repousser de la scène. Dorat, pour en assurer la réussite, achetait, à prix d'argent, les bravos du parterre et des loges, et achevait ainsi d'épuiser sa fortune déjà dissipée en partie dans les écarts d'une vie licencieuse. Aussi les plaisants, à chaque nouveau triomphe, lui appliquaient-ils le mot des Hollandais après la bataille de Malplaquet : « Encore « une victoire pareille, et nous sommes ruinés. »

---

* Cette nouveauté donna lieu à l'épigramme suivante :

> Dorat, qui veut tout effleurer,
> Voulut, dans un double délire,
> Faire à la fois rire et pleurer ;
> Il n'a fait ni pleurer ni rire.

Dorat affectait d'avoir le travail très facile, et d'écrire presque en badinant. Pour soutenir ce personnage, il ne composait que la nuit, et passait la journée et la soirée dans les salons et dans les spectacles. Ce genre de vie altéra à la longue sa santé, déjà affaiblie par des excès d'une autre sorte; et les critiques que lui attirèrent ses productions, les épigrammes dont il était harcelé journellement par La Harpe, Fréron, Rulhières et Le Brun, blessant son amour-propre naturellement très susceptible, lui firent passer ses dernières années dans des chagrins multipliés. Que l'on joigne à cela qu'il était continuellement en dispute avec les comédiens qui ne voulaient pas jouer ses pièces, en procès avec les libraires qu'il ruinait par le luxe des planches dont il avait la fureur de décorer ses moindres écrits, qu'il avait trois ou quatre maîtresses sans avoir le courage d'en quitter une seule; et l'on conviendra qu'il était bien malheureux, pour déguiser les ennuis qui l'accablaient, d'afficher encore cette philosophie insouciante et légère dont il avait fait étalage dans des temps plus heureux. Il ne voulut pas néanmoins y renoncer, et joua son rôle jusqu'à la fin. Il était déjà mourant et presque ruiné qu'il entretenait encore une intrigue amoureuse, sans être pour cela moins assidu chez mademoiselle Fanier, actrice de la comédie française, que l'on dit même qu'il avait épousée secrètement; et chez madame de Beauharnais avec qui il travaillait au roman de l'*Abailard supposé*. La veille de sa mort, les personnes qui l'entouraient essayèrent de le faire consentir à recevoir les secours de la religion : il reçut la visite de son curé avec beaucoup de politesse, mais en éludant toujours les offres de son saint ministère. Quelques heures avant d'expirer, il fit faire toilette, comme de coutume, et c'est dans son fauteuil, bien coiffé, parfumé et poudré, qu'il rendit le dernier soupir. Il mourut le 29 avril 1780, à l'âge de quarante-six ans.

« Dorat, dit Grimm dans sa *Correspondance*,
« d'une taille médiocre, mais svelte et leste, sans
« avoir des traits fort distingués, avait de la finesse
« dans le regard, et je ne sais quel air de douceur
« et de légèreté assez original, assez piquant. Facile
« et doux dans la société, il y cherchait moins à
« briller qu'à plaire. Il se fit beaucoup d'ennemis
« par imprudence, par indiscrétion, quelquefois
« même par maladresse, mais ce n'est que sur la
« fin de ses jours, qu'aigri par des critiques impi-
« toyables, et par ces petites tracasseries littéraires
« qu'un poète ne manque jamais de regarder comme
« de véritables persécutions, il se permit de repous-
« ser la haine par la haine, et l'injure par l'injure.
« En risquant sans cesse de déplaire ou à ses maî-
« tres ou à ses rivaux, il ne pouvait supporter l'idée
« d'être mal avec eux, et ne cherchait que les oc-
« casions de s'en rapprocher*. Après avoir plusieurs

---

* L'anecdote suivante est un exemple de la bonté de son cœur. La Harpe lui avait adressé cette épigramme, que l'on a mal à propos attribuée à Voltaire :

Bon Dieu! que cet auteur est triste en sa gaîté!
Bon Dieu! qu'il est pesant dans sa légèreté!
Que ses petits écrits ont de longues préfaces!

« fois insulté fort lestement l'Académie, il n'y eut
« point de démarches dont il ne fut capable pour
« obtenir les honneurs du fauteuil académique. Lin-
« guet qui s'était cru, dit-on, assez intimement lié
« avec lui, pour le voler sans conséquence, La Harpe
« à qui il avait rendu des services qu'on ne reçoit
« que de ses meilleurs amis, et qui l'avait payé de
« la plus noire ingratitude, ne purent, malgré tous
« leurs torts, refroidir sa bienveillance au point de
« l'empêcher de revenir toujours à eux. »

Quoique l'on ait avec raison reproché à Dorat, une manière d'écrire éternellement la même, beaucoup de néologismes, une prétention à l'esprit souvent fatigante, on ne confondra point tous ses ouvrages dans la même classe, et l'on distinguera son poème de *la Déclamation*, un ou deux de ses contes, quelques fables, et plusieurs épîtres et poésies fugitives. La collection de ses œuvres en 20 vol. in-8°, 1792, a été réduite à 3 petits vol. in-12, et c'est réellement tout ce qu'on en peut extraire de

> Ses fleurs sont des pavots, ses ris sont des grimaces.
> Que l'encens qu'il prodigue est plat et sans odeur !
> C'est, si l'on veut l'en croire, un heureux petit-maître ;
> Mais, si j'en crois ses vers, ah! qu'il est triste d'être
> Ou sa maîtresse, ou son lecteur.

Dorat répondit d'une manière qui devrait servir de modèle. Après avoir passé condamnation sur les torts qu'on lui reproche, il dit :

> Je n'ai point, il est vrai, le feu de ta saillie,
> Tes agréments ; mais chacun a les siens.
> On peut s'arranger dans la vie :
> Si de mes vers Églé s'ennuie,
> Pour l'amuser je lui lirai les tiens.

F.

digne d'être lu. Il fut le fondateur, et pendant plusieurs années le rédacteur du *Journal des Dames*.

Ph. Taviand.

JUGEMENTS.

I.

Dorat, absolument dépourvu d'idées ou de liaison dans les idées; Dorat, qui avait essentiellement l'esprit frivole et le goût faux, et qu'une vie dissipée empêcha toujours de rien ajouter à ses premières études de collège, qui étaient très peu de chose; Dorat, qui ne savait et ne pensait rien, n'a jamais pu soutenir aucun des genres qui demandent de l'acquis, du jugement et de la réflexion; et hors l'épopée, il les essaya tous. Ses tragédies sont au-dessous de la critique, et assez oubliées pour qu'on soit dispensé d'en parler : c'est la démence complète en action et en dialogue, hors quand il suivit le mieux qu'il put Métastase dans son *Régulus**, dont il ne fit pourtant qu'une pièce très froide et très

---

* J'étais à la première représentation, qui eut peu de succès, et qui fut suivie de *la Feinte par amour*, qui en eut beaucoup. L'auteur crut pouvoir faire marcher l'une des deux pièces à la faveur de l'autre ; mais bientôt on ne vint plus qu'à la petite, tant la première ennuyait, et l'on fut obligé de retirer *Régulus*, qui n'a jamais été repris. Je me souviendrai toujours de l'étonnement dont je fus frappé quand j'entendis deux ou trois fois jusqu'à dix ou douze vers de suite dans ce *Régulus* qui étaient bien pensés, qui se suivaient, et qui même n'étaient pas mal écrits ; ce que je ne croyais pas possible à l'auteur le plus déraisonnable et le plus décousu en vers comme en prose. Je n'avais pas le *Regolo* de Métastase présent à la mémoire, et je me disais : Si ces vers-là sont de Dorat, je ne sais plus où j'en suis. Je n'eus rien de plus pressé que d'ouvrir Métastase, et j'y retrouvai mot à mot ce qui m'avait étonné, et avec raison ; et cela me tranquillisa.

mal construite, mais qui du moins, graces au secours de l'original italien, ne tombe guère dans le ridicule ordinaire à l'auteur.

Ses comédies, à très peu de chose près, ne sont ni mieux conçues ni mieux écrites. Ses fables sont peut-être ce qu'il a fait de plus mauvais, à raison de l'opposition formelle de ce genre à l'esprit de l'auteur, l'un demandant sur-tout du naturel et de 'a vérité, et l'autre étant presque toujours hors de la nature et du vrai. Ses romans sont au-dessous de ceux de Mouhy : *la Déclamation théâtrale* vaut mieux que tout cela. Ce poème en quatre chants, quoique faible et défectueux, n'est pas sans mérite, et c'est au moins ce qu'il a fait de plus passable dans le genre sérieux. Il n'était pas encore aussi gâté qu'il le fut depuis par les plates adulations de journal et de coterie, espèces de séduction dont il n'était que trop susceptible; car il ne faut pas douter que le caractère et les entours n'influent beaucoup en bien ou en mal sur le talent de l'écrivain : nous en avons une foule d'exemples. Dorat s'était borné d'abord à la déclamation tragique, et ce morceau, l'un des premiers qu'il publia dans sa jeunesse, avait donné des espérances : il y avait quelques endroits assez bien versifiés. Au bout de quelques années, il donna successivement trois chants nouveaux, *la comédie, l'opéra* et *la danse*; et dès lors il aurait dû changer son titre, car de tout cela l'on ne *déclame* proprement que la tragédie; mais il ne faut pas y regarder de si près avec Dorat. Il ne faut pas s'attendre non plus à trouver ici une disposition de parties bien entendue, ni l'élévation et la force des tableaux, ni la belle invention des épisodes : tout cela était trop au-dessus de lui. Il ne s'y est pas même généralement garanti de ses défauts accoutumés, le vide, le vague et le faux. Mais dans les deux derniers chants, qui se rapprochaient davantage de ses goûts et de ses idées, *l'opéra* et *la danse*, on rencontrera des détails ingénieux, des peintures gracieuses et de fort jolis vers, entre autres ceux où il décrit l'espèce de danse qu'on appelle l'*allemande*, et ceux-ci qui ne sont pas moins bons :

Et Jupiter lui-même, armé de son tonnerre,
Se verrait dans sa gloire insulté du parterre,
S'il venait, s'annonçant par un timbre argentin,
Prononcer en fausset les arrêts du destin.

Mais si l'on veut ici même, dans un sujet où il pouvait se croire dispensé de *persifler*, des traces bien marquées de ce détestable goût dont il ne pouvait pas se défendre, il n'y a qu'à se rappeler des vers tels que ceux-ci :

Et le parterre enfin renvoie avec justice,
Ces petits vents honteux souffler dans la coulisse.

Ces petits vents honteux, quand il s'agit des danseurs qui représentent mal les vents, ressemblent merveilleusement à ce vers de l'abbé de Beaugénie, si connu :

Il semble que ce vent ait de la connaissance.
(*Mercure Galant.*)

Le chant de *la tragédie* est celui où les fautes sont le plus choquantes : il s'y montre trop souvent étranger aux idées du sujet. Se douterait-on, par exemple, de ce qu'il a vu dans le rôle et la situation de Zaïre ? Deux vers vous en instruiront :

Me rendrez-vous sensible aux larmes de Zaïre,
Qui, d'un culte nouveau craignant l'austérité,
Pleure au sein de son dieu *l'amant qu'elle a quitté.*

Concevez ce que fait ici *l'austérité d'un culte nouveau,* et Zaïre qui *a quitté son amant!* Il faut avoir la tête bien remplie de cette phrase banale d'*amant quitté*, aussi commune que la chose, pour l'appliquer à Zaïre et à Orosmane. Il suffirait d'un pareil trait pour juger l'esprit d'un auteur, et il en a dans tous ses écrits des milliers de cette espèce, qui sont pires que tous les solécismes et tous les barbarismes possibles ; car ils prouvent que l'écrivain n'a rien pensé, rien vu, rien senti, ce qui est pis que d'ignorer la grammaire. On n'est pas plus barbare que Crébillon, et pourtant, quoique *méchant écrivain*, suivant les principes et les termes de Boileau, il aura toujours sa place parmi les hommes de génie, parce que son génie lui a fourni du tragique et du grand tragique, et que le tragique lui a inspiré de beaux vers. Mais quel génie inspirait Dorat quand il a voulu nous peindre Ninias sortant du tombeau de Ninus ? Tout ce qui a été au spectacle se retrace ici le grand acteur dans cet instant terrible où, venant de frapper sa mère sans la connaître, saisi d'un trouble involontaire, poursuivi par des cris plaintifs qu'il croit encore entendre, égaré, chancelant, il tombe sur une des colonnes du tombeau dont il sort, au bruit du tonnerre et à la lueur des éclairs qui se réfléchissent sur son visage pâle et effrayé, et sur ses mains ensanglantées. Tel est le tableau dans l'optique théâtrale : voici ce qu'il est dans les vers de Dorat :

Tel quelquefois Lekain, dans sa fougue sublime,
Sait *arracher la palme et ravir notre estime.*
Combien j'aime à le voir échevelé, *tremblant*,
Du tombeau de Ninus *s'élancer* tout sanglant,
Pousser du *désespoir* les cris sourds et funèbres,
S'agiter, se heurter à travers les ténèbres*!...

L'auteur n'aimait pas Lekain, ce qui était tout simple, car Lekain n'aimait pas ses tragédies; et c'est ce qui peut seul expliquer ces mots, *tel quelquefois Lekain*, qui, pour restreindre l'éloge, offensent l'oreille autant que la vérité. Je passe sur cette *fougue qui arrache la palme et ravit notre estime :* c'est bien de cela qu'il s'agit ici! C'est là le vague et le vide dont je parlais tout à l'heure, et voici le faux et l'excès du faux : comment Ninias peut-il *s'élancer en tremblant!* Il est si loin de *s'élancer*, qu'il ne saurait se soutenir. Comment peut-il *pousser les cris du désespoir* quand il n'est nullement *au désespoir*, et qu'il se demande à lui-même d'où lui vient l'espèce d'horreur qu'il éprouve? Où sont ces *cris sourds et funèbres* qu'apparemment Dorat seul avait entendus,

---

* Delille a reproduit ce tableau dans son poème de *l'Imagination*. Nous aurons occasion de citer ses vers, qui sont fort beaux, quand il sera question de la *Sémiramis* de Voltaire. Voyez l'article VOLTAIRE. H. P.

quand Ninias peut à peine respirer, et qu'il se contente de dire d'une voix étouffée : *Ciel! où suis-je?* et Ninias qui *s'agite et se heurte!* Y a-t-il un seul mot qui ne soit un contre-sens? Je ne m'étonne pas si Dorat disait que *Sémiramis* était *une tragédie ennuyeuse :* ne l'avait-il pas bien vue et bien écoutée, ainsi que *Zaïre?* et c'est ainsi qu'il voyait, qu'il écoutait, qu'il sentait, qu'il peignait. Je ne crois pas qu'il ait jamais existé un être plus froid, un esprit plus étourdi : aussi parlait-il sans cesse de *sensibilité.*

La Harpe, *Cours de Littérature.*

II.

Dorat était un esprit léger et agréable, qui semblait s'être assigné à lui-même la place qui lui convenait, en prenant, dans ses petits ouvrages, le ton cavalier d'un petit-maître en littérature. Ce personnage de ruelle peut avoir un succès de caprice dans la société; mais il ne mène pas à la gloire, pour laquelle Dorat, en homme conséquent dans son persiflage, ne cessait de témoigner la plus parfaite indifférence. Ce dédain pour la renommée aurait dû lui faire abjurer tous les genres qui supposent de grandes prétentions : la tragédie, par exemple, à laquelle il semblait qu'il dût renoncer, moins encore à cause de la faiblesse de ses premiers essais*, que pour avoir eu le malheur de lutter sans trop d'avantage contre le *Régulus* de Pradon. Il est vrai qu'à force de corrections et de petites manœuvres qui n'étaient pas ignorées, le *Régulus* de Dorat, qu'on n'a pas revu depuis,

---

* *Zulica* et *Théagène*, tragédies de Dorat, oubliées depuis long-temps.

fut accueilli avec assez d'indulgence ; mais on ne le regardait pas moins comme un ouvrage très médiocre, quoique infiniment supérieur à sa tragédie d'*Adélaïde de Hongrie*, dont il avait puisé le fond dans une source que Pradon lui-même eût dédaignée. Cette source est un mauvais conte de fées, qui a fourni aussi à la comédie italienne un opéra comique qui n'eut pas plus de bonheur qu'*Adélaïde*. Il faut convenir que ce n'était pas dans de pareils contes de Peau-d'Ane que Corneille et Racine allaient puiser des sujets de tragédie.

Aux yeux des vrais connaisseurs, Dorat n'a pas mieux réussi dans le genre de la comédie. *La Feinte par amour* paraît, à la vérité, lui avoir survécu : c'est le style, ou ce qu'on appelait le jargon de Marivaux, mis en vers assez faciles; mais ni dans cette pièce, ni dans *le Célibataire*, ni dans *le Malheureux imaginaire*, ni dans *les Prôneurs*, on n'a remarqué aucune scène qui suppose le génie de l'art, aucune profondeur de vues, aucun caractère bien observé. L'auteur, qui manquait sur-tout de naturel, qui semblait même prendre plaisir à s'en écarter, n'est riche qu'en persiflage et en opposition de mots; enfin, si cette expression peut nous être permise, en paillettes d'esprit.

PALISSOT, *Mémoires sur la Littérature.*

MORCEAUX CHOISIS.

I. Le Temple de la Tragédie.

Sur le sommet du Pinde, au séjour des orages,
S'élève un temple auguste, affermi par les âges.

Cent colonnes d'ébène en soutiennent le faix;
On grava sur les murs les illustres forfaits.
On avance en tremblant sous d'immenses portiques;
L'œil s'enfonce et se perd dans leurs lointains magiques.
On n'y rencontre point d'ornements fastueux;
Tout est, dans ce séjour, simple et majestueux.
On y voit des tombeaux entourés de ténèbres,
Des fantômes penchés sur des urnes funèbres,
Et l'on n'entend partout que des frémissements,
Que sons entrecoupés, et longs gémissements.
Deux femmes*, sur le seuil, en défendent l'entrée;
L'une, toujours plaintive, est toujours éplorée:
Ses cheveux sont épars, son front couvert de deuil,
Et sa bouche collée au marbre d'un cercueil.
L'autre inspire l'effroi dont elle est oppressée;
Son œil est fixe et morne et sa langue glacée.
La Vengeance, la Rage, et la Soif des combats,
Cent spectres en tumulte accourent sur ses pas.
Ses sens sont éperdus; ses cheveux se hérissent;
Sa poitrine se gonfle, et ses bras se raidissent;
Un feu sombre étincelle en ses yeux inhumains,
Et la coupe d'Atrée ensanglante ses mains.
   Plus loin règne l'Amour, cet Amour implacable,
De meurtre dégouttant, malheureux et coupable,
Qui ne respecte rien quand il est outragé;
Court, se venge, et gémit sitôt qu'il est vengé:
L'assassin de Pyrrhus, l'Euménide d'Oreste;
Ce dieu qui d'Ilion hâta le jour funeste,
Osa porter la flamme au bûcher de Didon,
Et plonger le poignard au sein d'Agamemnon.
De ces sombres objets Melpomène entourée,
Choisit au milieu d'eux sa retraite sacrée.

La Déclamation, ch. I.

* La Terreur et la Pitié.

II. Le Palais des destins.

Loin de la sphère où grondent les orages,
Loin des soleils, par-delà tous les cieux,
S'est élevé cet édifice affreux,
Qui se soutient sur le gouffre des âges.
D'un triple airain tous les murs sont couverts;
Et, sur leurs gonds quand les portes mugissent,
Du temple alors les bases retentissent;
Le bruit pénètre, et s'entend aux enfers.
Les vœux secrets, les prières, la plainte,
Et notre encens, détrempé de nos pleurs,
Viennent, hélas! comme autant de vapeurs,
Se dissiper autour de cette enceinte.
Là, tout est sourd à l'accent des douleurs;
Multipliés en échos formidables,
Nos cris en vain montent jusqu'à ce lieu :
Ces cris perçants et ces voix lamentables
N'arrivent point aux oreilles du dieu.
A ses regards un bronze incorruptible
Offre en un point l'avenir ramassé;
L'urne des sorts est dans sa main terrible;
L'axe des temps pour lui seul est fixé.
Sous une voûte où l'acier étincelle
Est enfoncé le trône du Destin,
Triste barrière et limite éternelle,
Inaccessible à tout effort humain;
Morne, immobile, et dans soi recueillie,
C'est de ce lieu que la Nécessité,
Toujours sévère et toujours obéie,
Lève sur nous son sceptre ensanglanté,
Ouvre l'abîme où disparaît la vie,
D'un bras de fer courbe le front des rois,

Tient sous ses pieds la terre assujettie,
Et dit au Temps : Exécute mes lois !
L'Ile merveilleuse.

III. La Goutte d'eau.

Dans la crise d'une tourmente
Qui bouleversait l'océan,
Tout-à-coup enlevée à la vague écumante,
Parmi la foudre et l'ouragan,
Une goutte de l'onde amère
Rejaillit sur un roc voisin.
« D'ici je vais voir tout le train,
« Dit-elle; qu'il est doux de vivre solitaire !
« N'existons que pour nous, et respirons enfin.
« Sans dépendre toujours de quelque flot mutin,
« Des éléments j'observerai la guerre ;
« Et l'océan aura beau faire,
« Il ne m'aura plus dans son sein. »
Le dieu du jour alors s'échappe de la nue,
Et sur le roc voilà soudain
Ma raisonneuse disparue.
Mêlée avec les flots, elle suivait leur cours,
Des vents affrontait la furie,
Et dans les vastes mers eût roulé pour toujours ;
Seule un instant, elle est tarie.
Fables.

IV. La Linotte.

Une étourdie, une tête à l'évent,
Une linotte, c'est tout dire,
Sifflant à tout propos, et tournant à tout vent,
Quitta sa mère et voulut se produire,
Se faire un sort indépendant.
Un nid chez soi vaut mieux souvent

Que ne vaut ailleurs un empire.
Il s'agit de trouver un bel emplacement.
 Ma folle un jour s'arrêta près d'un chêne.
  « C'est, dit-elle, ce qu'il me faut;
  « Je serai là comme une reine;
  « On ne peut se nicher plus haut. »
  En un moment le nid s'achève :
  Mais deux jours après, ô douleur!
  Par tourbillons le vent s'élève,
  L'air s'embrase, un nuage crève :
  Adieu les projets de bonheur!
  Notre linotte était absente.
  A son retour, Dieu! quels dégats!
  Plus de nid! le chêne en éclats!
  « Ho, ho! je serai plus prudente,
« Dit-elle ; logeons-nous six étages plus bas. »
  Des broussailles frappent sa vue.
  « La foudre n'y tombera point,
  « J'y vivrai tranquille, inconnue;
« Et ceci, pour le coup, est mon fait de tout point. »
  Elle y bâtit son domicile.
  Moins d'éclat sans plus de repos :
  La poussière et les vermisseaux
  L'inquiètent dans cet asyle :
Il faut prendre congé ; mais, sage à ses dépens,
D'un buisson qui domine elle gagne l'ombrage,
  Y trouve des plaisirs constants,
  Et s'y préserve en même temps
  De la poussière et de l'orage.
  Si le bonheur nous est permis,
Il n'est point sous le chaume, il n'est point sur le trône.
  Voulons-nous l'obtenir, amis,
  La médiocrité le donne.
     Fables.

DRAME. On donne aujourd'hui plus particulièrement ce nom à une espèce de tragédie populaire, où l'on représente les évènements les plus funestes et les situations les plus misérables de la vie commune.

Tous les genres sont bons, hors le genre ennuyeux,

a dit M. de Voltaire; et celui-ci peut avoir son intérêt, son utilité, son agrément, sa beauté même. Pour l'intérêt, il est aisé d'y en mettre. L'enfance, la vieillesse, l'infirmité dans l'indigence, la ruine d'une famille honnête, la faim, le désespoir, sont des situations très touchantes; une grêle, une inondation, un incendie, une femme avec ses enfants prêts à périr dans les eaux ou dans les flammes, sont des tableaux très pathétiques; les hôpitaux, les prisons et la grève sont des théâtres de terreur et de compassion si éloquents par eux-mêmes, qu'ils dispensent l'auteur qui les met sous nos yeux, d'employer une autre éloquence. Les malheurs domestiques, les évènements de la vie commune ont aussi l'avantage d'être plus près de nous; et quoiqu'ils nous étonnent moins que les aventures des héros et des rois, ils doivent nous toucher plus vivement : je n'en fais aucun doute; et si le genre le plus intéressant pour le plus grand nombre est le meilleur de tous, le drame l'emporte sur la tragédie : Corneille, Racine, Voltaire ont peu connu le grand art d'émouvoir, et ont été d'autant plus maladroits, qu'avec des sujets populaires et les moyens dont je viens de parler, ils se seraient épargné bien des veilles : le canevas de leur pantomime une fois tracé, l'acteur aurait pu le remplir.

Pourquoi donc ni les Grecs, ni les Latins, ni les Français jusqu'à nos jours, n'avaient-ils pas employé des moyens si faciles d'intéresser et d'émouvoir? pourquoi le grand modèle des dramaturges, Shakspeare, n'a-t-il pas lui-même pris ses sujets parmi le peuple? et pourquoi a-t-il préféré les crimes et les malheurs des rois? C'est que, dans aucun temps, parmi les peuples éclairés, intéresser et émouvoir n'ont été l'objet du spectacle. Il en est de la bonne poésie comme de l'éloquence : elle intéresse pour instruire, elle émeut pour persuader. Le pathétique est un de ses moyens, et son moyen le plus puissant, mais non pas sa fin ultérieure. Un drame qui ne tend ni à instruire ni à corriger est, à l'égard de la tragédie, ce que la farce est à l'égard de la bonne comédie. Telle farce divertit plus la multitude que le *Tartufe* ou le *Misanthrope*; tel drame aussi l'émeut plus vivement que *Cinna*, *Athalie* et *Zaïre* elle-même : mais après avoir ri deux cents ans au spectacle de la farce, et pleuré au drame, qu'aurions-nous appris de nouveau? « Quæ est autem in homi-
« nibus tanta perversitas, ut, inventis frugibus,
« glande vescantur? » Cic.

On n'a point assemblé les hommes pour leur montrer sur un théâtre ce qui se passe tous les jours autour d'eux, surtout parmi la populace. La nature est encore plus vraie et plus touchante que son imitation; et s'il ne s'agissait que de la vérité, les carrefours, les hôpitaux, la Grève seraient des salles de spectacle.

Les Grecs savaient très bien qu'il y avait au monde des vagabonds et des mendiants, des hommes faibles et opprimés, des malheureux tombés de l'opulence dans la misère et l'esclavage : mais ce qu'ils ne savaient pas assez, ou ce qu'ils pouvaient oublier, c'est que les rois étaient eux-mêmes les jouets de la destinée; que nul degré d'élévation ne mettait l'homme au-dessus des revers· qu'il y avait des calamités pour toutes les conditions; et l'on rapportait du spectacle cette grande leçon de modestie et de constance,

Tout mortel est chargé de sa propre douleur.
VOLT. *L'Orph. de la Chine*, act. II, sc. 3.

Les Grecs savaient qu'il y avait partout des hommes imprudents, passionnés, coupables, ou par une erreur volontaire, ou par un mauvais naturel : mais ce qu'il importait de leur apprendre, c'est que dans les rois l'imprudence, la passion, l'erreur ou la méchanceté, avaient des effets effrayants et des suites épouvantables; et ils se retiraient du spectacle avec cette grande leçon de prudence et de politique :

Du fol orgueil des rois les peuples sont punis.

Le même principe d'utilité morale a dû agir, comme à notre insu, dans la formation du nouveau système tragique : car le bon goût et le bon esprit ne sont qu'un; et plus les hommes sont éclairés, plus leurs plaisirs sont raisonnables. Dans la peinture des dangers et des malheurs où les passions nous engagent, le pathétique n'a donc été que le moyen de l'instruction; et en nous faisant frémir ou pleurer sur le destin de nos semblables, la tragédie a dû nous faire voir par quelle impulsion violente ou par quel attrait insensible l'homme, en proie à ses passions, devient coupable et malheureux. Mais ici les moyens sont les mêmes pour l'héroïque et pour le populaire. Les passions étendent leurs ravages dans tous les états de la vie : l'exemple des dangers et des malheurs qu'elles entraînent peut donc être pris également dans tous les états : le fils de Brutus et Barnewelt sont tous les deux une leçon terrible.

Aussi ne disputons-nous pas au drame le mérite qu'il peut avoir, lorsqu'à l'exemple de la tragédie, il placera dans le cœur humain le ressort des évènements, le mobile de l'action. Que l'homme y soit malheureux par sa faute, en danger par son imprudence, jouet de sa propre faiblesse, victime de sa passion; ce genre, avec moins de splendeur, de dignité, d'élévation que la tragédie, ne laissera pas que d'avoir sa bonté poétique et sa bonté morale. Il ne demande point ce génie exalté qui exagère avec vraisemblance, qui agrandit et embellit tout; mais il demande un esprit juste et pénétrant, un œil observateur, une imagination vive, une sensibilité profonde, l'éloquence du style, et le choix dans l'imitation.

Le mauvais drame est donc celui qui roule sur des accidents dont l'homme est la victime sans en être la cause. Une calamité, un malheur domestique, un accident funeste, n'est autre chose que le sentiment d'un malheur auquel on ne voit ni préservatif ni remède; et la vérité inutilement affligeante qui nous reste, et qui nous poursuit quand l'illusion est dissipée, c'est de penser qu'il y a au monde une infinité d'êtres souffrants qui n'ont pas mérité leur sort.

Il est bien vrai que l'auteur a soin de ménager pour le dénouement quelque bel acte de bienfaisance, qui vient tirer du précipice les personnages intéressants. Mais on ne sait que trop que c'est là le roman de la société, et que le reste en est l'histoire.

Il arrive quelquefois que le drame nous fait admirer dans le malheur la sérénité, la constance, le courage de la vertu; qu'il nous fait aimer la candeur, la modestie et la fierté d'une innocence incorruptible. Mais quoiqu'un exemple si touchant ait son attrait et son utilité, il faut que les hommes qui ont le plus étudié la nature et l'art n'aient pas jugé ce moyen d'instruire et de corriger assez puissant, puisqu'aucun d'eux n'a cru que l'intérêt de l'admiration, de la bienveillance et de la pitié pût remplir l'objet du spectacle. Attaquer le vice par la crainte du ridicule et de la honte; le crime, par l'effroi des remords qui l'assiègent et du châtiment qui le suit; les passions, par la peinture des tourments, des dangers, des malheurs qui les accompagnent : voilà les grands effets du théâtre. Sa morale ressemble aux lois qui prescrivent et qui menacent.

DRAME. 427

L'émulation de l'exemple est le plus faible de ses moyens.

Le drame ayant donc renoncé au ridicule, que Térence lui-même a cru devoir mêler au pathétique de *l'Andrienne*, il ne lui reste plus que les moyens de la tragédie, la terreur et la compassion; et l'une et l'autre n'est salutaire, comme on vient de le voir, qu'autant que le malheur est causé ou par le crime, et le fait détester; ou par la passion, et nous avertit de la craindre. Mais alors le drame est bien loin de pouvoir être la ressource d'un homme sans talent, d'un mauvais écrivain, d'un barbouilleur qui se croit peintre.

L'invention d'un sujet pathétique et moral, populaire et décent, ni trivial ni romanesque, et dont la singularité conserve l'air du naturel le plus simple et le plus commun; la conduite d'une action, qui doit être d'autant plus vive qu'elle ne sera soutenue par aucun des prestiges de l'illusion théâtrale, et d'autant plus adroitement nouée et dénouée, que les fils en sont mieux connus; une imitation présentée tout à côté de son modèle, et dont la moindre invraisemblance serait frappante pour tous les yeux; des mœurs bourgeoises ou populaires à peindre sans grossièreté, sans bassesse, et pourtant avec l'air de vérité; un langage simple et du ton de la chose et des personnages, mais correct, mais facile et pur, naïf, ingénieux, sensible, énergique lorsqu'il doit l'être, jamais forcé, jamais rampant, jamais plus haut que le sujet; des caractères à dessiner, à combiner, à soutenir, où l'innocence, la vertu, la bonté sont ce qu'il y a de plus facile à peindre (car le mélange des vertus et des vices, d'un heureux naturel et d'un mauvais penchant, d'un fond d'honnêteté que la contagion de l'exemple altère et commence à corrompre, un choc de passions contraires ou d'inclinations opposées, sont de bien autres difficultés); voilà ce qui passe les forces du commun des faiseurs de drame. Mais ce qui les passe encore plus, c'est l'art de rendre le crime supportable dans un spectacle populaire; car il est là dans toute sa bassesse et avec toute sa noirceur. Il tarde au spectateur de le voir traîner à la Grève; et dès qu'on l'a mis sur la scène, il n'y a pas d'autre moyen décent de l'en faire sortir que de l'envoyer au gibet.

Ces difficultés réunies ont fait prendre à la foule des dramaturges le parti plus commode de tirer tout leur pathétique des accidents de la vie commune; et leur action, réduite en pantomime, les dispense du soin d'écrire et de la peine de penser.

Leur théorie roule sur deux erreurs; l'une que tout ce qui intéresse est bon pour le théâtre; l'autre, que tout ce qui ressemble à la nature est beau, et que l'imitation la plus fidèle est toujours la meilleure.

Rien de plus intéressant, je l'avoue, que de voir dans une masure une famille honnête, délaissée et réduite aux dernières extrémités de la misère et du désespoir. Vous êtes sûr de déchirer les cœurs, d'arracher des sanglots de tout un auditoire, et de le noyer dans ses larmes, avec les cris de ces enfants qui demandent du pain à leur malheureux père, et avec les larmes d'une mère qui voit son nourrisson, pour qui les sources de la vie ont tari, prêt à expirer dans son sein. Mais quel est le peuple féroce dont un pareil spectacle fera l'amusement? Quel plaisir peut nous faire l'image d'un malheur sans fruit, où l'homme est victime passive, où sa volonté ne peut rien? Affligez-moi, mais pour m'instruire, mais pour m'apprendre à me garantir du malheur dont je suis témoin. Montrez-moi, j'y consens, une famille désolée; mais dont la ruine et le malheur soient causés par un vice, par une passion funeste dont le germe soit dans mon cœur. La liqueur dont vous m'abreuvez est amère; je le veux bien, pourvu qu'elle soit salutaire, et que la leçon me dédommage de ce qu'elle m'a fait souffrir. La douleur que m'aura causée un spectacle affligeant doit être soulagée par la réflexion; et ce soulagement consiste à pouvoir me dire à moi-même que l'homme est libre d'éviter le malheur dont je viens de voir la peinture; que le vice, la passion, l'imprudence, la faiblesse qui en est la cause, n'est pas un mal nécessaire; et que je puis moi-même m'en préserver ou m'en guérir. Mais d'une grêle, d'un incendie, d'un accident funeste qui fait des malheureux, quelle est pour ma pensée la réflexion consolante? et de quoi l'amertume du sentiment que ce spectacle m'a laissé est-elle le contre-poison?

Un exemple va me faire entendre. Il dépendait de M. de Voltaire de rendre infiniment plus pitoyable et plus touchante la situation de l'Enfant prodigue. Il a écarté de la scène précisément tout ce qu'un faiseur de drame y aurait mis. Pourquoi cela? parce que, dans ses principes et dans son plan, il ne s'agissait pas d'employer un art superflu à rendre intéressantes l'indigence et la faim, mais de tirer le pathétique d'une situation morale, de rendre salutaire l'exemple d'un jeune homme à qui sa facilité, sa faiblesse, et l'attrait du mauvais exemple ont fait préférer les plaisirs du vice au bonheur que lui offrait un amour vertueux. Ses réflexions, ses regrets, sa douleur, le fond d'honnêteté et de délicatesse qui reste dans ses sentiments, la honte qui l'accable, l'espérance qui le soutient, l'amour que le malheur et le remords ont fait revivre dans son âme, les reproches de la nature, plus amers que ceux de l'amour, l'impatience et la crainte de se voir aux genoux d'un père abandonné et d'une maîtresse outragée; ce tableau de la renaissance de toutes les vertus dans un cœur que le vice a pu souiller, mais n'a pu corrompre; c'est là ce que M. de Voltaire a cru digne d'être présenté aux yeux des spectateurs, et non pas des objets qu'on ne rencontre que trop souvent sur son passage.

Le mérite du poète, le charme du spectacle, ne consistent pas seulement à nous offrir des tableaux dont nous soyons émus, mais dont nous nous plaisions à l'être. Le trivial a beau être touchant. « Je « ne vais point au spectacle, disait un homme de « sens et de goût, pour n'y voir et pour n'y entendre « que ce que je vois et ce que j'entends en me met- « tant à ma fenêtre. » Il y a donc, même pour le pathétique, un choix, un attrait de curiosité, un désir

DRAME.

de voir la nature ou sous de nouveaux points de vue, ou revêtue de formes et de couleurs nouvelles. Des combinaisons d'intérêts, de caractères, et d'incidents, peu communes et pourtant vraisemblables ; des nuances de mœurs que ne présente pas la société journalière, ou, dans ce qui s'y passe, des singularités que nous n'aurions pas aperçues et que l'œil du peintre a saisies, un naturel qui n'a rien de vulgaire, soit dans l'expression du vice, soit dans celle de la vertu ; enfin cet assemblage de traits épars sur la scène du monde, qui recueillis et rapprochés, forment un tableau ressemblant, dont rien de semblable n'existe : telle est l'imitation poétique. (*Voyez* IMITATION.)

Nulle action dans la vie ne serait théâtrale, si on la rendait fidèlement. Il y a toujours des vides, des longueurs, des circonstances superflues, des détails froids et plats, qu'il serait puéril de raconter, et plus puéril de mettre en scène. L'art du conteur est de réduire l'action à ce qu'elle a d'original ou d'intéressant. L'art du poète dramatique est de l'étendre et de l'embellir, d'en élaguer ce qu'elle a de commun, et d'y ajouter ce qui peut la rendre plus singulière et plus piquante, ou plus vive et plus animée. C'est bien partout l'air de la vérité, sa ressemblance, mais jamais sa copie. Il en est du langage comme de l'action.

Le poète qui écrit comme on parle, écrit mal. Sa diction doit être naturelle, mais de ce naturel que le goût rectifie, où il ne laisse rien de froid, de négligé, de diffus, de plat, d'insipide. Le langage même du peuple a sa grace et son élégance, comme il a sa bassesse et sa grossièreté : il a ses tours ingénieux et vifs, ses expressions pittoresques; et parmi les figures dont il est plein, il en est de très éloquentes. Il aura donc aussi sa pureté, quand le choix sera fait avec discernement. L'opération du goût, dans l'art d'imiter le langage, ressemble à celle du crible qui sépare le grain pur d'avec la paille et le gravier.

Cette théorie est connue; mais dans le système du drame, il paraît qu'on ne l'admet point. L'exacte vérité, la nature elle-même est ce qu'on affecte de rendre; et ce système est très commode; car il dispense et du goût dans le choix, et du génie dans l'invention, et du don de donner aux choses un tour, une grace nouvelle. Copier ce qu'on voit, dire ce qu'on entend, et donner pour du naturel l'incorrection, la platitude, l'insipidité du langage, comme l'oiseuse futilité des petits détails pantomimes qui se mêlent à l'action, c'est, dans ce genre, ce qu'on appelle connaître et peindre la nature. Le trivial, le bas, le dégoûtant, tout sera bon, car tout est vrai. Ainsi la farce a profité de la faveur accordée au drame; et en effet la même corruption du goût qui fait approuver l'un doit faire applaudir l'autre : car si tout ce qui fait frémir ou pleurer est digne de la scène, tout ce qui fait rire en sera digne aussi; et de proche en proche les plaisirs du bas peuple deviendront ceux de tout le monde.

Ce système des faiseurs de drame n'est pas encore, il est vrai, celui de nos sculpteurs et de nos peintres;

mais il est celui des modeleurs et enlumineurs du boulevard. Quel est le mérite sublime de la sculpture? vous diront ces grossiers artistes; n'est-ce pas d'imiter si fidèlement la nature que l'image soit prise pour la réalité? Eh bien, placez dans vos jardins ces figures colorées, d'un paysan, d'un soldat, d'un abbé; et si l'on ne s'y méprend pas, nous passerons pour des sculpteurs médiocres.

On s'y méprendra; et vous serez encore indignes du nom de sculpteur. On ne se méprendra point de même à la Vénus, au Laocoon, à l'Hercule, à l'Antinoüs, à l'Apollon, au Gladiateur antique, ni au Milon du Pujet, ni au Mercure de Pigal; et ce seront toujours les chefs-d'œuvre de l'art. Rendre crument la vérité commune, est le talent d'un ouvrier; faire mieux que n'a fait la nature elle-même et l'embellir en l'imitant, est l'art réservé au génie.

Cependant, s'il fallait en croire quelques spéculateurs modernes, tout, dans les arts, devrait concourir à ce qu'ils appellent l'*effet*, c'est-à-dire à l'illusion et à l'émotion la plus forte; et plus l'illusion serait complète et le spectacle pathétique, plus il nous serait agréable, quelque moyen que l'on eût pris pour nous tromper et pour nous émouvoir.

Cette opinion peut être celle d'un peuple sans délicatesse, qui ne demande qu'à être ému. Mais pour un monde éclairé, cultivé et doué d'organes sensibles, le plaisir de l'émotion dépend toujours des moyens qu'on y emploie : et s'il n'a éprouvé au spectacle que les angoisses d'un intérêt pénible, sans aucune de ces jouissances de l'esprit et de l'âme, que le développement du cœur humain, l'éloquence des passions, les charmes de la poésie mêlent à l'illusion du théâtre des Racine et des Voltaire, il fera peu de cas d'un drame, qui, avec l'imitation et l'expression triviale de la douleur et de la plainte, avec des objets pitoyables, avec des cris, des larmes, des sanglots, l'aura physiquement ému.

La distinction des deux genres paraîtra plus sensible dans les vers que voici :

> Il est un art d'imiter la nature ;
> Que de ses dons le génie a doué ;
> Il en est un qu'il a désavoué,
> Comme une lourde et grossière imposture.
> L'un, plein de force et de facilité,
> Avec mesure embellit, exagère ;
> En imitant, sa main sûre et légère
> Joint la richesse à la simplicité :
> Hardi, mais sage, élégant, mais sévère,
> Et libéral sans prodigalité,
> La grace noble est son grand caractère.
> L'autre, indigent de son stérile fonds,
> Va mendiant les secours qu'il amasse.
> Dans ses sujets, pour les rendre féconds,
> C'est encor peu de charger, il entasse.
> S'il a dessein d'inspirer la pitié,
> Rien à ses yeux n'est assez pitoyable ;
> Si la terreur, rien n'est trop effroyable.
> Le tendre amour, la sensible amitié,
> Et la nature encore plus déchirante,
> Et l'innocence, éperdue, expirante,
> Et la vertu dans l'excès du malheur,

N'ont, à son gré, qu'une faible couleur.
Sous des haillons il nous peint l'indigence,
Il fait de sang dégoutter la vengeance,
Et sur la roue il montre la douleur.
Le cannibale, avec ses barbaries,
N'est pas encore un objet assez noir :
A son spectable, il faut, pour émouvoir,
Le parricide entouré de furies.
Il va fouiller jusque dans les tombeaux :
Il en revient couvert d'affreux lambeaux ;
Et quand d'horreur il voit que l'on frissonne,
Il s'applaudit du plaisir qu'il nous donne.

Voyez ACTION et PANTOMIME.

MARMONTEL, *Éléments de Littérature.*

MÊME SUJET.

Le drame emploie, comme la tragédie proprement dite, la pitié et la terreur; mais il est toujours près de deux écueils bien plus à craindre là que dans la tragédie, et bien plus difficiles à éviter, le romanesque des évènements, et l'atrocité ou la bassesse des caractères. Il n'a de la tragédie, ni la dignité des personnages, ni l'appareil de la représentation, ni l'intérêt attaché aux grands évènements, aux noms célèbres, aux révolutions des empires, aux mœurs des peuples, à la majesté de la chose publique, ni par conséquent la pompe de style convenable à ces grands objets; il ne peut donc guère s'élever jusqu'à ce sublime qui est de l'essence de la tragédie. Privé de toutes ces ressources, il se soutient sur deux grands pivots, la morale et l'intérêt La morale dans le drame est rapprochée du commun des hommes, et propre à toutes les conditions, et l'on peut opposer cet avantage à celui de la tragédie, qui est d'instruire ceux de qui dépend le sort des autres hommes. Quant à l'intérêt, ceux qui ont cru qu'il était naturellement plus vif dans le drame, parce que les personnages sont plus près de nous, se sont bien trompés. Il est dans la disposition du cœur humain de mesurer la pitié pour le malheur sur le rang et l'élévation du malheureux, et de calculer ce qu'il souffre parce qu'il a perdu ou par ce qu'il risque de perdre : de là cette compassion assez générale pour les grands tombés dans la disgrace. Quoi qu'ils aient fait, on leur pardonne assez volontiers dès qu'ils ne peuvent plus faire de mal, et bientôt ils sont plus oubliés que haïs. Le passage de la grandeur à la misère, ces changements imprévus, ces révolutions de la fortune, font sur nous, au théâtre comme dans l'histoire, une impression infaillible. A cette considération il faut en joindre une autre non moins fondée, c'est que les destinées des rois et des grands sont pour nous dans une espèce d'éloignement très favorable à cette perspective théâtrale, l'un des principes de l'illusion dramatique et l'un des secrets des arts d'imitation. Et qui ne sait combien c'est une route sûre pour maîtriser notre âme, que de s'emparer d'abord de notre imagination?

Le drame ne peut donc nous attacher que par un intérêt d'action très puissant. Or, cet intérêt ne peut s'établir le plus souvent que par des circonstances extraordinaires, dont l'assemblage peut choquer la vraisemblance, ou par des caractères bas et atroces, qui nous révoltent et nous dégoûtent. On répondra que ces deux inconvénients existent de même pour la tragédie; mais il y a une différence essentielle à observer, c'est que, dans la tragédie, l'importance des objets, l'élévation des personnages, la sphère si étendue des probabilités historiques, nous disposent bien plus facilement à croire un certain nombre de faits étonnants et presque merveilleux, au lieu que ces mêmes faits ne nous paraissent plus qu'un échafaudage de commande, lorsqu'ils sont accumulés sur une destinée vulgaire. Que l'on songe, d'un autre côté, que dans la tragédie les grands crimes sont liés à de grands intérêts, qui les ennoblissent en quelque sorte, et, sans rendre celui qui les commet moins coupable, le rendent moins vil à nos yeux. Un scélérat fameux peut imposer par la hauteur de son caractère et de ses entreprises; mais des forfaits obscurs et des atrocités domestiques ne peuvent guère élever l'imagination, et flétrissent l'âme.

Il résulte que le drame offre de grandes difficultés au talent fait pour les apercevoir, et de dangereuses facilités à l'homme médiocre, dispensé d'écrire en vers et de se porter à la hauteur des grands personnages et des grandes vues de l'histoire. Fécond pour les mauvais écrivains, ce genre sera toujours le plus borné pour le talent supérieur, qui sait juger et choisir un sujet. S'il y a des exceptions à la théorie générale que je viens d'exposer, elles ne seront que pour lui, et celui qui a du génie peut en mettre partout. Rien n'empêche qu'entre ses mains un drame, sur-tout s'il est écrit en vers, ne puisse être un très bel ouvrage ; il peut même l'élever jusqu'aux situations et jusqu'à l'éloquence de la tragédie. Mais ce n'est pas sur des exceptions qu'il faut juger ; et s'il y a quelque chose au monde de singulièrement aisé, c'est un drame médiocre, en prose : aussi n'y a-t-il rien de si commun.

La Harpe, *Cours de Littérature.*

DRYDEN (Jean), célèbre poète anglais, naquit en 1631, à Alwincle, près de Oundle, dans le comté de Northampton, d'une famille noble, mais pauvre. Avec de grands talents pour la poésie et les sciences, il ne put obtenir les faveurs de la fortune, et passa toute sa vie à lutter contre l'indigence. Vainement fit-il de sa muse l'esclave des puissants et des riches, vainement prodigua-t-il la flatterie dans ses dédicaces, il ne tira aucun fruit de ses adulations.

En sortant de l'université de Cambridge, Dryden consacra des *stances héroïques aux mânes de Cromwel*, pour obtenir la protection de son héritier. Deux ans après, le trône de Charles Ier fut rendu à son fils par le général Monck. Dryden composa aussitôt un poème intitulé *Astrea redux*, en l'honneur de Charles II. Il publia un second poème, dans la même année (1660), *sur le Couronnement*. Quoique Dryden y ait répandu cette profusion d'hyperboles, cette enflure asiatique, que nos poètes du XVIe siècle avaient accréditées, il commençait cependant à faire pour la poésie anglaise ce que Malherbe avait fait pour la nôtre.

Las de brûler son encens pour une cour trop occupée de ses plaisirs, Dryden se décida à travailler pour le théâtre, où, pendant trente années, il obtint de brillants succès. Il employa dans ses tragédies, les vers rimés, innovation blâmée par ses compatriotes ; mais il pensait avec raison, qu'en ôtant la difficulté des rimes, on ôtait le mérite du style tragique. Ses comédies sont remplies d'emprunts qu'il a faits à la scène française.

« On trouve dans les comédies de Dryden, dit
« Blair, comme dans ses autres ouvrages, de grands
« traits de génie, mêlés à beaucoup d'incorrections,
« indices évidents d'une composition trop rapide.
« Comme il ne cherchait qu'à plaire, il peignait les
« mœurs de son temps, et prenait dans toutes ses
« pièces le ton licencieux et dissolu, alors à la mode.
« Il a même poussé si loin l'indécence, que, dans
« son siècle, tout dépravé qu'il était, on interdit la
« représentation de quelques-unes de ses comédies. »

En 1668, Dryden fut nommé poète-lauréat et historiographe de Charles II. Ces dignités ne le retirèrent pas de la misère. Le délabrement des finances empêchait que son traitement lui fût exactement payé ; et la modicité des droits d'auteur dramatique ne pouvait guère suffire à ses besoins. « Je n'ai pas
« lieu, disait-il, de remercier mon étoile pour être
« né Anglais....... C'est assez pour un siècle, d'avoir
« négligé Cowley, et d'avoir vu Butler mourir de
« faim. »

Son poème d'*Absalon et Achitophel*, composé en 1681, sur la révolte du duc de Montmouth, augmenta le nombre des ennemis que lui avaient déjà fait ses satires. Le duc de Buckingham s'étant reconnu dans le personnage de *Zimzi*, lui donna des coups de canne pour son impudence, et une bourse pleine d'or pour son génie. Ce poème fut traduit en vers latins par Fr. Atterbury, et par le docteur Coward.

Dryden était lié assez intimement avec plusieurs grands seigneurs, dont il recherchait la société, pour s'en faire des protecteurs. Un soir, après être resté long-temps à table, il se trouvait avec le duc de Buckingham, le comte de Rochester et le lord Dorset. La conversation vint à tomber sur l'*élégance* du style, sur l'harmonie du *nombre*, sorte de mérite auquel chacun des trois seigneurs prétendait exclusivement. On discute, on s'échauffe, on convient d'aller à la preuve et de prendre Dryden pour juge. La preuve consistait à improviser isolément et sans désemparer sur le premier sujet venu : on se met à l'ouvrage. Le duc et le comte font des efforts de génie ; le lord trace négligemment quelques lignes ; tout est fini. Dryden procède à l'examen : « Messieurs, dit-il au duc de Buckingham
« et au comte de Rochester, votre style est *élégant*,
« il m'a plu ; mais celui de lord Dorset est *nombreux*,
« il m'a ravi. Écoutez, c'est vous qu'à présent je
« fais juges. — Au premier mai prochain, fixe, je
« paierai à John Dryden, ou à son ordre, la somme
« de 500 livres sterlings, valeur reçue. 15 avril

« 1686. Signé Dorset. » Buckingham et Rochester ne purent s'empêcher d'avouer que ce style devait l'emporter sur tout autre.

Jacques II ayant publié, en 1687, un édit par lequel il donnait toute liberté de conscience, Dryden embrassa la religion catholique, ce qui était alors auprès du prince un des plus grands moyens de faveur ; mais la révolution qui survint six mois après, en fit un titre de proscription, et le malheureux Dryden perdit sa place de poète-lauréat et d'historiographe du roi, qui fut donnée à Shadwell. S'étant alors éloigné de la cour de Guillaume III, jamais on ne l'y vit reparaître, et il ne voulut pas, malgré les instances de son libraire, dédier à ce prince sa belle Traduction en vers de Virgile, qu'il avait commencée en 1694, et qui fut imprimée en 1697.

Dryden mourut dans la misère, le 1er mai 1701, laissant trois fils de son mariage avec lady Élisabeth Howard, fille du comte de Berkshire.

Parmi ses nombreux ouvrages, où il se montre plus fécond que judicieux, suivant l'expression de Voltaire, on cite : *la Biche et la Panthère* (1687), poème bizarre, où ces deux animaux disputent sur la prééminence des églises romaine et anglicane ; des *Traductions en vers de Juvénal et de Perse*; une *Traduction en prose du poème latin*, composé *sur la Peinture*, par le poète français Dufresnoy (1623); le *Poème satirique de Mac Flecknoë*, dirigé contre Thomas Shadwel, qui l'avait supplanté dans la place de poète-lauréat; des *Fables anciennes et modernes*, traduites en vers, d'après Homère, Ovide, Boccace et Chancer (1698). Ses pièces dramatiques, tant tragédies que comédies, sont au nombre de vingt-huit.

« De toutes les odes modernes, dit Voltaire, celle « où il règne le plus grand enthousiasme, qui ne « s'affaiblit jamais, et qui ne tombe ni dans le faux, « ni dans l'ampoulé, est le *Timothée* ou *la Fête d'A-* « *lexandre*, par Dryden. Elle est encore regardée « en Angleterre comme un chef d'œuvre inimitable, « dont Pope n'a pu approcher quand il a voulu « s'exercer dans le même genre. Cette ode fut chan- « tée, et si on avait eu un musicien digne du poète, « ce serait le chef-d'œuvre de la poésie lyrique. » (*Questions sur l'Encyclopédie.*)

Les *Œuvres complètes de Dryden* ont été publiées, en 1808, *avec une vie de l'auteur et des notes historiques, critiques et explicatives*, par Walter-Scott, 18 volumes demi-in-8°.

JUGEMENT.

Dryden fut le premier qui se forma dans ses vers une langue poétique, dont jusqu'à lui l'Angleterre n'avait pas eu d'idée. La poésie, à peine distinguée par le nombre, ne l'était nullement par le choix des expressions. La combinaison d'un vers anglais semblait presque généralement se borner à l'observation du mètre. « Dryden, dit Pope, nous apprit « à unir dans le vers la variété à une harmonie sou- « tenue, la majesté d'une marche périodique à une « énergie divine. » Cependant dans son *Année des merveilles*, poème en l'honneur de Charles II, il n'échappa pas entièrement aux habitudes de familiarité qu'il avait à détruire dans ses vers. Décrivant l'incendie de Londres, il représente Dieu qui, enfin touché des prières qu'on lui adresse, prend une pyramide de cristal creusée et remplie des eaux du ciel, et en fait, un grand *éteignoir*, dont il *coiffe* les flammes. On retrouve dans ce même poème, le plus travaillé de ses ouvrages, plus d'une trace de ce mauvais goût d'hyperbole, au milieu duquel il avait été élevé. On y voit les anges pour regarder passer la flotte de Charles, *tirer les rideaux du ciel*, et le ciel, comme s'il n'avait pas encore offert de lumière, faire paraître, pour flambeaux, deux brillantes comètes. S'il ne s'est point assez garanti de cette ridicule espèce d'enflure, où entraîne si facilement le ton de la louange, s'il a trop prodigué, sur tous les objets, la magnificence des couleurs et le luxe des comparaisons, si la précipitation de son travail, suite peut-être de sa disposition autant que de ses besoins, y a souvent mêlé les défauts de la négligence à ceux de l'affectation, l'harmonie, la noblesse, l'élégance, la facilité de sa versification, la hardiesse de ses tours, la richesse et la vivacité de son imagination l'ont fait regarder comme un des plus grands poètes de l'Angleterre, celui à qui elle doit le caractère propre, quelques-uns des défauts peut-être, et les mérites essentiels de sa poésie.

La fête d'Alexandre, la plus belle ode peut-être qui existe dans aucune langue moderne, a été mise en musique par différents compositeurs célèbres, et exécutée en 1745, avec un très grand effet, sur le théâtre de Covent-Garden. On lit dans l'*Essai sur le génie de Pope*, par Warton, l'anecdote suivante sur cette ode célèbre : « Lord Bolingbrocke étant allé un « matin rendre visite à Dryden, le trouva dans une « extrême agitation d'esprit, au point qu'il tremblait. « Il lui en demanda la cause. — J'ai été sur pied « toute la nuit, répondit le vieux poète; mes amis « les musiciens m'ont fait promettre de leur donner « une ode pour leur fête de sainte Cécile. Le sujet « qui se présentait m'a tellement frappé que je n'ai « pu le quitter avant de l'avoir tout-à-fait rempli. Et « il lui montra aussitôt cette ode qui place la poésie « lyrique anglaise au-dessus de celle de toutes les « autres nations. »

Dryden essaya la carrière du théâtre, « quoique « jamais, dit-il, il n'y ait été réellement porté par « son génie. » On trouve dans toutes ses pièces le caractère de sa poésie, c'est-à-dire, une grande beauté de versification et trop de poésie pour la tragédie où il faut que le personnage paraisse beaucoup plus que le poète*. Les Anglais lui ont de plus reproché les vers rimés qu'ils ne regardent pas comme propres à la tragédie, mais qu'il a défendus toute sa vie par son exemple et ses écrits. Quant au fond de ses tragédies, il en a tiré l'intérêt d'un grand mouvement d'évènements et d'intrigues, et sur-tout de

---

* « Dryden qui d'ailleurs était un grand génie, dit Voltaire, met dans la « bouche de ses héros amoureux ou des hyperboles de rhétorique, ou des « indécences, deux choses également opposées à la tendresse. » Et Voltaire en cite plusieurs exemples.

ces sentiments quelquefois outrés qu'il tirait en grande partie de la lecture des romans français et espagnols, auxquels il a emprunté plusieurs de ses sujets de tragédie. Il pénètre rarement, comme Shakspeare, dans les secrets du cœur humain ; il faisait peu de cas du naturel pathétique d'Otway ; mais de même que Corneille, il exprime généralement ces sentiments nés des combinaisons de la société, l'enthousiasme de l'honneur, l'excès de la bravoure, et l'amour porté à ce degré d'exaltation où il perd sa tendresse naturelle et n'est plus, pour ainsi dire, qu'une passion de l'imagination. De même, et beaucoup plus que Corneille, il pousse quelquefois jusqu'à la plus étrange exagération ces sentiments et les idées qui en résultent. Il en convenait lui-même à la fin de sa vie. « Je me rappelle, dit-il, « quelques vers de mon *Maximin* et de mon *Alman-« zor* (personnages de deux de ses tragédies), qui « crient vengeance pour leur extravagance ; mais, « ajoute-t-il, je les ai écrits les sachant bien assez « mauvais pour réussir. » Johnson ne croit pas absolument à ce sacrifice de son goût, et pense que s'il y a des défauts, c'étaient du moins des défauts qui lui plaisaient.

Quant à la comédie, Dryden avouait lui-même qu'il ne s'y croyait pas propre, manquant de gaieté dans le caractère et de trait dans l'esprit : en effet, le comique de ses pièces consiste seulement dans la complication des évènements. La plupart sont tirées du théâtre français. En tout, il n'a presque point travaillé à des sujets d'invention ; mais ce qui ajoute infiniment à l'intérêt de ses ouvrages dramatiques, ce sont les préfaces dont il les a enrichis, premiers modèles d'un genre de critique dont on n'avait pas encore l'idée en Angleterre, ou que du moins lui seul avait fait connaître dans ses *Dialogues sur la poésie dramatique*. La finesse et la sûreté de son goût, la vivacité piquante de ses tournures; l'intérêt qu'il répand sur la discussion, l'ont fait regarder par Johnson, si bien fait pour en juger, comme le père de ce genre de littérature où il se distingue d'ailleurs par un mérite bien rare, unique alors, de pureté, d'élégance et de naturel. Comme Corneille, il s'est cité librement pour exemple, et de même que lui, il se plaignait à la fin de sa vie, d'avoir trop éclairé ses juges et de les avoir rendus trop difficiles.

SUARD, *Biographie universelle*.

MORCEAUX CHOISIS.

I. Le Temple de Vénus.

Dans le temple de Vénus on voyait sur les murs le sommeil inquiet des amants; les prières éloquentes, qui semblaient implorer la pitié; les ardents soupirs qui s'ouvraient avec peine un passage; les plaintes et les fougueux désirs, supplice des cœurs amoureux, et les larmes brûlantes qui en tombant traçaient un sillon. Tout autour flottaient les bandeaux de l'hymen et ses nœuds, gage d'une éternelle tendresse. La troupe des mensonges s'avançait, guidée par l'amour et suivie des parjures. Là brillaient la Jeunesse, la Beauté, le Luxe, la Richesse, la vive Espérance et la Joie passagère, les sortilèges pour évoquer les divinités infernales, et les talismans façonnés dans les mondes planétaires. On découvrait aussi la Profusion, les arrière-pensées, les vains Soucis, le Doute avec son écharpe bigarrée, le sombre Désespoir, les Soupçons, les chimériques Défiances, et la Jalousie dont les yeux chargés d'un brouillard prêtent à tous les objets de sinistres couleurs, et qui, le front baissé, porte un coucou sur son bras. Sur le mur opposé paraissaient les somptueux banquets, les chants, la danse, les troubadours et les joyeux concerts, les poètes avec leurs comédies, les bals pour égayer les nuits, et les tournois pour le jour.

.... Là, le pinceau avait représenté les bosquets d'Idalie, Cythère et la cour de Vénus. Devant le palais, l'Oisiveté avec une robe légère et flottante gardait les portes. Là, Narcisse pleurait seul au bord d'une fontaine. Là, on apercevait Samson, le sage Salomon, et tous les héros fameux que l'amour a domptés. Là, étaient les charmes de Médée, la coupe de Circé, et ses breuvages qui changeaient en animaux impurs ses jeunes amants. Là, on peut voir tous les cœurs que la beauté, la richesse, l'esprit et la valeur ont soumis à l'empire de l'amour, le piège fatal est tendu pour tous les mortels; les amants trahissent et sont trahis tour à tour. Une main savante avait peint la déesse elle-même : elle paraissait sourire, occupée d'agréables pensers. Telle, quand elle sortit pour la première fois du sein des mers, elle calma les ondes turbulentes et répandit la sérénité dans les cieux. Elle traversait l'Océan, nue jusqu'à la ceinture, et les vagues transparentes cachaient à peine ses autres charmes. Elle tenait un luth; son front était paré d'une guirlande de roses vermeilles et de myrtes verts; ses colombes voltigeaient autour de sa tête. Près de sa mère, un jeune Amour, les yeux couverts d'un bandeau, déployait ses ailes; il portait un arc dans sa main, et sur ses épaules un carquois rempli d'un formidable amas de flèches brillantes et acérées.

Palémon et Arcite, ch. II

II. La fête d'Alexandre.

C'était au banquet royal pour la conquête de la Perse vaincue par le fils belliqueux de Philippe : d'un air auguste, le héros, semblable aux immortels, était assis sur son trône majestueux; autour de lui étaient rangés ses braves compagnons d'armes, tous le front ceint de myrtes et de roses, digne conronne de la valeur guerrière. A ses côtés l'aimable Thaïs, comme une reine de l'Orient, brillait de toute la fraîcheur de la jeunesse, et de tout l'éclat de ses charmes. Couple heureux! couple fortuné! le brave, oui, le brave seul est digne de la beauté.

Timothée, assis au-dessus des convives, au milieu du chœur harmonieux, sous ses doigts agiles faisait résonner la lyre: ses savants accords montent jusqu'au ciel, et inspirent une divine allégresse. Il chante d'abord Jupiter qui abandonna les délices de l'olympe, tant l'amour a d'empire ! Le dieu emprunta la forme d'un fier dragon : il s'élançait sur les sphères d'un vol sublime quand il vint s'unir à la belle Olympia, et lui laissa une image de lui-même, un souverain du monde. Les Grecs attentifs écoutent ces nobles accents; ils s'écrient: Honneur à la divinité présente! et les voûtes répètent: Honneur à la divinité présente! D'une oreille ravie le monarque entend leurs voix, affecte la majesté d'un dieu, et semble, en agitant sa tête, ébranler les sphères éternelles.

Le chantre harmonieux célèbre ensuite les louanges de Bacchus, de Bacchus toujours beau et toujours jeune. Le dieu riant vient sur un char de triomphe; sonnez les trompettes, frappez les tambours: embelli d'une couleur vermeille, il montre son front radieux. Enflez les joyeux hautbois: c'est lui! c'est lui! Bacchus toujours beau et toujours jeune apporta le premier un doux nectar. Bacchus, tes bienfaits sont un trésor; boire est le plaisir du soldat. Divin trésor! plaisir délicieux! Oui, le plaisir a plus de charme après les travaux.

Échauffé par ces accords, le roi s'abandonne à son orgueil; il s'apprête à de nouveaux combats; il terrasse encore ses ennemis; il immole encore les vaincus. Timothée observe ses bouillants transports, son visage enflammé, ses yeux étincelants; et, tandis que le guerrier défie le ciel et la terre, il change de ton et calme cette ardeur farouche. Il choisit une cadence plaintive pour inspirer la douce compassion. Il chante le grand, le généreux Darius, victime d'un destin trop sévère, tombant de chute en chute du pouvoir suprême, baigné dans son sang, délaissé à son heure dernière par ceux que sa bonté avait nourris, étendu sur le sable du désert sans un ami pour lui fermer les yeux. Le front baissé, d'un air triste, le vainqueur songe dans son âme émue aux coups du capricieux destin ; de temps en temps, il laisse échapper un soupir, et ses pleurs commencent à couler.

L'artiste habile sourit, et voit qu'il est temps d'appeler l'amour : c'était éveiller une corde voisine, car la pitié ouvre l'âme attendrie à l'amour. Avec une douce mélodie sur le mode lydien, il remplit l'âme du héros d'une ivresse voluptueuse. La guerre, dit-il, n'est que troubles et alarmes ; l'honneur une vaine chimère ; sans cesse des périls nouveaux ; toujours combattre et toujours détruire. Si le monde est digne de ton ambition, songe, ô roi, songe à en goûter les délices! L'aimable Thaïs est assise près de toi, profite du bienfait que t'offrent les dieux. — Mille cris de joie s'élèvent avec de bruyants transports : ainsi l'amour triomphe, grace au pouvoir de l'harmonie. Le prince, incapable de cacher son martyre, tourne les yeux sur la beauté qui a ravi son cœur : il la contemple et soupire tour à tour, la contemple et soupire encore : enfin, vaincu par le vin et par l'amour, le conquérant avoue sa défaite, et tombe sur le sein de Thaïs.

Soudain la lyre d'or a frémi : des sons plus mâles, une harmonie plus menaçante l'arrachent aux langueurs du repos, et le réveillent comme un affreux éclat de tonnerre. Voyez! il tressaille au bruit de ces accords terribles ; il relève son front languissant, comme s'il sortait des bras de la mort, et jette autour de lui des regards étonnés. Vengeance! vengeance! crie Timothée : vois s'avancer les furies, vois les serpents qu'elles portent dans leurs mains, écoute leurs horribles sifflements, observe les étincelles qui jaillissent de leurs yeux ! Contemple ces farouches guerriers, tous une torche à la main : ce sont les ombres des Grecs immolés dans les combats, et couchés sans honneur sur la plaine ; accorde une juste vengeance à cette troupe vaillante: vois comme ils secouent leurs torches dans les airs; comme ils montrent les palais des Persans et les temples pompeux de leurs divinités ennemies ! — Les chefs applaudissent avec des transports de fureur et de joie, et le roi, brûlant de lancer le feu destructeur, saisit un flambeau ; Thaïs lui montre la route pour mieux échauffer sa rage ; et, comme une autre Hélène, embrase une autre Ilion.

C'est ainsi qu'autrefois, bien avant que les bruyants soufflets eussent appris à mugir, quand l'orgue était encore muet, Timothée, avec sa flûte mélodieuse et sa lyre sonore, savait enflammer le courroux ou éveiller les tendres désirs. Enfin parut la divine Cécile, qui inventa l'instrument harmonieux. Dans son noble enthousiasme, elle recula les étroites limites de l'art, ajouta la majesté aux accords solennels, interrogea la nature, et s'ouvrit des routes inconnues. Que le vieux Timothée lui cède le prix, ou que tous deux partagent la couronne ; il éleva un mortel jusqu'aux cieux, et le fit descendre un ange sur la terre.

Ode pour la fête de sainte Cécile.

DU BARTAS (Guillaume de SALLUSTE) poète français, naquit près d'Auch, vers 1544, d'une famille noble et calviniste.

Guerrier diplomate, il obtint la confiance de Henri IV, qui le nomma gentilhomme ordinaire de sa chambre. Il commanda une compagnie de cavalerie en Gascogne, sous le maréchal de Matignon, et remplit avec succès plusieurs missions en Danemarck, en Écosse, et en Angleterre.

La fameuse bataille d'Ivry (14 mars 1590), qui affermit la couronne sur la tête de Henri, exerça l'épée et la muse de Du Bartas. Quatre mois après il mourut des suites de ses blessures.

Du Bartas a composé de longs et nombreux poèmes dont les titres lui ont à peine survécu : *La première semaine* ou *la Création; Uranie; Judith; le Triomphe de la Foi;* les *neuf Muses;* la *Seconde semaine,* où sont entassées les histoires de l'*Ancien-Testament;* et *la Bataille d'Ivry.*

En moins de six ans *la Première semaine* eut plus de trente éditions, et fut traduite en latin, en italien, en espagnol, en allemand, et en anglais. Ce succès européen n'empêche pas que le nom de Du Bartas ne soit aujourd'hui presque oublié. Ses vers hérissés de tournures grecques et latines, sont remplis des métaphores les plus extravagantes. La Harpe y a pourtant surpris quelquefois de la précision et de l'énergie.

De Thou, parle de son caractère en termes honorables, et attribue les défauts de sa poésie à son amour pour la solitude, qui le tenait constamment

DU BARTAS. 453

éloigné de la capitale, rendez-vous des beaux esprits.

Les œuvres de Du Bartas ont été imprimées à Paris, en 1610, 2 vol. in-folio, avec des commentaires par Simon Goulard de Senlis.

JUGEMENT.

Belleau et Baïf n'eurent guère que les défauts de Ronsard, sans avoir son mérite. Du Bartas fut pire encore : jamais la barbarie ne fut poussée plus loin. Il semblait que l'érudition mal entendue et le pédantisme scolastique eussent conspiré la ruine de la langue française. Les latinismes, les hellénismes, les épithètes entassées et les métaphores outrées avaient tout envahi. C'est un des caractères de la médiocrité d'esprit, de voir l'art tout entier dans ce qui n'est qu'une partie de l'art; et un genre de beauté nouvellement découvert est d'abord employé avec profusion. On avait vu dans Ronsard l'effet de quelques belles épithètes, de quelques métaphores expressives; on ne voulut plus faire autre chose, et l'on entendit de tous côtés, dans l'ode et le poème, des vers tels que ceux-ci :

O grand Dieu! qui nourris *la rapineuse engeance*
    Des oiseaux ramageux...
Par toi le *gras bétail* des *rousses vacheries*,
Par toi *l'humble* troupeau des *blanches bergeries...*
Ici se vont haussant les *neigeuses montagnes :*
Là vont s'aplanissant les *poudreuses campagnes.*

Si la profusion des épithètes est un défaut en poésie, c'en est un bien plus grand encore dans la prose, dont le ton doit être plus simple. Ce n'est pas apparemment l'avis de beaucoup de prosateurs de nos jours, qui s'imaginent avoir de la force et du coloris en accumulant des mots. Cela donnait parfois un peu d'humeur à Voltaire, qui écrivait à ce sujet : « Ne leur pourra-t-on pas faire comprendre combien « l'adjectif est souvent ennemi du substantif, quoi- « qu'ils s'accordent en genre, en nombre et en cas? »

A l'égard des figures, on va voir comme on les employait, d'après Ronsard. Chassignet, par exemple, traduisant un psaume, disait à Dieu :

Par toi le mol zéphir, aux ailes diaprées,
Refrise d'un air doux la perruque des prées ;
  Et sur les monts voisins,
Évantant ses soupirs par les vignes pamprées,
Donne la vie aux fleurs et du suc aux raisins.

Remarquons, à travers ce fatras, que, pour rendre le dernier vers fort bon, il n'y a qu'à changer un seul mot, et mettre :

Donne la vie aux fleurs et le suc aux raisins.

Chassignet continue sur le même ton :

Par toi le doux soleil à la terre sa femme,
D'un œil tout plein d'amour communique sa flamme,
  Et tout à l'environ
Lui poudre les cheveux, ses vêtements embaume,
Et de fruits et de grains lui jonche le giron.

Nous l'avons vu tout à l'heure donner une *perru-*

que aux prairies : il ne s'en tient pas là; il en donne une aussi au soleil :

> Soit que du beau soleil la perruque empourprée
> Redore de ses rais cette basse contrée.

Il faut avouer que le dieu du jour, qui de temps immémorial est en possession, chez les poètes, d'avoir la plus belle chevelure du monde, ne doit pas être content de Chassignet, qui s'avise de le mettre en *perruque*.

Du Bartas a imité, dans une description du déluge, le morceau connu des *Métamorphoses d'Ovide*. Il y a quelques vers qui ont de la précision et de l'énergie. Son style a beaucoup de rapport avec celui de Ronsard : on voit qu'il s'était modelé sur lui. Voici la fin de cette description, qui, malgré des fautes sans nombre, n'est pas sans beautés. Cette citation suffira pour faire voir ce que les poètes de ce temps avaient de talent, et à quel point ce talent était dépourvu de goût.

> Tandis * la sainte nef, sur *l'échine* ** azurée
> *** Du superbe Océan, naviguait assurée,
> Bien que sans mât, sans rame, et loin, loin de tout port,
> Car l'Éternel était son pilote et son *nord*.
> Trois fois cinquante jours le *général naufrage* ****
> Dévasta l'univers : enfin d'un tel ravage
> L'Immortel attendri n'eût pas sonné sitôt

---
* Pour *cependant*.
** Racine a dit : *le dos de la plaine liquide*.
*** Enjambement.
**** Ne dirait-on pas que c'est un général qui s'appelait *Naufrage*.

* La retraite des eaux, que soudain flot sur flot
Elles vont s'écouler ; tous les fleuves s'abaissent ;
La mer *rentre en prison* ; les montagnes renaissent** ;
Les bois montrent déjà leurs limoneux rameaux ;
Déjà la terre croît par le décroît des eaux*** ;
Et *bref*, la seule main du Dieu *darde-tonnerre* ****
Montre la terre au ciel et le ciel à la terre *****.

La Harpe, Cours de Littérature.

* Enjambement.
** Belle expression.
*** Beaux vers.
**** Épithète grecque.
***** Beau vers.

FIN DU ONZIÈME VOLUME.

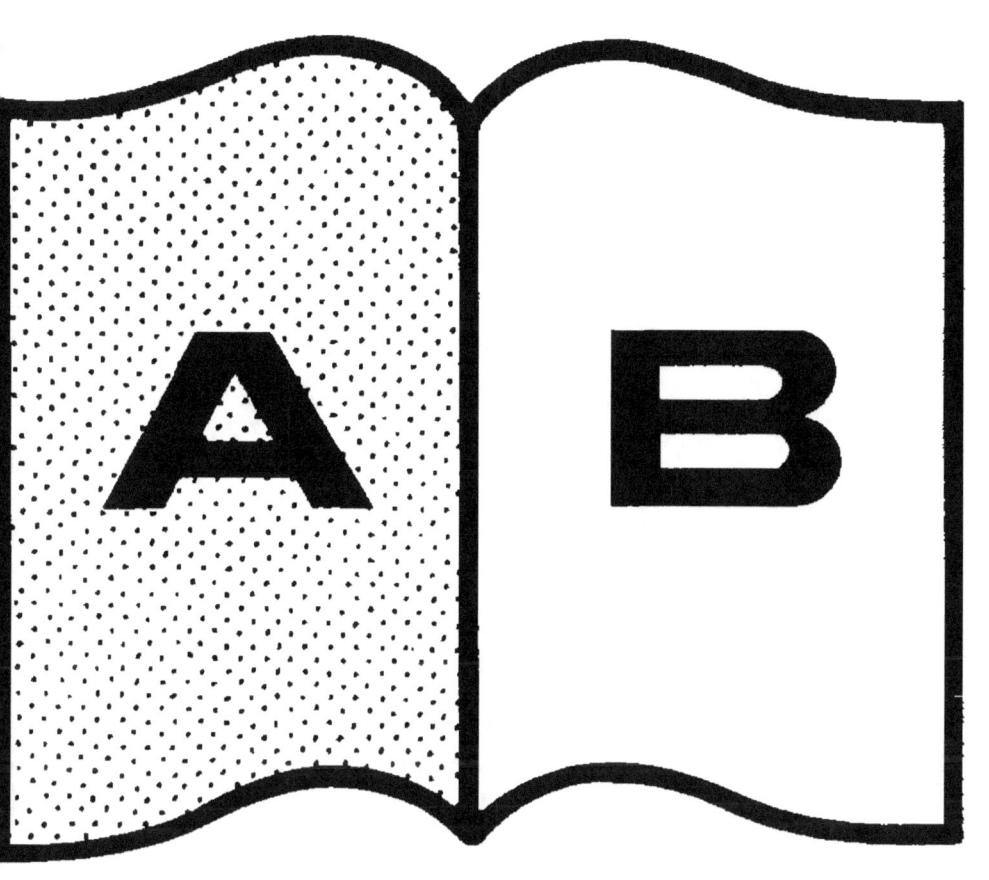

Contraste insuffisant

NF Z 43-120-14

www.ingramcontent.com/pod-product-compliance
Lightning Source LLC
Chambersburg PA
CBHW070536230426
43665CB00014B/1714